U0899876

大国互联

上市与较量

一本书读懂中美互联巨头16年的断杀与博弈

邓正红◎著

图书在版编目（CIP）数据

大国互联：上市与较量/邓正红著．—北京：中国发展出版社，2015.11

ISBN 978-7-5177-0406-5

Ⅰ.①大… Ⅱ.①邓… Ⅲ.①网络公司—上市公司—企业管理—研究—中国 Ⅳ.①F279.244.4

中国版本图书馆CIP数据核字（2015）第229460号

书　　名：大国互联：上市与较量
著作责任者：邓正红
出 版 发 行：中国发展出版社
（北京市西城区百万庄大街16号8层　100037）
标 准 书 号：ISBN 978-7-5177-0406-5
经　销　者：各地新华书店
印　刷　者：三河市东方印刷有限公司
开　　本：700mm×1000mm　1/16
印　　张：25.25
字　　数：400千字
版　　次：2015年11月第1版
印　　次：2015年11月第1次印刷
定　　价：48.00元

联 系 电 话：（010）68990625　68990692
购 书 热 线：（010）68990682　68990686
网 络 订 购：http：//zgfzcbs.tmall.com
网 购 电 话：（010）68990639　88333349
本 社 网 址：http：//www.develpress.com.cn
电 子 邮 件：121410231@qq.com

前言 FOREWORD

从互联大国到互联强国

2014年9月19日9点30分，中国电商巨头阿里巴巴的8名生态代表在纽约证券交易所敲响了开市钟，受到整个世界的注目。这一刻，距中国第一只互联网股票——中华网登陆纳斯达克资本市场，已过去整整15年。

1999年7月13日，中华网一声炮响，打开了中国互联网公司赴美上市的大门。这一年，阿里巴巴刚成立。15年后，又是一声炮响，阿里以最大的融资规模、高达2314.39亿美元的市值、上涨38.07%的股价的惊艳成绩震动世界，成为美股史上最亮丽的风景。

韩国《东亚日报》称，继“G2”之后，世界迎来中美两强的“网络2”时代。阿里巴巴在纽约成功上市，表明全球信息技术产业正形成中美两强相争的态势，以谷歌、脸谱、亚马逊为代表的美国互联网公司与以阿里巴巴、腾讯、百度为代表的中国互联网公司正式拉开竞争序幕。

所谓“G2”，即中美“两国集团论”，是由美国彼得森国际经济研究所所长弗雷德·伯格斯滕在2008年夏季出版的《外交》杂志上发表的《平等的伙伴关系》一文中首先提出的。尽管“G2”主张是在金融危机的背景下提出的，但也反映出弗雷德对当时特殊的国际局势和中美实力对比变化的深刻思考。

阿里巴巴的成功上市及其产生的影响，被视为“中国崛起”的一个缩影。这种阿里式的“中国崛起”在美国第一次受到热情拥抱而不是高度戒备。美国股民用激烈的竞价表达对中国民企发展模式的肯定，对中国经济运行环境的信心，对从中国巨大市场中分一杯羹的期待，以及对中国崛起的真诚欢迎。

阿里上市两个月之后，也就是11月19日，首届世界互联网大会在浙江乌镇开幕。本届世界互联网大会以“互联互通，共享共治”为主题，回应了国际社会对网络空间面临重大问题的共同关注。习近平主席在贺词中说：“互联网真正让世界变成了地球村，让国际社会越来越成为你中有我、我中有你的命运共同体。”

1999年是中国互联网上市的起点，2014年则是中国互联网15年上市历程以及中国互联网经济走向未来的重要节点。这15年恰恰反映了以阿里巴巴为代表的中国互联网公司从成立到发展壮大的全过程。虽然开第一炮的中华网早已退市，但后来的阿里巴巴、腾讯、百度、京东、网易、唯品会、携程、奇虎360、58同城、优酷土豆等一大批优秀互联网公司，已成为大国互联的中坚力量。

这15年，记载着中国互联网从“零的突破”到举世瞩目的创业成长历程，在中国互联网史上具有足够的奠基分量，值得书写，值得铭刻！

本书取名《大国互联：上市与较量》，有三层意思：第一，中美作为当今世界两个互联网大国，中国互联网的崛起，与美国互联网的影响不无关系；第二，中国互联网公司15年赴美上市历程，也是中国成为互联网大国的历程；第三，中美两国互联之路各有其特色，“美国模式”给了中国互联网创业启蒙，但终究不适合中国，中国互联网的发展实际上是从“中国概念”到“中国模式”的实践探索，这也是中美互联网公司在中国市场上竞争较量的焦点。

本书比对阿里巴巴与亚马逊、腾讯与脸谱、百度与谷歌、京东与易贝、网易与雅虎、唯品会与TJX、携程与Priceline、奇虎360与赛门铁克、58同城与领英、优酷土豆与奈飞等中美公司后，发现中国互联网公司软实力上来了，但缺乏“肌肉”力量，主要表现在价值体量、营收规模仍然不够大。59家中国互联网公司的市值总量，不及美国互联网三巨头谷歌、脸谱、亚马逊的市值总量。

作者2013年8月推出的《再造美国》一书，揭开了美国公司从硬实力向软实力转型的真相。《大国互联：上市与较量》给中国互联网公司的建议则恰恰相反，优质的互联网公司首先要做大体量，而中国互联网公司要做大做强，必须加速将软实力转化为硬实力，通过O2O、“互联网+”等路径和行动，大力拓展互联网与经济社会各领域融合的广度和深度，推动创业创新、协同制造、现代农业、智慧能源、普惠金融、益民服务、高效物流、电子商务、便捷交通、绿色生态和人工智能，提升价值创造和价值放大能力，增强资产活性，扩大营收规模。这也是中国互联网公司未来5~10年发展的重点，并且与中国版的“工业4.0”规划“中国制造2025”不谋而合。

中国已是世界互联网大国，但不是互联网强国，而美国则是世界互联网强国，这是中美“大国互联”的实力悬殊。虽说中国互联网至今尚未出现一家像苹果、谷歌一样的全球领袖企业，但其发展的未来态势很好，有很多独特的创新，并开始有引领全球互联网发展的趋势。“互联网+”概念提出以来，互联网行业旋即成为并购市场的宠儿。2015年5月，互联网行业并购呈井喷式飙升，中国并购市场共完成153起并购交易，其中披露金额的有131起，交易总金额约为46.75亿美元。相信中国互联网公司累积的软实力经过5~10年的持续转化和放大，到2025年，中国将率先以互联网强国的身份跨入世界制造强国之列。

目 录
CONTENTS

上 篇

上市：美国模式+中国概念

1999 年 7 月 13 日，美国互联网经济最狂热的时候，中华网一声炮响，越过太平洋，在纳斯达克资本市场登陆，从此打开中国互联网公司赴美上市的大门。15 年后的 2014 年 9 月 19 日 9 点 30 分，中国电商巨头阿里巴巴的 8 名生态代表在纽约证券交易所敲响了开市钟，受到整个世界的注目。从 1999 ~ 2014 年，中国互联网公司 15 年的上市历程，也是 15 年的成长历程。15 年来，中国互联网公司学习"美国模式"，高扬"中国概念"，涌现出阿里巴巴、腾讯、百度、京东、网易、唯品会、携程、奇虎 360、58 同城、优酷土豆等一大批优秀的互联网公司，成为大国互联的中坚力量。美国市场对中国互联网公司的崛起和重组，起到了重要的催化促进作用。同时也应看到，美国并非中国互联网公司的上市天堂，由于屡屡遭遇做空猎杀、集体诉讼，不少中国互联网公司不得不中途退市。16 年中，在美上市的中国互联网公司总计 79 家，已有 21 家退市。1999 年是中国互联网上市的起点，2014 年则是中国互联网 15 年上市历程的重要节点，下一步中国互联网股该走向何处？鉴往知来，16 年的上市历程其实也为中国互联网的未来埋下了伏笔。

下　篇

较量：软实力×硬实力

在中国市场上，中美互联网公司正演绎一场消长式的竞争大变迁。谷歌、易贝、雅虎、Expedia、巨兽、Adobe、Zynga 等美国知名互联网公司由于水土不服或业绩不佳，纷纷从中国退出。颇具戏剧性的是，而今中美互联网都在上演大撤退，中国互联网公司退出美股，美国互联网公司退出中国市场。是美国公司不行了，还是中国公司变厉害了？最主要的是“美国模式”不适合中国，加之中国公司的崛起，使得美国公司在中国市场日渐萎缩。毋庸置疑，中国互联网军团实力今非昔比，与美国军团开始站到了同一起跑线上，但从阿里巴巴与亚马逊、腾讯与脸谱、百度与谷歌、京东与易贝、网易与雅虎、唯品会与 TJX、携程与 Priceline、奇虎 360 与赛门铁克、58 同城与领英、优酷土豆与奈飞的比对看，中国互联网公司缺乏肌肉力量，价值体量、营收规模仍然不够大，软实力转化放大能力不强。截至 2015 年 6 月 18 日美股收盘，在美上市的 58 家中国互联网公司加上腾讯，市值总量为 6582. 69 亿美元，而美国谷歌、脸谱、亚马逊的市值总量就接近 8000 亿美元。中国互联网公司软实力上来了，但硬实力不强，总体价值水平不高，59 家公司抵不过美国三巨头。

| 上 篇 |

上市：美国模式+中国概念

1999年7月13日，美国互联网经济最狂热的时候，中华网一声炮响，越过太平洋，在纳斯达克资本市场登陆，从此打开中国互联网公司赴美上市的大门。15年后的2014年9月19日9点30分，中国电商巨头阿里巴巴的8名生态代表在纽约证券交易所敲响了开市钟，受到整个世界的注目。从1999~2014年，中国互联网公司15年的上市历程，也是15年的成长历程。15年来，中国互联网公司学习“美国模式”，高扬“中国概念”，涌现出阿里巴巴、腾讯、百度、京东、网易、唯品会、携程、奇虎360、58同城、优酷土豆等一大批优秀的互联网公司，成为大国互联的中坚力量。美国市场对中国互联网公司的崛起和重组，起到了重要的催化促进作用。同时也应看到，美国并非中国互联网公司的上市天堂，由于屡屡遭遇做空猎杀、集体诉讼，不少中国互联网公司不得不中途退市。16年中，在美上市的中国互联网公司总计79家，已有21家退市。1999年是中国互联网上市的起点，2014年则是中国互联网15年上市历程的重要节点，下一步中国互联网股该走向何处？鉴往知来，16年的上市历程其实也为中国互联网的未来埋下了伏笔。

第1节

赶上美国互联网泡沫“尾班车”

2014年的初夏，梅雨季加上厄尔尼诺，长江中下游潮湿、闷热、黏黏糊糊像一锅被熬了再熬、煮了再煮的粥，让人心情糟糕透了。在这样的天气里，中国一批正在成长的互联网创业公司似乎也耐不住湿闷的梅雨季，想换个地方透透气，以电商巨头阿里巴巴为领队，蜂拥奔赴美国上市。

中国互联网第一股

1999年的那个炎热夏季，在太平洋彼岸的美国，互联网经济进入狂热又狂躁的发展高峰期，大批初创的互联网公司在股市化身一朵朵奇峰突起的“昙花”。在线零售商亚马逊上市两年，市值被放大13倍；在线拍卖商易贝上市一年，市值被放大81倍；门户网站雅虎上市三年，市值被放大219倍……也恰是在那段流火烫金的岁月，一个名叫叶克勇的中国香港商人挤进了华尔街的互联网淘金潮，他创立的中华网公司于1999年7月13日在纳斯达克率先上市。纳斯达克的巨幅电子显示屏幕上出现了新的股票代码CHINA，中国互联网公司赴美上市的大门从此打开了。

中华网作为第一只打着中国概念的互联网股票登陆纳斯达克，对中国互联网公司来说，意义绝非一般，几可媲美1995年8月9日美国网景（Netscape）通信网络公司的股票上市。美国畅销书《世界是平的》这样评价网景上市的意义："自从网景上市以来，世界便不再相同。"该书作者、《纽约时报》著名专栏作家托马斯·弗里德曼甚至把网景上市列为"使世界变平的十大动力"之一，认为这一事件开创了整整一代的"大众上网文化"。

中华网的上市是中国互联网界的一件大事，不仅打响了中国互联网公司赴美的第一枪，也吸引了众多创业者投身互联网。而且中华网的取名比较取巧，下属的 4 家网站 China. com、Hongkong. com、Taiwan. com、Cww. com——叫起来大气响亮。值得注意的是，中华网上市的第二天（7 月 14 日），中国证监会发布了《关于企业申请境外上市有关问题的通知》。因此，中华网被誉为"中国互联网第一股"。

美国网景上市首日股价即从每股 28 美元飙升至 75 美元。1995 年，美国网景所占市场份额超过 80%。中华网上市之初，计划发售 420 万股新股，每股定价 14～16 美元，后来因市场反应热烈，华尔街投资银行雷曼兄弟公司计划将定价升至 17～19 美元。7 月 13 日，中华网以每股 20 美元的发行价在纳斯达克挂牌交易，开盘价 45. 75 美元，较发行价上涨 128. 75%；交易中股价一度翻升至 68 美元，最后以 50. 33 美元收盘，较发行价涨幅达 151. 65%。中华网在美上市的成功超出预想，上市发售新股加绿鞋配售部分的总融资额达 9600 万美元。

1999 年中华网营收仅 2023. 30 万美元，亏损 1871. 70 万美元，市值却高达 123. 20 亿美元，价值放大倍数为 609，远高出雅虎 219 的价值放大倍数。当时中华网并没有什么实际性业务支撑，其价值来源极为有限，市值被放大 609 倍，显然是资本运作、股民热捧所产生的畸形现象，也算是美国当年互联网泡沫的一个缩影。中华网上市赶上了互联网史上最大泡沫的"尾班车"。网络泡沫破灭后，大批互联网公司破产倒闭、萎靡不振，中华网也难逃此劫。但不管怎样，中华网的上市为初兴的中国互联网拓展了更大的发展空间，让很多人看到了门户模式的可行性，刺激了许多创业人士投身于互联网。中华网为后来中国互联网创业公司募集运营发展资金，探索出了道路。

纳斯达克的“寒冬”

进入2000年，美国的互联网泡沫越吹越大。2000年3月10日，由许多科技股票构成的纳斯达克市场指数冲破5000点，比1999年1月翻了1倍，其成份股股票市值增长超过3万亿美元。这也是这轮科技狂潮引领的牛市行情的最高点。

3月中旬，受美联储调高利率及微软遭地方法院拆分这两大事件的影响，以技术股为主的纳斯达克指数连连遭遇重挫、不断下滑，互联网经济危机全面爆发。3月初的市场高峰过后，股票市场损失了4.5万亿美元——相当于美国GDP的40%，互联网公司的失业人数至少达到112000人。到9月21日，纳斯达克指数迅速跌至1088点，为3年来最低。与3月10日的历史高峰相比，跌幅达78.8%，重新回到了1998年前的水平。

1999~2000年，处于创业期的中国互联网企业开始了第一轮赴美上市潮。1999年，中华网搭乘互联网泡沫最后一班车成功上市，轻而易举地融资9600万美元。但随着泡沫危机的爆发，2000年在纳斯达克上市的4家中国互联网公司——新浪、环球资源、网易和搜狐，则遭遇了互联网泡沫的破灭，使刚刚崭露头角的“中国互联网概念股”体验了一把纳斯达克的“寒冬”。

4月13日，新浪上市。新浪以每股17美元的价格发行，共发行400万股普通股。募股份额被超额认购，散户需求也十分旺盛。当日开盘价17.75美元，最高价29.12美元，收盘价20.69美元。在纳斯达克指数两周内接连狂跌的情况下，新浪股票仍能以高于计划的价格发行，也算是一个小小的奇迹。在2000年发行的4只“中国互联网概念股”中，新浪算是非常幸运了。

4月17日，环球资源上市。环球资源是一家B2B电子商务公司，核心业务是通过一系列英文媒体，促进大中华地区的出口贸易，并通过一系列中文媒体，协助海外企业在大中华地区行销。它一方面为全球买家提供采购信息，另一方面为供应商提供整合营销服务。环球资源上市当日，以每股60美元的价格开盘，最高价达99.87美元，最后以14.96美元收盘，收盘价比开盘价下跌了75%，很明显，环球资源体验了一把股市狂泻的效应，也意味着互联网泡沫破灭已在深深发酵。

6月30日，网易上市。网易的上市时机带有“逆风飞扬”的意味，而且未能再现中华网和新浪网首发时大受追捧的热烈场面。网易每股发行价15.5美元，开盘价为15.3美元，开市后一个小时内一度上涨，摸高至17.25美元，但随后便坐上了滑梯，到上午11点52分，网易股价已跌至12.75美元。在短短的52分钟内，以中国概念股形象出现在美国投资者面前的网易股票不仅跌破了发行价，而且跌幅高达15%，成交量仅为305万多股。网易此番上市的最终筹资目标为6950万美元，但在上市当日并未完全实现。网易股价就如同一只断线的风筝，直线下坠，且上市一年后，即2001年，网易陷入经营财务危机，股价一度跌破1美元底线，被停牌4个月之久。直到2002年，因为无线业务的大幅增长，网易才在纳斯达克重获生机。批评家说，网易的上市是“起了个大早却赶了个晚集”。

7月12日，搜狐上市。搜狐共发行460万股，占总股本的15%，计划融资5980万美元。英特尔、道琼斯公司以及美国数据公司等巨头参与了搜狐的早期投资。搜狐计划发行价为16~19美元，但在路演过程中，投资者对搜狐股票需求略显疲软，迫使搜狐将发行价下调至13美元，低于新浪17美元、网易15.5美元的发行价。上市当日，搜狐股票以13.03美元开盘，以13美元收盘，与当日纳斯达克网络股大涨的强劲势头形成了强烈反差。

至此，中国互联网公司在网络泡沫破灭的“冬天”，完成了首轮赴美上市。1999年和2000年是美国互联网史上值得警醒和铭刻的年份，对中国互联网公司来说，也是值得纪念的年份。1999年中华网打开了中国互联网公司赴美上市的大门，2000年新浪、网易、搜狐在网络泡沫的破灭声中先后在纳斯达克上市。中华网和新浪、网易、搜狐并称为中国四大门户网站，真正开启了中国互联网公司登录美国资本市场的先河，成为中国互联网行业赴美上市的鼻祖。

1998年夏，英国《经济学家》杂志提出：“是美国的资产价格膨胀——

而不是东南亚金融危机——构成了对世界经济的更大威胁。美股市场今年又有了15%的收益，与前两年相比竟然增长了65%，而这并不是泡沫出现的唯一迹象。”

《经济学家》杂志提到的“资产价格膨胀”是促成互联网泡沫出现的原因之一。1995年8月9日，网景在纳斯达克挂牌上市，成为第一家上市的互联网公司。网景当日挂牌承销价28美元，最高价达74.75美元（上涨266%），最后收盘价为58.25美元（上涨208%）。网景上市出现的“资产价格膨胀”成为互联网公司上市热潮的第一引擎。

网景的上市，吸引了全世界投资银行、创投基金与承销商的目光，他们率先看到，互联网创造流量与使用人口的速度超过人类科技史上所有发明，有可能创造无数明星公司，因而他们纷纷建立互联网研究团队。随后，美国许多投资人以投资网景的模式，把自己的资金砸向股票市场。硅谷著名的创投基金都将资金投入互联网创业公司，红杉（Seqoia）投资雅虎、基准（Benchmark）投资易贝、风险投资家约翰·杜尔则投资了亚马逊。

许多新上市的公司为迎合互联网上市热潮，千方百计地想办法与互联网挂钩。有的索性在公司名字后面加上.com，有的在公司名字前面加上i或者e，以示公司与互联网有关。在那个时期，只要公司与互联网挂上钩，不管公司是赚钱还是赔钱，也不管公司主营什么，股价都会被炒得直冲云霄，发行新股时也会被抢购一空。网景上市第一天飙涨的盛况，成为公式化模板，被不断地复制和放大。

仅在1999年，纳斯达克新上市股平均涨幅就高达194%，其中B2B软件公司第一商务（Commerce One，2004年9月宣布破产）高达1000%。1999年12月9日，号称“微软第二”的VA Linux上市，股价由30美元暴涨到239.25美元收盘，涨幅更高达698%，一举筹资1.32亿美元，创下历年来的最高纪录。纳斯达克股市指数从1998年10月亚洲金融风暴与俄罗斯金融危机结束后的1419.12点，升至2000年3月10日的最高点5132，涨幅达256%。

股市膨胀绝对不同于宇宙大爆炸后的膨胀，不可能无限地持续下去。气球吹到极限，爆炸是必然的。当纳斯达克指数不正常的最高点出现的时候，其实丧钟已经悄悄响起。“当市场的行为一致化，事情就将反转。”晨星（Morningstar）基金公司资深分析师斯科特·库里回忆。美林证券分析师亨利·布劳吉则指出：“1995～1998年，大部分投资者低估了互联网的力量，但到了1999年，大家却又开始高估了它的能耐。”

3月10日，纳斯达克指数盘中创下5132点的历史高点，3月22日，纳斯达克指数坠落至1820点，高低之间，跌幅高达64%。4月14日，纳斯达克股市重挫9.67%，创下1971年开市以来的最大单日跌幅纪录。自此之后，许多新近创立的公司选择不再同i或者e挂钩。据统计，过去12个月中，1700家纳斯达克上市公司跌掉了50%以上的市值，其中升阳跌58%、甲骨文跌59%、思科跌67%、雅虎跌88%；还有428家公司跌掉了90%的市值，包括著名的Priceline跌97%，全球最大的在线玩具零售商eToys跌99%（现已下市）。

eToys成立于1996年11月，1997年6月正式开始营运，在1999年5月上市前，已亏损3100万美元。但在网股狂热的1999年，eToys还是得以顺利上市。上市当天，eToys的股价由20美元急升至77美元，成功融资1.66亿美元，市值为85亿美元，比有52年历史、全美最大的玩具经销商玩具反斗城的市值还高出52%。到了10月，其股价飙升到每股84.25美元。

互联网发迹的年代，在狂热的网络股市，eToys的资金来得非常容易。借助互联网股市的强大资本动力，成立初期的eToys雄心勃勃，发展非常快，员工人数达到1000多人，成为美国许多传统玩具公司（如玩具反斗城等）的劲敌。

但是，eToys拿着投资人的钱没有考虑去做些实际生意、如何去赚钱，倒是做了一些特别超前、脱离现实的事情，比如建立有超前技术、先进的网络电子商务基础架构。有了大量投资后，eToys花钱如流水，许多项目超出预算，投入大量资金放在没有效果的广告上。公司主管们享受高薪，

花高薪聘请与实际技术能力不相称的工程技术人员。这样的互联网公司其实是非常脆弱的，抗风险能力差。最终在股市泡沫破灭的冲击下，加上对手玩具反斗城和亚马逊的联合夹击，eToys 这个最有实力和最有希望的玩具互联网公司在纳斯达克的“寒冬”中倒下了。2001 年 3 月 8 日，eToys 关闭其网站，寻求破产保护。这个曾显赫一时、规模仅次于亚马逊的网络零售商如流星一般退出历史舞台。

“生不逢时”的凄凉

纳斯达克股市的连续下挫，严重打击了投资者的信心，使得靠风险投资为生的新兴互联网业遭受灭顶之灾，整个互联网业愁云密布、寒气逼人。但灾难并没有就此停止。就像倒下的多米诺骨牌一样，从 2001～2002 年，互联网业的危机很快波及处于产业链上下游的电信制造业和运营业，许多通信公司股票下跌，盈利状况恶化，纷纷宣布裁员。整个通信产业步入了前所未有的“寒冬”之中，成为重灾区。

1999 年，平均每家上市的互联网公司募得 1.1 亿美元，互联网公司的上市创业，或者是传统企业的 e 化，企业争相投资新经济的网络硬件与软件，导致经营路由器的思科、经营网络主机的升阳、经营资料库软件的甲骨文营收均出现 60% 以上的年成长率。美林证券分析师亨利 · 布劳吉指出：如果一家新创互联网公司在纳斯达克募集了 1 亿美元，其中就有 500 万美元流到像 Scient 这样的互联网咨询公司，1000 万美元流到雅虎或美国在线打广告，500 万美元流到像 Vignett 的软件开发商，又有好几百万美元分别给了 Exodus 通信（主机托管）、升阳、戴尔。而一旦互联网公司倒闭，传统企业 e 化机制建置完成，设备软件投资成长率由 1998 年的 40% 陡降到 2000 年底的 10%，这些公司的营收急速下降，股价大跌。

从 1999～2002 年，在纳斯达克上市的中美主要互联网公司的市值均受到了互联网泡沫膨胀及破灭的影响（见表 1－1）。1999 年雅虎、亚马逊、易贝和中华网的市值分别达到 1291.38 亿美元、208.01 亿美元、181.32 亿美元和123.20亿美元，但它们当年的营收分别为5.89亿美元、16.40亿美元、2.25亿美元和0.20亿美元，价值放大倍数分别为219、13、81和609。显然，这些互联网公司的营收与其市值非常不匹配，营收很低，市值却高得可怕！市值虚高的部分无疑是互联网泡沫使然。放大倍数越大，就意味着实质运营的内容就越小，抗风险能力越弱。中华网609倍的价值放大倍数、雅虎219倍的价值放大倍数都属于极不正常的股市畸形。2000～2001年的泡沫破灭期，中华网、雅虎的市值可谓“飞流直下三千尺”，“市”气大伤，两家公司从此一蹶不振、走向衰落。中华网于2011年10月6日破产退市。

2000年上市的中国三大门户网有些“生不逢时”的凄凉，新浪算是小小的幸运，市值达到了1.61亿美元，而网易、搜狐的市值均不足1亿美元。2001年其他互联网公司的市值继续下滑，网易却逆势上扬，市值接近1亿美元，同比市值上涨49%。2002年，三大门户网市值均大幅提升，新浪、搜狐超过3亿美元，网易竟高达17.31美元。这说明3家互联网公司熬过了最艰难的一段时间，终于存活了下来，并进入青春期。多年后，这3家公司继续在中国互联网业界掀起阵阵风云。越来越多的互联网公司赴美上市，正是被这三大门户网站点燃的。

表1-1　　1999～2002年中美主要互联网公司比对　　单位：亿美元

国家	公司名称	纳斯达克上市时间	市值			
			1999年	2000年	2001年	2002年
美国	雅　虎	1996年4月12日	1291.38	208.43	99.10	108.30
	亚马逊	1997年5月16日	208.01	61.65	53.00	84.80
	易　贝	1998年9月24日	181.32	132.39	162.36	232.06
中国	中华网	1999年7月13日	123.20	12.98	8.69	8.51
	新　浪	2000年4月13日		1.61	0.69	3.61
	网　易	2000年6月30日		0.65	0.97	17.31
	搜　狐	2000年7月12日		0.56	0.38	3.09

资料来源：邓正红软实力研究应用中心。

值得一提的是，搜狐、新浪、网易这三大门户网站虽然都顽强地从泡沫危机中挺了过来，但彼此的价值差异已露端倪。2002 年网易的市值已远远地走在新浪、搜狐的前面，这反映了网易应对危机的功力和价值增长潜力在新浪、搜狐之上。12 年后的 2014 年 8 月 1 日，网易市值已突破 100 亿美元，新浪 30 亿美元，搜狐 21 亿美元，这与 2002 年 3 家公司的价值差异基本相同。因此，可以这么说，经历了这场互联网泡沫的破灭，三大门户网站的价值成长基因已经形成。

第2节

赴美上市潮与美国经济周期

中国互联网公司赴美上市，第一轮热潮是中华网领衔。互联网泡沫破灭后，时隔3年，中国互联网公司掀起了第二轮赴美上市热潮，这次领衔的是在线旅游公司——携程网。2003年12月9日，携程在纳斯达克股市挂牌交易。上市首日表现强劲，股价摸高到37.35美元，收盘于33.94美元，较发行价18美元上涨了88.6%。携程首次公开发行就募集了7560万美元。据汤姆森财务公司的数据显示，这是3年来纳斯达克市场上开盘当日涨幅最大的一只股票。

“机不可失”的上市信号

携程网创立于1999年初，是一家集宾馆预订、机票预订、度假产品预订、旅游信息查询及特约商户服务为一体的综合性在线旅行服务公司。携程网的组建吸纳了海外风险投资，主要的投资者有美国CarlyleGroup、日本SoftBank、美国IDG等。继三大门户网站之后，又一只中国网络股受到纳斯达克投资者的青睐。

首日交易就获得巨大的成功，这是携程事先没料到的事情。但细细分析，携程上市主要是选对了好的时机——恰逢互联网经济复苏。三大门户上市的时候，正赶上美国互联网经济的衰落期，时机不对，三大门户都处于亏

损之中，因而上市倍显艰难。经过3年的经营改善，中国互联网股开始从亏损迈向盈利，股价不断回升，部分当初被称为“惨淡上市”或“流血上市”的股票走出困境。互联网股稳健的财务实绩是站稳纳斯达克最重要的基石。进入2003年以来，新浪、网易、搜狐的股价走势强劲，巨幅上涨（见图1－1、1－2、1－3）。三大门户股价的大幅飙升不仅让纳斯达克的投资者们领略了中国互联网的魅力，更是给了中国互联网公司一个“机不可失”的上市信号。

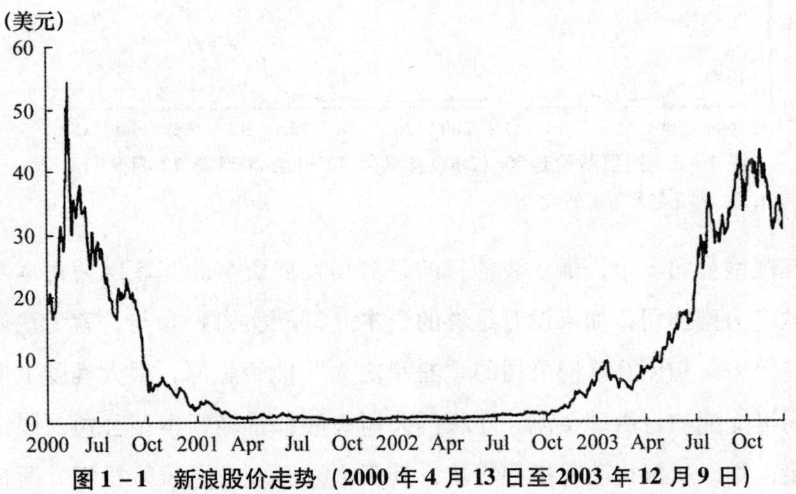

图1－1　新浪股价走势（2000年4月13日至2003年12月9日）

资料来源：邓正红软实力研究应用中心。

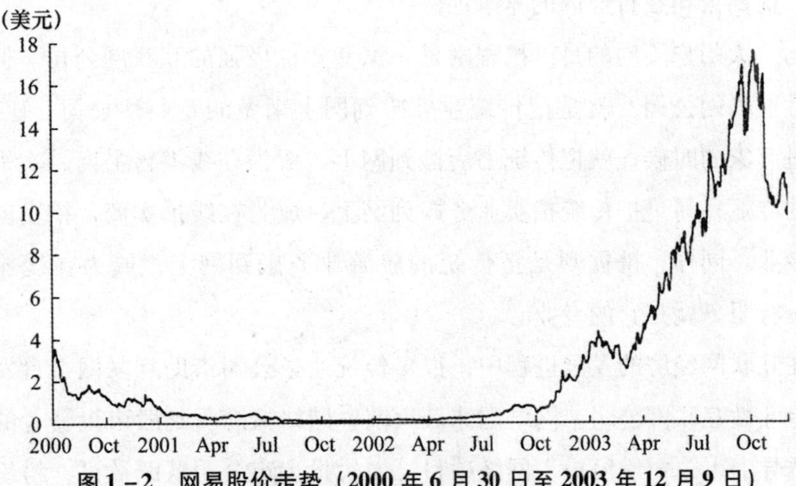

图1－2　网易股价走势（2000年6月30日至2003年12月9日）

资料来源：邓正红软实力研究应用中心。

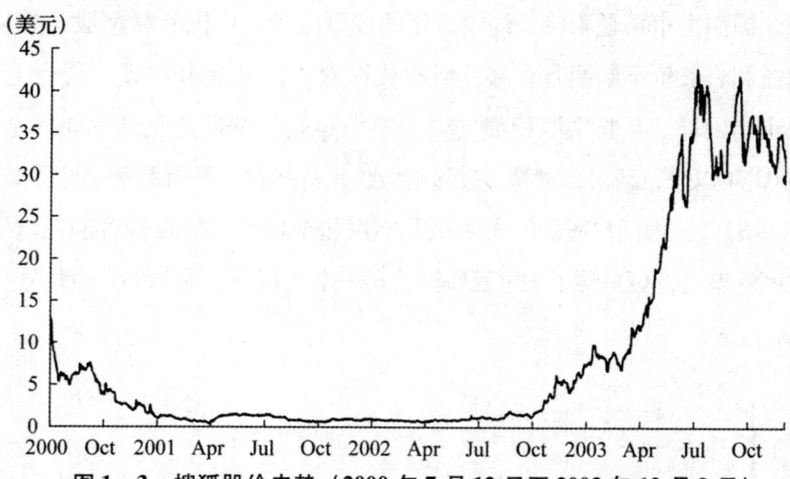

图 1－3　搜狐股价走势（2000 年 7 月 12 日至 2003 年 12 月 9 日）

资料来源：邓正红软实力研究应用中心。

互联网公司上市，最主要的目的是募集发展资金。互联网公司本身就属于软实力型公司，如果没有足够的资本（即硬实力）参与，就无法做大形成竞争力。初创互联网公司的“星星之火”能否燎原，很大程度上取决于公司可支配的自由现金流。互联网公司一般都是轻资本型公司，固定资产不足，难以从银行获得抵押贷款，其资金来源多数是风险投资。通过上市，互联网公司可以使原来的投资者套现，也可以为公司带来巨大的发展基金，提高公司在行业内的竞争地位。

与三大门户不同的是，携程网是一家专业性极强的互联网公司。何谓专业性互联网公司？就是把传统业务搬到网上来做的专业性公司。比如，亚马逊起家的时候，就把传统书店搬到网上，成为在线零售书商，卖书就是它的专业；易贝把传统拍卖业务搬到网上，成为在线拍卖商，拍卖就是它的专业。同样，携程则是把传统的旅游业务搬到网上，成为在线旅游商，旅行服务就是它的专业。

在互联网经济的发展进程中，很多传统业务公司借助互联网平台发展成为专业性互联网公司。网络泡沫破灭前，网络概念受到股市投资者的追捧，诱导上市公司纷纷投入网络项目。一大批上市公司跃跃欲试，纷纷调整投资方向，希望搭上网络概念。这说明股票市场资源配置正向互联网产

业大量转移。携程的业务是最传统的旅游服务业，靠收代理费作为经济增长点，它将互联网作为整个企业的平台，全新演绎旅游服务业这个最传统的商业模式，聚集了大量的人气。

股市资源向互联网产业转移的趋向已非常明显。当时的情况是，专业类网站之间的竞争处于胶着状态，胜负难分，领导型网站还没有脱颖而出，专业网站模式单一，竞争激烈，风险依然很大。初创互联网公司急需大量的发展资金，谁融资速度领先，谁就将处于明显的优势地位。巨额资金化解长期发展的风险，这是最现实的选择。像携程这样的专业性网站，必须率先上市，获得足够的资金，才有可能获得突破性发展，迅速成为行业的领跑者。就像2000年三大门户上市一样，虽然困境重重，但最终挺过来了，靠着3年来纳斯达克资本市场的支持，不仅走出了亏损开始盈利，在门户类网站中脱颖而出，基本形成垄断性格局，而且股价持续走高。三大门户的成功示范，使得大批刚刚创业的中国互联网公司都想从美国股市中舀上一瓢资本，进而在竞争中拔得头筹。

携程上市的时机点抢得好

当然，读者可能疑惑，中国的互联网公司非要跑到美国去上市吗？就不能就近在中国上市？这里要向读者说明的是，在中国境内，上市这条路对大多数互联网初创公司来说几乎是行不通的。中国的政策对上市公司的要求比较高，公司必须是盈利的，最近3年必须连续盈利，这对于初创互联网公司来说几乎是不可能的事情。以三大门户为例，2000年它们在纳斯达克上市，但1999年3家网站的运营都是亏损的，照此情况，三大门户不可能在本土获得上市，因而只能转道纳斯达克“曲线上市”。这也是中国互联网公司大都要去海外上市的一个重要原因。对携程来说，虽然2002年盈利200万美元，但2000年亏损300万美元，2001年亏损200万美元，不符合中国连续3年盈利的上市要求，因此，携程在中国无法实现上市。

相比2000年三大门户上市，携程上市的时机点抢得好：①美国互联网经济在经历大起大落后开始复苏，互联网股价进入常态，并渐渐上升。②中国互联网市场快速发展。3年来，中国的互联网用户已达7800万，相比2000年三大门户上市的时候，中国网民数量取得了近10倍的增长。在与互联网相关的其他高科技应用中，中国移动电话、有线电视和固定电话已经全球第一，互联网用户稳居全球第二，个人电脑跃居世界第四。这些高科技应用用户的融合代表着未来互联网增长的潜力。③三大门户上市前是亏损的，而携程上市前已实现盈利，奠定了上市的底气。④中国互联网市场的快速发展，三大门户的业绩改善和提升，使中国互联网概念股受到美国投资者的青睐。⑤在携程网上市前，还没有一家中国的订票公司和旅游公司在纳斯达克上市。

携程网不仅是互联网泡沫破灭后第一家在纳斯达克上市的中国互联网公司，也是第一家登陆美国股市的中国专业类网站，同时正式拉开中国互联网公司第二轮赴美上市的序幕。对于携程网登陆纳斯达克股市，不管是证券界还是网络界，对其前景都给予了较好的评价。业界认为，携程网选择此时上市，应该说抓住了时机，前景很不错。携程网执行副总裁范敏说："携程网依托网络的优势，作为中国第一个旅游服务企业在美国纳斯达克上市，是股民对于中国庞大的网络市场和正在蓬勃兴起的旅游市场的认可。携程上市，不论是对中国旅游企业能够进一步提升运营的素质，还是对中国旅游企业走向世界，都有重大的意义。"

潜在的、巨大的旅游市场，加上互联网广泛的营销效应，成就了携程率先走上纳斯达克之路。互联网让更多人知道了携程，并且更加方便了携程为游客提供服务，而且规模越做越大，服务越做越周到。"旅游+互联网+上市"这样的结合，为携程带来比其他旅游企业更多的竞争优势。携程此次融资共计7560万美元，将用于增加基础设施及市场宣传方面的投入，拓展产品线及战略性收购。

与美国经济同进退

中国互联网公司在美上市的热潮与全球经济（尤其是美国经济）的复苏密切相关。第一轮热潮正赶上美国互联网经济最热的时候，第二轮热潮的兴起正是美国经济走出低谷的时候，两者时机几乎一致。因为互联网热潮的起落并不取决于互联网本身，而主要受制于全球经济的整体状况。中国互联网公司在美上市的第一轮热潮持续了两年，而整个美国互联网公司的第一轮上市热潮从 1995 年 8 月 9 日美国首家互联网公司网景（Netscape）上市算起到 2000 年泡沫危机爆发，美国这轮经济周期持续了 5 年。而中国互联网公司的上市仅仅集中在这轮经济周期的最后两年，第一轮上市热潮持续时间短，因为搭的是互联网泡沫的末班车。

中国互联网公司第二轮上市热潮能持续多久？按照美国经济周期推算，这轮上市潮肯定要比第一轮持续的时间长。因为这波热潮与美国经济复苏同步，从历史上看，经济一旦走出低谷，开始复苏，那么必然会持续很多年，所以这一轮的互联网热潮必然会持续好几年。由于网络泡沫危机爆发，中国互联网公司赴美上市在 2001 年、2002 年歇了两年。2003 年 12 月 9 日携程登陆纳斯达克，中国互联网公司赴美上市再次起航。2008 年美国金融危机爆发，意味着美国网络泡沫破灭后的新一轮经济周期终结，这一年美国股市没有新增的中国互联网公司。如此算来，2003 年以来的美国经济周期持续了 5 年，与美国经济同进退的中国互联网公司第二轮赴美上市潮也持续了 4 年多。

在第二轮上市中，中国总共有 23 家互联网公司在美国上市，数量是第一轮上市的 4.6 倍，其中 2004 年有 9 家互联网公司上市，包括掌上灵通、TOM 在线、盛大、空中网、前程无忧、金融界、艺龙、第九城市、九城关贸；2005 年有 4 家互联网公司上市，包括华友世纪（后更名酷 6）、德信无线（后更名泰克飞石）、分众传媒、百度；2006 年有 2 家互联网公司上市，包括中国信息技术、富基融通；2007 年有 7 家互联网公司上市，包括橡果国际、完美世界、易居中国、永新视博、东南融通、巨人网络、文思信息。

从中国互联网公司两轮赴美上市潮看，上市热度几乎与美国经济热度呈正相关（见图1-4）。美国第一轮经济周期（更确切地说，是互联网经济周期）从1995年起步，经过1996~1998年连续3年的升温，到1999年底攀至巅峰，进入2000年后渐次退潮。中国互联网起步于1994年，1995~1998年正是中国互联网公司的孕育催生期。这4年中国在美上市的互联网公司为零，而美国互联网公司上市火热。1995年网景率先成为第一家上市的互联网公司，其后，雅虎1996年上市，亚马逊1997年上市，易贝1998年上市，这几家都是当年上市有代表性的互联网公司。中国互联网公司经过几年的萌动，1999年在网络概念股如日中天之际，中华网领衔成为第一家上市的中国互联网公司，接着2000年又有4家互联网公司上市。

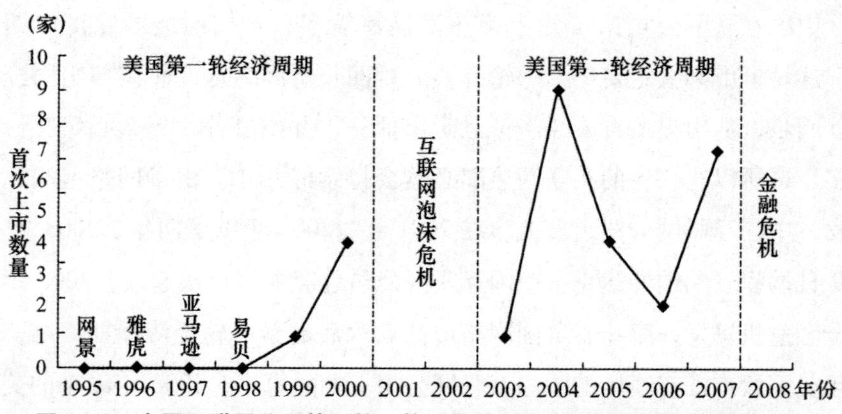

图1-4 中国互联网公司第一轮、第二轮赴美上市潮与美国经济周期比对

资料来源：邓正红软实力研究应用中心。

从中国互联网公司在美上市的时机看，集中在美国经济周期的两头，一头是经济由冷变热的时候，另一头则是经济由热趋冷的时候。第一轮上市赶在经济周期的尾头，第二轮上市则两头都有体现。2003年美国经济复苏，携程打破两年股市的沉寂，领先上市。2004年经济正是变热的时候，中国互联网公司一下集中了9家在纳斯达克成功上市。2007年恰逢金融危机爆发前，美国经济周期快走到尽头。美国经济因次贷危机而增长放缓，

但房贷经济似乎与网络经济不大相干，这一年中国又有7家互联网公司在美上市，年度互联网公司上市数量仅次于2004年。2008年，华尔街的“喷嚏”扩散，全球性的金融“感冒”爆发，中国互联网公司赴美上市暂停，第二轮上市潮就此终结。从两轮上市看，美国经济周期总是伴随经济危机而更替，因此，判断中国互联网公司每一轮赴美上市潮的持续时间，美国经济增长周期是一个极为重要的因素。

与第一轮上市相比，中国互联网公司第二轮赴美上市有如下特点。

一是持续时间长。从2003年12月9日携程率先登陆纳斯达克，到2007年11月1日巨人网络断后进入纽约证券交易所，前后历时4年，跨越5个年度，几乎与美国第二轮经济周期同步。

二是上市公司众多。专业性互联网公司百花齐放，23家上市公司加上第一轮上市的门户网站，梯队形的中国互联网上市阵营基本形成。如果算上在中国香港上市的腾讯（2004年6月16日）和阿里巴巴（2007年11月6日），那么腾讯、阿里巴巴和百度就构成了中国互联网海外上市的第一阵营。到2007年底，腾讯市值137.72亿美元，阿里巴巴市值177.59亿美元，百度市值95.57亿美元。这3家市值百亿美元级的互联网公司优势明显，三足鼎立的中国互联网巨头格局已现雏形，号称“ATB”（即阿里、腾讯、百度头个汉字拼音字母的缩写，表示三巨头的互联网地位）。50亿美元左右的分众传媒和巨人网络，以及20亿～30亿美元的携程、新浪、网易、盛大等6强构成了中国互联网的第二阵营，也是在各自领域领先的互联网列强。而搜狐、第九城市、完美世界等10多家互联网公司构成了第三梯队，也都各有特点。这个格局与5年前三大门户的独领风骚已经大不一样了。

三是开辟新的上市阵地。有6家互联网公司在纽约证券交易所上市。2007年在美上市的7家互联网公司，只有完美世界1家在纳斯达克上市，橡果国际、易居中国、永新视博、东南融通、文思信息、巨人网络等6家公司均在纽约证券交易所上市。

纽约证券交易所相当于中国的沪市和深市主板，门槛较高、规模较大的公司一般选择在纽交所上市，上市标准分为发行标准和财务标准两部分，并且标准分为针对美国公司和非美国公司。其中针对非美国公司，要求税前收入在最近3年的总和为1亿美元，最近两年中每一年达到2500万美元。

纳斯达克相当于中国的创业板，上市标准较纽约证券交易所更为宽松，这点对规模稍小、营运历史较短和财务尚不能达到美国交易市场的上市标准的外国公司来说非常重要。其中门槛最低的标准，只要求股东权益达到1500万美元，最近一个财政年或最近3年中的两年拥有1000万美元的税前收入，公众持股量达110万股，公众持股价值达800万美元，每股买入价至少为5美元，至少有400个持100股以上的股东和3个做市商。

到2007年，自中国第一家互联网公司在美上市已有8年了，其中有7年都在纳斯达克进行。2007年中国互联网公司跨过纳斯达克，直接进入纽约证券交易所，说明中国互联网公司的规模已跃上一个新的等级。

2007年中国互联网用户总数达2.1亿，比2006年增长53.28%，是互联网用户规模增长最快的一年；互联网市场规模达55.58亿美元，成为世界第一大互联网市场。其中移动互联网业务总体市场规模达15.25亿美元，比2006年增长60.2%；互联网搜索引擎市场总体规模达5.31亿美元，比2006年增长71.9%；互联网综合门户市场规模达16.93亿美元，比2006年增长22.3%。中国互联网整体市场保持了持续的快速增长，2006年、2007年两年市场规模增长率都在40%以上。

在第二轮上市潮，中国互联网的发展日渐成熟，互联网化已成为传统企业应对激烈市场竞争、创新性提升自身竞争力的重要手段。从细分领域来看，电子商务、网络广告、网络教育等诸多细分市场发展迅速，传统服务业同互联网的结合日趋紧密，互联网产业对国民经济发展的影响力持续增强。门户、即时通信、搜索引擎等各类主导业务之间的渗透力度进一步加强，互联网自身也在极大程度地体现“融合”的大趋势，平台化、综合性服务（在每个细分市场都推出相关服务）成为众多主导厂商竞争的焦点。互联网增值业务向移动互联网方面的延伸力度进一步加强，移动互联网成为众多厂商开拓新市场的重要目标。

第3节

中国网络游戏股的境遇

2004年全球经济下行，纳斯达克股市低迷，投资者对中国概念股的态度趋冷，中国网络股上市行情总的来看比较疲软。尽管如此，中国互联网公司对赴美上市依然充满热情，纷纷逆市而上，将第二轮赴美上市推向高潮，全年有9家中国互联网公司在纳斯达克资本市场挂牌交易（见表1－2）。从收盘看，有8家公司首日上市收盘价高于发行价，只有金融界的收盘价低于发行价。前程无忧第一，收盘价高出发行价7.15美元；第九城市第二，收盘价高出发行价4美元；掌上灵通第三，收盘价高出发行价3.42美元。

表1－2　2004年中国互联公司在美首日上市一览　单位：美元

公　司	股票代码	上市时间	上市地点	发行价	开盘价	收盘价
掌上灵通	LTON	3月4日	纳斯达克	14	18.95	17.42
TOM在线	TOMO	3月10日	纳斯达克	15.55	15.75	15.58
盛　大	SNDA	5月13日	纳斯达克	11	11.3	11.97
空中网	KONG*	7月9日	纳斯达克	10	10.25	10.1
前程无忧	JOBS	9月29日	纳斯达克	14	18.98	21.15
金融界	JRJC	10月15日	纳斯达克	13	15.5	11.7
艺　龙	LONG	10月28日	纳斯达克	13.5	22	14.4
九城关贸	NINE	12月3日	纳斯达克	11	13.1	11.4
第九城市	NCTY	12月15日	纳斯达克	17	19	21

注：从2014年6月16日开始，空中网纳斯达克股票交易代码“KONG”变为“KZ”。

资料来源：邓正红软实力研究应用中心。

2004年中国互联网公司的上市路线是，无线概念股（掌上灵通、TOM在线等）打头阵，游戏概念股（盛大等）紧跟，职业概念股（前程无忧等）居中，游戏概念股（第九城市等）断后。

无线概念股

2004年在纳斯达克上市的中国网络股有3只是无线概念股，即掌上灵通、TOM在线和空中网。掌上灵通最幸运，其收盘价高出发行价3.42美元；而TOM在线、空中网在开盘后一度跌破发行价，最后分别以仅高出发行价3美分和10美分的价格收盘，总算是挽回了一点面子。

为什么空中网、TOM在线的上市与掌上灵通有如此大的差异？

就纳斯达克来说，三大门户、掌上灵通、TOM在线和空中网都把无线增值业务作为核心业务，“无线概念”在纳斯达克显然已趋于饱和。6家互联网公司都在做无线业务，存在着“一荣俱荣、一损俱损”的情况，任何一家的无线业务滑坡都会导致其余各家的股价下跌。

我们倒过来分析，先看空中网。空中网原定的上市时间是7月8日，但上市前风云突变。7月7日，网易公布的财报预警显示，其无线增值业务将会在二季度下降37%~41%，这导致了网易的股价跌至52周来的最低点（见图1-5），并拖累中国概念股整体大跌。于是，空中网被迫推迟上市。7月9日空中网正式登陆纳斯达克，发行1000万股，每股发行价10美元，为原定10~12美元区间的最低点。空中网开盘价10.25美元，开市后不久就跌破发行价，一度跌至9.75美元。不过在最后收盘的时候还算争气，以10.1美元收盘，略高于发行价。

进入7月以来，网易的股价暴跌，1日跌破10美元，7日跌破9美元至8.32美元，8日再跌至8.25美元。网易的无线预警不仅冲击着空中网的上市，也造成了掌上灵通的股价低落。在空中网上市的同一天（8日），掌上灵通开盘价8.98美元，最低落至8.8美元，以8.89美元收盘，略低于开盘价。

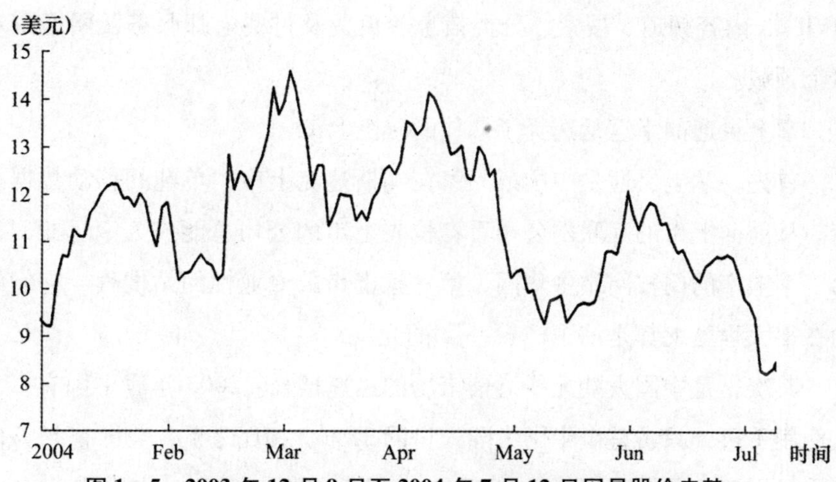

图 1-5　2003 年 12 月 9 日至 2004 年 7 月 12 日网易股价走势

资料来源：邓正红软实力研究应用中心。

实际上 2004 年上市的无线股的股价高低都受到网易股价走势的影响，但掌上灵通的上市要比 TOM 在线、空中网走运。掌上灵通 3 月 4 日上市，这一天网易的股价升至 2004 年以来的最高位 14.6 美元，水涨船高，掌上灵通当日以 17.42 美元收盘，高出网易收盘 2.82 美元。6 天后的 10 日，TOM 在线上市恰是网易股价由高走低的时候——网易股价 4 日飚至最高，5 日立马就峰回路转往下跌，10 日跌至 12.2 美元，较 4 日下降 16.4%，使得 TOM 在线的收盘价仅高出发行价 3 美分。

掌上灵通成立于 1999 年 10 月，主要为中国移动电话用户提供手机铃声、手机游戏以及短信息服务，如图像、屏保、互动短信、冒险游戏、动作游戏、小游戏、占卜、新闻以及一个叫作“宠物乐园”的虚拟乐园；还为用户提供 IVR（Interactive Voice Response）服务，即互动式语音应答，用户只需用电话即可进入服务中心，可以根据操作提示收听手机娱乐产品，也可以根据用户输入的内容播放有关的信息，这种服务可以让用户给其他用户发送歌曲、在聊天室聊天等。掌上灵通提供的这些服务深受年轻人的喜爱。

TOM 在线是成立于 2000 年的无线互联网公司，提供多媒体增值产品及服务，业务范围覆盖了包括短信、彩信、WAP、无线音讯互动服务

(IVR)、内容频道、搜索、分类信息、免费及付费电邮服务及网络游戏的多个领域。

掌上灵通的幸运是选择了最佳的时机上市。

首先，掌上灵通是中国第一家在纳斯达克上市的单纯的移动数据提供商。从前面上市的互联网公司看，抢先上市的公司总能成为幸运儿，比如第一家上市的门户网站中华网，第一家上市的专业性网站携程，它们的成功在很大程度上都是沾了“第一”的光。

其次，是中国大陆无线通信市场的迅速增长。2003 年底中国有 2.7 亿人使用手机，只占整个中国大陆人口的 21%。相比之下，美国有 55% 的人是手机用户，西欧有 80%，比起日本 62%、韩国 68%、中国香港 91% 等其他亚洲市场，手机在中国大陆的渗透率还很低，中国大陆无线通信市场增长潜力很大。

再次，掌上灵通拥有大量如卡通网、索尼唱片等合作商。这也是一大关键，可以为用户提供新鲜流行的内容。2003 年，掌上灵通以敏锐的商业眼光率先一步与具有国际品牌的传媒公司先后签约，其中包括索尼唱片公司、美国在线时代华纳旗下的特纳公司、星空音乐台（Channel [V]）和星空卫视等，此外和百代唱片（EMI）签约，并获得了日本著名动画人物蜡笔小新的授权。这一系列合作关系的建立标志着掌上灵通在其商业运作上已经走向全面国际化。

空中网的上市除了受网易的影响，还有一个因素，就是空中网在招股说明书里写明了自己面临的风险，主要是业务单一。过度依赖于无线增值业务，使空中网的业绩发展直接取决于信息产业部和运营商的政策，以及与运营商的合作关系等。不过，这也并非只是空中网一家所面临的风险，还是全国近 2000 家大大小小的 SP 所面临的共同风险。

SP（Service Provider）是服务提供商的英文缩写，是通过移动通信网和定位技术获取移动终端（手机）的位置信息（经纬度坐标数据），开展一系列应用服务的新型移动数据业务。SP 负责根据用户的要求开发和提供适合手机用户使用的服务。

SP 主要以提供短信服务为主，从互联网公司的业务特点看，SP 分成三大类。第一类 SP 是门户型的，由门户网站提供的短信服务，以搜狐、新浪、网易和 TOM 在线等门户网站为代表，其短信服务的内容包括铃声、图片、文字传情、新闻、游戏等，门户型 SP 比较擅长对素材的不断更新和补充。第二类 SP 是专业型的，是将短信服务作为主要业务的公司，服务内容与第一类 SP 几乎一致，但专业型 SP 的技术创新、创意性服务具有专业优势。第三类 SP 是专项型的，就是将短信服务作为公司一项附加业务，比如，腾讯的短信服务是由 QQ 衍生出来的，没有常见的图片、铃声、游戏等业务。

空中网的 WAP 和彩信占据了中国市场的老大地位，但它试图通过手机游戏、电子书籍等方面和其他 SP 区分开来，其面临的政策风险依旧存在。尤其是中国移动和中国联通对 SP 的整顿以及信息产业部对 SP 在内容方面的规范，使得众多 SP 的用户数量以及下载量等数据普遍出现了较大的滑落。

职业概念股

前程无忧网成立于1998 年，主要提供招聘猎头、培训测评和人事外包在内的人力资源服务，并在包括成都在内的国内各大主要城市设有服务机构，拥有企业客户 17 万家。2003 财年前程无忧的净利润达 393.88 万美元，这同时也是该公司连续第二个年度实现盈利。

前程无忧原计划在2004 年7 月完成路演上市，但受纳斯达克股市低迷的影响，前程无忧推迟了在纳斯达克的上市计划。21 日纽约股市收盘时，以技术股为主的纳斯达克指数跌至9 个月以来的最低水平。在纳斯达克上市的中国科技股总体股价表现平平，空中网自7 月9 日登陆纳斯达克以来，19 日的收盘价已低于发行价 12.49%。更有业内人士认为，前程无忧的经营模式很有意思，它也确实是本领域内的领先者，但是在目前这种股市状态下，将融资目标设定在9000 万美元，是其2003 年净利润的23 倍，实在是太高了。

9月15日一度推迟上市的前程无忧重新向美国证券交易委员会提交了上市申请，计划最少募集5775万美元。29日，前程无忧正式在纳斯达克市场挂牌交易，开盘价18.98美元，比14美元的发行价高近5美元，报收于21.15美元，涨幅达51.07%，首日交易中最高涨至22.9美元。前程无忧此次发行美国存托凭证525万股，筹得7350万美元资金。

前程无忧的融资目标从最初的9000万美元调低至5775万美元，尽管减少了3225万美元，但最终实现筹资7350万美元，比最低融资目标多筹得1575万美元。可以说，前程无忧审时度势的上市策略获得了相当的成功。在众多纳斯达克上市的中国概念股中，分析师原本对前程无忧的股价并不看好，谁会想到一个面向中国市场的招聘网站竟然会成为2004年纳斯达克中国互联网上市公司中的一道最亮丽的风景。但恰恰是这家垂直性的行业网站创造了奇迹，投资者对前程无忧的需求表现得足够强烈。

同一天在纳斯达克上市的还有一家美国的游戏和手机铃音制作商JamdatMobile。JamdatMobile位于洛杉矶，以每股16美元的价格出售了550万股，这个价格比预期的13～15美元每股价格略高。该股当日以22.51美元收盘，比报价高出40.69%。

据纽约Thomson Financial的统计，2004年第三季度在纳斯达克上市的61家公司中有6家的股价涨至预期之上，有29家上市公司被迫以低于最初预期的价格出售了它们的股票。无疑，前程无忧和JamdatMobile在纳斯达克股市初始发行时出现的大涨，给疲软的初股发行市场燃起了一轮希望。

前程无忧的上市与携程有相似之处，它们都是在纳斯达克上市的专业性网站，只是专业领域不同。携程做旅游服务，前程无忧做职业服务，都是属于互联网服务类概念股，比起资讯、娱乐等一些浅层服务而言，已越来越接近网民的核心需求。前程无忧的商业模式特别扎实，作为一家专业的人力资源网站能够成功实现初始发行，标志着中国互联网产业发展正走向成熟。在投资者看来，中国互联网的商业模式日益丰富，整体性的轮廓日渐清晰。在中国概念股表现低迷的情况下，前程无忧的成功上市有助于投资者恢复对中概股的信心。

游戏概念股

12 月 15 日，中国网络游戏运营商第九城市在纳斯达克挂牌交易，开盘价 19 美元，高出 17 美元的发行价 2 美元，收盘于 21 美元，较发行价高 4 美元，涨幅达 23.53%。第九城市此次发行美国存托股 607 万股，融资 1.03 亿美元。

2004 年在前程无忧之后还有 4 家中国互联网公司在纳斯达克上市，第九城市最后上市。之前上市的金融界、艺龙、九城关贸等 3 家公司的收盘表现比较低落，艺龙、九城关贸的收盘价比发行价分别仅高 0.9 美元和 0.4 美元。金融界更是凄惨，是 2004 年在纳斯达克上市的 9 家中国互联网公司中唯一一家收盘价跌破发行价的公司。10 月 15 日上午 10 时 30 分，金融界在纳斯达克挂牌交易，开盘价 15.5 美元，比 13 美元的发行价高出 2.5 美元，但开盘不久便一路下跌，很快就跌破发行价。至下午 4 时纳斯达克收盘，金融界报收于 11.7 美元，较发行价下跌 10%。第九城市能够在疲软的中国网络股上市行情中取得较好的发行业绩，也透露出投资者对中国网络股的新态度——开始看好中国的网络游戏产业。

第九城市创立于 1998 年，主要做网络游戏运营。2002 年底，第九城市与韩国 Webzen 公司合资建立 9Webzen 公司，其中第九城市拥有 51% 的股份，剩余股份为 Webzen 所有。2004 年第三季度，9Webzen 最受欢迎的游戏 MU 高峰时段同时在线人数为 18.9 万，平均在线人数为 13.4 万。第九城市获得了网络游戏“魔兽世界”（World of Warcraft）的独家代理权，这款游戏的开发商是维旺迪环球游戏旗下的暴雪娱乐（Blizzard Entertainment）游戏工作室。

2004 年上半年第九城市的净利润为 160 万美元，其中 9Webzen 贡献了 132 万美元。2004 年前 9 个月，第九城市的利润为 200 万美元。第九城市的强劲竞争对手盛大第三季度的营收为4490万美元，运营利润为1720万美元，双方差距明显。

同样作为网络娱乐运营商的盛大，5月13日在纳斯达克挂牌交易，较第九城市上市早7个月，但上市当天的发行情况无论发行价、开盘价还是收盘价都不及第九城市。发行价低6美元，开盘价低7.7美元，收盘价低9.03美元，收盘价涨幅仅8.8%，而第九城市的收盘涨幅高达23.53%。从盛大首日上市情况看，发行规模和发行价都没有达到预期。盛大原来预期能够集资2.6亿美元用于开发游戏、购买新游戏使用权和版权以及购买和投资相关的业务，但由于投资者对中国概念股的态度趋冷，只好将原来13~15美元的招股价下调至11美元，融资规模较原来的预期减少了41%，为1.524亿美元，减少了1.076亿美元。盛大的主承销商高盛也将发售股票的数量减少了19.7%。盛大是中国最大的网络游戏运营商，也是第一只登陆纳斯达克的中国游戏概念股。然而，盛大并没有如预期那样引起轰动。业内人士评价，“这与当初第一批中国概念股差不多，无异于又一次‘流血’上市”。

盛大成立于1999年11月，运营的网络游戏主要为自主研发和代理运营的产品，其中《传奇》在国际数据公司（IDC）进行的用户调查中被评为中国最受欢迎的网络游戏。《传奇世界》是盛大自主研发的第一款网络游戏，在上述调查中被评为最受欢迎的民族网络游戏，《泡泡堂》在该项调查中被评为最受欢迎的休闲游戏。

2003年12月9日，携程在纳斯达克上市异常火爆，被超额认购几十倍。而且因为市场追捧提高了发行价，在上市4天后，股价涨至发行价的两倍，一度达到40美元，成为3年来纽约市场上表现最好的新股。虽然时间才过去5个月，市场对中国概念股的热情却有天壤之别，盛大上市没有在纳斯达克受到携程那样的热捧。携程是第一只中国网络旅游股，其上市抢了第二波上市潮的头炷香；盛大也是第一只中国网络游戏股，二者的上市结局却大相径庭，所以上市时机的选择是一个重要的因素。股市的气候就和大自然一样，也有冷热之分。携程上市正赶上中国概念股由冷趋热的上升时期，是顺“市”而为，而盛大上市遭遇了中国概念股的热潮消退，是逆“市”而上。因此，二者虽都有“第一”的名头，却是此一时彼一时。

盛大上市遭遇了四大不利因素：一是全球经济大势走低，全球股市重新被阴云笼罩，纳斯达克大盘再度跌破2000点。二是因为整体大市不佳，加上中国宏观调控，以及一些中国概念股出现问题，引发了投资者对中国概念股的怀疑。尤其是进入2004年以来，美国投资者就没有停止过对中国互联网公司高成长性的怀疑，中国概念股自携程上市以来的热潮已经完全消退。三是由于网络游戏还是新兴行业，即使在全球范围内也如此，前景未明。四是投资人怀疑盛大的持续盈利能力。盛大网络现阶段的运营情况比较好，但它的问题在于收入结构比较单一，产品收入周期短。盛大的游戏主要是从韩国引进而来，并不拥有版权，缺少足够的软件人才和著作版权。

显然盛大网络此次赴美上市的时机不太好。尽管业内人士曾建议盛大待大盘和中国概念股整体向好时再上市，但盛大并未采纳其建议，而是执行了原来的计划。盛大满怀一腔热情赴纳斯达克上市，却发现自己已经错过了好时机，最后不得不低价上市。总体看来，在前面多家中国公司表现不佳投下阴影、国外投资者对中国概念股信心低迷的时候，盛大的表现已经非常不容易。作为一个2~3年时间内崛起的互联网公司，盛大的成功为产业、为用户、为资本市场开辟了一个全新的领域，其上市拓宽了投资者的想象空间。

数字游戏是新兴的互联网产业，但在盛大上市的时候，投资者对其前景不是很清楚，存在不确定性和风险因素。盛大是中国最大的网络游戏运营商，第一只在纳斯达克上市的中国网络游戏概念股，却没有达到初股发行的预期。7个月之后，作为同行对手的第九城市虽然实力、规模都不及盛大，却以17美元、高于盛大发行价6美元的价格上市，成为投资者的新宠，以23.53%的涨幅收盘。

两家公司相隔7个月上市，情况完全是两重天。主要是7个月以来，网络游戏在中国的产业发展和市场前景已显现令人振奋的态势。在9月召开的中国络游戏年会上，网络游戏已经被列入2004年电子信息产业发展基金重点招商项目，作为行业主管部门的信息产业部将大力支持网络游戏行业的发展。对于中国网络游戏产业来说，这不仅是一大喜讯，更是其发展阶段上的一个里程碑。中国网络游戏成长的时间并不长，但市场的利好消息却让人们对中国网络游戏产业趋之若鹜。

就全球来看，游戏软件产业已成为全球最重要的娱乐产业之一。全球网络游戏产业已显露出巨大价值，成为新的经济增长点。中国游戏产业始于2000年，2002年中国网络游戏市场开始进入快速发展阶段。2003年中国网络游戏用户达到1380万，消费市场规模达1.57亿美元，同时带动电信服务、IT设备制造等相关行业增长近18.12亿美元。

中国已成为全球网络游戏产业发展最快、最具潜力的市场。2004年中国网络游戏市场达4.35亿美元的产业规模，到2006年，中国网络游戏市场规模将达到11.24亿美元。数字游戏产业已成为信息技术和软件业发展的主要支柱行业，网络游戏为电信、信息技术产业、媒体及出版等相关行业贡献的产值是其自身产值的11.7倍。据统计，在网络教育、电子邮箱、搜索引擎、网络广告、网络短信、网络游戏等互联网几种主要盈利模式中，网络游戏所占比例为20%。

信息产业部表示，将通过制订相应政策，支持国内软件产业、优秀软件人才和产品的迅速发展。新闻出版总署组织实施“中国民族网络游戏出版工程”，这意味着在与进口网络游戏的激烈竞争中，国产网络游戏将以集团化的优势使优秀的本土产品占领市场。不难想象，随着中国网络游戏市场“淘金潮”的掀起，中国网络游戏产业将迎来历史性的突破。

无线增值进入冰火交融的时代

上文说到空中网在纳斯达克上市完成了惊险一跳。这家公司从成立到上市仅两年，其冲进纳斯达克的速度超乎寻常。然而就在空中网上市的前一天，网易发出业绩预警公告，使得华尔街的投资者对中国无线增值服务商的热忱开始降温。尽管空中网最终有惊无险完成了纳斯达克之旅，但当天却跌破了10美元的发行价。

无线增值扑朔迷离

2004年的纳斯达克，中国无线增值运营商似乎进入了一个冰火交融的时代。在不到5个月之内，就有掌上灵通、TOM在线和空中网等3家运营无线增值的公司连续登陆纳斯达克。看上去风风火火，风险资本在源源不断涌向无线增值行业，但在纳斯达克上市的3家公司均跌破了发行价，而网易的业绩预警更是让这一行业的前景变得扑朔迷离。

“无线概念”虽在股市变冷，但仍有很多无线增值服务商的双眼紧盯纳斯达克。2005年2月4日，又一家中国无线增值运营商——华友世纪登陆纳斯达克，收盘价为10.25美元，与发行价持平，但跌破10.26美元开盘价。华友世纪成立于1999年9月，是从电信设备制造商UT斯达康分拆出来的华友控股集团公司的旗下企业，主要为中国市场提供手机铃声、图片与无线娱乐等移动电话增值服务和综合软件的开发服务，是一家以技术主导的公司。2000 年，信息产业部批准华友世纪为电信增值服务提供商，并颁发了国内第一张增值电信业务运营许可证。2004 年 1 月，华友世纪获得信息产业部新颁发的首批全国增值电信业务经营许可证。

自从 2004 年 4 月信息产业部《关于规范短信息服务有关问题的通知》出台后，各家 SP 业绩大受影响，整个 SP 业一片萧条。短信历经一段时间的高速增长后，其渗透率超过 70%，已达极限。华友世纪作为 2005 年首个在纳斯达克挂牌交易的中国概念股，虽然交易总体表现平稳，没有出现股价“流血”情况，但华友世纪开门不红在某种程度上代表着 SP 概念在股市正走向低落。

华友世纪的上市加剧了中国无线增值服务市场的竞争升级，竞争除了在业务层面展开外，也扩展到资本市场层面。在纳斯达克，包括华友世纪在内的同属无线增值概念的中国股票已达 3 只，再加上拥有这种业务的股票，总数量已达 7 只。无疑，这么多公司争抢同一块蛋糕，使得再想以无线增值概念进入纳斯达克的公司难度增大。

2005 年 5 月 6 日，与无线增值业务相关的手机研发公司德信无线挤进了纳斯达克，发行价 16.25 美元，开盘仅高出发行 1 美分。交易中股价曾跌至 14.75 美元，收盘价 15.32 美元虽有所回升，但仍跌破发行价，跌幅达 5.7%。至此，无线概念股在纳斯达克的上市已陷入困境。

在一年多中，接连有 5 家中国无线概念股登陆纳斯达克，上市情况却每况愈下（见图 1-6）。当然，网易的业绩预警是起因。网易收入下降的主要原因在于短信的新用户增长缓慢而老用户流失。除了国内短信市场竞争加剧外，另外一个主要原因在于中国移动、中国联通和国内针对 SP 出台了一些政策，使得老用户能够很方便地退订短信，而发展新用户在手续上则更加复杂。信息产业部发布的《关于规范短信息服务有关问题的通知》，对无线增值 SP 的管理日趋严格。但这些因素并不意味着短信市场开始萎缩。网易的短信收入下降除了政策问题之外，更多在于市场竞争的加剧，也势必使更多专业 SP 崛起。

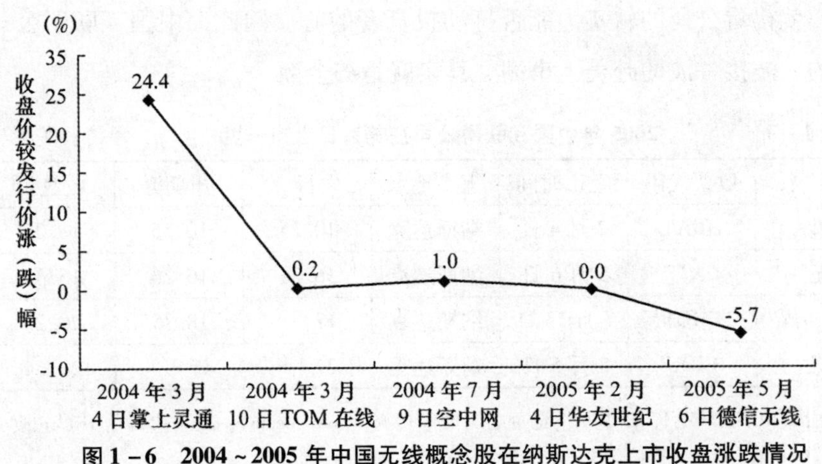

图1-6　2004~2005年中国无线概念股在纳斯达克上市收盘涨跌情况

资料来源：邓正红软实力研究应用中心。

从掌上灵通24.4%的上市涨幅到德信无线5.7%的上市跌幅，对于许多海外投资者来说，可能正面临两难处境：一方面觉得中国无线增值服务市场潜力有限，但另一方面对中国概念股又不甚了解。股价并不是一个企业的晴雨表，却可以代表一个行业的兴衰走向。后来，华友世纪、德信无线分别向传媒、游戏转型就是最好的佐证。无疑，在中国概念股冰火交融的时代，寻找新的核心业务代替"无线概念"成了中国互联网公司的新任务。游戏、搜索、新传媒乃至即时通讯都成为了新的选择。而一些准备上市的互联网公司也期望通过新的概念改变人们对中国概念股的印象，以期赢得投资人的信心。

分众传媒上市受宠

2005~2006年共有6家中国互联网公司在纳斯达克上市（见表1-3、1-4），而2005年7月、8月上市的两只股票——分众传媒和百度，对中国互联网公司来说则具有里程碑意义。

互联网公司起家靠软实力，但要做大做强，必须以资本等硬实力支撑。中国互联网公司赴美上市，主要目的是融资，上市后到底能融到多少资金，就得看公司的软实力能否打动投资者的心。因此，中国互联网公司兴起的一波接一波的赴美上市潮，其实就是淘金潮。

表 1-3　　2005 年中国互联网公司在美首日上市一览　　单位：美元

公　司	股票代码	上市时间	上市地点	发行价	开盘价	收盘价
华友世纪*	HRAY	2 月 4 日	纳斯达克	10.25	10.26	10.25
德信无线*	CNTF	5 月 6 日	纳斯达克	16.25	16.26	15.32
分众传媒	FMCN	7 月 13 日	纳斯达克	17	18.75	20.2
百度	BIDU	8 月 5 日	纳斯达克	27	66	122.54

注：2010 年 8 月 17 日华友世纪更名为酷 6 传媒（Ku6 Media），股票代码由 HRAY 改为 KUTV。2011 年 7 月 1 日德信无线更名为泰克飞石。

资料来源：邓正红软实力研究应用中心。

表 1-4　　2006 年中国互联网公司在美首日上市一览　　单位：美元

公　司	股票代码	上市时间	上市地点	发行价	开盘价	收盘价
中国信息技术*	CNIT	9 月 22 日	纳斯达克	不详	3	3
富基融通	EFUT	10 月 31 日	纳斯达克	6	6.75	7

注：中国信息技术系借壳上市。

资料来源：邓正红软实力研究应用中心。

互联网公司在股市上能淘多少金，取决于公司以什么样的价值创新进行资本整合，体现的是互联网公司的软实力。所谓价值创新，用股市术语表述，就是公司以何种概念（更确切地说是价值概念）进驻股市。对同类型概念股来说，往往是首只上市的股票吸金能力最强，其后则依次递减。从纳斯达克中国网络股上市情况看，首只门户概念股中华网、首只旅游概念股携程、首只职业概念股前程无忧、首只无线概念股掌上灵通，均取得不凡的发行战果。

当然，也并非所有概念的首只股都能取得理想的新股发行业绩，这主要还看股市气候和投资者对概念市场的了解程度。因此，首只概念股上市的时机选择很重要。比方说，首只游戏概念股盛大上市，就没有达到新股发行的预期，因为投资者还不太了解新兴的数字游戏产业的前景。第二只游戏概念股第九城市上市时，情况就完全不同了，中国政府已明确将网络

游戏作为重点支持的产业项目，市场前景广阔，因此，第九城市新股发行受到投资者热捧。

总结已有的首只概念股上市经验，我们可以得出这样的结论：概念股上市推销的是软实力，投资者看中的是上市公司的产业发展前景以及价值放大能力（即商业模式的生命力），只要上市时机正确，在同类概念股中，首只股上市的吸金能力是最强的。

同类概念股之于股市，就好比同质竞争，如果其中一只股不景气，势必波及同类概念的其他股，甚至影响整个股市的走向。受网易业绩预警的影响，中国无线概念股上市发行在持续走低，投资者对中国概念股的信心减弱。正当中国网络股在纳斯达克陷入“山重水复”之际，2005 年 7 月 13 日的纳斯达克，中国互联网公司上市迎来了“柳暗花明”的景观。这一天，首只中国纯广告传媒股、中国最大的户外视频广告运营商——分众传媒在纳斯达克挂牌交易，股票发行价定为每股 17 美元，高于事先设定的 14～16 美元的定价范围；以 18.75 美元开盘，最终收于 20.2 美元，较发行价涨了 3.2 美元，涨幅 19%；全天成交 725.8 万份，换手率为 71.86%（总发行量为 1010 万股美国存托凭证）；全天成交金额 1.43211 亿美元，成交均价为 19.73 美元。分众传媒此次发行共募集资金 1.717 亿美元，创下了中国概念股在纳斯达克首发融资新高。上市融资所得将主要用于广告网络的铺展，比如大卖场联播网的铺设和高尔夫球场联播网的铺设，同时积极关注新媒体广告，伺机进入互联网和手机广告领域。

如前所说，首只新概念股上市，只要时机选对了，必然会受到投资者的热捧，分众传媒创下中国概念股历年来在纳斯达克首轮融资总额之最就是有力的佐证。分众传媒上市时机把握得相当好，纳斯达克从 4 月底以来，走势极为流畅，从最低的 1889.83 点，第一波走到 6 月初的 2097.80 点，上涨 11%，然后调整到 6 月底的 2039.69 点，开始第二波上涨，至 7 月 13 日收盘上涨了 5.12%，正好是市场相对乐观的时机。加上公司本身软硬实力兼具，使得分众传媒招股时能以高于预期的发行价“圈钱”。

分众传媒上市受宠不是偶然，它在上市前就受到众多国际著名投资基金的青睐，获得了软银、鼎辉国际、高盛、英国3I等10多家投资基金近亿美元的注资，创下了中国十几年来新媒体业融资的新纪录，仅凭这一点就可看出分众传媒的价值潜质。2005年第一季度，分众传媒的净利润为260万美元，销售额为960万美元，而2004年第一季度，这两个数字分别为71.3万美元和310万美元，业绩的大幅提升显然也是机构投资者看好的原因。

分众传媒的实力还体现在它独创的商业模式。在这个快速消费的年代，人们没有更多的时间阅读、购物，越来越多的企业要求对特定的人群传达自己的产品信息、品牌信息。针对这一趋势需求，分众传媒认为，只有把电视广告从家中带到人们经常去往的家庭以外的各种地点，并通过在不同地点设置视频广告，才能帮助广告到达所要针对的目标人群，从而大大提升传播的有效性，避免大量的媒体预算浪费在错误的人群中。凭着这样的理念，分众传媒独创一套“分众行销+新型载体”的商业模式，发起了一场新的媒体广告革命，促使人们对传媒业的新发展有了新的视界。

分众传媒正式成立于2003年5月，成立后马上得到创业投资的青睐。2003年5月，日本软银与维众中国给分众注入了4000万美元风险投资。为什么风险投资的嗅觉这么快？因为之前分众传媒用自有资金在上海100幢顶级商务楼里安装了400多台液晶电视，形成一张日覆盖近百万人次的联播网后，新媒体的效应立竿见影，广告接踵而至，网络开播3个月，便实现现金正流入。

2004年4月，分众传媒又获得鼎辉国际投资、TDF基金以及DFJ、中经合、麦顿国际投资联手提供的1250万美元风险投资；2004年11月美国高盛、英国3I、维众中国又共同投资3000万美金入股分众传媒。凭借这些风投，两年时间，分众传媒把中国商业楼宇联播网从上海扩展至北京、广州、深圳、南京、杭州、成都、重庆、武汉等40多个城市，进入数万栋楼宇，日覆盖数千万中国中高收入人群，使广告以最合理的成本，最有效地传播给了经过细分后的目标受众，帮助广告主打中了传统媒体不易打中的中高端受众。根据CTR央视市场研究股份有限公司调研报告显示，在中国广告投放量最大的13座城市所作的国内楼宇液晶视频媒体市场份额中，在

覆盖楼宇数量及楼宇所有液晶电视的数量上，分众传媒以70%和77%的市场份额领先于其他运营商。

继商业楼宇视频联播网之后，2004年10月，分众传媒全面推出中国卖场视频联播网，锁定家庭中快速消费品的采购者和决策者，在购物状态中直接刺激提示他们的购买欲望和影响他们的品牌选择，每周覆盖5000多万消费者，使广告主高额的电视广告预算在零售终端和购买的最后时机有效地转化为实际的销售量。

自分众传媒在纳斯达克上市后，2007年又有两只中国网络传媒股——橡果国际和永新视博在美国上市，不过上市地点不在纳斯达克，而是在纽约证券交易所。这里要提醒读者，2007年有7家中国互联网公司在美国上市，除了完美世界在纳斯达克，其余6家包括橡果国际、易居中国、永新视博、东南融通、巨人网络、文思信息都在纽约证券交易所上市。

2007年5月3日，橡果国际在美国纽约证券交易所挂牌交易，上市首日交易活跃，开盘价为19.9美元，高出15.5美元的发行价28.38%。当日最高股价为22.70美元，涨幅46%，最终报收于21.5美元，较发行价上涨6美元，涨幅38.7%。第二日表现更佳，以22美元开盘，最终报收于25.69元，并最高涨至27美元。5月4日，纽约证券交易所主席为橡果国际首日的出色表现发表讲话表示祝贺。

橡果国际成立于1998年，是中国第一家在美国成功上市的电视购物公司。橡果国际在没有频道资源的前提下受到国际资本市场的追捧，有其独到之处。相比其他电视购物企业，橡果国际最大的不同是生产与销售相结合，并非一个单纯的销售渠道，而且在国内同行中一直走的是“高端”路线。2006年7月19日，国家广电总局和国家工商总局联合发出《关于整顿广播电视医疗资讯服务和电视购物节目内容的通知》，橡果国际随即表示支持，并且立即停止了旗下“姗拉娜减肥霜”和一款颈椎治疗仪的电视销售，和《通知》所限种类划清界限。橡果国际旗下的“好记星”“名人”“背背佳”3个品牌，均属于自产自销，而这三类产品的销售额则超过总额的80%。当然，中国电视购物市场的巨大潜力也是橡果国际受到投资者重视的一个重要原因。韩国、日本的电视购物均占国家零售业总量的12%，美国为8%，而中国则不到1%。尽管中国电视购物行业还处于起步阶段，但中国作为一个消费大国，加上国家普及数字发展计划的实施，电视购物发展空间巨大。橡果国际的上市佳绩也表明，境外投资者对中国电视购物行业这个新兴的消费市场存在很强的认同。

橡果国际首轮发行770万股美国存托凭证，包含由橡果国际发行的670万股存托凭证及由股东出让的100万股存托凭证，共融资1.19亿美元。橡果国际推行的是“直销+分销”的经营模式，所募集的资金主要用于购买及预付电视广告时间、加强产品品牌的开发能力、扩大市场销售额、进一步加强全国售网络的商业管理能力，并开拓其他营销渠道，如电视家庭频道、目录销售和互联网营销，保持和强化其在电视购物领域产品分销的领先优势。

利用网络传媒，分众做广告，橡果国际做电视购物，在美国上市均取得了不错的新股发行业绩。同样，与网络传媒相关的另一家中国互联网公司——永新视博，2007年10月5日在纽约证券交易所上市，首日发行价16美元，开盘30美元，报收28美元，涨幅达75%。与分众、橡果不同的是，永新视博主要从事数码电视设备制造，开发智能卡控制的数码电视机顶盒系统，为营运商打造一个付费收看电视的平台。永新视博此次发行1200万股美国存托凭证，融资达1.92亿美元。永新还允许承销商购买额外的180万股美国存托凭证，以弥补超额配售。

永新视博受到纽约投资者热捧。一方面是投资者相当看好中国数码电视市场，中国电视网营运商正处于从类比视频讯号向数码讯号转变的初级阶段，预计将在2015年全面完成数码化转换；另一方面，永新视博的业绩增长迅速，截至2007年6月30日，永新视博已经在大陆安装了130个数码电视网，上半年盈利从上年同期的340万美元增至1220万美元，涨幅达近3倍，营收则从1040万美元，跃升至2170万美元，其中出售智能卡占上半年总营收的88%。该公司的数码电视智能卡市场占有率达44%，2007上半年智能卡销售达280万张，远超上年同期的130万张。

从纳斯达克到纽约证券交易所

2007 年是中国互联网公司第二轮赴美上市的最后一年，这一年共有 7 家中国互联网公司在美国上市，但其中只有完美时空（后更名完美世界）1 家在纳斯达克资本市场挂牌交易，其余 6 家包括橡果国际、易居中国、永新视博、东南融通、巨人网络、文思信息都在纽约证券交易所上市（见表 1 –5）。

表 1 –5　　2007 年中国互联网公司在美首日上市一览　　单位：美元

公　司	股票代码	上市时间	上市地点	发行价	开盘价	收盘价
橡果国际	ATV	5 月 3 日	纽约证交所	15.5	19.9	21.5
完美时空*	PWRD	7 月 26 日	纳斯达克	16	17.51	20.4
易居中国	EJ	8 月 8 日	纽约证交所	13.8	18.12	19.43
永新视博	STV	10 月 5 日	纽约证交所	16	30	28
东南融通	LFT	10 月 24 日	纽约证交所	17.5	27.01	32.4
巨人网络	GA	11 月 1 日	纽约证交所	15.5	18.25	18.23
文思信息	VIT	12 月 12 日	纽约证交所	8.5	9.5	9.96

注：2011 年 3 月，完美时空更名为完美世界。

资料来源：邓正红软实力研究应用中心。

中国网络股进入纽约证交所

2007 年以前，中国互联网公司全部都在纳斯达克上市，无疑，纳斯达克已成为中国互联网公司角力的重心。但从2007年的上市分布情况看，纳斯达克的重心格局已被打破，7家上市公司被纽约证交所抢走6家，这说明两大资本市场之间的竞争日趋激烈。

一直以来，纽约证交所的交易方式是人工叫价，其强项在蓝筹股，而纳斯达克是电子交易，其强项在科技股和小型股。为了抢夺科技股市场，2006年纽约证交所耗资近70亿美元，并购群岛电子交易控股公司（Archipelago），为处在发展初期、规模相对较小的企业提供进入纽交所挂牌交易的机会。这意味着拥有213年历史的全球最大证交所纽约证交所不再坚守传统的人工叫价交易方式，锐意进军电子交易领域，与纳斯达克市场展开激烈争夺。与此同时，纳斯达克则正在试图开辟纽约证交所占有的蓝筹股市场，二者之间的竞争趋于白热化。

根据2006年纽约证交所的统计，20年前在纽约证交所上市的公司90%以上的股票交易是在纽约证交所内完成的。随着电子交易深入人心，这一份额已经跌到了72%，其余28%被纳斯达克、美国证交所等其他证券交易机构蚕食。杜克大学公司和证券法教授詹姆斯·考克斯说："如果继续固守人工叫价的陈规，纽约证交所将不可避免地失去更多的交易份额。更糟糕的是，一些企业在首次公开上市时将会选择纳斯达克市场。"埃森哲公司全球资本市场业务部总裁比尔·克莱恩则认为："由于越来越多的交易者青睐准确便捷的电子交易方式，纳斯达克与纽约证交所的竞争将持续下去。"

1971年成立的纳斯达克市场是世界上第一家电子股票交易市场，全球有3300多家公司在此上市。但与纽约证交所相比，大多数公司规模较小。纽约证交所以世界上最严格的上市标准而闻名，一直是大盘股（蓝筹股）公司首发新股的理想之地。

这里解释一下，所谓蓝筹股，指在某一行业中处于重要支配地位，业绩优良、交易活跃、红利优厚的大公司的股票，又称为"绩优股"。美国证券交易所网站对蓝筹股的定义是：所谓蓝筹股是指那些以其产品或服务的品质和超越经济景气好坏的盈利能力和盈利可靠性而赢得全国声誉的企业的股票。从这个念起来比较绕口的定义中，不难发现蓝筹股的几个关键

词：知名的大公司、稳定的盈利记录、红利增长、管理素质和产品品质等。

2007 年中国互联网公司在中国纳斯达克上市的重心被撼动，还有一个重要因素，那就是有部分中国互联网公司在香港联合交易所挂牌上市。比如，10 月 9 日，金山软件在中国香港上市；11 月 2 日，网龙在中国香港上市；11 月 6 日，阿里巴巴在中国香港上市。

完美世界原名完美时空，主要从事网络游戏开发和运营。该公司成立于 2004 年，2011 年 3 月更名为完美世界。2007 年 7 月 26 日，完美时空在纳斯达克市场挂牌交易，发行价 16 美元，开盘价 17. 5 美元，融资约 1. 88 亿美元。在当天的股市交易中，完美时空的最高股价为 21. 22 美元，最低股价为 17. 4 美元，最终报收于 20. 4 美元，较发行价上涨 4. 4 美元，涨幅为 27. 5%。完美时空主要开发 3D 网络游戏，其产品包括角色扮演游戏《完美世界》《武林外传》《完美世界国际版》以及《诛仙》。

完美时空受纳市追捧，其实是继盛大、第九城市上市后的延续。至此，登陆纳斯达克的中国网游概念股加上网易已有 4 只。从第九城市上市到完美时空上市，前后相隔两年半，在这段时间里，中国网游产业的发展日趋明朗，之前一统天下的“洋游戏”，正面临来自中国原创作品的挑战。2005 年，中国原创民族网络游戏国内市场占有率达到了 60% 以上，首次超过了引进的国外游戏。2006 年，这个比例又提高到 64. 8%。

在市场占有率的背后，还有一个更让企业着迷的数据：自主开发的国产网游产品利润率，远远高于代理的产品。以网易和第九城市来做对比，网易游戏主要是自主研发，毛利率接近 90%，而第九城市的魔兽世界属于代理网游，利润率却只有 48%，高昂的代理费分走了第九城市大量的利润。特别是自 2005 年网络游戏产业在中国大行其道之后，国外开发商索要的代理费呈几何级数增长，分成比例要求也越来越高。与网易的模式类似，完美时空的全部产品均为自主研发，而且主要是以市场为主导，比如热播的电视剧《武林外传》、热门的网络小说《诛仙》等。

从纽约证交所上市的 6 只股收盘涨幅看，分三个梯度：第一个梯度是东南融通85.1%和永新视博75%，第二个梯度是易居中国40.8%和橡果国际38.7%，第三个梯度是巨人网络17.6%和文思信息17.2%。从整体来看，2007年中国互联网公司在纽约证交所的上市表现较为出色，涨幅最高的达到了85.1%，最低的也有17.2%。在纽约证交所上市的中国互联网公司在不断增加，呈现出多样化的趋势。这说明，随着中国经济的高速增长，越来越多的中国互联网公司达到了以要求严格著称的纽约证券交易所的上市标准。同时也表明，纽约证券交易所作为多元化的市场，其可靠、有序、高流动性和高效的优势，得到中国互联网行业优质公司的充分认可。

2007年10月24日，软件开发商及信息技术服务公司东南融通正式在纽约证券交易所挂牌，成为第一家登陆纽约证交所的中国软件公司。东南融通以高于预期的17.5美元发行价，成功融资1.826亿美元。在首个交易日，东南融通开盘即涨到27.01美元，收于32.40美元，较发行价上涨85.1%，成为两年以来赴美上市中国企业的最佳首日表现。纽约泛欧交易所集团首席执行官约翰·塞恩表示："东南融通在纽约证券交易所成功上市，壮大了纽约证交所上市的中国企业队伍，并进一步巩固了纽约证交所与中国人民和企业界的合作关系。纽约证交所期望为东南融通及其投资者提供最佳的客户服务、最优质的交易市场和最具影响力的品牌效应。"

8月8日，易居中国在纽约证交所开盘上市，成为在美国第一家上市的中国轻资产地产概念股，也是2007年夏季国际资本市场的热点。易居中国是做房地产流通服务的互联网公司，在中国的市场占有率、品牌知名度和地域覆盖等方面均处于领导地位。从2000年创建，经过7年的快速发展，易居中国已成长为中国最大的房地产流通服务公司，能够全面提供一手房地产代理、二手房地产经纪和房地产信息与咨询等全方位的服务，并拥有中国最大的房地产数据库系统，能最全面地提供详尽的最新住宅和商业房地产信息。

2007年有两家网络游戏公司在美上市：一家是完美时空，在纳斯达克上市；另一家是巨人网络，在纽约证交所上市。11月1日，巨人网络在纽约证交所挂牌交易。当天美国股市开盘大幅下挫，道指成分公司埃克森美孚业绩不及预期以及金融行业危机持续不断，抵销了联储降息的利好影响。上午9：44，道琼斯工业平均指数下跌187.04点，报13742.97点，跌幅达1.34%。纳斯达克综合指数下跌33.61点，报2825.51点，跌幅达1.18%。但是，巨人网络股价逆势上扬，挂牌一小时股价突破19美元至19.2美元，比开盘价18.25美元上涨5.2%，高出15.5美元的发行价23.87%，报收18.23美元。

巨人网络的首个大型游戏《征途》从2006年1月推出以来，截至2007年9月30日已吸引130万个付费玩家。根据IDC的数据，《征途》是2006年中国最受欢迎的网络游戏。这次上市，巨人网络以15.5美元发行5720万股美国存托股，筹集资金8.866亿美元。巨人网络首席财务官何震宇表示，公司选择在纽约证交所上市是因为该市场比美国其他市场及亚洲和欧洲的股票市场具有更大的影响力，是打开资本市场资助公司发展计划的重要手段。他认为，在纽约证交所上市能得到世界最大资本市场的支持，同时也迫使公司按照世界最高标准进行内部管理。

金融业危机的影响开始发酵

下面对在美上市的中国网络游戏公司作个简单小结（见表1-6）。

2007年是中国互联网公司第二轮赴美上市潮的收尾年，2008年美国爆发金融危机，股市跌宕重挫，萧条的经济气候并非中国公司的最佳上市时机。其实，金融危机在2007年已出现前兆，巨人网络上市就遭遇了美国股市开盘大幅下挫，其中金融业危机的影响这时就开始发酵了。

表1-6　　2007年中国在美上市的网游公司一览

公司名称	上市地点/时间	首次上市融资规模	热门产品
巨人网络	纽约证交所 2007年11月1日	8.866亿美元	《〈征途〉免费版》《〈征途〉时间版》《巨人》《万王之王3》

续表

公司名称	上市地点/时间	首次上市融资规模	热门产品
盛大	纳斯达克 2004 年 5 月 13 日	1.518 亿美元	《热血传奇》《传奇世界》《苍天》《仙境传说》《泡泡堂》
第九城市	纳斯达克 2004 年 12 月 5 日	1.03 亿美元	《魔兽世界》《奇迹世界》《暗黑之门》《仙境传说 2》
网易（以“门户概念”上市）	纳斯达克 2000 年 6 月 30 日	1.2 亿美元	《梦幻西游》《大话西游 3》《天下贰》《大唐豪侠》
完美时空	纽约证交所 2007 年 7 月 26 日	1.88 亿美元	《诛仙》《完美世界》《完美世界国际版》《武林外传》

资料来源：邓正红软实力研究应用中心。

对于在美上市的中国互联网公司来说，2007 年确实热闹非凡。在第二轮赴美上市潮收官之际，仍有 7 家公司上市，并且纳斯达克这个科技股上市重心出现板块移动，6 家中国互联网公司走进了全球上市标准最严格的纽约证交所。这表明中国互联网公司成长很快，上市质量不断提升。在这一年里，还有两件事情值得一提。

一件是 TOM 在线退市。9 月 3 日，TOM 在线正式从美国纳斯达克及中国香港联合交易所退市，成为首只退市的中国互联网概念股票。TOM 在线的私有化开创了中国互联网公司的一个里程碑，让人们认识到，上市企业其实也有很多的无奈，对某些企业而言，也许闷头干自己的事业才是最适合的。

另一件是百度成为首家计入纳斯达克 100 指数的中国上市公司。12 月 4 日，纳斯达克股市宣布，由于近一年股价表现较好而且交易量极其活跃，中国搜索引擎提供商百度公司已成为纳斯达克 100 指数和纳斯达克 100 平均加权指数的一部分，从此百度的股价变动将影响全球股市交易市场。百度塑造了中国高科技企业的新形象，其核心支持是中国经济和中国互联网的蓬勃发展。

纳斯达克 100 指数作为纳斯达克的主要指数，其 100 只成份股均具有

高科技、高成长和非金融的特点，是美国科技股的代表。这些高成长性股票的良好业绩，都是各自内生性的高成长带来的，而非资产注入等外延式的增长。从纳斯达克 100 指数十大权重成份股来看，主要为高科技企业，其中计算机行业的公司居多，权重最大的为苹果，另外包括微软、谷歌、思科、英特尔等诸多知名公司。纳斯达克 100 指数和道琼斯工业指数、标普 500 指数是美国的 3 大股票指数，被看作美国股市的风向标。

这里要说明的是，在第二轮上市中，从 2003～2007 年中国总共有 23 家互联网公司在美国上市。作者特意将 2005 年 8 月 5 日在纳斯达克上市的百度放在最后来介绍，一则百度无疑是本轮上市中最重要的互联网公司，二则在本轮即将收官之际，百度进入了纳市 100 指数，可谓“览尽互联春色，唯有百度独步”。

2005 年 8 月 5 日百度股票正式在纳斯达克上市交易，发行价 27 美元，开盘价 66 美元，高出发行价 39 美元。开盘后一路上涨，不到 3 个小时即突破 100 美元，交易中股价最高达到 151.21 美元，收盘于 122.54 美元，较发行上涨了 354%，这一数字为美国股市 5 年来新上市公司首日涨幅之最。在所有在美上市的外国企业之中，百度在上市首日的表现也被列为最佳。此次上市百度共发行了 3230 万股股票，发售 404 万股美国存托凭证（每股美国存托凭证相当于一股 A 类普通股），融资 1.091 亿美元。

百度上市，其股价是一高再高。百度最初确定的发行价区间为 19～21 美元。8 月 3 日，百度宣布将发行价区间调高至 23～25 美元，并把首次发行规模由 360 万股增加至 404 万股。后来百度确定了最终的发行价为 27 美元。由于 2004 年下半年上市的搜索引擎服务商谷歌股价已上涨了 3 倍多，况且谷歌持有百度 2.6% 的股权，因此投资者对中国的搜索引擎服务商百度也同样抱有很高期望，这使得百度最终确定的发行价高达 27 美元，比先前调高了的发行价区间上限 25 美元还高出 2 美元。百度确定的发行价大大高出了先前的预期，投资者对百度挂牌上市后的表现充满了期待。

百度高价发行，原因之一是首次发行规模较小，仅有 404 万股美国存托凭证，而青睐该股的机构和个人投资者众多，需求十分强劲，发行数量远远低于投资者的购买需求。Cantor Fitzgerald 公司的首次公开招股经纪人萨尔·莫莱尔表示："在这种情况下，百度上市后肯定会气势如虹，股价出现井喷式的上扬。"

投资者看好中国搜索引擎市场的未来发展，这也是造成百度股价高涨的重要原因。虽然百度的营收额、净利润与谷歌的差距巨大，但百度在中国的搜索引擎服务市场中占据领先地位，而中国市场是全世界增长最快的市场之一，潜力巨大，因此百度受到追捧也是情理之中。2004 年，百度的运营现金流为 450 万美元。2002 ~2004 年，百度营收额年均增长 225%。

百度上市首日的优异表现带动中国互联网概念股整体上涨。网易股价上涨 2. 48 美元，报收于 75. 86 美元，涨幅为 3. 4%；盛大股价上涨 1. 94 美元，报收于 37. 67 美元，涨幅为 5. 4%；前程无忧股价上涨 47 美分，报收于 12. 80 美元，涨幅为 3. 8%；第九城市股价上涨 76 美分，报收于 20. 80 美元，涨幅为 3. 8%；德信无线股价上涨 68 美分，报收于 17. 50 美元，涨幅为 4%。

百度上市首日市值达到 39. 58 亿美元，2007 年 12 月 4 日百度成为纳斯达克百强成份股，当日市值高达 132. 1 亿美元（见图 1 –7）。经过两年多的发展，百度市值增长了 234%。毫无疑问，百度入选纳市 100 指数，主要是因为它巨大的交易量和快速增长的股价。

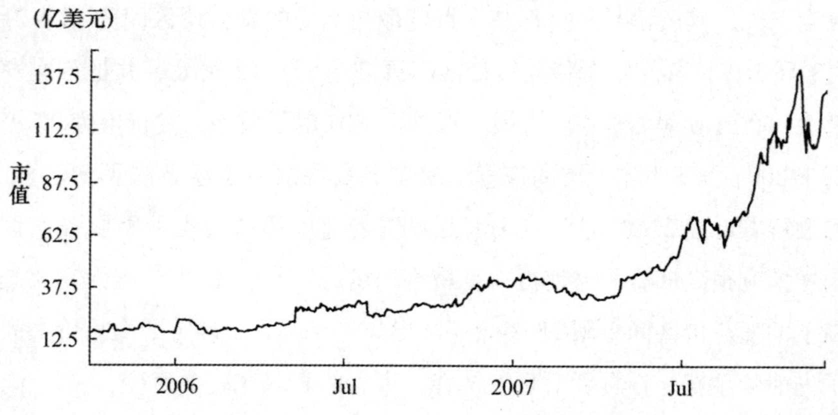

图 1 –7　2005 年 9 月 30 日至 2007 年 12 月 4 日百度市值变化

资料来源：邓正红软实力研究应用中心。

值得注意的是，在中国互联网公司赴美第二轮上市期间，中国互联网三大巨头（阿里巴巴、腾讯和百度）之中，尽管只有百度在美上市，但阿里巴巴、腾讯也在此期间实现成功上市（腾讯于2004年6月16日上市，阿里巴巴于2007年11月6日上市），不过是在香港联合交易所上市。按照作者创立的软实力指数工具，三巨头的市值和软实力指数均已呈现。以2007年为报告期，阿里巴巴市值177.59亿美元，软实力指数0.650；腾讯市值137.72亿美元，软实力指数0.621；百度市值130.35亿美元，软实力指数0.667。

比对上述数据可知，三巨头的市值和软实力水平基本相当，但从细微处观察，三巨头之间也有所差距。比如按市值排序，就是“ATB”，阿里巴巴最高，腾讯次之，百度较低；按软实力排序，就是“BAT”，百度最强，阿里巴巴次之，腾讯较弱。其实，排序的差异反映了各自的特色和长处。市值最高的阿里巴巴反映了其运营能力强；软实力指数最高的百度反映了其创新能力强，但运营能力较弱；腾讯则介于二者之间。从实际情况来看，三巨头的软实力算得上旗鼓相当，但要将软实力转化为业绩的增长，则取决于公司的价值放大能力和运营能力，在同等条件下，谁的业绩增长快则市值增长也快。正是如此，7年后，三巨头的市值差距完全拉开，变成了三个档次。按照2014年11月17日的收盘价计算，阿里巴巴市值达2831.8亿美元，腾讯市值达1568.8亿美元，百度市值867.4亿美元。也就是说，阿里巴巴的市值区间是2000亿~3000亿美元，腾讯的市值区间是1000亿~2000亿美元，百度的市值区间是800亿~1000亿美元。软实力最强的百度比起其他两巨头，市值差距如此巨大，值得深入分析。不过，这里只是做个引子，后面本书会详细探讨。还有一点要说明的是，现在业界流行将三巨头统称为“BAT”，但本书更倾向于采用“ATB”的排序，因为这样更能真实反映三巨头的综合实力。

第6节

点燃金融危机后的上市希望

2008年9月，美国金融危机爆发，引发全球股市强震。9月15日，由于雷曼兄弟宣布破产，美林被收购以及美国国际集团评级面临调降，华尔街金融版图巨变震动市场，纽约股市遭遇恐慌性抛售。到纽约股市收盘时，道琼斯30种工业股票平均价格指数重挫逾500点；标准普尔500种股票指数跌59点，下跌近5%，创“9·11”恐怖袭击以来的最大单日跌幅；纳斯达克综合指数跌81.36点，跌幅3.6%。9~12月，美国股市在剧烈震荡中一路下滑，有多达27天的起落在4%以上。

华尔街遭遇最严酷的资本“寒冬”

2008年，很消停的一年，美股没有新增的中国互联网公司。华尔街遭遇7年以来最严酷的资本“寒冬”，中国概念股的风光暂告一个段落。“挺过寒冬”成为当时在纳斯达克刚上市的中国概念股最流行的口号。

进入2009年，寒潮依旧，但不甘于“窝冬”的中国互联网公司早已按捺不住上市的心情。1月4日，搜狐旗下的畅游公司成立不到半年(2008年7月28日，搜狐在英属开曼群岛设立畅游公司)，搜狐首席执行官张朝阳就对媒体称，畅游一定会上市。张朝阳表示畅游已做好一切准备，只待首次公开招股市场回暖。

3 月 11 日，搜狐向美国证券交易委员会提交 10 - K 文件；18 日，畅游公布在纳斯达克上市的招股说明书，启动上市计划，展开路演；19 ~ 27 日，畅游在中国香港、伦敦、波士顿、纽约、旧金山、丹佛进行路演；31 日，畅游提前一天结束在纳斯达克首次公开发行的申购；4 月 2 日，畅游成功登陆纳斯达克主板。从畅游上市时间表来看，从提交文件到挂牌交易，总共花了 22 天，可谓紧锣密鼓、有条不紊、志在必得，显示了畅游逆寒上市的坚定信心。畅游此次招股规模为 750 万股美国存托凭证，一半为新发股，另一半则是搜狐出售的现有股权。发行承销商可在畅游股票发行后 30 天内，以发行价 16 美元从搜狐购买额外 112.5 万股（发行数量的 15%）的股票。

根据普华永道的一份报告，2008 年美国首次招股市场极为惨淡，市场活跃度达到 30 年来的最低谷。首次招股交易数量下滑了 80.7%，首次招股交易额下滑了 54.9%。全年只有 57 起首次上市招股交易，总交易额为 294 亿美元。有趣的是，美国招股史上最大规模的首次招股却发生在 2008 年，维萨国际（Visa）融资 179 亿美元。然而，2009 年的首次招股市场仍持续低迷。在畅游上市期间，只有极少数公司在办理登记，而且首次招股交易通过美国证券交易委员会程序也需要半年的时间。商业评估网站 BizEquity 的创始人汤姆 · 陶利表示："首次招股市场从 2008 年至今一直非常低迷，需要最新的交易来激活一下，而畅游的首次上市招股正逢其时。"

4 月 2 日，畅游在纳斯达克以 22.02 美元开盘，比发行价 16 美元高出 38%。交易期间，畅游股价一度上涨 50% 左右，报收于 20.02 美元，上涨 4.02 美元，涨幅达 25.12%。当日畅游筹资 1.2 亿美元。

畅游成功上市，成为 2009 年纳斯达克首次上市第一股，结束了纳斯达克自 2008 年 11 月以来的首次招股荒，同时成为 2008 年 4 月以来上市首日表现最佳的新股。《亚洲华尔街日报》认为，美国首次招股市场停滞了半年多时间，畅游上市将打开新的首次招股序幕。据汤姆森路透社（Thomson Reuters）的数据显示，畅游是自 2008 年 8 月以来第三家在美国股市进行首次公开募股的公司，同时也是自 2007 年 12 月以来的在美首次公开募

股的最大中国公司。市场研究分析公司IPO Desktop的总裁弗朗西斯·加斯金斯认为，畅游此次上市时间非常合时宜，“如果此次首次公开募股时间选择在2008年11月，当时市场正值低迷期，那么其可能就会以失败告终。事实充分表明，市场的逐渐复苏也推动了畅游的成功上市”。

对比搜狐和畅游的两次上市经历，搜狐首席执行官张朝阳很感慨。他认为，9年之前搜狐在纳斯达克上市时，中国互联网企业只是纳斯达克市场的一种调剂和补充，中国只是跟风复制美国的互联网模式。当时，搜狐是在纳斯达克崩盘之前上市的，曾遭到媒体非议，而此次畅游上市则对整个纳斯达克具有很好的意义。

畅游上市的时间正值G20峰会在伦敦召开，此次会议也是中国在世界经济中扮演重要角色、影响越来越大的缩影。美国的市场很萧条，投资者都期望能够有鼓舞信心的利好消息。畅游作为大型角色扮演类游戏研发运营商，更多的是满足了用户的文化和精神需求，受到宏观大环境的影响不大，加之畅游拥有稳定的现金流和很好的商业模式，在纳斯达克连续6个月没有首次公开招股的背景下，畅游一上市就获得了20倍的认购率，联席账簿管理人瑞士信贷和美林证券对此十分满意。这无疑对低迷大环境下的整个纳斯达克资本市场是一个巨大鼓舞。

中国互联网公司赴美上市的热情一直不减，2008年虽然冷清了一年，但畅游的成功上市就像火山口喷出的头道火焰，立马就点燃了中国互联网公司的上市希望，尤其在金融风暴低迷的市场环境下，更是提振了中国互联网公司的信心。自此，中国互联网公司第三轮赴美上市拉开序幕。

“分拆”成为赴美上市的关键词

2009年总共有5家中国互联网公司在美上市（见表1-7），除了畅游，还有CDC软件、盛大游戏、中房信和乐语中国。其中，乐语中国于2009年12月17日登陆纳斯达克，发行价7美元，上市首日开盘价和收盘价不详，况且这家公司的股价很低，这里就一笔带过，不另加介绍。

表 1-7　　**2009 年中国互联公司在美首日上市一览**　　单位：美元

公　司	股票代码	上市时间	上市地点	发行价	开盘价	收盘价
畅　游	CYOU	4 月 2 日	纳斯达克	16	22.06	20.02
CDC 软件	CDCS	8 月 6 日	纳斯达克	12	12	9.99
盛大游戏	GAME	9 月 25 日	纳斯达克	12.5	12.5	10.75
中房信	CRIC	10 月 16 日	纳斯达克	12	12.28	14.2
乐语中国	FTLK	12 月 17 日	纳斯达克	7	不详	不详

资料来源：邓正红软实力研究应用中心。

8 月 6 日，CDC 软件在纳斯达克上市，发行价 12 美元，开盘价与发行持平，报收于 9.99 美元，下跌 2.01 美元，跌幅为 16.75%；9 月 25 日，盛大游戏在纳斯达克上市，发行价 12.5 美元，开盘价与发行持平，报收于 10.75 美元，下跌 1.75 美元，跌幅为 14%；10 月 16 日，中房信在纳斯达克上市，发行价 12 美元，开盘价 12.28 美元，报收于 14.2 美元，上涨 2.2 美元，涨幅为 18.33%。

很有意思的是，2009 年上市的畅游、CDC 软件、盛大游戏和中房信 4 家公司有一个共同特点，就是公司背后都有已经上市的母公司，它们都是从母公司中分拆出来单独上市的。畅游的母公司是搜狐，CDC 软件的母公司是中华网（2005 年中华网更名为中华网投资集团，简称“CDC 集团”），盛大游戏的母公司是盛大，中房信的母公司是易居中国和新浪。作者觉得十分有趣，第一轮、第二轮赴美上市的都是“老子”，第三轮赴美上市的开场角色却变成“儿子”了。

2008 年 7 月 28 日，搜狐在开曼设立畅游公司，宣布将把旗下网络游戏业务分拆独立上市。畅游主要业务是网游，其主打产品是于 2007 年 5 月推出的《天龙八部》功夫游戏，此款游戏收入约占其总收入的 94%。畅游的在线游戏拥有成千上万的用户，用户可以免费享受游戏，而畅游主要通过销售虚拟物品创收。随着搜狐畅游的上市，搜狐拥有了门户业务和网游业务两家美国上市公司，成为中国互联网公司在纳市的第一个“双子星”。搜狐畅游上市后将专注于大型多人在线角色扮演游戏业务，而搜狐则专注于新媒体业务以及上网工具、浏览器等。

CDC 软件即中华网软件。1999 年 7 月 13 日，中华网一声炮响，登陆纳斯达克，为中国互联网公司在美国市打开了大门。2005 年中华网更名为中华网投资集团，简称 CDC 集团。2003 年中华网收购了 IMI 和 Pivotal，2004 年并购了 Ross 系统，在此基础上组建了中华网软件集团有限公司。2005 年 8 月，中华网又组建了中华网科技公司，主要从事网络游戏、移动通讯增值服务和互联网内容供应，拥有《热血江湖》《指环王》《传奇》《神泣》《EVE》《光之国度》和《特种部队》等 10 余款网络游戏。

从 2006 年起，中华网就酝酿着将旗下的中华网软件和中华网游戏这两大核心业务分拆上市。2007 年 8 月 22 日中华网投资集团宣布，旗下子公司中华网软件将向美国证券交易委员会提交上市申请。中华网软件将首次公开招股，计划发售最高总金额 2.25 亿美元的 A 类普通股。中华网软件计划在 2007 年第四季度进行上市。2008 年 7 月 17 日，鉴于当时的市场环境，中华网软件决定撤回上市申请。

2009 年 7 月 16 日，中华网软件以 F－1 表格文件的形式向美国证券交易委员会提交了申请上市登记表，重启上市之路。8 月 6 日，中华网软件正式登陆纳斯达克。中华网软件主要开发自动化业务处理软件。此次上市中华网软件发行 480 万股美国存托凭证。

盛大游戏由盛大的游戏业务分拆而来。2008 年 6 月 12 日，盛大在开曼群岛设立全资子公司盛大游戏，其业务包括开发、运营、授权大型多人在线角色扮演游戏以及高级休闲游戏。到 2009 年 8 月 31 日，盛大游戏共运营 18 款大型多人在线角色扮演游戏和 11 款高级休闲游戏，在已宣布的产品线中，还有 16 款大型多人在线角色扮演游戏和 8 款高级休闲游戏即将推出。截至 2009 年 6 月 30 日，盛大游戏的活跃游戏账户（即付费玩家）超过 973 万。《传奇世界》这款游戏由盛大游戏自主研发，也是中国首款自主研发的大型多人在线角色扮演游戏。盛大游戏采取按道具收费的收入模式，并首次将这种收入模式运用到高级休闲游戏，在多人在线角色扮演游戏中大规模推广。

2009年9月3日，盛大游戏向美国证券交易委员会提交了招股说明书，计划募集最多8亿美元资金。在盛大游戏上市的前两天，全球股市表现疲软，在香港上市的中国国有企业中国冶金股价下跌12%，在一定程度上造成投资者恐慌。不过，在此背景下，盛大游戏仍将每股存托凭证定价为12.5美元，达到此前发行价格上限，并增发33%股票，将计划公开发行的美国存托股由最初的6300万股提升至8350万股。增发股票的原因是需求远超出供应，盛大游戏获得10倍认购。盛大持有盛大游戏71%股权及96%投票权。此次盛大游戏首次公开招股，融资额达10.4亿美元，为2009年美国融资规模最大的首次公开招股，并创下中国纳斯达克上市公司融资规模之最。

中房信的全称是中国房产信息集团，由易居中国旗下的克而瑞（中国）信息技术有限公司和新浪旗下的地产门户网站新浪乐居合并组成，是中国首只赴美上市的地产科技概念股。中房信拥有同时覆盖线上线下的房地产综合信息和服务平台，其成功上市，创造了两家已在美国上市的中国公司，分拆各自极具成长力的业务进行合并，并进行二次上市的先河。

中房信此次上市总计发售1800万股新股普通股，约占其扩大后总股本的13%，上市后中房信的总股本约为1.4亿股，共计募集资金约2.16亿美元。易居中国为上市后中房信的控股股东，持股51%，新浪为第二大股东，持股33%。中房信上市后，易居董事局执行主席周忻任首席执行官，并和新浪首席执行官曹国伟共同担任中房信联席董事长，克而瑞总裁丁祖昱和新浪乐居总经理罗军担任中房信联席总裁。周忻称，中房信上市有利于继续推进国内最大和最先进的房地产信息系统建设，为房地产开发商、供应商、专业机构以及个人用户提供多元化的房地产信息服务。曹国伟则表示，和易居合作，是新浪在垂直领域商业模式探索的有益尝试，可以发挥双方的协同效应，同时可进一步拓展和深化互联网垂直领域的商机，建立公司在细分市场的核心竞争力，这也是新浪未来战略的重要组成部分。

中房信上市首日，纳斯达克指数下跌16.49点，报收于2156.8点，跌幅0.76%，道琼斯指数下跌66.73点，报收于9996.21点，跌幅0.66%。

但中房信以12.28美元开盘，后报收于14.2美元，上涨18.33%。2009年，在中房信之前，已有14家中国公司（包括互联网之外的其他企业）在纳斯达克上市，其中就有13家公司跌破发行价。中房信上市第一天逆市上涨，说明投资者对中房信及其业务模式的认可。

与欧美等发达国家不同的是，中国还处于城镇化发展阶段，拥有全球最大的消费群体，消费者财富和购买力都在不断提升，这为中国的房地产市场提供了原动力。中房信上市后，其业务同时覆盖房地产信息及咨询服务、互联网房地产业务，并建立起国内权威的房地产数据库。新浪乐居的互联网房地产业务覆盖了中国约72个城市，克而瑞的房地产数据库和信息咨询服务覆盖城市则超过56个。调研机构弗若斯特沙利文数据显示，截至2008年底，包括数据服务、数据分析在内的中国房地产信息服务市场，中房信占据了约40.8%的市场份额。艾瑞咨询的数据显示，截至2009年上半年，中国房地产网络广告投放，新浪乐居占据约35.8%的市场份额。

经济寒潮下，中国互联网公司逆市而上，“分拆”成为2009年中国互联网公司赴美上市的关键词。通俗地讲，就是“老子”上市后，创造条件再让“儿子”上市。也应验了中国的一句俗话：打虎亲兄弟，上阵父子兵。

中国网络游戏股整体走低

行文至此，似乎还有一个谜团没解开。2004年，作为中国最大的网游运营商和首只网游股登陆纳斯达克的盛大，上市当天的发行情况无论发行价、开盘价还是收盘价都不及7个月后上市的第九城市，主要原因是当时投资者对中国概念股趋冷以及中国网游市场前景不甚明朗。2009年，搜狐、盛大两家都分拆网络游戏独立上市，畅游在先，盛大游戏在后。可这次却是截然不同的两种情况，畅游股价涨幅25.12%，盛大游戏却跌幅14%。若论经济气候，畅游首家登陆，寒气最重，按理盛大游戏的上市时机要比畅游更好，为何盛大游戏会落得跌破发行呢？作者只能这样认为，

盛大虽是中国最大的网络游戏开发运营商，但它两次上市都不走运。

到盛大游戏上市时，虽然整个美国经济正在缓慢复苏，但中国网络游戏股的整体走势并没有出现像畅游上市首日的幸运上扬。从盛大游戏上市当日看，6 只中国网络游戏股的股价与前一天相比（见表 1－8），只有巨人网络微涨 0.8%，其他 5 只游戏股均有不同程度的跌幅，盛大跌 11.9%、网易跌 3.4%、畅游跌 3.1%、完美时空跌 4.6%、第九城市跌 5.4%。从这组数据不难看出，盛大游戏上市时，中国网络游戏股整体上是下跌的，而且盛大跌幅最大，盛大游戏又出自盛大，因此，盛大游戏上市首日跌破发行是必然的。

表 1－8　盛大游戏上市前日和首日在美中国网游股股价情况　单位：美元

项目	盛大	网易	畅游	巨人网络	完美时空	第九城市
9 月 24 日股价	56.77	43.62	32.28	7.86	46.15	8.2
9 月 25 日股价	50	42.13	31.37	7.92	44.05	7.76
涨/跌幅	－11.9%	－3.4%	－3.1%	0.8%	－4.6%	－5.4%

资料来源：邓正红软实力研究应用中心。

那为什么中国网络游戏股会整体走低呢？2009 年中国互联网经历了一系列的风雨，曾经占据中国互联网市场半壁江山的网游业务尽管依旧营收丰厚，网络游戏曾以七成以上的利润率成为互联网领域的一个神话，然而，市场格局逐渐清晰，这个神话的光环也逐渐褪去。根据在美国上市的中国各大网游概念股 2009 年第四季度业绩显示，其成本都在不同程度地增加，网游概念股正在告别“最暴利行业”的称号。免费网游的商业模式为整个中国网游行业带来 5 年狂飙突进似的增长，市场规模从 2005 年的 6.96 亿美元迅速扩张至 2009 年的 39.64 亿美元。虽然 2009 年整个市场规模依然拥有超过 30% 的增长，但是与 43.95 亿美元的行业心理预期仍有较大差距。

在网游公司财报中，有一个关键词“每活跃付费账户每月平均营收（ARPU）”备受关注。在免费游戏成为中国网络游戏最成功的本土化商业模式之后，高 ARPU 值几乎成为所有网游运营商疯狂追寻的数字，它代替了时间收费的在线人数，成为网游业是否赚钱重要的衡量标准。

为了提升游戏公司业绩，网游公司费尽心机扩大道具收费，不停地提升所谓的 APRU 值，而降低了玩家满意度。网络游戏已经成为 95% 免费用户陪着 5% 付费用户娱乐的产品，而厂商为了讨好付费用户，不停地拉开两者的差距，最终走入死循环。业内人士认为，受益于宏观经济向好，互联网中以网游为代表的娱乐领域将会减速发展，取而代之的则是广告、电子商务等与宏观经济联系更为紧密的领域。

盛大以游戏单独上市，实际上是一种战略转型，因为其游戏收入占比降至 9 成以下，如果过度依赖网游，将不利于公司长远发展。因此，盛大分拆游戏上市，可以腾出更多的精力向阅读转型。同时，资深网游运营商网易也开始回归“门户概念”，重提媒体属性。

对于互联网而言，从初期的娱乐属性到中期的媒体属性直至后期显露的经济属性，所显示的正是互联网经济的逐渐成熟。因为作为虚拟世界，本身所构成经济循环难以成长，只有更多的与现实社会结合，其后续增长才会持续向好。

第7节

垂直领域激发投资者想象力

上节说了，中国网游股的整体趋势走低，盛大游戏上市首日跌破发行，说明华尔街对中国网游股的热情已开始降温。网络游戏从2000年正式进入中国至2009年，在中国整整走过了10年历程。在这10年中，网游市场逐渐成熟，市场规模也扩大至2009年的39.64亿美元。2009年，中国网络游戏市场规模同比增长30.2%，增长趋势有所放缓。就10年来中国网络游戏的增长趋势看，可以分为三个阶段：第一阶段是2000~2005年，属于由用户快速增长带来的爆发式增长期；第二阶段是2006~2008年，是通过游戏商业模式创新（道具模式）拉动用户消费的营销式增长期；到了2009年，即进入第三阶段，游戏用户增长放缓已成定局，道具模式对用户价值的挖掘也已逐步达到上限。

继网络游戏之后的新热点

在互联网行业，虽然产品、技术及营销都很重要，但这些都可用钱买到，并不算稀缺资源，真正决定行业兴衰的是公司掌握多少用户。用户才是真正的稀缺资源。互联网行业是由众多的细分行业组成，相比中国互联网其他行业，网游最大的优势在于商业模式成熟，盈利模式清晰，且加入门槛较低。特别是对那些资金雄厚并掌握一定用户资源的公司来说，加入网游运营商行列几乎没有任何门槛，因此各大互联网公司都将网络游戏作为多元化经济的首选。

门户网站之所以能在网游领域频频告捷，主要得益于其稳定的用户群和得天独厚的营销资源。随着中国网络游戏用户增长逐步放缓，围绕着用户的争夺战将愈加激烈，所有握有用户的互联网公司都会想尽办法来分享网游这块大蛋糕。网游用户大多集中在 18 ~ 35 岁之间，根据《中国统计年鉴》的数据显示，中国这部分人口总数在 2 亿左右，除去部分没有游戏条件的人群，预计中国网游市场的最终活跃用户约在 6000 万 ~ 7000 万。而就 2009 ~ 2010 年中国游戏市场的用户数量来看，已经非常接近上限，因此中国游戏用户的增长将放缓或者下降。在用户 ARPU 值方面，70% 左右的网络游戏用户月收入在 2000 元以下，而这部分用户的游戏支出则在 100 ~ 300 元之间，游戏花费占总收入的 10% ~ 30% 左右。由此可见，可供继续挖掘的用户消费潜力已经很小。基于用户和用户 ARPU 值的分析，游戏产业发展的增长空间十分有限，必须寻找新的突破点。

纵观中国互联网行业的发展，大都有这样的规律，从初创期的用户增长到成长期的用户消费增长再到成熟期的市场缓慢增长或下降。当互联网中某个产业到达成熟期时，就意味着这一市场接近饱和，竞争也相当激烈，价值增长空间日趋变窄。反映到股市，投资者的态度是很现实的，必然是由热变冷。中国互联网公司赴美上市的历程就是如此。当初中华网一炮打响门户网站，于是三大门户紧跟，市场进入饱和，后来就出现专业性网站上市；当无线增值业务接近饱和时，网络传媒、网络搜索、网络游戏又成为股市新宠；从盛大游戏上市首日跌破发行价来看，很明显，网络游戏股趋于饱和，接下来还会出现什么新的网络概念股呢？换言之，中国互联网中将有何种产业会成为股市的新热点呢？

2010 年 12 月 8 日，在纽约证券交易所，继网络游戏之后的新热点出现了。是日，中国知名互联网公司优酷和当当网一同登陆纽约证券交易所，首次公开募股，在年末的美国资本市场上又一次掀起投资中国概念股的热潮。

当当网以每股 16 美元的定价发行 1700 万股美国存托凭证，比原先计

划的首次发行规模提高了23%，发行价高于原来的定价区间。当当网最初发行定价区间是11～13美元，后来上调到13～15美元。上市首日开盘价为24.5美元，较16美元发行价大涨53%，收盘价29.91美元，较发行价大涨86.94%。当当网此次共计融资2.72亿美元，将用于拓宽产品类别和提高订单履行能力。

与当当网相比，优酷则“百尺竿头，更进一步”。优酷的涨幅是当当网的近两倍。优酷发行1585万美国存托凭证，募集资金2.03亿美元，发行价12.8美元，高于优酷设定的每股9～11美元的发行定价区间。与此前预期相比，优酷网通过首次发行交易额外筹集了20%的资金。上市首日，优酷股价暴涨161.25%，报收于33.44美元。这是自2005年8月，中国搜索引擎百度上市首日股价大涨4倍之后，5年来美国证券市场上市首日股价涨幅之最。美国投资者对优酷的追捧，表明美国资本对于中国互联网公司的青睐。当然，这源于中国已成为全球最大的互联网市场——截至2010年6月底，中国互联网用户人数已超4亿。与此相比，美国人口局公布报告称，2010年美国人口总数刚过3亿。

当当网和优酷网在纽交所上市首日的优异表现，在美国资本市场掀起了一轮投资中国概念股的潮流，美国当地主流媒体纷纷认为这反映出美国投资者对于中国经济快速增长以及中国互联网行业发展前景充满信心。国际货币基金组织预计，2011年中国经济增长速度将为9.6%，美国将为2.3%。

当当网上市是中国互联网发展历史上的里程碑事件，作为出版物垂直细分市场老大、中国第二大B2C公司，当当网上市之后中国互联网的主要行业都有了上市公司，真正掀起了电子商务的热潮。当时，综合类在线零售商与垂直类B2C网站正形成两大梯队，以当当网、卓越网、京东商城等构成百货B2C市场第一梯队；第二梯队则以凡客诚品、红孩子等垂直类B2C为代表。当当网占有中国图书和媒体制品市场50%的市场份额，还扩展至一般商品领域，如美容、家居和婴幼儿用品等。当当网一般的业务来自一线城市消费者，但公司能够向全国750个城市消费者快递货物并收取现金。

优酷的上市也是一个标志性的事件，说明整个视频行业已经走上了主流舞台，并获得资本认可，这意味着之前的混乱和争议的状态将进入新的有序阶段，同业竞争会更加激烈。2010 年第三季度，优酷占据中国网络视频市场收入的22.5%，土豆紧居其后占18.5%。在中国网站排名上，优酷流量排在第10 位，土豆第11 位。在视频广告方面，中国视频广告的14%为优酷所有。优酷的收入主要来自广告，2007 年，优酷仅有7 家广告主，2008 年增至141 家，2009 年9 月30 日，优酷广告主达到343 家。

2010 年的互联网上市为何锁定电商和视频？投资者喜欢较早投资那些有潜力成为市场主导者的公司，就中国互联网而言，中国市场拥有1 亿在线购物的消费者，正处于增长的早期阶段，投资者希望找到像亚马逊那样成功的公司，找到那些能够随着网民数量增长而增长的“高质量、高增长”公司。2009 ~2010 年电子商务在中国发展势头迅猛，但由于中国庞大的网民基数，电子商务的网民渗透率还比较低，有很大的发展空间。网络视频广告也保持着30%的年增长率。无疑，电商和视频两个领域都有较大的成长性，继前两轮赴美上市潮，互联网的第三轮上市潮集中在电商和视频等垂直领域是一个必然的趋势。由于互联网“赢者通吃”的特性，“抢先一步”就显得很重要，优酷和当当网分别是中国两大潜力巨大的市场的潜在领导者，受投资者青睐也是必然的，而优酷和当当网力拔头筹，自然能为公司的发展抢占一些先机。芝加哥投资银行 Harris Private Bank 首席投资官杰克·阿布林称，当当网和优酷是“两家激发了投资者想象力的公司”，这两家公司的首次上市代表着“中国和互联网的交集，因此所有人都在追捧这个主题”。

麦考林拔得中国 B2C 概念股头筹

当当网上市首日涨势不错，不过它还算不上在美上市的中国 B2C 概念第一股，这个头衔被服装类电子商务网站麦考林抢走了。10 月 26 日，麦考林登陆纳斯达克，成为中国首家 B2C 上市公司。上市首日，开盘价为17.5 美元，报收于17.26 美元，比11 美元的发行价涨了56.91%，最低股价16.75美元，最高股价18.5美元。麦考林此次上市的发行价较之前的8～10美元的发行定价区间至少高1美元，出售1174.29万股美国存托凭证，每股美国存托凭证相当于7股普通股，募集资金约1.29亿美元。

麦考林成立于1996年，是中国第一家获得政府批准的从事邮购业务的外资企业，主要面向城市年轻女性出售服装和饰品，美国风险基金华平投资是控股股东，投资金额超过4500万美元。在成立之初，麦考林仅简单照搬国外成功模式，一度濒临困境。2000年，麦考林的麦网上线，开始将其邮购业务与电子商务进行结合，并在全国投放大量广告，但收效不大；后来采取“网络+邮购+实体连锁”三条腿走路的模式，其中网络是其最大收入来源。2004年，麦考林实现扭亏为盈，并保持50%以上的年复合增长速度。2008年，红杉资本取代华平，投资8000多万美元入主麦考林后，逐渐将上市提上日程。2010年上半年，麦考林总营收为1.08亿美元，同比增长41.6%，网络收入占据麦考林总收入的78%。

经过多年的市场开拓和消费者教育，中国电子商务B2C市场蓬勃发展，同时逐渐成为风投等资本关注的焦点领域之一。2006～2009年中国电子商务B2C行业及相关领域共发生投资事件95笔，涉及企业44家，投资金额6.04亿美元。截至2010年第二季度，B2C行业领域已经发生16笔投资事件。B2C的模式需要强有力的资本巨额融资来支持，帮助企业提升服务水平、仓储物流、体系建设。风投的盈利模式是希望企业上市，从而成功实现套现目的。从投资的角度看，大部分风投不会考虑商业模式本身能给用户带来什么价值，它们只考虑这种模式在中国市场环境中的成长性。风投希望这些企业拿到投资后，很快占据市场的领先地位，最终获得利益。由于“中国消费升级”的概念，同时，中国公司最近在美国上市表现都非常好，麦考林打着中国B2C第一股的旗号，在中国服装类B2C电子商务公司中排名第二，仅次于凡客诚品。因此，上市之初，麦考林以中国B2C第一股概念获得行业广泛关注。风投界预测，麦考林上市后的股价表现会比较理想。以麦考林上市为起点，继门户网站、搜索引擎和网游等公司上市后，中国互联网公司的扎堆上市潮即将转向电子商务。

麦考林于 11 月 29 日收盘后披露上市后首份季度财报，称毛利率大幅下滑、成本和费用上涨，导致了第二天的股价大跌。进入 12 月，恰是当当网准备上市之际，7 日，麦考林接到了来自美国投资者的第三起集体诉讼。三起诉讼中，投资者都指控麦考林在首次公开招股时虚假披露信息，以及麦考林公司及特定内幕人士还涉嫌在发布第三季度财报前套现约 1. 29 亿美元。当日麦考林股价报收于 6. 6 美元，较首次上市发行价跌幅达 40%，这个价格创造了其上市以来的新低。

麦考林遭遇的集体诉讼风波，让所有人对电子商务上市捏了一把汗。所幸的是，麦考林风波对当当网上市并没产生影响。当当网经营时间较长，核心领导层占据核心地位且经营风格稳健，熟悉美国证券市场规则。当当网的运营模式不同于麦考林的“线上 + 线下”，不会出现麦考林因线下业务扩张导致毛利润下降的困扰。

2010 年在美上市的电商网站还有两家垂直门户网站搜房与易车。9 月 17 日，中国排名第一的房地产家居网络平台搜房网在纽约证券交易所上市，发行价 42. 5 美元，开盘价 67 美元，收盘价 73. 5 美元，较发行价涨 72. 9%。受搜房上市开盘大涨的利好消息影响，搜房的竞争对手中房信也跟着上涨，最终收盘于 9. 55 美元，上涨 0. 74 美元，涨幅为 8. 4%。搜房此次上市发行 290 万股美国存托凭证，融资 1. 247 亿美元。搜房的业务范围是市场营销和楼盘信息查询。截至 2010 年 6 月 30 日，搜房网业务覆盖中国 106 个城市。

11 月 17 日，中国汽车门户网站易车网登陆纽约证券交易所，发行价 12 美元，开盘价与发行价持平，报收于 12. 45 美元，高出发行价 3. 75%，发行 1060 万股美国存托凭证，融资 1. 27 亿美元，实际成交 1232 万股美国存托凭证，超过首次公开招股发行总额。易车主要业务是向中国汽车行业提供网络内容和营销服务，收入来源包括汽车消费网站易车网（bitauto. com）、二手车交易信息服务平台优卡网（ucar. cn）以及汽车行业数字营销服务公司新意互动（CIG）。分析人士指出，搜房和易车的成功上市，充分代表了中国经济发展中房地产和汽车两个热点领域，也是中国经

济和消费行业快速增长的体现。

优酷、当当网、麦考林、搜房网、易车网等5家互联网公司在美上市，代表了2010年中国概念股涌现的新热点，即视频网站和电子商务。读者要注意的是，2010年在美上市的中国互联网公司除了上述5家外，还有数百亿、联合信息、经纬国际、海辉软件、高德软件、中网在线、蓝汛、斯凯、软通动力等9家互联网公司也在美上市（见表1-9）。不过其中有3家公司的上市并非首次公开招股——数百亿是从美国场外交易升板纳斯达克，经纬国际、中网在线则是借壳上市。这3家公司在上市之日的收盘价与开盘价相比没有涨幅，股价低迷，因此就不另加介绍。总之，2010年是中国互联网公司赴美上市数量最多的年份，在美上市的中国互联网公司总计14家。

表1-9　2010年中国互联网公司在美首日上市情况一览　单位：美元

公　司	股票代码	上市时间	上市地点	发行价	开盘价	收盘价
数百亿*	SBAY	3月16日	纳斯达克	不详	19.75	18.6
联合信息	KONE	5月14日	纳斯达克	4	4	3.94
经纬国际*	JNGW	5月20日	纳斯达克	不详	4.85	4.63
海辉软件	HSFT	6月30日	纳斯达克	10	10.27	10.63
高德软件	AMAP	7月1日	纳斯达克	12.5	13	13.5
中网在线*	CNET	9月14日	纳斯达克	不详	3.01	3.01
搜　房	SFUN	9月17日	纽约证交所	42.5	67	73.5
蓝　汛	CCIH	10月1日	纳斯达克	13.9	27	27.15
麦考林	MCOX	10月26日	纳斯达克	11	17.5	17.26
易　车	BITA	11月17日	纽约证交所	12	12	12.45
当当网	DANG	12月8日	纽约证交所	16	24.5	29.91
优　酷	YOKU	12月8日	纽约证交所	12.8	27	33.44
斯　凯	MOBI	12月10日	纳斯达克	8	6	6
软通动力	ISS	12月14日	纽约证交所	13	16	16.62

注：①数百亿2003年3月3日进入美国场外交易——纳斯达克OTCBB市场，2010年3月16日升板至纳斯达克资本市场。②经纬国际系借壳上市，2007年5月17日进入美国OTCBB市场，2010年5月20日转板纳斯达克。③中网在线2009年8月14日借Emazing Interactive股票进入美国场外交易，股票代码从EMZG更新为CHNT，2010年3月4日正式转入美国证券交易所，股票代码改为CNET，2010年9月14日转板纳斯达克。

资料来源：邓正红软实力研究应用中心。

联合信息、海辉软件、高德软件、蓝汛、斯凯、软通动力等6家互联网公司都从事软件开发、应用及服务。从上市首日情况看，发行价最高的是蓝汛，13.9美元，收盘涨幅最高的也是蓝汛，95.3%；发行价最低的是联合信息，4美元，收盘跌幅最大的是斯凯，25%；融资最高的是软通动力，1.404亿美元，6家互联网公司首次上市融资总计4.8亿美元。

5月14日，联合信息在纳斯达克上市，发行价4美元，开盘与发行持平，报收于3.94美元，微跌1.5%，共发售400万股美国存托凭证，融资1600万美元。联合信息即西安联合信息技术股份有限公司，是一家专业面向3G时代的现场及远程信息管理技术应用开发及服务提供商，长期致力于新一代移动通信技术和信息技术的研发及应用，实现了将无线信息交互技术、无线网络环境下的音视频传输技术、移动射频识别技术（RFID）等与传统应用系统的有机结合。

6月30日，海辉软件在纳斯达克上市，发行价10美元，开盘价10.27美元，报收于10.63美元，涨幅6.3%，共发售740万股美国存托凭证，融资7400万美元。海辉软件成立于1996年，是一家信息技术软件及业务流程外包服务提供商。2009年海辉软件净利740万美元，但在此之前的4年一直亏损。

7月1日，高德软件在纳斯达克上市，发行价12.5美元，开盘价13美元，报收于13.5美元，涨幅8%，共发售862.5万股美国存托凭证，融资1.078亿美元。高德软件成立于2001年，是导航电子地图和位置服务提供商，过去两年的营收均出现增长，2009年的净利润较上年增长了372%。

10月1日，蓝汛在纳斯达克上市，发行价13.9美元，开盘价27美元，报收于27.15美元，涨幅95.3%，共发售606万股美国存托凭证，融资8423万美元。蓝汛通信从2000年开始提供互联网内容和应用服务，是第一家获得中国经营许可证的非电信运营商。蓝汛通信的客户包括中国移动、阿里巴巴等。

12月10日，斯凯在纳斯达克上市，发行价8美元，开盘价6美元，报收于6美元，跌幅25%，共发售725万股美国存托凭证，融资5800万美元。斯凯即杭州斯凯网络科技有限公司，成立于2005年，是中国第一家上市的手机应用平台、第一只移动互联网概念股，在中国率先推出完全自主研发的冒泡手机软件平台，开创了中国的“APP Store”模式，收入主要来源于移动应用平台，即用户下载应用软件缴纳费用以及相关操作中的增值服务。

12月14日，软通动力在纽约证券交易所上市，发行价13美元，开盘价16美元，报收于16.62美元，涨幅27.8%，共发售1080万股美国存托凭证，融资1.404亿美元。软通动力成立于2001年，是一家信息技术综合服务提供商，业务范围涵盖信息技术咨询及解决方案、应用开发及维护、软件产品工程、网络/基础设施服务以及业务流程外包服务等。

2010年在美上市的14家中国互联网公司中，9家在纳斯达克，5家在纽约证券交易所。对比两大交易场所，中国互联网概念主流股都集中在纽约证交所，搜房、当当网、优酷等主流股上市首日发行火爆，股价涨势强劲。这说明纽约证交所自2006年并购群岛电子交易控股公司以来，和纳斯达克争夺中国互联网上市公司进入激烈的胶着阶段，同时中国互联网概念股的质地和价值也在快速提升。

第8节

互联网安全的免费故事

纽约证交所在收购群岛电子交易所后，2006 年推出过高增长板市场（NYSE Arca）。2008 年 10 月，纽约证交所完成了对美国证券交易所（American Stock Exchange）的收购，经过与高增长板市场的整合和内部的自主分层，纽约证交所增加了一层——NYSE MKT，相当于中小板市场。2009 年纽约证交所进一步改变上市规则，降低上市门槛，许多高科技公司已经能够达到该所上市条件，纽约证交所与纳斯达克在这方面的差别越来越小。纽约证交所设立中小板市场以来，开始在吸引高科技公司上市方面发力。2009 年后上市的公司中，网络科技占比很高。可以看到，纽约证交所的行业覆盖已经进入纳斯达克的传统领地。

跨越华尔街“恐惧指数”

2011 年 3 月 15 日，中国第一大互联网及移动安全产品提供商奇虎 360 向美国证券交易委员会提交了首次公开招股申请，计划在纽约证交所上市，融资规模为 2 亿美元。奇虎 360 上市为何选择纽交所？奇虎 360 董事长兼首席执行官周鸿祎表示，这是投行的建议，相比纳斯达克，纽约证交所历史更悠久，成交规模很大，有利于提升公司品牌。过去几年，中国互联网上市地多选择纳斯达克市场，但是从 2010 年年中开始，包括当当网、优酷网等在内的公司开始选择纽约证交所。

在奇虎360提交上市申请数小时后，美国股市开始暴跌。这是为何？起因是日本核危机。2011年3月11日，日本东北部和关东首都圈发生里氏9级强震，并引发海啸，日本福岛第一核电站发生放射性物质泄漏事故。随着日本核危机的加剧，16日，美国股市道琼斯工业指数出现暴跌，纳斯达克综合指数和标普500指数当天都创下2011年以来的最大单日跌幅。道琼斯工业指数暴跌242点收盘，道琼斯公司随后调低了对美国股市全年增长的预期，道琼斯判断股市近期还将继续下跌。此外，被称为华尔街“恐惧指数”的芝加哥期权交易所市场波动率指数也大幅变动，使“恐惧指数”一度突破30点的心理承受线，显示出投资人对未来信心的缺失。华尔街分析师表示，这种恐慌的情绪至少还要持续一段时间。

奇虎360是2011年打头阵递交上市申请的中国互联网公司，其后还有许多互联网公司都希望上市融资。但是，日本股市暴跌11%看上去已经引发连锁反应，导致全球股市普遍下跌，这给上市交易带来了风险。一位银行家说：“我们遇到了一个转折点，每个人的目光都盯着奇虎360。如果奇虎360表现不佳，那么后续的一些互联网公司就会打退堂鼓。”日本核危机成为了全球最关心的一个话题，奇虎360在股市暴跌的时刻提交上市申请，无疑这将成为检验中国互联网公司在市场动荡时申请上市的试金石。

3月17日，奇虎360在香港启动全球路演，投资者认购非常踊跃，首日便实现3倍多的超额认购，其中索罗斯名下一只基金也参与了认购。随着上市日期的临近，华尔街对奇虎360的关注度似乎达到了沸点。作为中国首家在美国即将上市的互联网安全公司，奇虎360受到来自媒体和分析师的热捧，并给出了“Anti-virus + browsers + online games = Big Business（杀毒 + 浏览器 + 网络游戏 = 赚钱的大买卖）”的评价。

29日，奇虎360已将纽约证交所首次招股的指导价区间上调至每股13.5～14.5美元，此前奇虎360的指导价区间为每股10.5～12.5美元。奇虎360在推介中一直强调自己很像中国的脸谱，即都是通过免费服务的方式迅速占领市场，拥有数以亿计的黏性很高的用户基础，这让那些远离中国的投资者消除了对奇虎360的陌生感。

同时获得巴菲特与索罗斯的投资

30日，奇虎360在纽约证交所上市，发行价14.5美元，开盘价27美元，报收34美元，较发行价大涨134.48%，市值达39.57亿美元。此次公开招股，奇虎360共计发行1210万股美国存托凭证，融资1.75亿美元。奇虎360在纽约证交所的首次募股总计获得40倍超额认购。华尔街以空前的热情迎接了奇虎360的新时代。

奇虎360受到华尔街的热捧，实际上是2010年12月8日优酷和当当网两只中国互联网优质股在纽约证交所上市首日大涨势头的延续。当日，两只股涨幅分别为161.25%和86.94%，况且优酷网上市时是亏损上市，而奇虎360于2009年就实现盈利212.4万美元，2010年公司净利润为546.5万美元。盈利额虽然算不上大，但奇虎360依托庞大用户群实现价值导出的能力显然已经开始发力，流量变现潜力引发资本市场对奇虎360的追捧。

奇虎360创立于2005年6月，主要提供免费安全服务，旗下有360安全卫士、360杀毒、360安全浏览器、360保险箱、360手机卫士等系列产品。奇虎360有两大主要盈利来源：一个是在线广告，除了在网站及平台产品上为客户提供广告服务，还通过为搜索引擎公司产生的大量搜索流量而获得收入；另一个是互联网增值服务，提供第三方开发的网页游戏、远程技术支持等付费的互联网安全服务，以及其他互联网增值服务。

杀毒业务初期为奇虎360营业收入的主要来源，但自2009年9月奇虎360宣布其杀毒产品“永久免费”后，这部分业务的营业收入不断萎缩，从2009年第三季度的600.8万美元，大幅下跌至2010年第四季度的42万美元。但免费战略使奇虎360用户数激增，为在线广告业务以及互联网增值业务营业收入的高速增长带来转机。

奇虎360在线广告收入从2009年第一季度的200万美元左右，飙升至

2010 年第四财季的 1412. 8 万美元；互联网增值业务收入从 2009 年第四季度的不足 200 万美元，增长到 2010 年第四季度的 524. 2 万美元。

专家分析认为，奇虎 360 的盈利模式仅仅是在产业链上打开了一个小的环节，其战略布局将会从安全领域向用户整个互联网桌面管理转变，搭建用户个人电脑应用服务的生态圈，具体将涵盖从网络入口、网络安全到软件管理以及由此衍生出来的娱乐、购物等多重服务。

奇虎 360 此番招股同时获得了世界头号投资家巴菲特与索罗斯的投资。巴菲特坚持价值投资，索罗斯注重机会投资，两巨头投资奇虎 360，这证明无论短期还是长期，投资者都看好奇虎 360。有人做过检索，到奇虎 360 为止，两人在全球同时投资的公司只有 6 家。自 2005 年创立以来的 6 年里，奇虎 360 曾先后获得过鼎晖创投、红杉资本、高原资本、红点投资、Matrix、IDG 等风险投资商的联合投资。

奇虎 360 的崛起是从免费开始的。成立之初，奇虎 360 就制订了 10 年计划：前 5 年做好安全杀毒软件及用户体验，建立起用户群，后 5 年专注为公司的盈利模式定位。周鸿祎表示，上市后自己不会专门去做投资，公司的潜力还没有变成实力，还有很多工作要做。公司上市后，将会与合作伙伴推出更多的增值服务，未来公司的广告和增值服务营收将会出现强劲增长。

周鸿祎像推销员一样四处免费推销克里斯·安德森的《免费：商业的未来》。互联网时代，杀毒行业被视为“日薄西山”的夕阳产业。周鸿祎说：“360 当初要建立免费安全杀毒软件，别人都当成笑话。”但奇虎 360 颠覆了杀毒行业 20 年固有的传统，用免费把“软件”做成“互联网”，获得美国投资者的认同，由“小生意”变成“大机遇”。

在免费模式上，百度提供免费搜索，腾讯提供免费即时通讯，奇虎 360 则选择了免费网络杀毒。从创立之日起，奇虎 360 就意识到安全是互联网和移动用户的基本需求，通过免费为用户提供互联网活动的安全接入点，提供全方位的高质量互联网和移动安全产品，从而获得忠实用户。为了让免费杀毒这项服务快速获得用户，奇虎 360 选择“逆向操作”策略：

传统的杀毒公司都卖软件，360 就把杀毒作为服务；传统杀毒一年升级几次，360 就天天升级；传统杀毒收费，360 就免费；别人怎么做，360 就从相反的方向去做。免费策略让奇虎 360 在最短的时间内获得了海量用户，2011 年 1 月，奇虎 360 的活跃互联网用户为 3. 39 亿，在中国的用户渗透率为 85. 8%。

免费源于持续创新

周鸿祎称："人们通常认为免费无好货，但在互联网上免费有好货，甚至比收费的更好。因为互联网上产品间的转移成本太低了，如果产品不好用，用户说走就走，反正也没花过钱，不心疼。"这也是奇虎 360 持续改进 360 安全卫士等免费产品的原因。奇虎 360 的免费源于持续创新，这主要体现在奇虎 360 诸多"第一"的产品上。

第一个推行安全软件永久免费。2006 年 7 月 17 日，免费的 360 安全卫士隆重推出；2009 年 10 月，免费的 360 杀毒正式发布。2010 年 5 月，360 杀毒市场份额超过 50%，免费杀毒成为主流。360 安全卫士和 360 杀毒，还有 360 手机卫士已成为奇虎 360 的核心互联网和移动安全产品。360 安全卫士和 360 杀毒，分别是中国排名第一和第二的互联网安全产品。2011 年 1 月，这两款产品的月活跃用户分别为 3. 01 亿和 2. 48 亿。360 手机卫士是中国排名第一的移动安全产品。按照 2011 年 1 月的活跃用户计算，其市场份额为 58. 2%。

第一个提供查漏洞打补丁服务。2007 年 4 月，360 首创系统漏洞修复功能；同年 8 月，360 为用户提供应用软件漏洞修复功能；2009 年，"打补丁"开始成为安全软件的标配。

第一个发布账号保险箱。360 保险箱，一个保护用户个人账户信息免遭盗窃的解决方案。2007 年 7 月，360 安全中心发布 360 保险箱。同年，其他安全厂商跟进 360 策略，纷纷推出"××保险柜""××密保"等服务。

第一个发布软件管家。360 软件管家，一个安全获取和管理软件及应用的重要接入点。2008 年 1 月，360 安全中心发布 360 软件管家，是 360 安全卫士中提供的一个集软件下载、更新、卸载、优化于一体的工具。360 软件管家主打“安全下载”，其中的软件都经过人工检查，清理其中可能带有的各种插件，查杀安装包中可能带有的木马和病毒。

第一个发布安全浏览器。2008 年 5 月，360 发布安全浏览器，首创的“沙箱”技术，能完全防止木马病毒从网页发起的攻击。之后，又发明“隔离模式”，把木马隔离在电脑系统之外。2009 年 10 月，360 安全浏览器成为中国第二大网络浏览器，仅次于微软 Internet Explorer。2011 年 1 月，360 安全浏览器的月活跃用户为 1.72 亿，在中国的用户渗透率为 44.1%。360 安全网址，这是 360 安全浏览器的默认主页，也是热门和推荐信息及应用的一个重要接入点，2011 年 1 月的月活跃用户为 9800 万。

第一个推出“云查杀”引擎。2009 年 9 月，360 安全卫士 6.0 全新版发布，推出划时代的 360“云查杀”引擎。同时，奇虎 360 还提出了“安全 0 死角”概念，从全面防护和强力查杀等各个方面狙击网络安全隐患，并保障用户“0 负担”。

奇虎 360 正成为一个以网络安全为核心的生态系统，除了核心互联网和移动安全产品外，奇虎 360 还进一步开发了多个平台产品，以满足网民对安全的全面需求，并创建值得信赖的互联网活动接入点。同时为网页游戏、电子商务网站、软件及应用等众多第三方合作伙伴在这些平台上提供互联网产品和服务，并与第三方合作伙伴进行收入分成。

奇虎 360 的业务模式为“免费 + 增值服务”。免费的安全和杀毒服务是推广手段，用来培养用户忠诚度，在此基础上不断推出互联网增值类服务。奇虎 360 的赚钱路径是将用户流量变现，变现方式有四种：①当用户打开 360 浏览器后，会看到 360 导航页（首页），首页上每个位置都有广告；②360 浏览器上会有搜索框，当用户在搜索框中搜索，360 就可以从搜索引擎处分成；③提供由第三方开发的网络游戏，即网页游戏联合运营业务，如偷菜等游戏，收入可与游戏方分账；④提供产品入口（如 360 软件管家），收取软件推广费等。通过开放平台，用户可以安全访问大量的产品和服务，反过来提升用户体验和忠诚度，并进一步扩大奇虎360的用户基础。2010年，奇虎360互联网收入为5379万美元，占全年收入的93.3%，其中包括网络广告3882.6万美元、互联网增值服务1477.4万美元和其他服务19万美元，占全年收入的比重分别是67.3%、25.7%、0.3%。

网秦上市遭遇问题

2011年在纽约证交所上市的中国互联网安全公司有两家，第一家是奇虎360，另一家则是从事手机安全服务的网秦。不过，网秦上市首日的情况却不容乐观。5月5日，网秦在纽约证交所挂牌交易，开盘价11.5美元，与发行价持平，开盘后两分钟即跌破发行价，收盘报价9.3美元，较发行价大跌19.13%。

网秦创立于2005年，核心产品包括网秦手机杀毒、网秦通讯管家、网秦手机卫士等。截至2010年12月31日，网秦在全球的累计注册用户数为7169万，2010年第四季度，网秦的月度平均活跃用户数为2544万，月度平均付费用户数为324万。网秦的营收主要来自高级手机互联网服务，从2008~2010年，网秦收入分别为396.1万美元、526.4万美元和1769.5万美元，年复合增长率为111.4%。

据总部位于美国硅谷市场调研机构弗若斯特沙利文（Frost & Sullivan，简称沙利文）发布的《2010年中国手机安全产品市场白皮书》，中国手机安全软件的激活用户已达到7240万，活跃用户2800万，同比增长170%。市场份额方面，网秦以67.7%的份额排名第一。

截至2010年6月底，中国手机用户已达8.5亿，手机网民超过2.77亿，市场规模达到295亿美元以上。但在满足用户日益丰富的信息化工作和生活需求的同时，伴随移动应用的高速普及，手机安全问题正日益突出。

沙利文发现在所有调查用户中，58.8%用户的手机面临安全威胁。其中超过90%的手机用户正面临垃圾短信困扰，89%的用户手机曾遭恶意骚扰，47%的手机用户正面临因感染手机病毒造成的被骗订SP业务、恶意扣费威胁。垃圾短信、骚扰电话和手机病毒成为了威胁用户手机安全的三大隐患。调研发现，有超过90.68%的用户认为，选择智能手机的同时应及时安装一款专业的手机安全软件。

市场份额方面，根据激活用户数的市场份额，网秦以超过4901万的激活用户、67.7%的份额排名第一。360手机卫士、金山手机卫士和卡巴斯基则以8.6%、6.4%、4.8%的份额紧随其后。中国手机安全的激活用户为6211万，其数量远不及手机安全的实际市场容量，仍然存在较大成长空间。因此，手机安全正处于市场导入的中后期阶段，预计未来几年手机安全产业将迎来迅速发展阶段。

调研指出，2011年手机安全市场也将进入高速成长期，面对错综复杂的市场格局、厂商竞争加剧的环境，只有技术、服务的综合实力最强、产品模式和用户体验上最能满足用户需求的安全厂商才能最终胜出，赢得最大的市场份额。以网秦为代表的专业手机安全服务商在用户发展上有较大的优势，加之与运营商和终端厂商的产品深层战略合作，将持续促进和引导手机安全产业的高速成长，未来几年手机安全产业将迎来迅速上升阶段，网秦等专业移动安全服务商也将得到更快发展。

从市场地位和发展前景看，网秦和奇虎360本是同类型的潜力股，可上市首日，奇虎360大涨，网秦却破发，为何有如此大的反差？其实，二者一直在暗战。网秦是中国最早的手机杀毒厂商，在奇虎360进军手机杀毒市场前，其一直居于市场领先地位。中国手机杀毒产业刚起步，尚未形成成熟的收入模式。奇虎360提交上市申请是在3月15日，恰逢央视播出“3·15晚会”，而网秦提交上市申请是在3月16日，比奇虎360晚一天，正是这一天网秦上市遭遇问题。

央视“3·15晚会”曝光称，网秦通过其入股的飞流公司下载传播病毒，再通过付费形式查杀，获取收益。飞流下载软件在安装之后，会自动卸载用户的其他安全软件（如360手机卫士）。用户只有通过网秦杀毒付费之后，才能使手机恢复正常。央视指出，飞流下载软件负责下载病毒软件并删除手机中的安全软件，网秦杀毒则诱导消费者付费下载升级包删除病毒，同时网秦正是飞流的第二大股东。尽管网秦在其网站发布公告称，“从未进行恶意软件的传播”，对其投资的飞流下载进行审查后，也未发现恶意软件传播行为，但遭央视曝光无疑会给上市增添阴影。

再一个原因是，奇虎360上市前已连续两年实现盈利，而网秦则是连续三年亏损。从2008～2010年，网秦分别亏损359.5万美元、515万美元、982.7万美元。2010年第二季度，网秦以38%的市场占有率名列第一，360安全卫士第二，到第四季度，360安全卫士反超，网秦已退居第二。

对于上市首日破发，网秦首席执行官林宇表示，主因是资本市场的波动，整个市场环境的低迷导致股价表现不佳。有意思的是，有两件事都发生在网秦上市前夜。提交上市申请前夜突遭“曝光”，可谓带伤上市；在正式公开上市前夜，网秦临时增发65万股美国存托凭证，发行美国存托凭证由原计划710万股增至775万股，融资由7500万美元增至8912.5万美元。为何网秦在带伤上市时还增发？林宇称：“在路演阶段，整体的市场需求很好，投行也表示看好，所以决定增发。”

中国互联网安全概念股是2011年在美国市场涌现的新的主流股，且不论奇虎360大涨还是网秦破发，但从投资价值看，网络安全概念股的市场前景是毋庸置疑的。网秦破发，遭遇“曝光”可能是受了一点影响，但不是主要的因素，从整个中概股的行情看，林宇分析的“整个市场环境的低迷导致股价表现不佳”是有道理的。2011年，中国概念股流年不利。2011年6月，中国概念股在美国市场的处境急转直下，屡遭信用危机，股价市值大幅缩水。从2010年底至2011年新上市的中国概念股，纷纷破发，大量新上市公司的股价已经不足发行价的一半。这一年，在网秦之后上市的互联网公司，比如世纪佳缘、淘米、土豆等中国互联网股在上市首日都有不同程度的破发。

“中国脸谱”抢先脸谱上市

上文说了网秦提交上市申请比奇虎360仅晚一天，上市首日报收却是两重天。同样，在2011年5月5日上市的网秦，比起先一天（4日）在纽约证交所上市的社交网站人人又是两重天，相隔仅一天，上市首日人人报收涨幅28.64%，网秦却大跌19.13%。比来比去，网秦真是倒霉。

人人上市赚足了概念

闲话少叙，单说2011年赴美上市的中国互联网概念股。3月30日上市的奇虎360和5月5日上市的网秦，都属于网络安全概念股，而5月4日上市的人人和5月11日上市的世纪佳缘则属于网络社交概念股。这两类股都是2011年在美国市场上出现的中国互联网新概念。

人间五月天，尽管艳阳高照，万物葳蕤，但美国股市大盘却表现疲软。对上市的中国互联网公司来说，这个时候是赶上了好季节，却碰上了坏天气，是对上市公司的一大考验。5月4日，中国社交网站人人登陆纽约证交所，以19.5美元开盘，随后股价一度上扬至23.99美元，但未能逆转整个中国概念股颓势，最后报收于18.01美元，较发行价14美元上涨28.64%。虽然距离3月30日上市的奇虎360创下的134.48%首日涨幅纪录相差甚远，但人人以7.43亿美元（如果承销商行使绿鞋条款，超额认购，则融资额最高可达8.55亿美元）的融资纪录，创造了2011年中国互联网公司赴美首次上市的融资新高，仅次于盛大游戏2009年的首次招股融资额。全天成交量达9067万股，成交金额超过17亿美元。

人人前身为千橡互动集团，成立于2002年，2006年收购校内网，2009年将校内网更名为人人网。2010年12月，千橡互动集团正式更名为人人公司。人人是一家集社交网络（人人网）、社会化电子商务（糯米网）及网络游戏（人人游戏）等业务为一身的综合性互联网集团公司。

人人受热捧在上市前就已显现，可谓“人未到已闻楼梯响”。上市5天前，人人网宣布提高首次上市融资规模，将最初制定的发行价（9～11美元）调高至12～14美元，在开盘前不到一小时，最终定下14美元的发行价，达到定价区间的最上限。人人此次上市共发行5310万股美国存托凭证，上市次日即5月5日又宣布，其承销商已行使超额配售权，以每股14美元的价格从人人公司额外购买796.5万股美国存托凭证。承销商包括摩根士丹利、德意志银行证券、瑞士信贷、美林等7家投行。

投资者喜欢听故事。投行圈内盛行一句话，有一个好的故事，上市就成功了一半。在中国赴美上市的互联网公司中，首次公开招股基本上都有一个共同的标签——“美国模式+中国概念”。所谓“美国模式”，就是以同类型的美国互联网公司作为学习模仿的对象；所谓“中国概念”，就是按照“美国模式”讲述中国互联网公司的故事。比如，百度上市讲的故事是“中国谷歌”；当当上市讲的故事是“中国亚马逊”；优酷上市讲的故事是“中国优兔（Youtube）+奈飞（Netflix）”。中国互联网公司在美国上市，按照“美国模式”讲述中国概念，投资者更容易理解和接受。

社交网站的鼻祖是美国的脸谱，但人人抢先在资本市场登陆，成为全球第一家上市的社交网站。所以，人人上市抢得了全球社交网络第一股的概念。人人上市的概念就是“中国脸谱”，不仅如此，人人打的还是组合拳，将旗下的人人网、糯米网、人人游戏、经纬网等四大业务打包上市，覆盖市场看好的社交网络、团购、网页游戏等一系列业务。

人人的四大业务——人人网、糯米网、人人游戏以及经纬网，其中人人网是主体，定位于通用社交网络（SNS）模式。四大业务分别对应着为美国人所熟悉的四大同类知名公司脸谱（Facebook）、Groupon、Zynga 和领英（Linkedin），可以给华尔街讲很多"中国故事"，在主打"中国 + 社交网络"的概念下，向资本市场推出"Facebook + Groupon + Zynga + Linkedin"的组合概念。因此，人人公司在资本市场可套用的概念很多，包括"中国脸谱"，还有"中国 Groupon""中国领英"等。

为什么人人上市就打着"中国脸谱"这一个概念呢？人人很聪明，因为脸谱的成功已经使美国投资者普遍认可社交网络概念网站的模式。这也是人人获得高估值、受到美国投资者青睐的重要原因。美国券商 Wedbush 分析师柯纳·露认为："人人的强势定价和上市首日股价高走都反映了资本市场对于社交网络概念股票的渴求。"这种观点的潜台词便是，人人抢先脸谱上市占了大便宜。

当然，对于人人上市的概念，人人董事长兼首席执行官陈一舟表示："不是概念越多越好，要有一个主业，帮助投资者理解你。沿着这个主业，衍生出更多的商业模式，比如在人人网基础上搭建糯米、人人游戏等，这才是健康的商业模式。"在盈利模式上，人人也几乎涵括了 10 年来中国互联网探索出的所有模式：网络广告 + 网游（社交） + 电子商务（团购） + 互联网增值。

更足以打动美国投资者的是，中国社交网络领域正显示出巨大的市场潜力。截至 2010 年底，中国拥有 4.57 亿网民，其中半数使用社交网站。社交网站主要收入来源是广告投放、付费游戏、电子商务，这些业务在中国正处于持续的增长中，只要用户规模能保持一定增速，社交网站就具有了获取高估值的基本面。

截至 2011 年 3 月 31 日，人人已拥有约 1.17 亿激活用户，每月新增 200 万个用户，平均每个用户每月滞留时间约 7 个小时，用户每天产生内容约 4000 万条，用户生成的内容包括 300 万张照片及 1300 万条更新。另外，人人开放平台有 600 多个内容伙伴，帮助人人提供内容，这些应用满足网民各类丰富的娱乐需求。

人人能够赴美上市，被看好的是社交网络模式和中国市场的未来发展趋势。社交网络作为真实社交圈的延伸，进一步扩展至移动终端链条也是大势所趋。传统社交网络企业上市后，充足的资金和市场动力将为社交网络版图延伸至移动终端提供重要保障和支撑，在移动社交网络市场的表现也会成为新的竞争蓝海。人人上市对于整体社交网络市场来说象征性和积极因素更大，将带动资本市场对于社交网络尤其是移动社交网络市场的投入力度，带动移动社交网络市场的整体繁荣。

调查数据显示，2010 年第四季度中国移动互联网用户规模达 2.88 亿人，同比增长 41.48%，预计 2012 年有望突破 6 亿。2010 年的移动社交网络活跃账户数突破 1 亿，达到 1.03 亿，预计到 2013 年将达到 4.19 亿。在 2011 年第一季度中国社交网络市场活跃账户份额中，人人网占 25.1%，开心网占 19.4%，腾讯旗下的朋友网占 18.1%，占据市场前三。人人上市也给移动社交网络带来更多机会。

人人此次整合旗下四大产品线赴美上市可谓赚足了概念，打包的四大产品几乎是人人旗下最赚钱以及最有潜力的业务。人人的收益主要来自互联网广告和互联网增值服务。互联网增值服务带来的收入包括在线游戏收入及其他增值服务收入，如糯米网商家缴纳的会员费、人人网开放平台的付费应用销售收入分成以及 VIP 会员费等。人人营收额 2008 年为 1378.2 万美元，2009 年为 4668.4 万美元，2010 年为 7653.5 万美元，年复合增长率 135.7%。人人的营收中，网络广告和网络游戏占大头。这 3 年人人的网络广告占营收的比重分别为 49.2%、39.4% 和 41.8%，网络游戏收入占营收的比重分别为 45.5%、50.5% 和 45%。

人人还融合了“中国公司”“互联网企业”“社交网络”等诸多在美国资本市场上的热门元素。基于强大的用户群体以及良好的盈利前景，加上美国市场对中国互联网概念股的追捧，这些都为人人上市创造了极好的背景。人人作为全球第一家上市的社交网络公司，在美国的同类公司如脸谱和领英之前成功上市，这在资本市场上有很高的稀缺价值。

不过人人上市的过程有点跌跌撞撞，遭遇“插曲”。就在人人公司上

市前几天，人人董事会下属审计委员会主席德里克·帕拉斯楚克提出了辞职。德里克·帕拉斯楚克是东南融通的首席财务官，其旗下公司突然被指存在欺诈与虚报营收等不当行为，为避免人人受到东南融通遭会计欺诈指控所可能带来的任何负面影响，德里克·帕拉斯楚克做出了辞职的选择。有鉴于此，陈一舟对于接下来将上市的中国公司提了三点建议：①选择有经验的中介机构和管理团队，比如会计师事务所等；②资料准备要充分，人人上市磕磕碰碰，碰到不少麻烦；③互联网公司上市呈现白热化状态，上市之后要保持一个良好心态，而且上市对管理层来说压力更大，要做好心理准备。

世纪佳缘上市延时约两小时

人人开了社交网络上市的先河。就在人人上市一周后的11日，又一家类似社交的网站——世纪佳缘在美上市。世纪佳缘是一家婚恋交友网站，虽然广义上属于社交网站，却是中国第一只在美上市的互联网婚恋概念股。

4月21日，世纪佳缘向美国证券交易委员会提交招股说明书，计划在纳斯达克市场进行首次公开招股，承销商为美银美林和花旗银行。为期7天的世纪佳缘路演过程充满了与投资人的解释和沟通。美国投资者看好中国巨大的婚恋市场，但对其婚恋服务模式不太理解。美国投资人认为应该在注册的时候就收钱，而世纪佳缘坚持免费注册和搜索原则，这使得双方在路演时候产生大量沟通不畅问题。

中国互联网公司在美上市一般都以“美国模式+中国概念”的方式进行路演宣传。事先人们以为世纪佳缘会以“中国Match.com”的概念进行包装营销，Match.com是美国最大婚恋网站。但事实上，世纪佳缘根本就没有用Match.com作参照物，也没有参照物。世纪佳缘创始人兼首席执行官龚海燕认为世纪佳缘与美国婚恋网站路线完全不同，不具可比性，“Match.com是注册后便需付费，我们是可以免费注册和使用，用户可以选择邮票或 VIP 用户的方式，按效果付费”。Match. com 是采用月费收费商业模式，但近年来受到脸谱等社交网络冲击，用户增长缓慢，营收逐渐下滑。

世纪佳缘在设计收费模式时曾参考过美国 Match. com 婚恋网站，但最终决定通过站内货币——佳缘邮票向注册用户收费。用户在注册后如果需要交友，就需要付费 2 元才能阅读对方来信。数据显示，世纪佳缘免费会员向付费会员转换率约 10% 左右。靠着这样的核心收费模式，世纪佳缘在线服务营收从 2008 年的 231 万美元增长到 2010 年的 610 万美元，占到整个公司营收的 60% ~80%。除此之外，线下服务和 VIP 用户服务也是世纪佳缘的收入来源之一。2010 年在 105 个城市做了 864 场相亲活动，2011 年在 1000 场左右，而每场活动会向参与会员收取 100 元左右的费用。2010 年底上线的新业务囍鹊网是世纪佳缘线下业务的另一拓展，囍鹊网向会员提供婚纱摄影、钻戒、婚礼礼服、婚礼策划等服务，营收模式为交易分成及广告收入。

世纪佳缘的路演也受到了投资者的热捧，主要基于以下两方面原因：一是中国城市化进程加快，二是中国人内敛的性格适合网上交友。中国网上婚恋是刚性需求。中国在线约会市场规模快速增长，随着中国城市化进程推进，人们求偶观念的转变，婚姻问题变得越来越严峻。网络的普及让中国网民规模在 2010 年底增长至 4. 57 亿，越来越多的人将时间花费在网络上，这也客观上造成网民中的未婚人群快速增长。据统计，中国 18 岁以上单身网民从 2007 年的 8000 万人增长至 2010 年的 1. 56 亿人，预期到 2015 年这一数字将增长至 1. 95 亿人。随着单身网民的快速增长，婚恋需求同时从线下开始向线上转移。婚恋网站用户访问量的快速增长，推动在线约会市场规模的增长。

至于微博与腾讯等可能对婚恋网站产生的冲击，龚海燕认为目前并不显著，“我们定位于严肃的婚恋网站，是异性、陌生人、一对一的模式，用户注册的目的就是寻找配偶。而社交网络上是熟人居多，主要是交流。目的不一样，不会有直接冲击”。2010 年，世纪佳缘在中国在线约会市场

中占据43.7%的份额，高居首位；在独立访问用户量、用户平均浏览时长和平均页面浏览量上，世纪佳缘均名列中国在线约会网站之首。截至2011年3月31日，世纪佳缘注册用户总数为4020万，2011年第一季度平均活跃用户账户为474万。2011年第一季度，世纪佳缘的平均月付费账户为88.24万，高于2010年第一季度的30.61万，同比增长188%。

世纪佳缘创立于2003年，是中国最大的婚恋交友网站，上市之前曾获得两轮上千万美元融资。其收入主要来自于线上用户付费，包括用户首次站内信息通信费以及其他增值服务费等。2010年世纪佳缘的收入为2500万美元，净利润300万美元。

5月10日，也就是世纪佳缘上市的前一天晚上，世纪佳缘得知美国证券交易委员会审批出现问题，随后向美国证券交易委员会更新了招股书，但美国证券交易委员会已经处于下班时间，待到11日早才审核世纪佳缘修订的招股书，所以两个小时后才通知纳斯达克通过世纪佳缘的上市。

世纪佳缘4月21日提交的招股书显示，世纪佳缘对觅缘（上海）信息科技有限公司和北京觅缘信息科技有限公司100%控股。而北京觅缘未能如期取得国家外汇管理局审批的外汇登记证，致使世纪佳缘未能完成对北京觅缘的首次出资。世纪佳缘重新提交的招股说明书，将北京觅缘旗下北京花千树公司和喜鹊网转至觅缘上海。另外，世纪佳缘提交招股书之后，先后多家媒体质疑世纪佳缘用户信息审查不严，曝出“欺诈门”。其“严肃婚恋网站”的品牌受到质疑，用户信息被指存在虚假和诈骗。

5月11日，世纪佳缘在纳斯达克上市，但一切都不在计划中。开市钟不是龚海燕敲响的，而是纳斯达克亚太区主席麦柯奕和纽约总领事彭克玉敲响的，原定10点半正式开始在纳斯达克的交易一延再延。直到10点40分，纳斯达克才接到电话，美国证券交易委员会最终通过了世纪佳缘的上市申请。麦柯奕表示，纳斯达克也只能等待美国证券交易委员会的最终答案，所以还需要等待一个小时左右才能开始交易。

11点45分左右，世纪佳缘以11美元开盘，成功登录纳斯达克，但上市延时约两小时，并且开盘数分钟后便跌破发行价。受中概股当日整体下跌的影响，世纪佳缘短暂上涨至 11.62 美元后一路下跌，最终报收 10.52 美元，较 11 美元发行价下跌 4.36%。发行价 11 美元，为此前公布的发行价区间 10 至 12 美元的中间值。世纪佳缘此次上市共发行 710 万股美国存托凭证，融资 7810 万美元资金，如果行使绿鞋机制，总融资额将达到 8981 万美元。

中国在线婚恋市场虽然机会巨大，但面临着进入门槛低、同质化现象严重等问题。世纪佳缘竞争对手众多，既包括婚恋垂直网站百合网、珍爱网等，也包括新浪、搜狐、腾讯等门户网站，以及人人网、开心网等社交网站。如果说百合网、珍爱网是在红海直接与世纪佳缘进行竞争，那么人人网、开心网、微博等产品则可能为婚恋市场带来颠覆性影响，进而完全影响婚恋市场的竞争格局。与世纪佳缘等垂直网站相比，微博及社交网站用户更倾向于实名制，用户黏性更高，而且最重要一点“完全免费”。对于社交网站来说，增加婚恋类功能属于正常延伸，而且在技术上毫无难度。

第10节

从蜂拥上市到惨遭猎杀

2011年，对于赴美上市的中国概念股来说，是一个惊心动魄的年头。在这一年里，国际资本市场风云突变，中国概念股经历了大喜大悲的全过程。所谓大喜，是指上半年中国公司展开了疯狂的“上市战”，众多中国公司纷纷赴美上市，并有12家中国公司在美成功上市。所谓大悲，是指正当更多中国公司蠢蠢欲动之时，一夜之间，中国概念股从被资本追捧的对象转变为被资本猎杀的对象，67家已经在美国成功上市的中国公司不同程度地遭到来自第三方做空机构的公开质疑，指责中国概念股财务造假。意图做空获利的国际第三方机构纷纷向中国概念股举起了“屠刀”，46家中国概念股被停牌和退市。整个下半年，中国公司只有土豆网一颗独苗孤零零地在8月17日上市成功，完成了全年中国概念股的上市之旅。

世纪互联亏损上市却被看好

从蜂拥上市到惨遭猎杀，中国概念股品尝到了赴美上市的悲凉，也让准备赴美上市的部分中国公司打消了赴美上市的念头。的确，一些前期赴美上市的中国概念股公司在公司治理中存在一些瑕疵，需要整改，但是很多中国概念股公司并不存在第三方做空机构所指责的那些问题，只是由于不熟悉美国资本市场的运作体系，未能及时有效应对第三方做空机构所指责的问题，才导致被“错杀”。

2011年中国有9家互联网公司在美成功上市（见表1-10），上半年上市的占了8家，包括奇虎360、联游网络、世纪互联、人人、网秦、世纪佳缘、凤凰新媒体和淘米，下半年上市的仅土豆一家。这种上市节奏正是中国概念股在美国股市状况的写照。

表1-10　　2011年中国互联公司在美首日上市一览　　单位：美元

公　司	股票代码	上市时间	上市地点	发行价	开盘价	收盘价
奇虎360	QIHU	3月30日	纽约证交所	14.5	27	34
联游网络*	CCGM	3月30日	纳斯达克	不详	1.34	1.31
世纪互联	VNET	4月21日	纳斯达克	15	20.26	18.8
人　人	RENN	5月4日	纽约证交所	14	19.5	18.01
网　秦	NQ	5月5日	纽约证交所	11.5	11.5	9.3
世纪佳缘	DATE	5月11日	纳斯达克	11	11	10.52
凤凰新媒体	FENG	5月12日	纽约证交所	11	11.1	14.75
淘　米	TAOM	6月9日	纽约证交所	9	8.49	8.23
土　豆	TUDO	8月17日	纳斯达克	29	25.11	25.56

注：2010年8月24日，联游网络将60%的股份转至大华建设，借壳登陆纳斯达克。2011年3月30日，大华建设正式更名为联游网络。代码由原来的CAEI修改为CCGM。

资料来源：邓正经软实力研究应用中心。

联游网络即上海联游网络科技有限公司，主要从事网络游戏的研发与运营，旗下拥有两款自主研发、具有自主知识产权的游戏引擎《涡轮》和《天启》，并且在此基础上自主开发了两款大型多人在线游戏《战国》与《雷霆》。2010年8月24日，联游网络将60%的股份转至大华建设，借壳登陆纳斯达克。2010年12月21日，公司宣布4合1并股。2011年3月30日，大华建设正式更名为联游网络，奇虎360也在这天登陆纽约证券交易所。鉴于联游网络是仅过1美元线的低股价，这里就不详细介绍。

4月21日，中国互联网数据中心运营商世纪互联在纳斯达克挂牌交易，开盘价20.26美元，收盘价为18.8美元，较15美元的发行价上涨25.33%，盘中最高涨至22美元，最低价为18.34美元。

世纪互联于4月5日向美国证券交易委员会提交上市申请，计划发行1150万股美国存托凭证，发行价区间为10～12美元。4月20日世纪互联更新了招股说明书，将美国存托凭证发行数量增至1250万股，发行价区间提高到12～13美元。上市首日，世纪互联共发行1300万股美国存托凭证，融资1.95亿美元，主承销商为摩根士丹利、贝恩资本和摩根大通。世纪互联这次融资主要用于扩展数据中心和网络基础设施。

世纪互联成立于1999年，是中国最早的互联网数据中心服务商之一，主要从事域名注册、主机空间和网站开发等业务，为客户提供服务器及网络设备托管服务；拥有3家核心企业：世纪互联数据中心有限公司（21ViaNet）、世纪互联智慧能源系统技术有限公司（EnerGrid）和云快线科技有限公司（CloudEx）。

随着越来越多的公司开始将支持其互联网需求所需的空间和技术外包，数据中心业务从全球范围来说都是一个新生的行业。在美国，许多重要的技术公司如戴尔、亚马逊和IBM等一直在建造数据中心。虽然世纪互联2008～2010年连续3年亏损，分别亏损300万美元和100万美元、3900万美元，可谓“带伤上市”，但仍受到投资者的热捧。世纪互联两次增加股票发行数量和提高发行价区间，表明投资者购买该股的热情很高。

世纪互联是中国最大的中立互联网数据中心服务供应商，与欧美各国相比，中国的互联网渗透率和云计算还处于早期发展阶段，鉴于中国人口众多且技术普及迅速，数据中心服务在中国市场的发展潜力非常巨大。2003年下半年，互联网产业从泡沫中复苏，中国互联网数据中心市场也迅速升温。2006年，随着Web 2.0、P2P等新的互联网投资热潮的兴起，互联网数据中心行业开始高歌猛进。据IDC的数据显示，预计到2014年，中国数据中心服务市场规模将从2009年的6.671亿美元增至19亿美元。全球及中国市场的数据中心服务需求不断增强，世纪互联将从中受益。世纪互联亏损上市，这既是因为纳斯达克股市对首次公开招股公司营收标准的宽松，也是因为对世纪互联整体业务未来走势的看好。世纪互联正在集中力量做云快线、绿色低碳数据中心。

凤凰新媒体调低发行价

2011年最后上市的3家互联网公司是凤凰新媒体、淘米和土豆，所对应的互联网概念分别是网络媒体、网络娱乐和网络视频。5月上市的互联网公司有4家，凤凰新媒体最后上市，前面上市的除人人外，网秦、世纪佳缘都破发。淘米6月上市，土豆8月上市。凤凰新媒体、淘米、土豆等3家互联网公司都是在中国概念股低迷的时候上市的，上市首日只有凤凰新媒体出现涨幅，淘米、土豆均破发。

凤凰新媒体2007年在开曼群岛注册成立，是凤凰卫视传媒集团全资拥有的跨平台网络传媒，融合互联网（综合门户凤凰网）、无线网（手机凤凰网）和网络电视（凤凰视频）三大网络平台，以凤凰网为旗舰，以各类图文资讯、音视频流媒体以及丰富的无线产品组成多媒体门户平台，以博客、辩论、社区等 Web 2.0 互动板块为用户提供互动交流空间，以图文及音视频搜索、RSS、Tag、个性化定制等新一代互联网及无线技术满足用户的个性化需求，并为凤凰卫视中文台、资讯台、欧洲台、美洲台、电影台以及《凤凰周刊》开设专栏介绍。

5月12日，凤凰新媒体在纽约证交所挂牌上市，开盘后迅速上涨，打破了中国概念股在美上市破发潮的魔咒，成为中国新媒体赴美上市第一股。发行价为11美元，开盘价11.1美元，较发行价高0.9%。收盘价为14.75美元，较发行价大涨34.09%。当日最低价10.86美元，最高价15.09美元。凤凰新媒体此次上市共发行1277万股美国存托凭证，融资1.4亿美元，主要用于内容采编和产品开发。

凤凰新媒体的发行价区间原本定在12～14美元，上市前夜才决定调低发行定价为11美元。面对美国股市的低迷，以及中国概念股赴美上市遭遇破发的现象，新近上市的中国互联网公司网秦、世纪佳缘跌破发行价，调低发行价是凤凰新媒体在路演的时候集合投资者的竞价而给出的一个平均价格。凤凰新媒体这样做是基于投资人的谨慎考量，给后市留些空间，确保成功上市实现融资而做出的战略调整。凤凰新媒体也是近期在美上市中国公司中唯一一家调低发行价的公司。

与其他互联网公司上市不同，凤凰新媒体并没有按照“美国模式+中国概念”的套路进行营销。凤凰新媒体不仅是以凤凰卫视为依托的传统媒体的网站延续，还有多渠道产品线。很多赴美上市的中国网站都把自己介绍成美国的某个参照网站，但凤凰新媒体认为，他们在美国没有类似的网站，是独一无二的。

此次赴美上市，凤凰新媒体的视频业务和手机业务成为公司的卖点。由于每日提供具备平衡视角的新闻、覆盖全球的资讯、调查报告及事件深度分析，凤凰新媒体的浏览量在不断递增。2011 年 3 月凤凰网日均页面浏览量超过 3.1 亿，月度用户覆盖超过 2.2 亿，手机凤凰网日均页面浏览量超过 8800 万。而根据 Alexa.com 的统计，2011 年 3 月凤凰网的“每日页面浏览时间”也显著高于其他主要的中国在线视频网站。

对于在市场低迷的环境下上市，凤凰新媒体首席执行官刘爽表示，美国市场对中国互联网的崛起和重组，起到了重要的生力军的作用，是一种非常积极正面的力量，凤凰新媒体能在美上市，代表了美国市场和投资者对公司所处行业的肯定，凤凰新媒体有相当可观的财务收入，符合美国赏识的基本点，投资人是清楚的。

互联网公司的核心价值在于其商业模式的竞争力以及未来能否持续发展，在寻找合作模式时能抢到有力资源，形成差异化竞争。与第一轮互联网企业赴美上市不同，近几年中国互联网发展迅速，智能终端、互联网多样化应用、通信技术的成熟，让大众眼中的互联网消费不再是一种“狂欢”，而是有了更清晰、更理性的认识。自己的业务发展，加上市场资金需求的必然性，使不少互联网公司已经具备上市客观条件。凤凰新媒体具有独特的商业模式，即“门户凤凰网+手机凤凰网+凤凰视频”的发展模式，这是其上市的主要优势，智能终端、互联网应用、无线通信技术的迅速发展，让这种盈利是看得见的。

2008 年、2009 年及 2010 年，凤凰新媒体总营收分别为 3300 万美元、

3800万美元和8000万美元，年均复合增长率为54.1%。2010年，凤凰新媒体净利润1100万美元，广告营收和付费服务营收的年均复合增长率分别为125.3%和33.4%。

新媒体产业处于文化创意产业的高端，是由文化创意产业、信息产业和传媒产业相融合产生的一种新型的产业形态。作为一种新兴产业，新媒体市场正在随着互联网的快速发展不断扩展壮大，而新媒体网站的上市也成为企业发展的必经途径。

凤凰新媒体获得资本认可，关键是得益于凤凰新媒体作为第五大门户的差异定位，其最大特色主要体现在内容上。军事、佛教、历史这些独特的频道设置弥补了其他门户难以满足的用户需求，做到了在门户中的差异化。从用户角度看，凤凰新媒体"高端网民"的路线也有别于传统门户，尤其是涵盖海外华人的全球视野定位，更是走了一条正确的差异化之路。在传统媒体受到互联网冲击越来越明显的情况下，凤凰新媒体整合了多种媒介形式，并成功上市，也给传统媒体转型起到一定程度的示范作用。

诚信危机蔓延

6月9日，中国首只少儿网络概念股淘米在纽约证交所鸣锣上市，开盘价8.49美元，收盘价8.23美元，较9美元的发行价下跌8.56%。早盘跌幅一度达到16%，盘中最低价跌至7.3美元。虽然首日遭遇破发，但第二天，在中国概念股普遍下跌的情况下，淘米逆市大涨24.06%，股价盘中最高涨至11.32美元，收报于10.21美元，较9美元的发行价涨幅达13.4%。华尔街一些投资者表示，这只股票面向上亿的儿童用户，概念独特，潜力巨大。淘米此次上市共发行718.75万股美国存托凭证，融资总额6470万美元，主承销商为瑞士信贷和德银证券。

淘米网创立于2007年，拥有中国最大的儿童网络娱乐社区，包括《摩尔庄园》《赛尔号》《功夫派》《小花仙》等。2011年第一季度，淘米共有8000万的注册用户和约2730万活跃用户。淘米上市的营销概念是志在成为“中国的迪士尼”，主营业务除儿童虚拟社区外，还包括图书出版、卡通形象授权、影视动漫等业务，其主要线上产品《摩尔庄园》广受用户欢迎。

2008～2010年，淘米网的净营收分别为12.5万美元、706.6万美元以及3597.3万美元。2009年，淘米网97.3%的净营收来自于用户费和虚拟商品销售，其余2.7%来自于专利费和线下业务授权费。2010年这一比例分别为93.6%和6.4%，在线业务营收3368万美元，线下业务营收229万美元。

凤凰新媒体和淘米上市相隔不到一个月，上市首日有涨有破，但都深切感受到了中国概念股在美国资本市场的寒气。凤凰新媒体在上市前夜主动调低发行价，是应对股市低迷、谨慎考量的低调发行策略。如果按照凤凰新媒体原定的发行价区间12～14美元，取14美元的最上限作为发行价，比较当日14.75美元的收盘，仍是上涨的，说明凤凰新媒体确实是凭实力上市。而淘米的发行价却是取的发行价区间的最下限，5月25日淘米公布的发行价区间9～11美元，淘米以最低限的发行价上市，仍然破发，说明中国概念股遭遇的这个股市冬季已是寒气逼人。

自2011年4月软件公司东南融通因涉嫌造假被披露以来，美国证券交易委员会宣布8家在美上市中国公司被摘牌，加上5月支付宝股权转移事件曝光后，中国概念股在国际资本市场上出现诚信危机，导致在美上市的中国公司股价出现大幅波动。

实际上，诚信危机也蔓延到了淘米身上。上市当日，淘米就遭遇路透社等外媒质疑。报道称淘米招股书中披露的一项风险提示，审计公司发现其内部管控存在严重缺陷。随后，淘米网市场总监则通过新浪微博对外做出回应，称所有财务报表早在5月24日发布招股说明书的时候就已经得到审计事务所签字认可。

自美国证券交易委员会对一系列“反向并购”的中资上市公司展开调查以来，中国概念股的寒冬就开始了，从外媒对淘米“标配版”的预警就可见一斑。而替这些公司进行审计的会计师事务所的各种问题的曝出更是让中国概念股的信任跌至谷底。

受资本市场气候的影响，淘米首日破发，翌日大涨。8 月 17 日，2011 年最后一只中国概念股土豆在纳斯达克登陆，首日跌 11.86%，第二天又跌 18.58%。为什么？因为中国概念股全线下跌，兵败如山倒！

土豆上市首日，开盘价 25.11 美元，盘中成交价最低为 23.5 美元，最高为 27.75 美元，报收于 25.56 美元，较发行价 29 美元下跌 11.86%。此次土豆上市共发行 600 万股美国存托凭证，每股美国存托凭证相当于 4 股 B 类普通股，募集资金总额为 1.74 亿美元，比 2010 年 11 月的第一次申请，土豆上调了融资金额，前次其预计筹资最多 1.2 亿美元。瑞士信贷和德意志银行为联席承销商。受土豆首次上市影响，同在美上市的视频网站优酷和酷 6 分别上涨 12.58% 和 10.31%，盘中这两只个股的涨幅一度双双超过 20%。

8 月 18 日，由于大量报告和预期担心美国和欧洲经济会二次探底，美国股市低开，上演高台跳水，中国概念股普跌。美国三大股指跌幅均超 2%，当天收盘，道琼斯工业平均指数下跌 419.63 点，至 10990.58 点，跌幅为 3.68%；纳斯达克综合指数下跌 131.05 点，至 2380.43 点，跌幅为 5.2%；标准普尔 500 指数下跌 53.24 点，至 1140.65 点，跌幅为 4.5%。中国概念股几乎全线下跌，土豆大跌 18.58%，凤凰新媒体大跌 17.32%。此外，优酷、海辉软件等多只股票的跌幅也均超过了 10%。

土豆虽然首日即跌破发行价，但毕竟成功上市。因为之前土豆能否实现上市还是未知数，外界对土豆网的上市之路比较悲观。土豆在香港开始路演的第一天，全球股市暴跌 5%；在美国路演的第一天，美国政府债券被标准普尔调低了美国主权信用评级。还有来自土豆内部的财务问题、版权纠纷等忧患。在公开招股期间，就不停地传出土豆上市受挫或将被收购的消息，国内市场也一直有人对土豆能否成功上市表示怀疑。直到正式挂牌，一切才板上钉钉。土豆投资人大卫·沃帆表示，当天美国股市上的科技类股受到了严重冲击，“与大盘相比，土豆网表现很好”。土豆创始人、首席执行官王微在微博上更是按捺不住内心的喜悦，他说：“30 多家准备上市的公司都没能成功，只有我们一家做到了。”迅雷、盛大文学等都纷纷推迟上市，原定首次公开招股的公司中只有土豆网坚持“勇敢地尝试一把”。对土豆和王微来说，此次惊险一跳的价值，不仅是通过融资为土豆充血，更重要的是提升品牌价值，因为“广告客户对上市公司感觉会更安心”。

土豆网成立于2005年，公司成立初期，以UGC（用户上传内容）业务为主，后在巨大的版权压力下逐渐加强正版影视剧的播出比例。随着影视剧网络版权售价大涨，土豆亦逐步发展自制剧以降低版权投入增速。土豆在路演时将土豆模式总结为“优兔（Youtube）+HULU+HBO”，也即“用户自制内容+版权购买内容（专业机构制作的电视、电影等）+土豆自制内容”的综合模式。其中优兔为谷歌旗下的视频网站，HULU为已实现盈利的高清视频网站，HBO则为以自制美剧见长的美国有线电视台。据易观智库的数据显示，2011年第二季度优酷、土豆、搜狐视频占据中国网络视频市场广告收入前三名的位置。2010年11月9日土豆向美国证券交易委员提交上市申请，后因财产分割问题上市进程被搁浅。而晚一个星期提交上市申请文件的优酷则成功上市，股价快速上涨，表现了投资者对中国网络视频预期的看好。

第 11 节

“电商不赚钱”的尴尬

2011 年是中国概念股大喜大悲之年，2012 年则是中国概念股低落之年。从 2011 年 8 月 17 日土豆网在纳斯达克上市之后，已有 6 个多月没有听到中国公司在美国市场的敲钟声了。这期间，迅雷、盛大文学、拉手网、窝窝团、凡客诚品都先后传出上市的讯息，其中迅雷和拉手网甚至离成功只差一步，最终却只能悻悻而归。

唯品会上市让人捏一把汗

2012 年在美首次上市的中国互联网公司按照新的股票代码有 4 家（见表 1－11），即唯品会、中国手游、文思海辉和欢聚时代，而实际只有 3 家，真正具有招股融资意义的仅 2 家。文思海辉是由文思信息和海辉软件两家上市公司合并而来，也就是说，文思海辉已是上市公司，只是合并后更换了股票代码。在新上市的 3 家公司中，还有 1 家比较特殊——中国手游原本打算通过普通首次公开招股的形式上市，但猝不及防的资本市场大环境和部分中国概念股在纳斯达克遭遇的诚信危机，让不少中国公司的赴美上市之路戛然而止，中国手游转而采取了介绍上市的形式。

介绍上市是已发行证券申请上市的一种方式，不需要在上市时再发行新股，因为该类申请上市的证券已有相当数量，并为公众所持有，故可推

表1-11　　2012年中国互联公司在美首日上市一览　　单位：美元

公　司	股票代码	上市时间	上市地点	发行价	开盘价	收盘价
唯品会	VIPS	3月23日	纽约证交所	6.5	5.99	5.5
中国手游*	CMGE	9月25日	纳斯达克	无	无	无
文思海辉*	PACT	11月19日	纳斯达克	不详	11.85	12.49
欢聚时代	YY	11月21日	纳斯达克	10.5	10.5	11.31

注：2012年9月25日，中国手游以介绍上市的形式登陆纳斯达克，无新股发行，当日交易为零。2012年11月10日文思信息与海辉软件完成合并交易，11月19日开始以新代码PACT在纳斯达克交易。

资料来源：邓正红软实力研究应用中心。

断其在上市后会有足够的流通量。中国手游的介绍上市，就是将已发行的证券挂牌交易，不发行新股，无发行价，因此就没有融资。中国手游娱乐集团属第一视频旗下，专注于智能手机及功能手机游戏开发运营。9月25日，第一视频集团旗下中国手游娱乐集团以介绍上市的形式，在纳斯达克正式挂牌交易。但出人意料的是，上市首日，由于买卖双方出价差距太大，中国手游全天竟无一单成交，因为零交易，所以没有开盘价和收盘价。中国手游上市首日何其冷清！

唯品会全称为广州唯品会信息科技有限公司，2008年12月上线运营。唯品会开创了“名牌折扣+限时抢购+正品保险”的商业模式，即“闪购”（flash sales）模式，开山鼻祖为法国Vente Privee（成立于2001年），而后美国网站Gilt对这种商业模式进行了改造，专注于奢侈品品牌的打折销售。唯品会创业早期也尝试过奢侈品品牌折扣销售，但奢侈品网购在中国受用户群小以及奢侈品消费习惯影响，并不是最佳的网络打折商品。2008年底，唯品会开始推国内二、三线品牌的服装，订单开始上升，唯品会此后将市场定位为国内二、三线品牌的产品，很多用户也是来自二、三线城市。

唯品会是线上时尚品牌B2C网站，采用“闪购”模式，向消费者提供时装、护肤品、箱包、皮具、配饰、香水等高档商品。每日以精选的形式推送折价商品，通常设置数量和购买时间限制。唯品会的价格优势来自于网站自己和品牌厂家或直线代理合作，省去了中间代理商的层级费用，然后再以相对零售价的大幅优惠的折扣销售。

唯品会的这种新兴的商业模式，整个运作过程大概是这样的：采购团队负责和品牌商建立合作关系，以极低的价格采购供应商的库存产品，在采购环节，一般只需要预付10%～15%的押金（部分长期关系良好的厂商甚至可以不收取押金）；然后唯品会在网站上以“闪购”“特卖会”等限时抢购的方式进行促销活动；活动结束后，唯品会可以将剩下未卖完的商品退给供应商（促销活动结束后15天内可退），整个过程大概40～50天结束。

截至2012年3月，唯品会已有1900多个合作品牌，举办了11500次促销互动，有不少品牌是反复进行合作。高折扣低价格、正品保障对消费者是很有吸引力的，容易形成口碑传播。互联网没有地域限制，在社交网络兴起的时代，这种口碑传播的威力更大。2011年，唯品会的货品配送范围覆盖全国330个城市。

折扣零售在中国是一个需求旺盛的大市场。2010年中国折扣零售市场的规模在85.6亿美元，预计到2015年将达到860.8亿美元；2010年中国闪购销售市场的规模为4.5亿美元，预计到2015年将达到162.7亿美元。

强劲的消费需求，大量的库存商品供应，中国线下打折零售模式的极度不完善，给唯品会创造了很好的线上折扣零售市场机会。“闪购”电商模式加上较大的运营杠杆，通过社交时代的互联网口碑效应，唯品会营收出现了爆炸式增长，并逐渐成为消费者寻找品牌打折商品和供应商消化库存的渠道之一。总结唯品会的成功经验，就是在合适的市场时机用合适的模式做了合适的事。

2009～2011年，唯品会的营收分别为280.48万美元和3258.2万美元、2.27亿美元，年复合增长为800%。2011年第四季度营收同比增长502%，达到1.05亿美元，单个季度营收突破1亿美元大关。营收背后是用户数和订单数的大幅增长，2009～2011年，唯品会活跃客户量分别为3.8万人、25.5万人和133万人；总订单量分别为7.1万个、92.7万个和726.9万个。截至2011年12月31日，唯品会拥有1210万名注册会员，2011年12月其网站平均每天独立访问人数达110万。2010年12月唯品会获得红杉和DCM的联合风险投资，融资金额约2000万美元；2011年5月，唯品会再次获得红杉和DCM的联合风险投资5000万美元。

尽管在商业模式上有一定的创新，但唯品会并未生存在“蓝海”。中国奢侈品B2C网站有走秀网、唯品会、耀点100、美西时尚、聚风尚、佳品网、魅力惠、第五大道、优众网、全球优品等，而唯品会仅处行业中上游，谈不上拔尖。

大多数电商的成长一直伴随着不断的“烧钱”，而在各类运营成本飞涨的情况下，资金链趋紧已是行业不争的事实。经历了2011年上半年的爆炸式增长后，B2C电商从2011年下半年开始逐渐进入“寒冬”，风险投资的收紧直接让这个靠“烧钱”来运作的行业面临调整。虽然唯品会净营收爆发式增长，但净亏损的增长速度超过前者。2009～2011年相应的净亏损分别为138万美元、837万美元和1.07亿美元。巨额亏损让外界真正看到了“电商不赚钱”的尴尬。

进入2012年以来，包括当当网、麦考林等电商在内的中概股股价大幅上涨，资本市场对中概股的态度逐渐转向正面，赴美上市窗口迎来较好时机。由于资本市场的资金在一定时期内相对稳定，企业上市融资也就存在此消彼长的关系。企业上市机会很重要，能早一步是一步，晚了能融到的资金就少了。此外，亏损求上市将成为中国电商的常态。2011年，唯品会的运营费用为1.5亿美元，折合每个月1250万美元，而唯品会此时的现金及等价物为3224万美元，换言之，如果没有后续资金“输血”的话，唯品会仅能维持2个多月的运营。迫于巨大的资金压力，唯品会启动了首次公开招股程序。2012年2月18日，唯品会向美国证券交易委员会提交了首次公开募股申请文件。

此时，外界替唯品会上市捏一把汗，因为市场环境不是很好。Global X基金首席执行官布鲁诺·德阿玛谈道：“由于财务报表、失实报道及一些欺诈案例，市场对于中国企业仍抱有很大的怀疑，美国市场较此前更加聪明，也更具眼力。”业内对于唯品会的上市普遍抱有观望态度，在唯品会赴美递交首次公开招股申请之前，凡客诚品、拉手网、窝窝团等电商的上市计划均已延迟或搁置。如果唯品会上市失败，将是连续第四个失败的电商，对2012年想上市的电商非常不利。尤其是资金渐紧的凡客诚品、京东商城等，更让走秀网等同类网站走向迷茫。因此，唯品会上市成功与否对中国 B2C 行业具有指标性作用。

3 月 23 日，唯品会登陆纽约证交所，成为 2012 年第一家登陆美股的中国互联网公司。开盘 5.99 美元，低于 6.5 美元的发行价，此后的两小时内连续上下波动，至收盘前半小时瞬间跳水 5%，最终收于 5.5 美元，较发行价下跌 15.38%。唯品会本次发行 1100 万股美国存托凭证，并附加 15% 的超额配售权，融资规模达 7150 万美元，承销商为高盛集团、德意志银行和奥本海默基金，融资主要用于扩大配送能力，对信息技术系统进行升级改造。

自 2011 年中国概念股在美国资本市场爆出诚信危机后，中国公司赴美上市窗口被冰封，唯品会的上市具有风向标作用，备受关注。唯品会自 2 月 18 日递交上市申请后，进展比较顺利，不久公布发行价区间并进行路演。但是认购情况不太乐观，3 月 23 日上市当天公布发行价为 6.5 美元，比之前宣布的 8.5～10.5 美元的定价区间下限下调了 23.5%。

欢聚时代的麻烦接踵而来

2012 年最后一家上市的中国互联网公司是欢聚时代。欢聚时代成立于 2005 年 4 月，是一家富集通讯业务运营商，旗下业务有聊天工具 YY 语音、YY 游戏、多玩游戏网和在线游戏。欢聚时代的业务模式并不单一，其多元化的轨迹与行业大佬腾讯颇为相似。在营收结构上，欢聚时代也体现了类似于腾讯的特点——主要的收入来源为在线游戏、YY 音乐和在线广告。

欢聚时代的前身为多玩游戏网，在创立之初，凭借《魔兽世界》专区的强大号召力，仅用 3 个月便突破了百万的网站流量，从众多游戏门户中异军突起。此后，多玩推出了基于语音的即时通讯软件 YY 语音。2012 年上半年，欢聚时代收入 46% 来自在线游戏，29% 来自 YY 音乐，15% 来自在线广告，另有 10% 的其他收入。截至 2012 年 9 月 30 日，YY 注册用户达到 4 亿，8 月最高同时在线用户超过 1000 万，月活跃用户 7050 万。2011 年 YY 占据中国在线语音群聊市场 84.2% 的份额，而多玩游戏网是中国访问量排名第二的游戏网站。

欢聚时代酷似腾讯，且 YY 与 QQ 同属即时通信产品，那么，欢聚时代究竟是如何规避腾讯威胁并一步步发展壮大的呢？一方面，YY 是基于语音的即时通信工具，而 QQ 主要是文字和图片，且 QQ 为点对点通讯，而 YY 则为多对多通讯。既然两个产品完全不同，就很难产生正面摩擦。另一方面，腾讯将其主要精力放在了微博和微信的研发推广方面，欢聚时代虽然是后起之秀，但还未对腾讯构成正面威胁。

语音平台、搜索、电子商务，是少有的几个腾讯没能快速占领的领域。欢聚时代能在短短几年内超越腾讯，证明了市场需求的存在。对大部分人来说，可能不会打字，但不会说话的很少，这决定了语音沟通是更为基本的需求，有能力覆盖到更多用户。

2011 年6 月，欢聚时代首席执行官李学凌曾经公开表示，腾讯总裁办下令终止跟欢聚时代的一切合作，包括已经签了合同的合作都停止。而更早之前，马化腾出价 1.5 亿美元收购欢聚时代，并返还给创始人 40% 的股份，但最终被李学凌拒绝。后来，腾讯推出 QTalk 产品，却未能和欢聚时代分庭抗礼。腾讯从不在意到在意，证明欢聚时代的主业会伤及 QQ 的用户和生态链。

2012 年 10 月 15 日，欢聚时代向美国证券交易委员会提交招股书，正式启动赴美国纳斯达克上市交易的进程。11 月 8 日，欢聚时代向美国证券交易委员会提交 F－1 补充文件，公布上市发行价区间为 10.5～12.5 美元，将发行 780 万股美国存托凭证，主承销商为摩根士丹利、德银和花旗。

实际上，欢聚时代此番招股上市称得上是“破冰”之旅。2012 年是自 2009 年以来，中国互联网概念股赴美上市最低潮的一年。3 月唯品会上市之后，9 月中国手游以介绍形式不融资上市，首日以零成交收场。迅雷、盛大文学、神州租车等中国企业，先后中止或搁置了赴美上市计划。与此同时，已经在美上市的中概股近两年也境遇不佳。一方面是私有化、退市风潮渐增；另一方面，与私有化伴生的是前段时间愈演愈烈的有意做空。除了市场环境，游戏概念也是对欢聚时代股价产生影响的因素之一。欢聚时代近半收入来自游戏，但中国游戏概念股在美国市场的热度已明显降温。

自宣布上市以来，欢聚时代遇到的麻烦接踵而来，其中最主要的就是对其音乐版权的质疑和“暗黑 3 维权事件”。这两件事堪称欢聚时代上市途中遭遇的最大困难和波折，但这似乎并未影响其上市进程。由此可见，资本市场对欢聚时代的商业模式还是极为看好的，尤其在 YY 音乐和在线游戏相继成熟以后，欢聚时代又将目光投向了更具发展潜力的视频互动业务上，这不仅将成为欢聚时代的一项新型发展业务，同时也为资本市场带来了更广阔的可想象空间。

欢聚时代在路演过程中先将自身定位为“中国社交前三强”。欢聚时代是仅次于腾讯、新浪，中国规模最大、活跃度最高的社交平台之一。欢聚时代以腾讯的模式，有力地向投资者解释了自身的商业模式。而随着腾讯帝国的强大，海外投资者越来越关注带有中国特色的互联网模式。

11 月 21 日，欢聚时代成功登陆纳斯达克，首席执行官李学凌敲响了开市钟。首笔交易产生前两个小时，欢聚时代将最终的发行价，定在此前公布的发行价区间下限的 10.5 美元，让外界为之捏了一把汗。由于美国资本市场的冷淡和中国公司的财务负面信息不断，导致最近 8 个月以来，没有一家中国公司在美国成功上市，外界也不乏看衰欢聚时代股价的声音。

不过，欢聚时代的表现打消了外界的担忧。首个交易日开盘价 10.5 美元，在 10 分钟之内的早盘交易时段，欢聚时代股价涨幅超 9%，盘中一度涨至 11.75 美元，最终报收于 11.31 美元，较发行价上涨 7.71%。欢聚时代首日交易总量接近同日谷歌规模，融资额约为 8190 万美元。

欢聚时代一直闷声赚钱，其上市一举打破中概股上市首日屡屡破发的魔咒，引发各大媒体的争相报道。事实上，主打语音社交的欢聚时代在上市前并不广为人知，甚至是在刻意低调。但此番上市，欢聚时代音频社区的盈利模式被公众熟知，“拔起萝卜带出泥”，与音频社区类似、主打视频社区的六间房、56 网、9158 等也由此被置于媒体的聚光灯下。此外，搜狐和土豆网也相继推出视频聊天业务；酷狗音乐不甘人后，火速上线 K 歌直播功能。一时间，多媒体社区人声鼎沸。

盈利上市与亏损上市的反差

从2011年下半年到2013年5月的近两年间，在美国成功招股上市的中国公司仅3家，即2011年8月17日上市的土豆、2012年3月23日上市的唯品会和2012年11月21日上市的欢聚时代，这3家公司都是互联网公司，而且有2家在首日上市破发。这两年可谓中国公司第三轮赴美上市的最低潮，也是中国概念股的寒潮期。尽管如此，仍有中国互联网公司不畏严寒，破冰前行，逆势上市，说明互联网经济已成为中国经济最活跃的组成部分，并承担着中国产业经济融入国际资本市场的先锋角色。

兰亭集势的破冰之旅

东南融通的财务造假所引发的中国概念股诚信危机，第三方做空机构对中资公司的公开质疑，尤其是2012年底美国证券交易委员会向五大会计师事务所提出起诉，9家中国公司可能存在违法行为，引发中国概念股的集体大跌，使国际投资者对中国概念股的信心降至最低，造成不少已经上市的中国公司价值被低估，一批准备上市的中国公司只得打退堂鼓，而在严寒中逆势上市的中国公司多数亦付出了“流血”的代价。

在过去两年多的时间里，美股市场上刮起的做空中概股的浪潮，对中概股造成了不小的负面影响。不少中国上市公司因不合规被摘牌，因公司价值被低估选择私有化退市的有近50家公司，中国公司赴美上市之门几乎被冰封，上市潮沦为退市潮，成功上市的寥寥可数，被迫退市的却一大片。中概股不服美国水土的现象十分明显。

如何打消投资者对中国概念股的疑虑，提振投资人的信心，这是2013年中国公司赴美上市面对的一大难题。6月6日，美国股市2013年首次迎来中概股的首次公开募股，中国外贸B2C电商兰亭集势在纽约证交所挂牌上市，发行价9.5美元，开盘价11.16美元，较发行价上涨17.47%，早盘一度涨幅超过30%，收盘价11.61美元，较发行价上涨22.21%。兰亭集势本次上市发行了830万股美国存托凭证，融资额7885万美元。瑞士信贷和Stifel金融集团为主承销商。

兰亭集势成立于2007年，主要经营外贸销售网站，为全世界中小零售商提供一个基于互联网的全球整合供应链。2009年初兰亭集势上线婚纱产品线，2010年收购欧酷网。此外，兰亭集势还推出了服饰自有品牌TS。公司网站涵盖了服装、电子产品、玩具、饰品、家居用品、体育用品等14大类，共6万多种商品。2012年，兰亭集势98%的收入来自海外用户，主要市场在欧洲和北美。购买顾客数量从2008年的3.6万人，增长到2012年的248万人。在上市前，兰亭集势在2008、2009、2010年进行过三轮融资，金额分别为500万美元、1127万美元和3500万美元。

兰亭集势此次赴美上市可谓破冰之旅，在此之前已半年多没有中国互联网公司成功赴美上市。最新一起首次招股上市案例是2012年11月21日欢聚时代，它结束了自2012年3月唯品会上市后连续8个月的中国公司赴美上市空窗期。尽管欢聚时代上市表现良好，却未能开启中国公司新一轮赴美上市的高峰。

与2010年底中国互联网公司扎堆招股上市的情况相比，兰亭集势——半年一个的招股上市节奏似乎正好，也是众多中国公司犹豫是否赴美上市的试金石。兰亭集势的开盘表现，似乎给了这些公司一针强心剂——资本开始对中概股恢复信心。

兰亭集势开盘涨幅就达17.47%，早盘涨幅一度超过30%，收盘涨

22.21%。2012 年 11 月上市的欢聚时代当日股价涨幅最高也只有 10% 左右，而更早于 3 月上市的唯品会则一直被冠以“流血上市”之称，开盘后立刻破发，收盘较发行价下跌 15.38%，可谓惨不忍睹。

兰亭集势上市首日的表现相当不错，是否具有中概股向好的指标性？新一轮中概股上市潮可否随之而来？抑或中概股在寒潮中的个案，就像欢聚时代上市，后续半年再无中国互联网公司上市？

中国概念新股上市的表现一般取决于两方面，即短期看利，长期看势。短期主要看业绩，兰亭集势 2012 年第四季度到 2013 年第一季度实现盈利。公司净营业收入从 2008 年的 625.6 万美元，增长到 2012 年的 2 亿美元。公司在 2008 ~ 2012 年分别净亏损 304 万美元、482 万美元、2192 万美元、2453 万美元、423 万美元。从 2012 年第四季度开始盈利，净利润 111.5 万美元。2013 年第一季度净利润为 261 万美元。另外，作为外贸电商，兰亭集势主要客户群体为欧美市场，海外市场对其熟悉度相对较高，公司也比较容易获得海外投资者的认可。

长期主要看经济环境，兰亭集势上市正好赶上半年来中概股回暖。其中国内政策方面利好消息包括：2013 年 1 月中国证监会发布《关于股份有限公司境外发型股票和上市申报文件及审核程序的监管指引》规定，取消净资产不少于 4 亿元人民币、5000 万美元筹资额和税后利润不少于 6000 万元人民币等硬性指标，降低中国企业境外上市门槛。5 月 6 日国务院总理李克强在部署 2013 年深化经济体制改革重点工作中，明确提出建立个人投资者境外投资制度，制定投资者尤其是中小投资者权益保护相关政策。该政策一出便引发当日中概股集体飙升。

与此同时，美国经济已经开始悄然复苏，资本市场也迎来新一批招股上市公司，5 月一周内首次招股上市公司最高达到 11 家，而自 2012 年脸谱上市后招股上市步伐变得缓慢的美国科技公司，也开始筹备上市，其中包括推特、P2P 借款网站 LendingClub 等等。

在上述利好消息之下，中概股企业过去半年的表现，也让资本市场开始重新恢复信心。2012 年在寒潮中上市的唯品会和欢聚时代，美国投资者对它们的故事并不是很理解，但两家公司的股价及业绩表现了极强的潜力，让美国投资者看到了具有中国特色的故事。唯品会股价一年之内从5美元左右涨至最高38美元，不仅扭亏为盈，还能保持接近200%的高速增长。欢聚时代也从11美元左右的股价，半年内涨至最高30美元。

从兰亭集势上市背景分析，可以确切地判断中概股在美股市场正呈上升之势，至于能否引发新一轮中概股上市热，由于兰亭集势是外贸B2C，并不是标志性的公司，且规模相对较小，其成功上市对整个中国公司赴美上市的意义有限，因此，仅凭兰亭集势一只股的表现还不能断定美国的上市大门是否就此完全向中国公司敞开。不过可以肯定的是，中概股的上市时机正在转好。兰亭集势上市更大的意义在于，证明了外贸B2C道路可以走通，外贸电商进入新的时代。

就在人们还在举棋观望继兰亭集势后是否有一波中国互联网公司集中上市的到来，3个多月后的9月26日，又一只中国互联网股票——澜起科技在纳斯达克挂牌交易，上市首日，开盘价10美元，与发行价持平，之后一路上涨，报收于12.8美元，涨幅高达28%；上市次日，澜起科技表现依旧抢眼，上涨18.36%，最终报收15.15美元。澜起科技此次发行710万股美国存托凭证，融资7100万美元，承销商为德银、巴克莱银行、Stifel。

澜起科技创立于2004年5月，是一家模拟与混合信号芯片供应商，为家庭娱乐和云计算市场提供以芯片为基础的全方位解决方案。2010至2012年，澜起科技营收分别为2907万美元、5033.8万美元、7824.5万美元，2010年亏损854.3万美元，2011、2012年净利润分别为497.2万美元、1828.1万美元。2013年上半年，澜起科技营收同比增长33.75%至4539.2万美元，净利润877.2万美元。

澜起科技在业内并非主流公司，却顺利敲开了纳斯达克的大门。随着澜起科技成功上市，2013年中概股赴美上市回暖的趋势逐渐明朗。中概股扎堆上市的场景已有两年多没在美国资本市场出现过了。在接下来的第四季度，有5家中国互联网公司相继在美上市（见表1-12），即10月31日的58同城、11月1日的去哪儿网、11月22日的500彩票网和久邦数码以及12月11日的汽车之家。58同城和去哪儿网上市相隔仅一天，500彩票网和久邦数码在同一天上市，扎堆赶集的氛围很浓，看来美国股市对中国概念股上市已全面开闸，中国互联网公司赴美上市终于又迎来了春天。

表1-12　**2013年中国互联公司在美首日上市一览**　单位：美元

公　司	股票代码	上市时间	上市地点	发行价	开盘价	收盘价
兰亭集势	LITB	6月6日	纽约证交所	9.5	11.16	11.61
澜起科技	MONT	9月26日	纳斯达克	10	10	12.8
58同城	WUBA	10月31日	纽约证交所	17	21.2	24.31
去哪儿网	QUNR	11月1日	纳斯达克	15	28.35	28.4
500彩票网	WBAI	11月22日	纽约证交所	13	20	20.01
久邦数码	GOMO	11月22日	纳斯达克	11.22	14.11	13.35
汽车之家	ATHM	12月11日	纽约证交所	17	30.16	30.07

资料来源：邓正红软实力研究应用中心。

2013年中国有7家互联网公司在美成功上市，比起之前的屡屡破发，这7家公司在上市当日的收盘价较发行价均有不同程度的涨幅。兰亭集势上涨22.21%，澜起科技上涨28%，58同城上涨43%，去哪儿网上涨89.33%，500彩票网上涨53.92%，久邦数码上涨18.98%，汽车之家上涨76.88%。

百度支持去哪儿亏损上市

10月31日，中国信息分类电商58同城在纽约证交所首次公开募股。58同城上市首日以21.2美元开盘，开盘后，58同城股价最高上涨至26.82美元，报收于24.31美元。上市前夕其屡屡上调发行价格，最终确定以每股17美元募集1100万股美国存托凭证，共融资1.87亿美元，还可通过“绿鞋计划”额外增加165万股美国存托凭证。就在上市前两天，58同城已经上调过发行价区间，从原来的13～15美元调整至15～16美元，上市前又一次临时上调，显示出上市前投资者对58同城股票认购情况超出预期。机构配售获得30倍认购。

11月1日，百度旗下在线旅游服务商去哪儿网在纳斯达克正式上市，开盘价28.35美元，日最高成交价34.99美元，收盘报28.40美元。去哪儿网的首日股价表现创2013年纳斯达克首次公开招股记录。去哪儿网此次共发行1111.1万股美国存托凭证，按照15美元的发行价融资达1.67亿美元，还可通过“绿鞋计划”额外增加166.6万股美国存托凭证。在正式上市前，去哪儿网多次调高发行价格，10月19日将发行价区间定在9.5～11.5美元，10月30日将发行价区间上调至12～14美元，一直到最后发行前的15美元，机构配售获得了超过40倍认购。

58同城、去哪儿网受到资本市场的疯狂追捧，是2013年中国概念股的一大亮点，这背后所反映的实质是市场对中间页战略的高度认可。早在2011年4月，李彦宏在百度联盟峰会上就公开提出了中间页战略思想——“在搜索引擎和传统产业中间的状态来给别人提供服务”，如提供机票酒店搜索的去哪儿网，提供生活服务信息的58同城等。在搜索基础上发展起来的中间页网站，不仅在解决互联网信息的精准与可信度方面为用户提供了保证；更重要的是，它解决了中国传统产业对互联网认识不足、速度过慢等问题，通过搭建传统产业与互联网间的桥梁发掘产业价值。

线下传统产业，比如金融、医药、房地产、教育、汽车等行业具有巨大的市场容量，而这些产业的信息流通与商业运营方式还基本停留在线下，发布在线上的信息由于没有有效地综合与过滤，没有形成影响力。随着李彦宏的中间页概念的出现，则彻底改变了这一局面，中间页为传统商家与用户这两端创造了优秀的信息捆绑、安全可靠的第三方平台，相当于把线下企业的市场机会，从本地扩大至全国甚至国外。从宏观上看，中间页对传统产业和中国经济都将产生不可估量的影响。

58同城是一个同城分类信息网站，成立于2005年，提供包含房屋租售、招聘求职、商家黄页、二手买卖、宠物、票务、餐饮娱乐等信息，用户和商家发布信息，线下达成交易。58同城以城市为区隔，已覆盖中国

380 个城市。58 同城盈利主要包含两大块：一是在线推广费，商家和个人可以购买排名靠前的位置；二是会员费，分类网站向发布信息的商家和有需求的广告主收取增值会员费。

分类信息的鼻祖是美国的克雷格列表（Craigslist）网站，该网站成立于 1995 年，已在全球 50 多个国家建立分站。值得注意的是，克雷格列表并未将“盈利”作为目标，只在部分类别加广告，年收入就已超 1 亿美元。可见这一商业模式的生命力和旺盛需求。同类的网站还有中国的赶集网、百姓网，以及无数小的分类信息网站。

中国在线推广市场发展迅速，因为互联网仍是高效的营销媒介。互联网的快速普及也推动了推广服务向在线渠道转移。移动互联网的普及和相关技术的提升确保了富媒体（Rich Media）和复杂应用在移动设备上的普及。据艾瑞数据显示，2017 年中国在线营销市场规模将从 2012 年的 121 亿美元增加到 393 亿美元，年复合增长率为 26.6%。2017 年中国在线分类信息市场规模将从 2012 年的 2.754 亿美元增加到 24 亿美元，在线分类信息市场规模所占到整体分类信息市场规模的比例将从 2012 年的 10.6% 增加到 43.9%，中国移动互联网用户将从 2012 年的 4.2 亿增加到 7.84 亿。

58 同城最早以美国克雷格列表为模板，人们可能会想象 58 同城向美国投资者说，58 同城是“中国的克雷格列表”。但 58 同城首席执行官姚劲波认为，58 同城更像中国的淘宝，“58 同城不会做电商，我们要做的是保障用户安全，能不做电商就尽量不做。公司目前最终的目的仍是做生活服务平台，电商只是这一过程中的一个实现方法，一个工具”。姚劲波则解释称：“58 同城想要打造服务版的淘宝，从单纯的信息发布展示平台，逐步发展为促成简便、安全交易的信息平台。”

58 同城从 2013 年第二季度起实现盈利，且营运及自由现金流连续 4 个季度为正。2013 年上半年营收为 5884.3 万美元，利润 28.5 万美元，第三季度净利润达到 850 万美元，营收 4160 万美元，其中包括 2420 万美元的会员收入与 1710 万美元的在线营销服务收入。而从 2010 ~ 2012 年，营业额从 1100 万美元分别增加到 4200 万美元、8700 万美元，3 年复合增长率达185%。2013年上半年付费商户会员数约达30万，会员费收入为3546万美元，约占上半年总营收60%。2012年58同城推出了类似淘宝旺旺的商家专属营销平台“58帮帮”，实现手机终端与电脑跨屏交流，2013年第二季度，39.4%的月平均页面访问量来自移动应用。2013年9月与百度轻应用合作，加速无线用户的发展。

58同城和去哪儿网都属于中间页概念，58同城上市在先，且是盈利上市，其发行价也比去哪儿网高2美元，而去哪儿网是亏损上市，但是，58同城上市首日的股价表现却比去哪儿网差了许多，开盘价、收盘价比去哪儿网分别低7.15美元和4.09美元，收盘涨幅不及去哪儿网的一半水平。DRD投资首席投资官唐·迪奥在研究58同城与去哪儿网站的信息后表示，对前者的短期交易表示乐观，对后者则持中立态度。他认为，中国互联网行业的发展始终受到政策壁垒的限制，不过由于58同城的收入增长较快，短期内仍然看好其股价上涨，而百度旗下的去哪儿网则还没有盈利，目前还缺乏较好的买入依据。

创立于2005年的去哪儿网，其主业为对机票、酒店、度假和签证等信息进行整合，并提供比价服务。去哪儿网2012年、2011年、2010年营收分别为8100万美元、4200万美元、1900万美元，运营亏损分别为1500万美元、700万美元、100万美元。2013年上半年净亏损280万美元。

去哪儿网这家依然在亏损的在线旅游网站能在资本市场引发如此热烈的追捧，主要是其背后有百度撑腰。2010年百度加快了中间业务的战略布局，要在视频、房产、汽车、生活信息服务等垂直领域投资或自己做业务，爱奇艺、安居客、爱乐活先后被纳入百度旗下。在在线旅游领域，去哪儿网的业务跟百度很接近，都是信息服务，其流量很大一部分也来自百度。2011年6月24日，百度对外宣布，以3.06亿美元现金获得去哪儿网62%的股份，成为去哪儿网最大股东。在此之前，去哪儿网曾获得纪源资本、梅菲尔德风险投资、金沙江创投和特纳亚资本的三轮共计2700万美元投资。

去哪儿网上市让在线旅游热度再度升级，中国互联网三大巨头——阿里巴巴、腾讯、百度展开了对在线旅游市场的竞争。阿里巴巴投资穷游，腾讯控股艺龙，新兴资本则在扶持在线旅游新生力量，都在寻找下一个去哪儿网。百度对去哪儿网的支持主要体现在不竞争承诺和“知心搜索”合作协议。根据不竞争承诺，百度不得与去哪儿网现有的垂直旅游业务、度假业务及电子商务旅游产品和服务进行竞争。合作协议还包括：百度授予去哪儿网在电脑端对百度“知心搜索”旅游产品和旅游类中间页的独家运营权，该独家运营权的权利内容涉及机票、酒店和商业性度假产品；百度承诺“知心搜索”为去哪儿网带来的最低浏览量在2014年和2015年为21.9亿，在2016年为21.96亿。去哪儿网的用户数量已从2010年的7170万增至2012年的1.873亿。截至2013年6月30日，过去12个月网站的用户数量达到2.032亿。

百度“知心搜索”对去哪儿网的支持力度非常之大：一是独家流量支持；二是流量保证，保证每天不少于600万浏览量；三是界面控制，去哪儿网掌握用户界面控制；四是收益分配方案，建立了一套激励性收益分配方案。去哪儿网是百度系首个挂牌上市的企业，通过去哪儿网的搜索结果，给百度更好的产品补充，提升用户体验，去哪儿网则能从百度获得现金、流量、技术支持。毫不夸张地说，去哪儿网能迅速发展并成功上市，以及投资者对去哪儿网亏损上市的信心，都有赖于百度平台给予了最强大保障。

在去哪儿网的收入构成中，最主要的收入来源是按效果计费，占到80%以上。去哪儿网在2013年第三季度平均每天机票预订量为15.7万张，同比增长70%；酒店平均每天预订量约为6万间每夜，同比增长114%。机票、酒店的预订量分别与携程、艺龙处于同一个规模组别，而业务预订量增速则远远超过这两大劲敌。移动平台活跃用户达到4670万，移动平台机票与酒店的搜索量在2013年前三季度达到5.2亿次，同比增长350%。这些数据说明去哪儿网的业务在快速扩张，市场占有率在不断提高，同时去哪儿网依靠业务的快速增长，与竞争对手携程、艺龙的差距逐渐缩小。去哪儿网虽还处于亏损，但有较高毛利率作为保障，随着研发费用与营销费用边际费用下降，去哪儿网未来盈利可期。

一波连一波的扎堆上市

2013年第四季度，中国互联网公司赴美上市出现了两波“扎堆”：一波是在10月31日、11月1日这两天上市的58同城、去哪儿网，另一波则是在11月22日同一天上市的500彩票网和久邦数码。“扎堆”局面意味着赴美上市窗口打开，标志着赴美上市热潮重现。

中国网络股上市连续高开

11月22日，彩票交易平台500彩票网在纽约证交所上市，发行价13美元，开盘价20美元，报收20.01美元。500彩票网最早确定的发行价区间为9~11美元，之后将发行价区间上调至11~13美元，就在开盘前4个小时，最终确定发行价为13美元。此次上市发售578.6万股美国存托凭证，承销商有权以发行价额外购买86.79万股美国存托凭证，500彩票网融资额达到8650万美元。

500彩票网创立于2001年，是中国互联网彩票销售领域的开创者、首家提供网上彩票服务的公司。2012年10月，500彩票网获得了财政部的体育彩票网络销售牌照批文，成为首批网络售彩试点网站之一。500彩票网为用户提供在线平台、手机平台与客户端等多种服务形式，取得计算机软件著作权19项，以其经营业绩和科研成果，相继被认定为深圳市重点文化企业、国家高新技术企业及2010～2012年度国家规划布局内重点软件企业。

500彩票网赴美上市背后，中国彩票行业的迅速发展成为有力的推手。中国已成为全球第二大彩票市场，年均复合增长率超25%，在美国资本市场比较容易获得投资者认可，而500彩票网的上市也会刺激其他的彩票公司争取上市。2013年1～10月，中国累计销售彩票415.67亿美元，同比增幅达19.2%，其中仅10月，中国共销售彩票44.9亿美元，同比增幅为26.2%。未来3年中国彩票市场将呈现持续高增长的态势，预计2015年将达743.76亿美元。虽然中国彩票市场仍以纸质彩票为主，但互联网售彩平台的影响力日益凸显。中国线上彩票投注主要分三类：一是以500彩票网、澳客等为代表的专业网站；二是综合性的门户网站，如新浪等；三是淘宝、京东等电商网站。

500彩票网是体彩网络销售市场垂直细分市场的龙头企业，主要收入来自网络体育彩票代销，截至2013年9月，拥有注册用户1840万。2010、2011、2012年，500彩票网分别实现净利润600万美元、200万美元、100万美元，2013年前3个季度总营收为3502万美元，净利润340.25万美元。2013年上半年，500彩票网体育彩票产品的销售总额在中国互联网彩票服务商的市场份额中排名第一。

就在500彩票网在纽约证交所挂牌交易的同一天，中国移动互联网应用及平台开发公司久邦数码也在纳斯达克登陆，发行价11.22美元，开盘价14.11美元，报收于13.35美元。久邦数码此次共发行700万股美国存托凭证，总计融资7854万美元，还将按发行价格分别向奇虎360和金山软件私募发行1500万美元和500万美元的普通股。

2013年上市的7家中国互联网公司，有6家公司上市首日收盘价高于开盘价，久邦数码是唯一一家开盘首日股价高开低走，收盘价低于开盘价的公司。相比于同日上市的500彩票网以及稍早上市的58同城和去哪儿网，久邦数码的发行价未抵达发行价区间的上限，久邦数码发行价区间为9.5～11.5美元。尽管久邦数码表示定价为11.22美元是为了纪念11月22

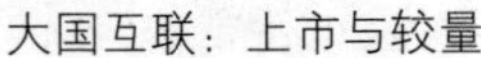

日这个上市日，但从开盘首日股价高开低走来看，久邦数码还需要进一步向投资者证明自己。

除了在发行价上的“幽默”，久邦数码在上市地点上也耍了个“心眼”。久邦数码原计划在纽约证交所上市，最后却选择了纳斯达克。久邦数码总裁张向东表示，久邦数码从纽交所转投纳斯达克只是为了能敲钟，实际上两家交易所都非常棒。而久邦数码董事长邓裕强则解释为：“既然上市，当然要为公司、为股东、为投资人负责，让每一方都获得更好的收益。我们觉得纳斯达克对我们公司，对产品，对移动互联网更理解，更了解整个行业。”

久邦数码创建于2004年3月，其业务主要包括移动客户端GO桌面系列、移动资讯门户3G门户网和移动阅读业务3G书城。旗下3G门户是中国手机互联网免费模式的开创者、最大的手机互联网平台。主打软件GO桌面2010年11月在Google Play推出，以38个语言版本服务来自200多个国家和地区的用户，70%用户在海外，全球用户数量为2.39亿，月活跃用户为4200万。久邦数码2011年、2012年营收分别为1534.7万美元、2972.9万美元。2011年亏损679.6万美元，2012年实现净利润243.5万美元，2013年前三季度营收3799.3万美元，同比增长84.4%。

汽车之家是2013年最后一家上市的中国互联网公司。12月11日，中国第二家汽车互联网公司——汽车之家在纽约证交所挂牌交易，发行价17美元，开盘价30.16美元，收盘价30.07美元。11月初，汽车之家首次提交上市文件，把发行价定为12~14美元，11月10日将发行价上调到了14~16美元，上市首日确定发行价为17美元。汽车之家此次发行782万股美国存托凭证，按发行价计算，融资总额为1.3294亿美元。汽车之家上市首日收盘涨幅为76.88%，在2013年7家新上市互联网公司中首日收盘涨幅居第二位，仅次于涨幅89.33%的去哪儿网。

汽车之家成立于2005年6月，是一家汽车类垂直网站，为汽车消费人群用户提供专业的资讯内容及论坛，为汽车厂商及经销商提供在线营销服务。汽车之家靠内容吸引流量，再通过广告展示将流量变现。2013年第二

季度，汽车之家覆盖人数每天为600.4万人。2009、2010、2011、2012年，汽车之家的营收分别为2200万美元、3800万美元、6900万美元、1.18亿美元，实现净利润分别为500万美元、1300万美元、2100万美元、3400万美元。2013年前9月营收较上年同期增长63%至1.357亿美元，净利润达5458万美元，净利润率高达40%。

阿里巴巴启动赴美上市

进入2014年，距离中华网1999年在美上市，已是第15个年头。中国互联网公司第三轮赴美上市从2009年算起，也已是第6个年头。历经15年的上市洗礼，中国互联网创业可谓浪潮迭起，风生水起。各路互联网生力军怀揣着赴美上市的梦想，摩拳擦掌，秣马厉兵，跃跃欲“市”，力争在国际资本舞台上崭露头角，彰显价值。

2013年第四季度以来，互联网中国概念股接连在美扎堆上市，2014年这股扎堆热潮还会延续吗？2014年是中国互联网巨头阿里巴巴的“上市年”，从年初风传阿里巴巴赴美上市，到5月6日阿里巴巴向美国证券交易委员会提交首次公开募股申请，到9月19日阿里巴巴在纽约证交所正式挂牌交易，阿里巴巴的上市进展动态成为全年中国互联网公司赴美上市的风向标。

2012年6月20日，阿里巴巴集团旗下子公司阿里巴巴正式从香港联交所退市。之后，阿里巴巴集团寻求整体赴港上市。2013年10月10日，香港上市规则规定不能设有双重股权，阿里巴巴以合伙人制度赴港上市的希望落空，宣布放弃赴港上市。2014年3月16日，阿里巴巴发布公告称：“阿里巴巴今天决定启动在美国的上市事宜，以使公司更加透明、国际化，进一步实现阿里巴巴的长期愿景和理想。”至此，阿里巴巴“一波三折”的上市地点终于有了明确的方向。同时业界传出，2014年将有一大波互联网公司赴美上市。京东商城已递交在美上市招股书，金山网络计划从集团分拆赴美上市，另有在线旅游服务商途牛等多家中国互联网公司已启动上

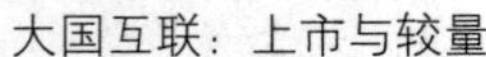

市进程。

因为阿里巴巴领衔，2014 年注定是中国互联网公司赴美上市巅峰之年。3 月 16 日阿里巴巴宣布启动在美国上市的事宜，一个月后的 4 月 17 日，中国互联网公司出现了自 2013 年第四季度以来的第三波扎堆上市，两家中国互联网公司同日在美国资本市场挂牌：微博登陆纳斯达克和乐居登陆纽约证交所。尽管连日来中概股大跌，但两家公司上市当日均实现接近 20% 的涨幅。移动互联网时代，中国社交和电商概念在美国资本市场依然逆势受到青睐。

当日，道琼斯工业平均指数下跌 16. 31 点，收于 16408. 54 点，跌幅为 0. 10%；标准普尔 500 指数上涨 2. 55 点，收于 1864. 86 点，涨幅为 0. 14%；纳斯达克综合指数上涨 9. 299 点，收于 4095. 52 点，涨幅为 0. 23%。

新浪旗下微博业务是全球范围内首家上市的中文社交媒体，有“中国的推特”之称。上市首日，发行价 17 美元，开盘与发行持平，开始交易后，股价随即快速拉升，盘中一度涨幅超 40%，市场买盘积极成交活跃，至收盘时股价大涨 3. 24 美元至 20. 24 美元，涨幅达 19. 06%。微博此次共发行 1680 万美国存托存托凭证，融资 2. 856 亿美元，主承销商为高盛集团和瑞士信贷。

微博、乐居“幸免于难”

2009 年新浪推出微博测试版，引发中国互联网行业的“微博热”，最多时有 10 多家互联网企业推出微博产品。经过近 4 年多的激烈竞争，新浪微博的用户规模、活跃度和营收已经处于绝对领先地位。2014 年 3 月底新浪微博正式更名为微博。微博上市使中国社会化媒体领域诞生了首家上市公司。截至 2014 年 3 月，微博月活跃用户 1. 438 亿，日活跃用户 6660 万，是中国活跃度最高的社交媒体。微博上有超过 8 万个政府机构和官员的微博账号、70 多万个个人认证账号和 40 多万家企业认证账号，在政府、企业、明星名人与普通网友的互动中扮演着重要角色。2013 年新浪微博实现营收 7142.4 万美元，净利润 2156 万美元，成为中国第一个盈利的社交媒体平台。

微博具有公开、实时、社交、向世界表白、挖掘内容、社交影响、与粉丝互动、对广告主和营销客户具有价值、免费宣传、与用户互动、传统媒体的补充等多种特性。微博的成功上市，证明了微博的独特价值，也将进一步巩固微博在社交媒体领域的领导地位。新浪董事长兼首席执行官、微博董事长曹国伟表示，微博将继续以用户体验为核心，进一步提升移动端和 PC 端的使用体验，使用户可以更为流畅便捷地获取和分享信息，同时微博将在移动互联网广告、电子商务、移动支付等方面展开探索，打造社会化营销生态体系。

2014 年 3 月 10 日，易居中国宣布分拆旗下全资子公司乐居控股有限公司赴美上市，向美国证券交易委员会提交了招股书。乐居作为中国领先的房地产 O2O 整合服务平台，服务于新房、二手房和家居三大领域，业务包括电子商务、在线广告和二手房挂牌服务等，覆盖全国 250 多个城市。

乐居还打出一套组合拳，与微博、微信达成合作，在微博和微信上开设公众账号，开设移动售楼处。同时达成更深层意义的股权合作。由于新浪是乐居的重要间接股东，从辈分上讲，微博是乐居的叔叔。腾讯将在乐居上市后，持有它 15% 的股份。搭载新浪网、百度、微信、微博等中国重量级网络平台，使乐居能为房地产全业态提供先进的 O2O 营销服务体系。2013 年乐居营收达 3.354 亿美元，较上年的 1.713 亿美元增长近 1 倍，实现净利润 4270 万美元。

乐居上市首日开盘价为 10.8 美元，较 10 美元发行价上涨 8%，盘中回落至 9.51 美元低点，后迅速上扬，几次调整之后，收盘价格最终锁定在 11.86 美元，上涨 18.6%。乐居首次公开发行 1000 万股美国存托凭证，假设承销商不行使额外购买美国预托股份期权，募集资金 1 亿美元。承销商在 30 天内可选择从乐居购买额外 150 万股存托凭证，以每股 10 美元通过私募融资同时发售给腾讯 202.9420 万普通股，所得款项 2030 万美元。

微博上市正值美国首次公开募股市场普遍疲软之际，也是在互联网公司股价陷入长达一个月的回调背景下进行的。2014 年 3 月初以来，推特股价累计下跌了 18%。纽约股市连跌 3 周，导致新发售的股票大幅缩水。4 月 14 日以来，有 11 只股票在纽约股市首次公开募股，其中 9 只股票低于预期，但 17 日上市的两家登陆华尔街的中国互联网公司“幸免于难”。

猎豹移动、途牛缩减融资规模

多方预期，2014 年晚些时候，中国两家顶级电商阿里巴巴和京东商城将在美国上市。外界更愿意把此次微博、乐居成功登陆美国华尔街，作为中概股登陆华尔街的一次重要测试。有分析称，作为中国最流行社交媒体服务之一的微博，在美国上市首日的表现，也许能提供中国电子商务巨头阿里巴巴赴美上市交易潜在受欢迎程度方面的线索。阿里巴巴正在筹备美国上市事宜，在美国的首次公开募股预计将筹资逾 150 亿美元，将成为史上规模最大的上市计划之一。

2014 年首开微博、乐居扎堆上市，继这波之后，5 月 8 日、9 日又有两家中国互联网公司扎堆登陆美国股市。8 日，猎豹移动登陆纽约证交所，高开低走，收盘涨幅仅 0.71%；9 日，途牛登陆纳斯达克，开盘与发行持平，收盘涨幅 11.89%。

猎豹移动上市恰逢网络股普遍下挫、大市不佳，纳斯达克指数连续三天收低，5 月 7 日美国市场更是出现以网络股领衔的惨跌，为猎豹挂牌蒙上阴影。而在此之前，猎豹移动受市场行情寡淡影响，已缩减了约 1/3 的融资规模。猎豹移动在 4 月 3 日首次递交招股书后，再次于 4 月 28 日更新招股书，将融资额从最高 3 亿美元调整到 2.001 亿美元。

阿里巴巴在 5 月 6 日递交赴美上市招股书，市场分析普遍认为其上市吸金效应将影响其他网络股表现。上市首日，猎豹移动发行定价 14 美元，开盘 15.25 美元，上涨 8.9%，最高上触 16.43 美元，但随后低走，最低下探 13.95 美元，收盘于 14.1 美元，勉强保住发行价。虽然处于市场波动期，但猎豹依然获得了多倍的超额认购，以及长线基金和股权基金的认可和投资。猎豹移动此次共发售1200万股美国存托凭证，融资1.68亿美元。

根据猎豹移动之前与金山软件、百度、小米签署的股份认购协议，在猎豹移动此次上市时，这3家公司将分别认购1000万美元、2000万美元、2000万美元的猎豹A类股份，腾讯旗下的TCH公司也将最高认购价值2000万美元的猎豹股份。

猎豹移动原名金山网络，主要从事金山集团旗下的安全业务，主营产品包括信息安全软件、网页浏览器以及各类移动应用，2014年3月正式更名为猎豹移动。猎豹移动已搭建移动工具产品矩阵，以猎豹清理大师为核心，包括移动安全、浏览器等工具类产品。截至2014年3月底，猎豹移动旗下所有移动应用的装机量约为5亿，仅2014年第一季度就增长44.9%，其活跃用户中有63%来自海外。2013年营收1.24亿美元，同比增长160%；净利润为1024万美元，同比增长530%。2014年第一季度总营收5080万美元，同比增长132%，净利润300万美元。

5月9日，中国互联网旅游公司途牛在纳斯达克上市，成为继携程、艺龙、去哪儿网之后的第四只进入美股市场的中国网络旅游股。上市首日，发行价9美元，开盘与发行持平。开盘后，先是低走，随后放量拉升，报收于10.07美元，涨幅为11.89%。途牛发行价9美元定位为发行价区间9～11美元下限，此次发售800万股美国存托凭证，其中途牛发行738万股，献售股东提供62万股，募资金额约为1.17亿美元，摩根士丹利、瑞信证券和华兴资本担任承销商。

途牛旅游网创立于2006年10月，为消费者提供由北京、上海、广州、深圳等64个城市出发的旅游产品预订服务，并提供后续服务和保障。由于大市不佳，途牛也遭遇猎豹移动同样的情况，缩减了融资规模。途牛4月4日向美国证券交易委员会提交上市申请，计划募集最多1.2亿美元资金。4月29日，途牛向美国证券交易委员会提交公开发行增补文件，将首次公开发行的融资规模由1.2亿美元减少至1.012亿美元，融资规模缩减了15.67%。同时，携程、奇虎360将分别以1500万美元、500万美元入股途牛。

途牛2013年、2012年、2011年分别实现营收3.22亿美元、1.79亿美元和1.22亿美元元，两年的增长率分别达到79.9%和46.7%。但途牛一直未能解决盈利问题——2013年净亏损1315.4万美元，2012年净亏损1720.5万美元，2011年净亏损1460.9万美元。在中国2013年跟团游市场，途牛网以17.6%的份额超过携程网等老牌网站，雄踞市场第一。

途牛亏损上市，去哪儿网也是亏损上市，但境遇完全不一样。从大环境看，此一时彼一时。去哪儿网背靠百度，2013年下半年纳斯达克市场处于上升通道的牛市，并且股价首日创下89.33%的涨幅；而途牛在递交招股说明书前后，全球科技股拉开暴跌大幕。

第14节

中国电商的逻辑对决

2014年3月以来，全球科技股尤其是网络股持续低迷，赴美上市的中国互联网公司也受到波及，股价狂跌的负面消息接踵而至。由于大市不佳，5月8日、9日上市的猎豹移动、途牛，都缩减了融资规模。网络股持续下跌趋势正在引发普遍的担忧：这轮网络股下跌还会持续多久？

电商上市一浪更比一浪高

不过读者用不着担心，中国互联网公司在美国股市摸爬滚打近15个年头，对股市的跌跌撞撞似乎司空见惯。有一点可以肯定，不论美国股市气候如何，中国互联网公司赴美上市的梦想从来都没浇灭，甚至越是低潮越向前，因此，逆势上市、逆市上扬的中国互联网公司案例也不胜枚举。

2014年5月，注定是中国互联网公司扎堆上市的月份。上市潮来了，挡也挡不住。继猎豹移动、途牛相继上市之后，5月的华尔街又迎来了两家中国电商。5月16日，中国最大的美容化妆品电商聚美优品在纽约证交所上市，发行价为22美元，开盘27.25美元，收盘24.18美元，涨幅为9.91%。22日，中国第二大电子商务平台京东在纳斯达克上市，发行价19美元，开盘21.75美元，收盘20.9美元，涨幅为10%。

这两只股不仅收盘涨幅非常接近，而且发行价均高出发行价区间。聚美优品发行价 22 美元，高出发行价区间 19.5～21.5 美元上限 0.5 美元；京东发行价 19 美元，高出发行价区间 16～18 美元上限 1 美元。发行价的上调很大程度上预示了市场的追捧程度，凸显中国电商在华尔街的吸引力。

垂直电商聚美优品成立于 2010 年 3 月，是中国第一家化妆品限时特卖商城，首创“化妆品团购”模式，承诺百分之百正品，以及“拆封 30 天无条件退货”，拥有 22.1% 的市场份额。相比于绝大多数惨淡经营的电商，聚美优品在其成立第二年就实现了盈利，且实现了爆炸式增长。2011～2013 年，聚美优品营收分别为 2178.8 万美元、2.33 亿美元、4.83 亿美元，年复合增长率高达 180%。自 2012 年第二季度实现赢利以来，已连续 8 个季度赢利。2012 年实现利润 810.4 万美元，2013 年利润 2500.4 万美元。2014 年第一季度营收 1.55 亿美元，利润 1655.1 万美元。

营收背后是用户数和订单数的大幅增长。2011～2013 年聚美优品购买客户人数分别为 130 万、480 万和 1050 万，2013 年聚美总订单数达到约 3600 万单，而 2011 年、2012 年分别为 450 万单和 1600 万单。每位活跃客户的平均订单量则始终保持在 3.4 单左右。和唯品会相似，聚美优品的活跃客户也以年轻女性为主，客户群体特性决定了会随着年龄和收入的增长而增加在美容化妆品开支。2011 年、2012 年、2013 年的回头客分别占客户总数的 53.8%、56.3% 和 62%，同期回头客订单分别占订单总额的约 86.7%、86.6% 和 88.9%。

中国美妆市场的零售总额保持 14% 增速，将从 2013 年的 370 亿美元上升到 2018 年的 710 亿美元；在线美妆销售则保持 33% 的增速，将从 2013 年的 40 亿美元上升到 2018 年的 160 亿美元。电商分析人士认为，在整个中国美妆市场的发展背景下，聚美优品的市场前景较为乐观。

4 月 12 日，聚美优品首次提交招股书，拟最多融资 4 亿美元。高盛、瑞信证券、摩根大通、华兴资本证券、派杰和奥本海默担任承销商。5 月 7 日，聚美优品更新招股书，将融资上限缩水至 2 亿多美元。但在上市前，聚美优品将发行价上调至为 22 美元。聚美优品此次发售 1114 万股美国存托凭证，融资2.45亿美元，加上超额配售167.1万股存托凭证，另外，新加坡General Atlantic基金管理公司与聚美优品签署股份认购协议，最高认购价值1.5亿美元的聚美股份，最终融资额为4.3亿美金。截至5月16日，包括当当、麦考林、唯品会、兰亭集势、聚美优品5大电商平台全部上市，而接下来，京东和阿里巴巴还排在门外，虎视眈眈。

2014年华尔街股市注定是中国电商疯狂之年。相比后续上市的京东和阿里巴巴，聚美优品上市可以看作大鳄电商在股市的前奏和热身。从融资规模看，中国电商受投资者热捧可谓一浪高过一浪。就在京东挂牌前一天(21日)，京东创始人兼首席执行官刘强东经过与投行承销团队紧急磋商，最终决定将发行价格提高至每股19美元，这是源于京东在路演过程中受到超出预期的热捧，其在香港获得投资者超过3倍的股票认购，而在美国更是获得了超过15倍的认购。

京东此次共出售9368.6万股美国存托凭证，每股存托凭证相当于2股A类普通股，美银美林为主承销商，总计融资17.8亿美元。另有1400万股美国存托凭证的超额配售。此外，京东还将通过私募融资同时以首次公开发行价格向腾讯发行1.38亿股A级普通股募集13.1亿美元。综合上述三方面的融资，京东融资最高额度达33.56亿美元。

京东商城成立于2004年1月，是中国最大的自营式B2C网络零售服务商，拥有遍及全国各地2500万注册用户，近6000家供应商，在线销售家电、数码通信、电脑、家居百货、服装服饰、母婴、图书、食品等11大类数万个品牌百万种优质商品，日订单处理量超过30万单，网站日均浏览量超过5000万。2013年中国B2C市场份额占比，天猫49.1%，京东为18.2%，腾讯（包括QQ网购和易迅）5.8%。

京东上市备受市场关注：一则京东是中国第二大B2C；二则中国第一大电商阿里巴巴也已拉开了赴美上市的序幕，根据5月6日阿里巴巴提交的招股书，最高融资额有望达到200亿美元；三则京东与腾讯结盟，使连续两年保持不变的中国B2C三甲格局，迎来了阿里巴巴和京东两强争霸的局面。

电商行业的最大迷局

一个好的投资逻辑和一个好的营销故事是融资的关键。在美国上市的中国公司必须讲一个美国投资者听得懂且认可的故事，这已是习惯性的套路。因为无论是风险投资还是资本市场，投资者都愿意相信一个美国成功了的商业模式能在中国复制。比如，美国有了谷歌，中国便有了百度；美国有了优兔（Youtube），中国便有了优酷。同样，京东想要在美国资本市场赢得更多认可，也必须讲一个中国的美国故事来推销自己。

京东和阿里巴巴都是电商，但按照“美国模式 + 中国概念”的说法，从技术、业务机构等维度来看，两者还是有差异的。阿里巴巴的业务模式更类似于易贝，而京东的经营模式和财务特性则更类似于亚马逊。京东在上市前的路演中，反复强调与阿里巴巴的模式不同，即京东更像自建物流的亚马逊，而阿里巴巴则类似于易贝。显然，京东试图说服投资者，可以同时认购阿里巴巴和京东的股票，而不是两者选其一。

2009～2013 年，京东营收分别为 4.28 亿美元、13 亿美元、33.57 亿美元、66.42 亿美元和 114.54 亿美元，京东业绩的快速增长主要来自其低价策略，但低价策略的隐痛就是企业要承担巨额亏损，而且在漫长的亏损期，还要保持一定的客户满意度。2009～2013 年，京东净亏损分别为 0.15 亿美元、0.62 亿美元、2.04 亿美元、2.78 亿美元和 0.08 亿美元。京东将巨额亏损归咎为自有物流体系投入及品类扩张。

除了业务结构，在亚马逊和京东的发展路径中，共同特点是“重电商”。亚马逊经历了 8 年亏损，将大量的钱花在仓储物流体系上，京东花钱最多的也是自建仓储和物流。在 2013 年之前，京东一直在高速狂奔，这背后主要来自于资本力量的支持。2007 年，京东获得了国际著名风险投资基金今日资本的第一轮融资 1000 万美元。此后的几年里，京东进行了七轮融资，先后获得雄牛资本、老虎环球基金等融资，金额共计 23 亿美元。每次拿到融资后，刘强东都会坚持业务扩张，几乎渗透了所有电商领域。

从首轮投资京东的今日资本开始，刘强东就在合同中约定，“创始人永远要有绝对的话语权”。上市前，美国《华尔街日报》刊登题为《京东上市在即：潜在投资者话语权寥寥》的评论文章称，京东商城虽然计划在美国上市融资，但却不会为投资者赋予太大的话语权。根据京东提交的招股书，刘强东虽然仅持有京东21%的股权，却可以凭借着拥有20份投票权的特殊股票控制京东83.7%的投票权。也就是说，如果没有刘强东的出席，京东董事会甚至无法举行正式会议，这便进一步加强了他对公司的控制力。即便是腾讯入局，刘强东及其管理团队仍保持着第一大股东的位置。

市场环境不好的大背景下，京东抢在阿里巴巴之前上市，并取得如此成功，对刘强东来说是非常快意的。扎堆上市的电商在融得大量资金后，会否掀起新一轮市场大战？电商市场的格局会否被资本的力量改写？这可能是电商行业的最大迷局。不过，最有看点的是阿里巴巴和京东商城之间的战争：阿里巴巴以开放为逻辑构建生态，京东商城以控制为逻辑控制生态。二者谁将胜出？这不仅是两家商业公司之间的对决，也是两种商业思维的碰撞。

京东商城上市前，宣布了一轮组织架构调整。4月2日，京东宣布组织变革，整个京东集团设立两家子集团公司（京东商城集团和京东金融集团）、一家子公司（拍拍网）和一个事业部（海外事业部）。新的组织架构大致显示出了京东商城的业务版图，这些版图与阿里巴巴的业务高度重合，比如京东商城与天猫，京东金融与阿里小微金融，拍拍网与淘宝。阿里巴巴与京东上市之后，都将加速海外拓地，海外驳火的可能加大。

开放与封闭，体现了阿里巴巴与京东的不同的架构逻辑：京东包括仓储、配送都由自己搭建，自己面向供应商拿货，是自营电商模式；而阿里巴巴仓储、配送都由第三方提供，自己不拿货，是开放的平台型电商。

2014年3月10日，腾讯与京东签署战略合作协议，认购京东商城约3.52亿股份（占股15%）。腾讯将向京东支付2.147亿美元，转让腾讯数码、腾讯电商、易迅物流和腾讯广州100%的注册资本，转让包括拍拍和

QQ 网购在内的业务。京东保留未来完全收购易迅余下股份的权利。腾讯支持京东实体货物的网上买卖业务，包括在微信和手机版 QQ 上提供“一级储取点”，在其他主要平台上提供支持及在线付款业务合作。在京东上市完成之后，腾讯将额外认购 5% 的京东股份。按照战略合作协议，随后京东调整组织架构，以适应新的竞争环境。

在腾讯投资京东前，腾讯电商打击与超越的目标就是京东商城。合作后，易迅并入京东，易迅网尽管独立发展，按照腾讯的意志，是与京东合作而不是竞争。腾讯手机 QQ、微信电商均向京东商城开放，京东获得了移动、社交两大领域最重要的流量支持。随着移动互联网的发展，移动及社交流量将更加重要。

与京东联手，腾讯的目的是打造自己的 O2O 生态链。更重要的是，腾讯可以牵制阿里巴巴。移动互联网最大的想象空间是 O2O，腾讯凭借微信已悄然成为最大的 O2O 入口，这是腾讯的优势。不过腾讯的劣势则是 O2O 服务品类不全。在实物电商领域，阿里巴巴凭借旗下淘宝、天猫的优势，一骑绝尘。而腾讯旗下易迅与之相差甚远，腾讯投资京东商城，可帮助腾讯丰富实物电商品类。对于京东而言，也有着同样的需求。京东如果想拥有更多流量，想上市估值更高，想与阿里巴巴、亚马逊在全球一较高低，联盟腾讯是最佳选择。

互联网有 4 大平台类型——信息、人、商品和服务。以百度为代表的信息平台解决人与信息的关系，以腾讯为代表的社会性网络服务等社交平台解决人与人的关系，以阿里巴巴为代表的电子商务平台解决人与商品的关系，而本地生活消费平台即 O2O 解决人与服务的关系。

阿里巴巴在基础设施层有支付宝和高德地图，实力与百度相当；在信息层，强大的商户资源本就是阿里巴巴的强项；在用户层，尽管有新浪微博、来往等产品，却在连接人与人关系的社交层面逊色于腾讯。

腾讯基础设施层有搜狗地图和微信支付；信息层通过将电商、团购与大众点评整合已初具规模；用户层，腾讯凭借微信、手机 QQ、QQ 空间等产品的优势更不用说。投资大众点评和联手京东，让腾讯完成了 O2O 布局的关键一环。

本来，京东与阿里巴巴的体量相差甚远，而且，阿里巴巴盈利能力强大，其净利润率已超过腾讯和百度。但是，京东与腾讯结盟，在很大程度上拉近了与阿里巴巴的距离。中国B2C市场格局基本稳定，按照2013年市场份额占比分析，随着腾讯战略入股京东，京东与腾讯的整体份额合计达24%，天猫占B2C市场份额的49.1%，两强争霸的格局形成并且十分明显。

京东商城在美国资本市场受到追捧，但最引人注目的仍是阿里巴巴。这家融合了易贝、亚马逊和谷歌业务特点的巨头，凭借着超高的增长速度吸引了投资者的极大兴趣。分析师估计，阿里巴巴最终上市时的估值可能达到2000亿美元，超过脸谱或亚马逊。

京东商城保留了很大的库存，而且拥有庞大的配送和物流网络，其商业模式与亚马逊的核心业务非常相似。阿里巴巴主要充当了消费者与卖家之间的中介角色，这与易贝和亚马逊的部分业务一样。阿里巴巴的运营成本远低于京东。相比而言，虽然京东商城的销售额一路飙升，但过去5年始终处于亏损状态。但京东商城仍在效仿亚马逊的模式展开大举投资，并认定投资者将会像对待亚马逊一样，给予京东充分的支持。其中最大的一笔投资，便是在中国的43座城市建设配送网络来实现当日送达服务。美国市场研究公司Forrester Research分析师克兰德·威利斯说："这确实可以改善、控制用户体验。"

京东上市后，加上3月获得的股权，腾讯将合计持有京东17.9%的股权，超越老虎基金，成为京东除刘强东之外的第二大股东。刘强东通过旗下的两个基金合计持有京东20.68%的股权，仍是京东最大的股东。京东原第二大股东老虎基金落到第三位，持有京东15.8%的股权。刘强东拥有高达83.7%的投票权，腾讯拥有3.7%的投票权，老虎基金只拥有3.2%的投票权。与马云的阿里巴巴合伙人制度相比，刘强东充分利用了资本市场的现成玩法，通过早期融资时的协议安排以及美国股市的AB双重股权设置，保证了京东上市后自己对公司的绝对控制。

京东的市值远逊于阿里巴巴，但2014年京东营收却是阿里巴巴的1.6倍，而且拥有腾讯这样的重要支持者，在本土市场建立起了庞大的在线零售帝国。京东商城通过与腾讯的合作获益，获得了腾讯的电子商务业务，还得以接入一项意义重大的业务：微信。这是一款在中国广受欢迎的技术通讯服务，号称拥有约4亿月活跃用户。

京东可借助腾讯的资源，结合规模庞大的自营平台，打破天猫对B2C、第三方平台的垄断；腾讯则可依靠微信支付、京东、大众点评以及嘀嘀打车，在移动支付、电商和O2O等多个关键领域与阿里巴巴对抗。在移动端方面，阿里巴巴移动端的份额占有绝对优势，但是，腾讯入股京东和京东上市后，京东将享有微信的一级入口，同时QQ也会提供流量支持，腾讯的QQ资源与微信资源向京东的倾斜，将给京东的移动端带来无限发展空间。腾讯和京东联盟，将对互联网巨头阿里巴巴形成制衡。

第15节

起了个大早，赶了个晚集

回顾中国互联网公司第三轮赴美上市，从2009年以来，赴美上市公司数量最多的年份是2010年。这一年共有14家互联网公司在美上市，其中有3家公司是借壳上市，2家公司在上市首日破发。但就赴美上市公司的数量和质量综合来看，最好的年份是2014年。这一年赴美上市的中国互联网公司总计11家（见表1－13），这些互联网公司全部都是首次公开募股，不但上市首日没有一家公司破发，而且随着京东、阿里巴巴等中国电商巨头的相继上市，将中国互联网公司赴美上市推向最高潮。

表1－13　　2014年中国互联公司在美首日上市一览　　单位：美元

公　司	股票代码	上市时间	上市地点	发行价	开盘价	收盘价
微　博	WB	4月17日	纳斯达克	17	17	20.24
乐　居	LEJU	4月17日	纽约证交所	10	10.08	11.86
猎豹移动	CMCM	5月8日	纽约证交所	14	15.25	14.1
途　牛	TOUR	5月9日	纳斯达克	9	9	10.07
聚美优品	JMEI	5月16日	纽约证交所	22	27.25	24.18
京　东	JD	5月22日	纳斯达克	19	21.75	20.9
智联招聘	ZPIN	6月12日	纽约证交所	13.5	14.51	14.65
迅　雷	XNET	6月24日	纳斯达克	12	14.21	14.9
乐逗游戏	DSKY	8月7日	纳斯达克	15	17.5	15.94
阿里巴巴	BABA	9月19日	纽约证交所	68	92.7	93.89

续表

公　司	股票代码	上市时间	上市地点	发行价	开盘价	收盘价
陌　陌	MOMO	12月11日	纳斯达克	13.5	14.25	17.02

资料来源：邓正红软实力研究应用中心。

“阿里之约”迎来“抢着上市”

2014年4~5月，扎堆上市的互联网公司就有6家，即微博、乐居、猎豹移动、途牛、聚美优品和京东，前面已分别做了介绍。后面上市的有智联招聘、迅雷、乐逗游戏、阿里巴巴和陌陌。尽管2014年是中国互联网公司赴美上市的“大年”，但每一宗招股上市都让人“提心吊胆”。京东路演不顺，回头拉上腾讯；猎豹移动由百度和小米保驾护航；途牛投靠携程；新浪微博得到阿里的背书。触控科技被迫“暂缓上市”。资本市场真是阴晴不定，形势瞬息万变。

从2014年3月6日阿里巴巴宣布启动赴美上市事宜以来，中国各路互联网高手不约而同、急匆匆地上路，都想抢在阿里巴巴之前完成上市一课。这有点像金庸先生武侠小说中的“武林大会”和“华山论剑”，阿里巴巴就是盟主，阿里上市日期就是各家互联网公司到达的期限。赴“阿里之约”，在盟主到来之前争得一席座次，成为众多中国互联网公司赴美上市的当务之急。于是就有了前面互联网公司不约而同、扎堆上市的热闹场景。

说白了，2014年中国互联网公司赴美上市，在某种程度上已演变为“阿里之约”了，互联网公司的上市心态也从“等着上市”变成了“抢着上市”。为了上市这一天的到来，有一家老牌互联网公司足足等了20年！

6月12日，中国互联网元老级网站智联招聘在纽约证交所敲响了上市的钟声。开盘价14.51美元，较13.5美元的发行价上涨7.48%，收盘价14.65美元，较发行价上涨8.52%。智联招聘共发行561万股美国存托凭证，募集资金7573万美元，由瑞士信贷和瑞银投资银行担任承销商。

智联招聘的前身是1994年成立的猎头公司智联公司，而智联招聘网站则在1997年诞生。智联招聘主要业务是人力资源服务，包括网络招聘、校园招聘、猎头服务、报纸招聘服务、招聘伴侣、企业培训以及人才测评等，拥有政府颁发的人才服务许可证和劳务派遣许可证。

智联招聘称得上是中国互联网行业的元老级企业。智联招聘诞生的时候，中国的互联网还处在一片蛮荒之中，而1997年，中国互联网门户网站仅有网易一家。智联招聘比1998年成立的新浪、搜狐、腾讯早了1年，比1999年成立的阿里巴巴早了2年，比2000年成立的百度早了3年。

智联招聘与老兄弟、老对手前程无忧几乎同时创立，但前程无忧早在2004年就成功登陆纳斯达克，智联招聘却在2010年、2011年、2013年屡次觊觎资本市场仍然未果。跟前程无忧（见表1-14）比起来，智联招聘的上市整整晚了10年！这10年，从2004~2014年，正是中国互联网最精彩纷呈最跌宕起伏的黄金十年。堪称“大爷级”的智联招聘总算熬上市，不得不说是起了个大早，赶了个晚集！唯一值得庆幸的是，好歹还是赶上了。

表1-14　　智联招聘与前程无忧上市比对　　单位：美元

公司名称	成立时间	上市时间	上市地点	发行价	开盘价	收盘价	融资
智联招聘	1997年	2014年6月12日	纽约证交所	13.5	14.51	14.65	7573万
前程无忧	1998年	2004年9月29日	纳斯达克	14	18.98	21.15	7350万

资料来源：邓正红软实力研究应用中心。

像智联招聘这样的老牌公司，比不得年轻的公司，必须抓住一切机会尽快上市，否则拖久了，人心也就散了。当然，“阿里之约”是智联招聘一次难得的上市契机。智联招聘认为，只求成功能上市，募集资金多点少点都无所谓。5月5日，智联招聘向美国证券交易委员会提交了招股文件，比阿里巴巴提交上市申请早一天，之后，以神一般的速度于5月15日、6月2日、6月9日、6月11日连续提交了四版修正稿。智联招聘从第一次提交文件到挂牌交易只用了36个日夜，可以说打了一场闪电战。智联招聘的募集金额是2014年中概股上市融资最小的一家，但能抢在阿里巴巴之前上市，避免夜长梦多，也算最大的成功。

智联招聘拖了20年才熬上市，与早10年上市的竞争对手前程无忧相比，差距还是蛮大。按照上市当日14.65美元的收盘价计算，智联招聘市值达7.32亿美元，而此时前程无忧股价为60.8美元，市值为18.07亿美元，智联招聘市值仅为前程无忧的40.51%。

2014年第一季度中国互联网招聘市场中，前程无忧和智联招聘的在线招聘业务分别占市场总额的37.9%和36.4%。两者的市场份额相差不大。不过智联招聘2014年第一季度营收4145.5万美元，为前程无忧同期的58%；净利润675.3万美元，为前程无忧同期的35%，净利不及前程无忧一半。

已有20年历史的智联招聘，这些年的业绩表现几乎可以用原地踏步来形容，2012年、2013年的营收分别为1.22亿美元、1.43亿美元，而前程无忧营收在2006年就达到1亿美元，2013年营收高达8.9亿美元。就在智联招聘原地踏步的同时，更多新兴的招聘网站纷纷脱颖而出。尤其是近10年来，互联网迅猛发展，很多新技术、新产品、新应用层出不穷，但智联招聘似乎无动于衷，其网络招聘的方法几乎就是20年前报纸分类招聘广告的网络翻版。智联招聘在网络招聘业务上遭遇的挤压几乎是全方位的。一方面，高端职位已被诸如猎聘网等专做高端猎头的新兴网站所抢占；另一方面，低端职位又被诸如58同城、赶集网这类信息分类网站所分食。同时，社交招聘、商务招聘等新兴招聘网站层出不穷，用微信、微博等社交产品发布招聘信息更便捷、更直接、更低成本。

对智联招聘来说，前有行业老大前程无忧的持续高压，后有各种新兴招聘网站的围追堵截；在最赚钱最有利润的高端猎头部分没有优势，在需求量最大、变动率最高的低端职位（如餐厅服务员、家政服务、司机、保安、体力工人等），市场又被大量分流。偏偏习惯了一成不变的智联招聘（否则也不会折腾20年才勉强上市）被挤压在所谓中间层的狭小空间里难以动弹，难怪业绩常年萎靡不振。

对于招聘行业新军的挤压，智联招聘首席执行官郭盛认为，和其他类型的网站相比，智联招聘在行业内积累更加深厚。网站要做到成功，靠的不是平台类型网站所带来的流量，而是公司的精耕细作。对于上市后的定位，郭盛认为智联招聘的终极目标是要做一个优秀的职业发展平台，所提供的服务能够贯彻用户的整个职业生涯，并将强化职位招聘与职业测评、职业培训之间的衔接。

继智联招聘上市后，6 月 24 日，老牌互联网公司迅雷也在纳斯达克挂牌交易。上市首日，迅雷以 14.21 美元开盘，盘中一度冲至 15.55 美元，最终以 14.9 美元收盘，较 12 美元的发行价上涨 24.17%。迅雷共发售 731.5 万股美国存托凭证，融资 8778 万美元，承销商为摩根大通、花旗、投资公司 Stifel Nicolaus 和奥本海默。

迅雷的前身是2003 年成立的深圳市三代科技开发有限公司，2005 年“三代”更名为迅雷网络技术有限公司。迅雷旗舰产品为迅雷下载器，是一款基于多资源超线程技术的下载软件，作为“宽带时期的下载工具”，迅雷针对宽带用户做了优化，并同时推出了“智能下载”的服务。迅雷拥有官网迅雷在线、客户端迅雷看看等产品，业务已拓展至视频、音乐和游戏等领域。

迅雷上市也是历经波折。2011 年迅雷第一次向首次公开招股发起了冲击。当时，迅雷对自己的定位，已从单纯的下载工具转为丰富的互联网媒体内容平台。但是，迅雷的商业模式很简单，即网络广告、付费增值、游戏及其他业务，过着一头向用户提供免费的软件服务，另一头向上游的厂商收取产品广告费的日子。2011 年，迅雷网络广告收入占 51%，付费增值占近 25%，游戏及其他服务占 24% 左右。迅雷用来吸引用户的免费业务 P2P 下载，在美国资本市场饱受质疑。这种对于中国互联网来说最经典的“免费”商业模式并没有得到美国资本市场的高度认可。

与此同时，中概股正经历着资本市场的寒冬，大的环境背景并未给迅雷提供上市的绝佳机会。就在 2011 年迅雷预路演后，东南融通爆发财务丑闻、支付宝 VIE（“协议控制”）事件引发诚信危机、年度最大首次公开招股大幅缩水 60% 等一系列资本市场负面事件让迅雷面临估值腰斩。视频业务的版权纷争，也直接导致了迅雷“价值被严重低估”。在估值泡沫论、VIE 信用危机、部分公司财务造假等因素的影响下，美国资本市场对中国互联网公司的信心大打折扣，已赴美上市的公司股价相继大幅下跌。内忧外患下，迅雷取消了首次上市。

取消上市后，迅雷所处的中国市场环境也变得更为恶劣。视频行业经过几轮整合后，行业集中度大大提高，竞争格局与之前产生巨大差异。迅雷在版权上的投入并不多，积累的资源也较少，2011 年被作为上市主打产品的迅雷看看的行业地位直线下降。迅雷在线广告收入不断下滑，游戏业务变得不温不火，这让迅雷再次审视起自己最初的定位。最终，迅雷将业务重心从版权争议最大的视频业务，向其下载业务倾斜，并利用包装过的云业务，为迅雷会员提供增值服务，包括离线下载、高速通道和云播等服务。

和 3 年前上市时给投资人讲述的故事不同，此次迅雷上市不再将“P2P 下载”“数字内容平台”当作包装重点，而是希望借“云加速”“小米平台”改头换面，包装出一个更为动听的新故事。

在路演过程中，迅雷团队一再提到自己的云业务，表示对于用户而言，迅雷的价值在于通过云加速的技术和产品改善用户内容传输的体验。迅雷的收入模式已转变为云计算订购服务、在线广告和其他互联网增值服务三部分。迅雷云计算订购服务在 2013 年收入达 8673 万美元，收入占比 48.1%。2014 年第一季度，云播服务营收达 2485 万美元，同比增长 32%，占总营收 60.3%。包括绿色通道、离线下载和云播等增值服务，截至 2014 年第一季度已拥有订阅用户 520 万。

除了一波三折的上市历程吸引了外界的关注外，为了让投资人更为兴奋，在路演中，迅雷着重提到了小米，为将来的业务发展又增加了另一层新的想象空间，使得迅雷充满了话题性和议论性。2014 年 4 月，迅雷宣布完成第五轮 3.1 亿美元融资，其中小米风投领投 2 亿美元，占股 27.2%，成为迅雷的最大股东；金山软件跟投 9000 万美元，占股 12.2%。小米风投和金山软件皆属雷军系，由此雷军系合计占股 39.4%。

迅雷招股上市后，大部分主要及献售股东股权将被稀释，但小米风投和金山软件的持股比例将有所上升，小米风投持股比例由 27.2% 升至 28.8%，金山软件持股比例由 12.2% 升至 13%，雷军系持股比例由 39.4% 升至 41.8%。在获得小米入股后，迅雷将云加速技术全面开放给小米公司使用，而小米的硬件产品也将内置迅雷旗下的相关服务，例如小米盒子和小米电视内置。

云加速是迅雷的一项增值服务，通过迅雷旗下产品，向用户提供大容量数据加速传输到本地，提高用户的宽带利用率。表面上看，迅雷云加速是一个主要针对用户需求的产品。但在互联网终端产品类型不断增多的时代，以及智能电视、互联网电视盒子的出现，用户对带宽的需求变得越来越大，这种需求的活跃时间也相对集中，使得服务器端的带宽压力成倍增长。硬件厂商将为迅雷的云加速服务提供入口，帮助迅雷完成云加速技术从幕后到台前的转换，同时也能刺激迅雷付费用户比例的上升。在这一过程中，迅雷并没有把自己的云技术作为硬件公司的技术外包，而是用云技术将自己最核心的东西更直观地展现给消费者。迅雷与小米在资本层面的合作也保证了双方能在服务水平上保持同一个水准。

阿里巴巴上市前后的上市公司

2014 年中概股上市最精彩的当属互联网大鳄阿里巴巴，这也是赴美上市的中国互联网公司最值得浓墨重彩书写的。阿里巴巴的上市时间是 9 月 19 日，在介绍阿里上市情况前，作者特意将阿里巴巴作为中国互联网公司赴美上市的最后压轴戏，这里暂且按下不说，因为在阿里上市前后还有两家互联网公司在美上市。

前面上市的智联招聘和迅雷是两家老牌互联网公司，后面上市的两家公司则是互联网新秀，而且都是移动互联网公司。一家是在阿里上市前，8 月 7 日在纳斯达克上市的乐逗游戏，是移动网络游戏公司；另一家是在阿里上市后，12 月 11 日也在纳斯达克上市的陌陌，是移动社交网络公司。

乐逗游戏和陌陌都是在2011年成立的。乐逗游戏前身为深圳梦域科技有限公司，成立于2009年11月。2011年2月，深圳创梦天地科技有限公司即乐逗游戏成立。陌陌成立于2011年3月，即北京陌陌科技有限公司，其联合创始人及核心团队来自网易、新浪、凤凰网等公司。

8月7日，乐逗游戏在纳斯达克挂牌交易，这是中国第一家纯手游概念公司在美国首次公开招股，发行价15美元，高出发行价区间12～14美元上限1美元，开盘价为17.5美元，较15美元的发行价上涨16.67%，收盘价15.94美元，较发行价上涨6.27%。乐逗游戏共发售770万股美国存托凭证，融资达1.155亿美元，瑞士信贷证券和摩根大通担任承销商。承销商还享有最多115.5万股美国存托凭证的超配权。乐逗游戏此次上市，腾讯旗下THLA19公司、猎豹移动和日本移动聊天应用开发商Line还将以发行价分别认购1500万美元、800万美元和300万美元的A类普通股。腾讯为乐逗游戏第一大股东，持股比例为26.6%。乐逗游戏首席执行官陈湘宇表示："上市后乐逗会在内容战略上与腾讯保持一致。"

乐逗游戏是中国最大的手游发行平台，跟多家世界顶级游戏开发商以及中国移动、中国联通、中国电信三大运营商建立了深度合作关系。在休闲游戏领域，风靡全球的《神庙逃亡》《水果忍者》《姜饼人酷跑》《涂鸦跳跃》《小鸟爆破》《狂野飙车6》等国际大作都通过乐逗游戏进入中国市场；在中重度游戏领域，乐逗游戏成功签约全球第一款3D武侠巨作《三剑豪》。乐逗游戏结合运营商便利的支付手段，为中国用户提供安全的电信增值游戏服务，并成为首家进入微信平台的手机游戏发行商，全权负责《神庙逃亡》及《水果忍者》的微信定制版。截至2014年3月31日，乐逗游戏拥有注册用户4.727亿，平均月度活跃用户人数为9830万人，其中2014年第一季度营收2800万美元，净利润540万美元。

技术运营对于游戏的重要性正在逐渐展露，越来越多的游戏厂商正在使用云技术来改善游戏开发、发布、运营、运维的各个环节。乐逗游戏的成功验证了云计算在手游领域的全面领先优势。2013年，乐逗游戏将旗下所有网游产品都搬迁到腾讯云平台。腾讯云在游戏领域的丰富经验和超强

技术实力可以帮助乐逗游戏抵御来自互联网的各类风险，并大幅降低运营成本。

腾讯云旗下的全线产品，包括云服务器、云数据库、CDN、云存储、云安全等基础能力服务，全部都有针对游戏客户需求特性打造的专有版本，以满足游戏运营对服务器性能等方面的高要求。在云计算的助力下，乐逗游戏的用户数获得持续、稳定的增长，并最终成功上市。基于腾讯云超强的并发处理能力和高容错容灾能力，除了乐逗游戏之外，蓝港在线、友爱互动、无忧互通、乐元素、动网先锋等众多中国领先的游戏公司都不同程度地选择了腾讯云的各类服务。可以预见，未来将会有更多的游戏公司在云计算的深入发展中受益，而腾讯云在游戏领域的领先优势也将不断得以展现。

在阿里巴巴赴美上市之前，2014 年已有 9 家中国互联网公司赴美上市，但从阿里巴巴 9 月 19 日上市之后，中国互联网公司赴美上市的速度极其缓慢，直到 12 月 11 日才出现陌陌一家上市，也是 2014 年最后一家中国互联网公司在美上市。并且陌陌还有一个特殊身份，属于“阿里系”成员，阿里巴巴是陌陌的最大机构股东，占股比例为 20.7%。

从“阿里之约”到“阿里论剑”，阿里上市前，中国互联网公司争先恐后赴美扎堆上市，阿里上市后，一些中国互联网公司却反而不急于上市。很明显，阿里上市成为 2014 年中国互联网公司赴美上市的分水岭。阿里上市抢尽了中国互联网公司的风头，其他互联网公司如果此时贸然跟进，就显得相形见绌，难以打动投资者的心。许多互联网公司表现迟疑，主要是在低调探路，揣摩在阿里巴巴上市之后美国资本市场对于中概股的态度，判断这个时间点上市是否合适。而陌陌上市，却是抓住阿里上市这一热点，趁热打铁，乘势而上。分析人士指出，在阿里巴巴上市后，其投资的新兴科技公司将接棒掀起新一轮赴美上市热潮（但从后续情况看，这一热潮并未兴起）。作为最大机构股东，阿里巴巴和陌陌的业务合作也给市场带来无限的想象力。

12 月 11 日，移动社交应用公司陌陌在纳斯达克挂牌交易，发行价

13.5 美元，为发行价区间 12.5 ~ 14.5 美元的中间值，开盘 14.25 美元，最终收报 17.02 美元，较发行价上涨 26.07%。全天陌陌股价最低为 13.80 美元，最高上触 17.48 美元。此次陌陌共发售 1600 万股美国存托凭证，融资 2.16 亿美元，承销商为摩根士丹利、瑞士信贷、摩根大通和华兴资本。陌陌还授予承销商 240 万股美国存托凭证的超额配售权，同时按发行价向阿里巴巴和 58 同城分别定向增发 5000 万美元和 1000 万美元的新股。由于陌陌背后有着强大的“阿里系”力量，市场对陌陌的上市似乎信心十足。上市首日，全天成交量为 1797.10 万股，意味着新发行的股票全部换了一遍手。

陌陌是一款基于移动端位置服务的交友平台。脸谱、微信这些平台的社交目标主要是定向已知好友，陌陌的定位则更偏向于物理社区内的陌生人交友。作为一款社交应用，陌陌最为核心的功能就是“附近的人”。用户注册并建立个人页面后，上传照片，填写年龄、性别、兴趣爱好等基本资料，就能搜索并访问附近其他陌陌用户的页面。而搜索结果按用户间距离升序显示，也就是优先看到距离较近的用户。陌陌因此成为中国第三大社交网络，仅次于微博和微信。截至 2014 年 9 月，陌陌拥有 1.803 亿注册用户，月活跃用户 6020 万，平均日活跃用户 2550 万，用户平均每天刷新“附近的人”列表 1.67 亿次。

陌陌从 2013 年下半年开始进行商业化尝试。陌陌收入主要为三部分：用户会员费、游戏收入及其他服务，其中，会员收入占大头。2014 年前 9 个月的营收 2620 万美元，其中 68.1% 来自会员费。商业化路径上，陌陌先后尝试表情、会员、游戏等多种途径，在最新的商业化尝试中，陌陌开始尝试 O2O，推出到店通业务，借力于投资者阿里巴巴，陌陌也在逐渐向电商和 O2O 方向、移动营销等方面转变。

迈向资本巅峰的奇迹

自1999年7月13日中华网首开头炮、登陆美国股以来，中国互联网公司赴美上市就像一趟时间专列，昼夜不停地奔驰。除了2001年、2002年、2008年3个年份，这趟专列每年都会输送中国互联网公司赴美上市（见图1－8）。按照时间序列可分为三个区间：1999～2000年，即第一轮赴美上市，此轮上市的中国互联网公司总计5家；2003～2007年，即第二轮赴美上市，此轮上市的中国互联网公司总计23家；2009～2014年，即第三轮赴美上市，此轮上市仍在进行中，截至2014年12月31日总计有50

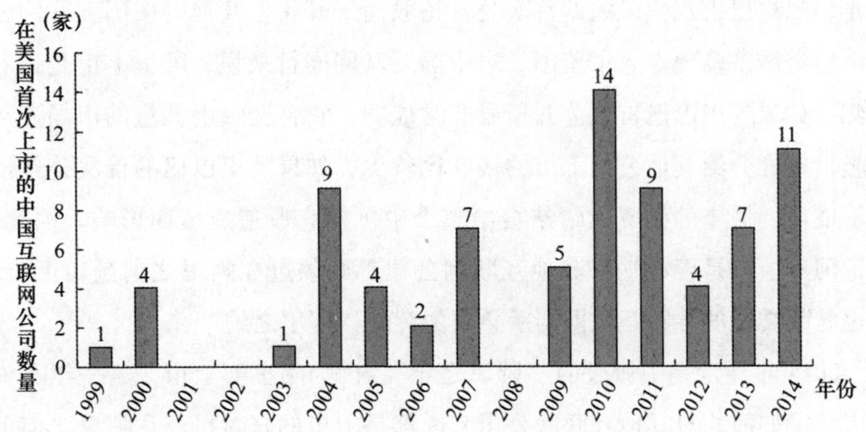

图1－8　1999～2014年中国互联网公司赴美上市情况

资料来源：邓正红软实力研究应用中心。

家中国互联网公司赴美上市。从1999～2014年，中国互联网公司赴美上市累计达78家，其中第三轮上市公司数量是前两轮的近两倍。

阿里巴巴的疯狂时刻到来了

三轮赴美上市的中国互联网公司数量反映了中国互联网公司发展的基本概貌。第一轮赴美上市可以称为中国互联网公司的起步初创阶段，第二轮赴美上市则是中国互联网公司的创业成长阶段；第三轮赴美上市，中国互联网公司进入发展壮大阶段。截至2014年11月20日，中国互联网上市公司市值达6430亿美元。

从1994年4月20日，中国正式接入国际互联网络，成为国际上第77个正式真正拥有全功能国际互联网络的国家，到2014年，中国互联网整整经历了20年的发展。经过20年的努力，中国已经成为全球网民数量最多的国家，全球最大的电子信息产品生产基地，全球最具成长性的信息消费市场。已拥有互联网网民6.4亿，移动宽带用户5.3亿，手机用户近13亿，阿里巴巴、腾讯、百度、京东4家企业进入全球互联网公司十强。

2014年是中国互联网公司赴美上市15年来最具价值分量的一年。这一年，阿里巴巴规模庞大的首次公开招股尚未开始，其他的中国互联网公司已经浩浩荡荡地走入了美国。对中国互联网同行来说，阿里上市是把双刃剑。如果阿里巴巴首次公开招股非常成功，它将会吸引大量的市场流动资金，这样分给其他公司上市的钱就比较少；如果阿里巴巴的首次公开招股不成功，失望的投资人情绪会给整个中国概念股造成负面影响。因此，无论阿里上市是否成功，其他互联网公司都必须赶在阿里之前赴美上市。这也是前文说的各路互联网高手急匆匆奔赴“阿里之约”。

2014年注定是中概股的“阿里之年”。因为阿里要上市，这一年不管股市情况如何，对其他互联网公司来说都是上市的好时机。在阿里之前上市的9家互联网公司的首日股价看，没有一家破发，就足以证明整个华尔街对中国网络股是非常关照的。因此，2014年中概股上市的收官之作必定是阿里。虽说阿里上市后，还有个小尾巴——陌陌伴随，那也和阿里是一条血脉，属于“阿里系”。无论怎样说，2014 年赴美上市最后的压轴戏都在阿里巴巴。

2014 年 9 月 19 日 9 点 30 分，阿里巴巴的疯狂时刻到来了！纽约证券交易所，阿里巴巴的 8 名生态代表敲响了企盼已久的开市钟。这 8 名敲钟人包括两位网店店主、快递员、用户代表、一位电商服务商、网络模特和云客服，还有一位是来自美国的农场主皮特·维尔布鲁格，他的果园盛产车厘子，而这些水果通过天猫卖到了远在地球另一端的中国。

阿里巴巴此刻选择“全球最独特”的敲钟方式，以“生态圈”名义在全球亮相，而“生态系统”，也是阿里巴巴自启动首次公开招股以来对投资人强调的重要词汇。敲响开市钟的那一刻，八张陌生的面孔接受了整个世界的注目。“我们奋斗了这么多年，不是为了让我们自己站在那里，而是为了让他们站在台上。”马云在纽交所现场说。在这一刻，马云和阿里巴巴的合伙人、员工代表一起站在台下，为敲钟人久久鼓掌。

经过两个多小时的等待，阿里巴巴的开盘价最终确定为 92. 7 美元，较 68 美元的发行价上涨 36. 32%。上市首日报收于 93. 89 美元，较发行价上涨 38. 07%，以收盘价计算，其市值达 2314. 39 亿美元。

阿里 2314. 39 亿美元的市值，既超出百度（786. 81 亿美元）与腾讯（1481. 85 亿美元）市值之和（2268. 66 亿美元），也超出易贝（657. 32 亿美元）与亚马逊（1444. 84 亿美元）市值之和（2102. 16 亿美元）。阿里还创造了 10 年来开盘时间最长的纪录，询价时间超过推特的 79 分钟纪录。期间开盘价变动 8 次，交易区间由最初的 3 美元缩小到 1 美元，最终确定了 92. 7 美元的开盘价。

脸谱和推特首次上市的影响一直笼罩在阿里巴巴头上，只是一个非常失败，另外一个则大获成功。2012 年 5 月 18 日，脸谱在纳斯达克上市交易，开盘价 42. 05 美元较 38 美元的发行价上涨 10. 66%，收盘价 38. 23 美元，较发行价微涨 0. 61%。脸谱高开低走，盘中交易震荡。与此同时，社交媒体类股集体受挫。

2013 年 11 月 7 日，推特在纽约证交所挂牌交易，推特成功避免了脸谱首次公开募股时所犯的错误，虽然发行价保守，只有每股 26 美元，但受到了投资者的热情追捧，获得了 45.1 美元的高价开盘，最终以 44.9 美元报收，较发行价上涨 72.69%。纽约证交所在重要股票上市方面与纳斯达克竞争已久，此次交易对它来说是一次巨大的胜利。

阿里上市吸取了脸谱和推特首次上市的得失。脸谱灾难的阴影仍然笼罩着纳斯达克，这也是阿里巴巴选择在纽约证交所挂牌交易的部分原因。以往，中国互联网公司赴美上市大都选择纳斯达克，但 2007 年以来这种格局已被打破，纽约证交所与纳斯达克在科技股市场展开了激烈的竞争。2007 年赴美上市的 7 家中国互联网公司就有 6 家选择纽约证交所，仅 1 家在纳斯达克挂牌。从 2007 ~ 2014 年，累计在纽约证交所上市的中国互联网公司达 25 家，占美股中国互联网公司总数的 32%（见图 1 – 9）。这说明纽约证交所在科技股市场的竞争力已有明显提升。

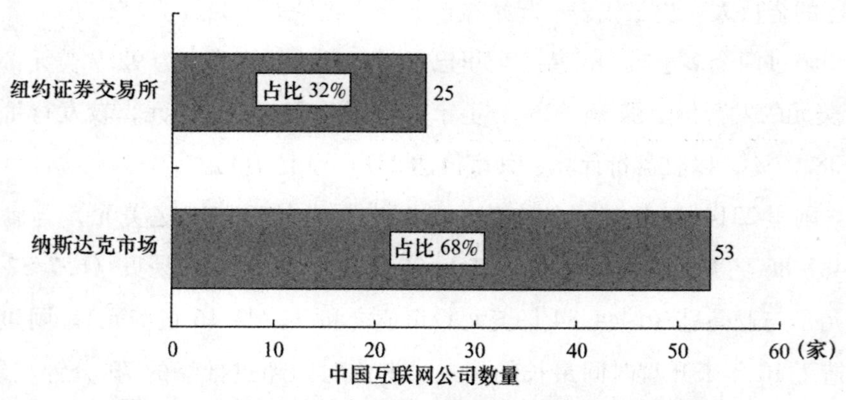

图 1 – 9　1999 ~ 2014 年中国互联网公司赴美上市分布情况

资料来源：邓正红软实力研究应用中心。

为了确保阿里巴巴上市顺利，纽约证交所进行了两轮测试，时间分别是 7 月份和 9 月 6 日，让券商能测试他们自己和交易所的系统。纽约证交所把不出问题放在首位，甚至不惜推迟阿里巴巴股票当天挂牌交易的时间。纽约证交所首次公开招股部门负责人大卫 · 埃思里奇说：“对于推迟 15 分钟或者 1 小时 15 分钟，我们并不在意。”

阿里巴巴的代表们在上午9点30分就敲响了开市钟，但直到11点40分左右才达成了第一笔交易，整个询价时间持续了两个多小时，打破了推特保持的79分钟的纪录。而根据纽约证交所的经验，越是抢手的公司股票，需求就越强烈，竞价耗时则会越长。而最终达成的92.7美元开盘价，也让阿里巴巴成为纽约证交所历史上首日市值最大的公司。也充分表明，纽约证交所采取了足够多的预防措施，确保系统能应对阿里巴巴挂牌交易首日巨大的需求量。

阿里此次共发售32010.61万股美国存托凭证，授予承销商4801.59万股美国存托凭证的超额配售权，瑞信、德意志银行、高盛、摩根大通、摩根士丹利、花旗为联合承销商，承销商最终全额行使超额配售权，以发行价每股68美元计算，阿里巴巴首次公开募股共融资250.32亿美元，创下了美股史上规模最大的一桩首次公开募股交易。

随着阿里巴巴上市，投资者对中概股市场的关注度进一步提高，特别是与阿里沾边的股票。就在阿里上市当天，在美上市的中网在线盘中飙升超过100%，到收盘时暴涨92.1%。市场传出消息，中网在线股价大涨是因为该公司可能与阿里巴巴达成合作协议。12月11日，陌陌上市，收盘上涨26.07%，也是源自“阿里系”的力量。

网友总结9月19日能够上新闻头条的有4则：阿里巴巴上市、李娜退役、苏格兰公投独立未果、王菲谢霆锋复合。且分别解读为：一个时代开始了，一个时代结束了，一个时代刚想开始就被结束了，一个以为结束了的时代又开始了！阿里上市被放在第一位，由此可见其影响力。

“中国崛起”的一个缩影

阿里巴巴成立于1999年，拥有淘宝、天猫、支付宝、余额宝、阿里云等业务，是中国互联网市场上的巨无霸。1999年中国社会消费品零售总额为3744.19亿美元，到2013年，社会消费品零售总额达到3.838万亿美元。也就是说，1999年的消费规模不到2013年零头的一半。更重要的是，

1999年中国网上交易的金额几乎为零；而2014年上半年中国网上零售额同比增长48.3%，网上零售额占社会消费品零售总额的比重达到9.16%。因此，阿里巴巴成长的15年，正是中国消费市场不断扩大、消费结构不断升级的15年。

阿里巴巴15年来的快速成长，正好遇上了中国大市场快速释放的历史黄金时期。而阿里巴巴的成功，是赶上并把握住了“三大好时机”，即互联网的最好时机、中国经济的最好时机以及电商的最好时机。改革开放36年，中国经济不断发展，同时创下了一个又一个的奇迹。投资者都知道未来中国的经济还有很大的发展空间，只要是中国公司，投资者就会对未来有更多的想象空间。中国的投资者看重概念和净资产，欧洲投资者看重市盈率，而美国的投资更看重市场份额和公司未来。

阿里巴巴在纽约的首场路演异常火爆，原本预计500多名投资者参加的路演，最终居然800多人到场，其中还包括纽约前市长、亿万富豪彭博等诸多重量级的投资界大佬。路演才两天，阿里巴巴收到的购买订单就已经超过了预定的销售额。

美国资本市场对阿里巴巴的热情，主要基于对中国经济增长的看好。华尔街一位资深研究员表示，华尔街对中国市场相当有信心，中国经济虽然增长速度未见得能保持以往的高速，但是整体发展体量仍然非常惊人。更重要的是，中国的经济增长带来的是中国的中产阶层的扩大，而这将带来非常惊人的消费能力，所以他们对于阿里巴巴的前景十分看好。

阿里以美股史上最大的融资规模、高达2314.39亿美元的市值、上涨38.07%的股价等惊艳成绩，完胜美国本土明星互联网企业脸谱，一举杀进全球上市公司前20强，成为华尔街的年度新宠。在某种程度上，阿里巴巴的成功上市及其产生的影响，被视为“中国崛起”的一个缩影。这种阿里式的“中国崛起”在美国第一次受到热情拥抱而不是高度戒备。美国股民用激烈的竞价表达对中国民企发展模式的肯定，对中国经济运行环境的信心，从中国巨大市场中分一杯羹的期待，以及对中国崛起的真诚欢迎。因此，阿里成功上市成为西方国家津津乐道的话题。

英国《卫报》说，阿里巴巴上市的过程像在“飞”，从发行价68美元一路升到近100美元的高点。

日本《读卖新闻》称，阿里巴巴一开盘股价就超出发行价36%，表明股市对该公司成长性的高度期待。

法国《回声报》称，阿里巴巴首个交易日表现“是个奇迹”，因为发行价已经不低，发行的股数也相当可观，类似情况下，股票上市后一般会经过较长时间低迷和调整。

日本NHK电视台称，阿里巴巴在纽约上市，第一天的市值就超过丰田公司的规模。

法国《费加罗报》称，此前人们形容阿里巴巴的业务范围相当于亚马逊和易贝的总和，而上市仅一天阿里巴巴的市值也变成了这两家美国电商的市值总和，这表明从中国14亿人口的大市场获得回报是可能的。

路透社20日援引纽约证交所交易员奥托的话说：“这是我20年交易员生涯中最令人兴奋的一幕。阿里的股票还会涨上去，因为它与其他同业对手相比在经营上独具特色，赢利势头极好，这也从另一方面见证了中国在世界上的迅速崛起。”

美国《新闻日报》称，在中国电商巨头的纽约证交所首秀中，阿里高管们没有一个登台敲钟，而是把这一荣誉让给了广大阿里店铺的经营者们，其中居然还有一位美国人。这实在是一招好棋，它能吸引更多的普通人加盟阿里行列。再过一段时间，可能全世界的企业都会考虑与阿里巴巴合作，互利共赢。

《日本经济新闻》称，中国企业在政府的推动下先是国有企业实施国际化，阿里巴巴的上市标志着民营企业也进入在国际市场发挥“存在感”的时代。

韩国《东亚日报》称，继“G2”之后，世界迎来中美两强的“网络2”时代。阿里巴巴在纽约成功上市，表明全球信息技术产业正形成中美两强相争态势，美国的谷歌、脸谱、亚马逊等企业正在与中国的阿里巴巴、腾讯、百度等正式拉开竞争序幕。“到明年，阿里巴巴很有可能取代美国沃尔玛，成为世界最大的销售平台。”

韩国《每日经济》报道称，现在全世界信息技术业也都在为阿里巴巴的“空袭”而紧张。中国信息技术巨头同样也将目光瞄准韩国，此前中国的腾讯就曾投资5300亿韩元给希杰游戏公司，这震惊了韩国网络游戏业。阿里巴巴成功上市，必将刺激胸怀“阿里巴巴第二”梦想的中国年轻人创业。

美国《时代》周刊称，阿里巴巴上市凸显全球四大经济趋势：越来越多的重要公司将来自发展中国家，新兴市场创造蓝筹股，发展中国家消费者主导世界，以及，你的下一份工作没准就在中国。

很多人可能忘了，阿里巴巴这次在美上市，并非第一次上市，而是第二次上市！2007年11月6日，阿里巴巴集团旗下子公司（B2B业务）阿里巴巴在香港联交所上市，发行价为13.5港元，开盘价30港元，收盘价达到38.48港元，创下中国互联网公司融资之最。当日市值飙升至1980亿港元（257亿美元），也是盛况空前，交易期间市值甚至一度接近320亿美元，当时百度市值140亿美元，而腾讯市值137亿美元。阿里市值大致相当于百度与腾讯之和。

2012年初，阿里巴巴以正在实行战略转型升级，期间可能会在中短期内收入增长变缓，影响盈利预期，愿意给小股东一个变现投资收益的机会等为理由，开始启动私有化其上市子公司。2012年6月20日，阿里B2B上市公司完成从港交所退市。从2012年6月20日退市，到2014年9月19日，历经整整27个月，阿里又在美上市了。这次上市，阿里创下的2314.39亿美元市值，与百度与腾讯市值之和2268.66亿美元大致相当。可以说，阿里两次上市首日的情况惊人相似！

从港交所退市后，阿里巴巴再次上市的首选地点本来是香港，而港交所对于股权制度的限制使阿里放弃了在香港上市的计划。但是，根据阿里和雅虎2012年达成的回购协议，如果阿里不在2015年完成上市，就无法回购雅虎所持的股权。所以说，阿里巴巴不能等了。2014年3月16日下午，阿里巴巴通过官方微博发表了“决定启动在美国的上市事宜”的声明。赴美上市，是不少中国巨头企业殚精竭虑要做的一件事情。但是对于阿里巴巴来说，赴美上市却是一种无奈的选择，一个等不起的选择。

在港交所上市，按照香港同股同权的原则，董事会人选由所有股东提名产生。也就是说，持股不多的马云和管理层并没有对董事会的控制权。当时已经退休的马云提出了阿里集团“合伙人制度”，也就是由阿里巴巴任命的合伙人去提名董事会的人选，然后交由所有的股东投票，最终通过，阿里巴巴以此希望控制上市之后的董事会。但是遗憾的是，香港没有给他开这个先例。阿里巴巴最终决定在接受“双股权结构”模式的美国证券市场上市。

阿里巴巴对交易所的选择已经不是简单的考虑接受其公司制度，另外还要看投资人群、交易所系统能力、服务架构等。纽约证交所非常积极，承诺为其提供完善的后续服务方案。纽约证交所如此欢迎和期盼阿里巴巴上市，实际上并没有忽视对投资者利益的保护。如果阿里巴巴上市后在其经营过程中，出现了令诸多股东不满的问题，美国这种“判例法和集体诉讼”的监管模式绝不会袖手旁观，所以说美国市场及纽约证交所敢于接受阿里巴巴是有道理的。

阿里巴巴作为一个从中国市场成长起来的巨型电商，上市不在中国内地，也不在香港，最后不得不选择在美国上市，该反思之处有很多，但就选择“交易所”层面来看，背后也隐藏着各交易所之间的竞争，更大的背景是整个资本市场包容程度和吸引力的区别。

附：阿里巴巴上市时间表

2007 年 11 月 6 日：阿里巴巴 B2B 业务在香港主板上市。

2011 年 5 月 11 日：雅虎披露支付宝转移引发舆论风暴。

2011 年 7 月 29 日：阿里巴巴集团、雅虎和软银宣布，就支付宝股权转让事件正式签署协议，支付宝的控股公司承诺在上市时予以阿里巴巴集团一次性的现金回报。至此，阿里巴巴开始寻求新的上市机会。

2012 年 2 月 21 日：阿里巴巴宣布私有化 B2B 上市公司。

2012 年 2 月 22 日：阿里巴巴 B2B 上市公司于 2012 年 2 月 9 日开始停牌，在连续停牌 9 个交易日后，于 2 月 22 日复牌。

2012 年 4 月：阿里巴巴独董委员会和财务顾问表态支持私有化。

2012 年 4 月 23 日：阿里巴巴公布截至 2012 年 3 月 31 日的第一季度业绩，按照早先公布的私有化进程，这是阿里巴巴退市前最后一次披露业绩。

2012 年 5 月 10 日：超额认购宣告结束。阿里巴巴集团获得总额 30 亿美元双挡贷款超额认购，共有 14 家银行在组建银团阶段承诺提供贷款。

2012 年 5 月 16 日：阿里巴巴称获私募基金支持。

2012 年 5 月 25 日：阿里巴巴股东投票通过私有化计划。

2012 年 6 月 20 日：阿里巴巴 B2B 上市公司完成从港交所退市。

2013 年 7 月：阿里巴巴再次赴港，寻求集团整体上市。

2013 年 9 月：港监会遭遇阿里巴巴合伙人制度的"双层架构"尴尬，商讨阿里巴巴上市的问题。

2013 年 10 月：阿里巴巴放弃在港上市计划。

2014 年 3 月 16 日：阿里巴巴启动赴美上市计划。

2014 年 5 月 6 日：阿里巴巴启动向美国证券交易委员会递交上市招股书。

2014 年 6 月：阿里巴巴首次公布合伙人名单，共 27 人。

2014 年 6 月：阿里巴巴决定在纽约证交所挂牌，股票代码"BABA"。

2014 年 9 月 9 日：阿里巴巴开启赴美上市路演。

2014 年 9 月 19 日：阿里巴巴在纽约证交所正式挂牌交易。

第17节 “吹哨者计划”与“华尔街之狼”

本书用了十六节的篇幅介绍了从1999~2014年的15年间，总计78家中国互联网公司赴美上市的情况，这些互联网公司以美国股市为平台，在当今世界两大最大的经济体——中国与美国之间架设起了“互联互通”的桥梁。2014年11月19~21日在浙江乌镇召开的首届世界互联网大会（乌镇峰会），其主题就是“互通互联、共享共治”，习近平主席在致大会的贺词中说，“互联网真正让世界变成了地球村，让国际社会越来越成为你中有我、我中有你的命运共同体”。实际上，通过15年来的赴美上市，中美之间正在步入“互联网经济共同体”的时代，此谓“大国互联”。

阿里猝不及防地打了一个寒颤

美国的互联网技术、互联网经济、互联网公司走在世界前列，是世界各国学习的典范。中国互联网公司以美国互联网公司为老师，学习“美国模式”，登上美股，向全世界推销“中国互联网概念”，吸纳国际资本，融入全球经济一体化。而美国则将“中国概念”注入股市，从快速发展的中国互联网经济中获取大把大把的红利。

一方水土养育一方公司。互联网是当今世界发展的潮流，中美两国却有各自的水土。相比中国，美股上市门槛较低，但美股运营法规完备，监管极为严苛。15 年来，中国互联网公司赴美上市历经三轮，上市公司的质量和数量一轮比一轮高，但近年来中国网络股对美国水土不服症日益凸显，中概股频陷来自美国律师事务所的集体诉讼，更有第三方做空机构的“恶意”为之，使得中国网络股公司风波不断，市场表现也不尽如人意，不少中概股公司以退市、申请破产告终。深受其扰的聚美优品掌舵人陈欧将这些律师事务所称为“股市秃鹫”，央视证券资讯频道首席策略评论员许一力则将这些律师事务所、投机客和做空机构称为“华尔街之狼”。

俗话说：树大招风。中国互联网巨头阿里巴巴 2014 年 9 月 19 日上市，创下了美股史上融资规模最大的首次公开招股纪录，紧接着又迎来了“双十一”天猫淘宝销售额达 93 亿美元的狂欢。当这些风光和辉煌还未完全消退时，进入 2015 年，中国国家工商总局冷不丁地给阿里泼了一盆凉水，使阿里猝不及防地打了一个寒战。

1 月 23 日，工商总局发布了 2014 年下半年网络交易商品定向监测结果。工商总局抽检结果显示，淘宝网的样本数量分布最多，但其正品率最低，仅为 37.25%，由此拉开了阿里巴巴与国家工商总局关于假货的口角之争。淘宝说，工商总局的抽检违规，别吹黑哨。工商总局则回应，定向检测就是要找问题，指责阿里长期不治理违法经营行为，养痈成患。工商总局 28 日在官网发布了《关于对阿里巴巴集团进行行政指导工作情况的白皮书》，称阿里系网络交易平台存在主体准入把关不严、对商品信息审查不力、销售行为管理混乱等 5 大突出问题。白皮书引发网络热议及阿里回击，淘宝网则出人意料地对此予以强烈反弹，并“决定向国家工商局正式投诉”。不过白皮书已在当晚 18 点撤下。阿里巴巴集团执行副主席蔡崇信则认为，工商总局白皮书错漏百出，有意针对阿里。30 日，工商总局局长与马云会面，马云称积极配合政府打假。同日，工商总局新闻发言人表示，对阿里的行政指导白皮书属会议记录，不具法律效力。至此，阿里巴巴叫板国家工商总局事件落幕。

恰逢阿里巴巴与工商总局论战正酣，27 日雅虎宣布将通过避税交易分

拆剥离目前持有的所有3.84亿股阿里巴巴集团股份，并将这些股份打包注入新成立的独立注册投资公司SpinCo。受此消息影响，雅虎在当日的盘后交易中股价一度大涨8%。29日阿里巴巴发布了2014年第四季度财报，第四季度营收为42.2亿美元，虽然同比涨幅依然可观，但低于华尔街44.5亿美元的市场预期，且当季净利润同比下滑28%，更主要的是，核心指标的下降令市场对其可持续增长能力产生担忧。受上述因素影响，再加上闹得沸沸扬扬的假货风波，30日收盘时，阿里股价较22日下跌14.92美元，从104美元降至89.08美元（见图1-10），跌幅超13%。6个交易日，阿里市值蒸发368亿美元，多家对冲基金和私募基金等机构投资者损失惨重。阿里巴巴与国家工商总局这场有关假货的交锋，让阿里付出了昂贵的代价，成为史上“最贵的嘴仗”。

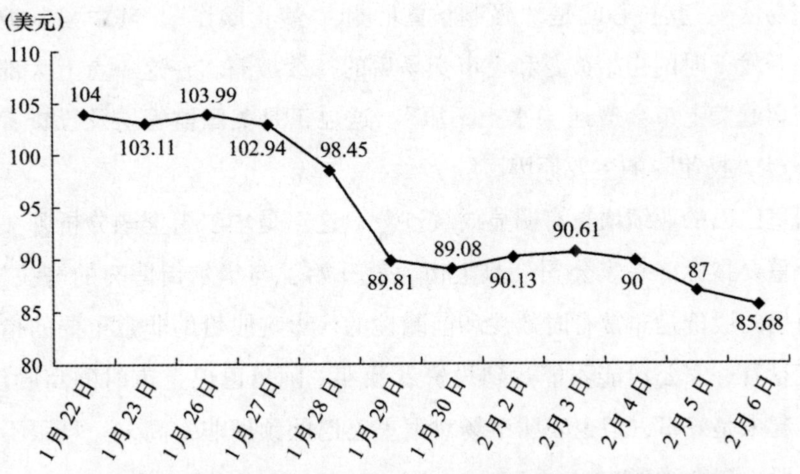

图1-10　2015年1月22日至2月6日阿里巴巴股价变化

资料来源：邓正红软实力研究应用中心。

阿里巴巴的假货风波还在持续发酵，并引发美国律师事务所的关注。29日，美国股东权益律师事务所Pomerantz LLP宣布对阿里巴巴涉嫌信息披露不充分展开调查，并称该项调查将针对阿里巴巴及其部分管理人员或董事，考察其是否存在违反美国证券法的行为。Pomerantz LLP质疑阿里巴巴是否和某些官员或董事违反了美国《1934年证券交易法》中的10（b）和20（a）部分。之后，又有The Rosen Law Firm、Howard G. Smith、Holzer & Holzer 以及 Bronstein，Gewirtz & Grossman 等 4 家律师事务所跟进调查。美国《1934 年证券交易法》Section 10（b）规定的条款指：“对重大事实作不实陈述，或隐匿某些重大事实之陈述，以致在当时实际情形下产生引人误导之效果。”

1 月 30 日，美国律师事务所 Levi & Korsinsky、Robbins Geller Rudman & Dowd 先后发表“跟风”声明，一个宣布调查工商总局披露的阿里巴巴平台存在“假货”一事，一个宣称正在着手代表阿里投资者起诉阿里事宜。至此，“围攻”阿里巴巴的美国律师事务所已经增至 7 家。

在美国，上市公司的任何行为都无时无刻不在投资者和证券交易监管方的放大镜下面，一有违规行为，上市公司就可能被集体诉讼、停牌或被强制退市。大部分集体诉讼依据就是美国《1933 年证券法》和《1934 年证券交易法》，其核心就是“强制披露”和“禁止欺诈”，其中强制披露包括公开发行时的初始披露和上市交易后的持续披露。在这一点上大部分中国公司赴美上市会遭遇“水土不服”，这也正是美国监管层及投资者对中国公司“找茬”的主要原因。

阿里巴巴的业绩增长有明显放缓迹象，这正是华尔街金融分析师关注的一个重要指标。一家公司一旦上市，就开始了与华尔街博弈的马拉松。美国市场的股价是非常有时效性和前瞻性的，影响股价的非常重要的指标之一就是看一家公司能不能达到投资者预期。阿里巴巴上市时的高股价，当时看起来是好事，但也表明市场对阿里巴巴的预期非常高，一旦跟不上预期，股价就会受影响。

2015 年 2 月 13 日，支付宝和微信红包激战的年味正浓，马云通过致员工信问候员工，同时宣布“取消今年发放红包的福利”，并提醒员工：不要怀着“拿红包”的心情，而要抱着“抢红包”的心情看待公司的未来。马云坦承，对 2014 年的业绩不满意，不发红包的原因就是 2014 年阿里巴巴集团并没有取得特别成绩，也没有特别的惊喜。2015 年希望阿里可以“把属于我们的红包抢回来”！

阿里在美遭遇集体诉讼，主要涉嫌“隐瞒受到监管部门调查”等问

题。在美国法律中，所谓集体诉讼，是指在众多投资者的利益受到侵害时，通过一定的组织形式，代表多数投资者对上市公司、证券公司或者其他涉案机构及其主要违规高管人员提起民事赔偿诉讼的法律机制。依据美国《1934年证券法》和《1995年私人证券诉讼改革法》，投资者可发起集体诉讼，要求公司赔偿因股价下跌而遭受的损失。

工商总局的白皮书让原本对“假货”问题就“神经敏感”的美国投资者产生了恐慌心理。阿里巴巴股价在1月28日大跌4.36%，29日再次大跌8.78%，创造了上市以来最大的单日跌幅，并引发了以阿里巴巴为代表的中国电商股集体下挫。京东商城、聚美优品、唯品会、当当网分别下跌了5.04%、4.69%、4.27%、1.72%。这是继2011年中概股信任危机后遭遇的又一次集体下跌。

阿里巴巴与工商总局“互动”一事，引起美国证券交易委员会的关注。阿里巴巴2月14日对外披露，美国证券交易委员会近日致信阿里巴巴，询问关于此事的背景情况和其他信息。美国证券交易委员会在来信中表示，这份信件不应被解读为阿里巴巴曾有任何错误或任何违反证券法律的行为。2月9日，阿里股价开始缓慢回升（见图1-11），到13日股价升至89.05美元，较6日85.68美元的收盘价上涨了3.37美元，涨幅3.93%。

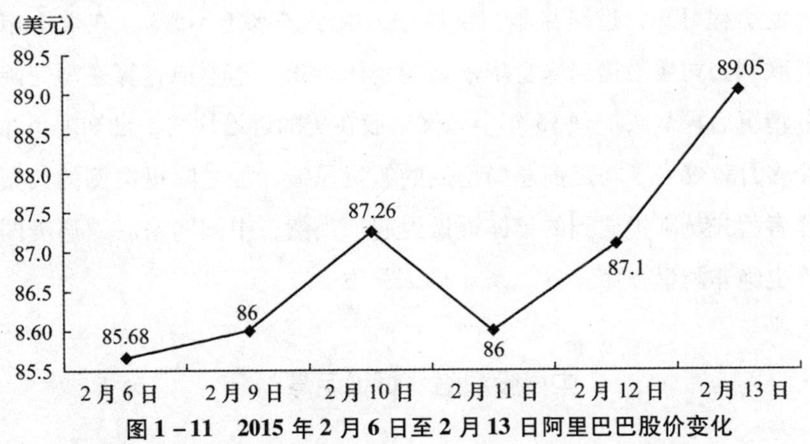

图1-11 2015年2月6日至2月13日阿里巴巴股价变化

资料来源：邓正红软实力研究应用中心。

触发华尔街的诉讼利益链条

阿里巴巴从成立到赴美上市历经15年，这15年也是中国互联网公司赴美上市的15年。两个15年粗看是“巧合”，细看却是中国互联网公司发展壮大之必然。阿里15年的成长史是一部活生生的中国互联网公司发展史，也是中国互联网大军穿越丛林、奔腾不息、进入美股的全息写照。马云在致员工信《2015，阿里人，改变自己，创造未来!》中说：“上市成功不应该是一个惊喜，这是阿里巴巴全体员工15年努力的结果，执行团队的努力和我们天时地利的运气。”换言之，阿里今天所取得的成绩是15年发展的必然结果，继续放大看，今天中国互联网公司所取得的成绩也是15年发展的必然结果。

经过15年的发展，阿里已成为中国最大的互联网公司，也是15年来赴美上市的最后一家中国互联网公司（实际上陌陌是15年来最后一家上市的互联网公司，但陌陌属于“阿里系”，且紧随阿里上市，因此从名义上将最后一家上市的互联网公司仍然算在阿里头上），阿里一上市就成为市值仅次于谷歌的全球第二大互联网公司。回顾15年来中国互联网公司赴美上市的历程可知，过程并非一帆风顺，由于“水土不服”，在美上市的中国互联网公司屡屡遭遇来自华尔街的集体诉讼。本书原打算在写完阿里上市的情况后再从头梳理15年中国网络股在美的诉讼坎坷，谁知阿里才上市4个多月就爆发了与工商总局论战的假货风波。加之阿里案例的典型意义，作者就先从阿里遇到的集体诉讼说起。当然，中国网络股遭遇美国诉讼事件也绝非阿里一家。

中概股深陷“诉讼泥潭”

中美大国间的“互联”，影响是相互的，比如“中国概念”影响着美股，“美国模式”影响着中国互联网公司，从影响程度看，美国更多的是

在影响中国，而中国更多的是在学习美国。中美互联，不光是中国互联网公司赴美上市，美国对中国互联网公司的诉讼也是其中一部分。在美国资本市场，上市公司遭遇诉讼和吃饭睡觉一样平常。美国证券市场的问题是用市场规则来解决的。华尔街也确实存在做空上市公司的利益链条，它是由所有市场参与的主体所组成，如律师、审计师、基金公司分析师、媒体记者和股市散户。他们在对上市公司行为进行监督和规范、防止上市公司造假等方面做出了非常大的贡献，他们弥补了政府监管机构由于人员或者精力不足的弱点。这个利益链条也可说是监管机构之外的对上市公司行为进行监督的链条。

在这条利益链上，冲在最前面的往往是律师、基金公司和媒体记者。原因在于一般的监督具体表现形式就是法律诉讼。基金公司和律师因为资金和法律资源的天然优势，往往冲锋在第一线。律师自己是起诉的主体，不需要太多的现金成本，一旦发现上市公司的违规违法行为并且诉讼成功，他们反而可以从上市公司支付的赔偿当中分到相当丰厚的一部分赔偿金，所以律师的起诉动力是最强的。这就是为什么在对上市公司的不当行为或者违法行为进行法律诉讼的时候，律师事务所往往冲在最前面。

当然，这个链条并非专门针对在美国上市的中概股，而是针对所有在美上市的公司，只是中概股遭遇美国律所调查已司空见惯，由此造成一种错觉，似乎华尔街的做空机构专门针对中国公司。其实不尽然，因为美国法律对上市公司信息披露有着严格的要求，一旦触犯相关法律，就会面临严苛的处罚。这种监管环境就催生了华尔街的诉讼利益链条，如果有投资者因诉讼获得赔偿，这些起诉的美国律师事务所也会获得相应的费用。这些律师事务所通过集体诉讼，一旦与上市公司达成和解，可以分走和解费的30%。美国证券监管机构鼓励通过经济手段刺激市场的参与者对上市公司进行监督和揭露。美国实行的"吹哨者计划"，对举报者不仅进行严密保护，而且将处罚所得的近30%奖励给举报者。许多美国大公司遇到集体诉讼，如果没有必胜的把握，通常选择庭外和解，通过赔款息事宁人，既避免了诉讼可能对公司形象造成的损害，也避免了败诉后可能遭遇的更大赔偿。

正如“苍蝇不叮无缝的蛋”，既然美国法律保护这种利益链条的存在，做空机构对上市公司“找茬”就很正常和正当。一些遭遇集体诉讼的中概股公司觉得华尔街是有意找茬，客观地讲，没有任何机构会用真金白银去意气用事，或者是看上市公司不顺眼就卖空其股票。往往主要原因在于上市公司本身，如果上市公司没有问题，发展前景很好，任何一家基金公司绝对不会独自和市场对抗；除非整个市场大部分机构不看好该上市公司，质疑其发展前景，大部分市场参与者才会卖空其股票。

中国许多在美上市的公司，申请上市的时候按照美国监管方的要求精心包装制作招股说明书，似乎做得天衣无缝，但上市后随着新的业绩公布，就暴露出诸多不合规的地方，受到做空机构的关注，引发中概股的诚信危机，造成股价跳水。从中概股在美国遭遇的集体诉讼看，诉讼理由大都与披露不实信息有关。在美国，证券集体诉讼的原因主要包括：信息披露、内幕交易（往往与并购有关）、短线交易、诱买诱卖等。其中大部分集体诉讼的起因都是信息披露不当。

中概股公司被发现造假，必然触发华尔街的诉讼利益链条。2014 年，就有聚美优品、澜起科技、世纪互联、巨人网络、中国手游、500 彩票网、网秦、兰亭集势等中国互联网公司在美遭遇集体诉讼或做空，都不同程度地遭受过质疑，除了各种负面报告、调查之外，上市公司股票更是遭遇浑水等做空机构狙击，一度引发很大震荡。

从 2014 年 11 月以来，在美上市的中国网络股行情就不如前期火爆，中概股公司深陷“跨洋大战”之中，聚美优品、中国手游、阿里巴巴等中国互联网公司都成了被攻击的对象，集体诉讼和做空风险笼罩整个中概股市场。选择和解对阿里巴巴而言不失为一种解决方案，可以迅速从“泥潭”中抽身。但面对诉讼，阿里巴巴一定会倾力争取胜诉。因为选择了和解，就表明阿里巴巴默认了自身存在瑕疵，这将给阿里巴巴留下无穷后患。而此前，阿里巴巴方面也表示，自身并不存在被指责的问题，因此会积极应诉。不过，据《华尔街日报》报道，针对阿里巴巴的集体诉讼胜算

不大。

根据美国法律和以往经验，针对上市公司集体诉讼的整个流程长达3至5年，一般情况下上市公司会选择和诉讼方达成和解，以求尽快解决麻烦，而且一旦上市公司败诉，则将面临数目不小的赔偿。这也给中国赴美上市公司带来更多启示和经验：一是要规范运营，避免被抓住“小辫子”；二是要遵守当地的规则；三是要与海外的律师事务所、投资机构等进行更多的沟通。

第18节

中国成语“浑水摸鱼”

对于上市公司而言，美国律师事务所和做空机构就是“华尔街之狼”，他们的本性就是针对上市公司找茬，并从中获利。美国资本市场是一个开放的市场，允许机构发布对上市公司的各种报告。对于做空报告，上市公司无法阻止其发布，也无法阻止股价下跌，唯一能做的就是给投资者提供充分的时间进行解答。

“华尔街之狼”的惯用招法和做空套路

让人恐慌的是，中国网络股常常遭到美国对冲基金的做空和猎杀，防不胜防，使中概股整体信誉受损，市场遇冷。做空机构针对中国网络股发布“强烈卖出”的报告，被做空的公司甚至以退市告终，并且大部分做空报告发布后都引发了美国证券交易委员会等执法机构对目标公司的调查。

美国证券发行制度要求上市公司必须保证“完全信息披露”，即必须确保与证券发行有关的一切信息的真实、全面、准确，并对不实陈述所导致的投资者损失承担法律责任。但有些中国公司不了解美国监管规定，不太适应在美国上市的信息披露要求，不按规矩办事，往往被做空机构抓到“信息造假”的把柄，这也是中国概念股屡遭做空、猎杀的重要原因。

“华尔街之狼”惯用的招法是，先是个别基金经理发现上市公司造假，

然后是美国本土的第三方独立调查机构发动对造假公司的揭露，“画皮”脱落后，上市公司就会更换首席财务官、审计师辞审、成为被做空的猎物、接受美国证券交易委员会调查、停牌，甚至退市、陷入集体诉讼。

做空机构有固定的做空套路：在股票处于高价位时，从券商处“借”来一定数量的股票，并按照当时的价格卖出；然后发布供股民参考的研究报告，称被猎杀的目标公司存在欺诈嫌疑，待股价暴跌后，再低价买入股票还给券商，从这一高一低的差价中牟取利润。

对于做空机构发布的调查报告，舆论毁誉不一。誉者称之为股市的啄木鸟，毁者称之为股市的蛀虫。在做空市场上，做空机构浑水以做空中概股久负盛名。这是一家成立于香港的调查公司，擅长发布研究报告质疑中国在美上市企业。浑水公司创始人卡森·布洛克出身证券经纪人家庭，曾在中国多年，熟知中国公司的各种“猫腻”，具备得天独厚的条件做空中国概念股。

在其官网上，浑水介绍自己公司的名字就是从中国成语“浑水摸鱼”中来——即信息不透明会造成一些机会，这在全球股市也是如此。而浑水公司的目的就是发布报告揭示上市公司的真实价值，要让那些浑水摸鱼价值虚高的公司现出原形。

“中国有一句古老的谚语叫‘浑水摸鱼’，是说在混浊不清的环境里更容易抓住鱼，换言之，浑浊可以创造挣钱的机会……如何来应对‘浑水’的状态，西方的投资者以及市场监管机制，对此并未做好准备。”这是一段写在浑水官网首页的开场白。

浑水是唱空、做空中国概念股的急先锋

在中国网络概念股中，网秦就遭到浑水做空。2013 年 10 月 24 日（周四），正值网秦 8 周年庆典，浑水发布报告称，网秦存在“巨大欺诈”，给予网秦股票“强烈卖出”评级。受此消息影响，网秦股价当日盘中一度大跌 63% 至 8.46 美元，创下该公司自 2011 年 5 月上市以来的最高跌幅；网

秦股价最终下跌10.79美元，报收于12.09美元，跌幅为47.16%。随后美国多家律师事务所宣布将对网秦发起调查。

浑水创始人卡森·布洛克表示："我们认为该股票的价值为零。至少，在网秦声称的2012年营收中有72%是完全虚构的。"浑水还指称，网秦的一种杀毒软件程序实际上是"后门程序"。报告称："网秦的未来跟过去一样黯淡。网秦无法通过根本就不存在的用户实现商业化。"

10月28日（周一），美国股市收盘涨跌互现，中概股普跌。因公布的业绩不佳，畅游大跌20.19%，搜狐跌16.35%；遭浑水做空的网秦继续寻底，大跌17.22%。网秦在8周年庆典之际（10月24日）遭遇浑水做空袭击，股价3个交易日跌60%以上。28日这天，网秦遭浑水做空股价探底，同样拖累其他中概股普跌。空中网跌18.44%，凤凰网跌14.93%，斯凯网络跌13.48%，蓝汛通信跌11.59%，网易跌10.28%，当当网跌9.37%，高德软件跌9.15%。这是2013年以来美股市场最为骇人的做空。2012年12月，网秦也曾遭到美国一家名为FJE Research的公司对其用户量真实性的质疑，但是当时网秦的股价仅下跌11%。

2014年4月14日浑水又发报告继续"发难"网秦。浑水在报告中表示，网秦2013年第四季度业绩不佳，是因为普华永道加大了审计力度。数据显示，网秦第四季度净营收为6790万美元，同比增长126.0%；净亏损为520万美元，2012年同期净利润为490万美元，同比由盈转亏。受该报告影响，网秦股价当日收盘大跌12.99%，报收于11.05美元。受大环境影响，在投资者担忧业绩不佳的情况下，中概股股价普遍表现欠佳。

浑水还表示，网秦以8000万美元收购天津华永58%的股权，目的是"增加"海外营收，而为保住股价，网秦想尽一切办法提升收入。浑水的理由是网秦2013年第四季度营收数字比此前的预期要高得多，其中广告收入的增长率更是让投资者始料未及；而网秦管理层从2013年10月浑水首次发布对网秦报告后，并未回购公司一股股票，浑水认为是网秦管理层对公司未来没有信心。

与网秦的大战还没完，浑水又盯上了500彩票网。9月10日，美国做

空机构浑水的创始人卡尔森·布洛克宣布做空500彩票网。布洛克说：“从我们使用的术语来说，500彩票网的业务是合法的，但在某种程度上处于灰色地带，原因是其许可制度并不明朗，也并未最终确定。”

这次浑水做空500彩票网的方式和以往不同，并没有发布针对500彩票网的调研报告。针对浑水的言论，500彩票网做出紧急澄清，重申公司已获在中国合法提供互联网体育彩票服务正当及必要的许可，相关指责毫无依据。500彩票网重申其在中国的业务经营合法且持续增长，承诺向投资者提供全面且准确的披露，并称驳斥任何破坏公司业务、管理和经营信心的虚假炒作。然而，500彩票网的澄清似乎并未见效。在10日美股交易时段，500彩票网股价在纽约证券交易所的常规交易中下跌2.89美元，收报33.05美元，跌幅为8.04%，创2014年7月以来收盘新低。

几乎同一时间遭遇埋伏的还有在美上市的世纪互联。与500彩票网相比，世纪互联受到的冲击更为剧烈。美国Trinity研究公司发布报告认为，世纪互联可能是一场骗局，预计该公司股价将跌至零。Trinity指出：“难以辩驳的证据表明，世纪互联存在财务和运营业绩作假的行为。对该公司收购的子公司的实地调查表明，这些公司基本上都如鬼城一般。”对此，世纪互联发布报告，认为Trinity的报告存在大量错误和没有依据的猜测，以及对各类事件的恶意解读。

9月10日，世纪互联股票盘中创52周新低，一度重跌35%，并触发暴跌熔断机制，最终收跌8.04%，报20.12美元，11日再度大跌22.86%。3个交易日，世纪互联的股价近乎“腰斩”，这都是因为Trinity发布的长达121页的做空报告。Trinity的做空报告有近3万字，开篇就直接将世纪互联的估值“速冻”般降为零，并称世纪互联财务数据和运营计量标准上大面积造假、占营收1/3的管理型业务靠非法经销宽带获得等。

市场人士指出，500彩票网和世纪互联在同一天遭遇做空，是阿里巴巴即将上市所引发的“抽水效应”。2014年以来，中概股再掀赴美上市热潮，阿里巴巴即将登陆纽约证交所更让这股热潮升温。一时间，中概股成为美股市场热议的焦点，似乎也引来做空机构的注意，500彩票网和世纪互联就被做空机构盯上了。

阿里巴巴上市在即，投资者对中概股市场的关注度进一步升温，部分机构为重新配置股票组合要腾挪资金，一批中概股遭受卖压，股价一路下跌。在10日美股交易时段，美股三大股指走强，但中概股普跌，电商中概股出现集体回调，其中电商“妖股”唯品会自8月中旬以来下跌超过10%，更一度跌破200美元大关，市盈率高达168倍；当当网自8月中旬以来的累计跌幅更接近20%；聚美优品累计下跌近35%，但市盈率仍高达172倍。过高的市盈率已经令投资者开始警惕部分中概股的泡沫，而选择在这个时候上市的阿里巴巴则给投资者提供了一个规避风险的避风港。随着阿里巴巴的上市，由于体量庞大并吸引了主力投资者手中的筹码，有可能对其他中概股产生利空。

2014年10月，浑水在推特上又放出做空言论，称500彩票网董事Qi Li（李琦）以假名抛售了130万股美国存托凭证。对此言论，500彩票网立即做出回应，称公司已注意到有报道称500彩票网董事李琦以假名“Lionel Rim”和“John Richard”抛售了130万股美国存托凭证。受浑水质疑“董事以假名抛售130万股”事件影响，500彩票股价大跌10.84%。

浑水做空中概股由来已久，分众传媒也遭遇过浑水做空。2011年11月，浑水发布报告指责分众传媒虚报其网络中的电视屏数量，并通过有意为收购付高价的行为隐藏亏损。浑水给予分众传媒股票“强烈卖出”的评级，原因是分众传媒过分夸大了其广告网络当中的液晶广告屏幕的数量，并且存在类似奥林巴斯式的支付过高价收购企业的问题。受此影响，分众传媒11月21日（周一）股价大跌39.49%，收报15.43美元。分众传媒当天盘中股价一度下探至8.79美元，跌幅为65.5%。

香橼的“黑嘴”猎杀

与浑水齐名的香橼是美国另一家著名的做空机构，该公司在业内非常出名，华尔街的中国概念股经常遭到其“黑嘴”猎杀，在还没有证据的情

况下股价就会大跌。中国互联网公司东南融通从遭受质疑到退市到公司解体，从市值14亿美元的高利润中概股到分文不值、臭名昭著的财务造假者，仅用了127天，始作俑者就是香橼。做空东南融通成为香橼做空中概股的标志性战果。有人戏称，这出大戏由东南融通领衔主演，香橼总导演，德勤则是编剧。

2011年4月26日，香橼发表文章质疑东南融通涉嫌财务造假。根据东南融通的2010财年财报，其2008～2010财年的毛利率分别为61.1%、65.7%、62.5%。高毛利率成为东南融通被做空的核心“指标”，香橼称，其60%～65%的毛利率高于文思信息、海辉软件等美股上市的同行，惊人的利润率水平值得怀疑，并对其员工聘用模式、管理层背景、管理层交易和审计等方面一并提出质疑。香橼的报告一出，东南融通股价跌去30%，次日股价继续暴跌20.28%。

5月9日，香橼再次发文称东南融通的人力资源管理存在问题，一家名叫OLP Global的做空机构也加入猎杀行列，东南融通股价再次下跌8.26%。22日，在发布2010财年第四季度报告的前一天，德勤宣布辞任东南融通的审计师，此举使得东南融通失去了“信用”的背书，加速了事态的恶化。5月17日，东南融通在纽约证交所停牌。

8月17日，东南融通从纽约证交所正式退入粉单市场交易，当日收盘报0.78美元，较停牌前收盘价暴跌了95.9%，市值一夜之间蒸发9.4亿美元。31日，东南融通正式解体。此时，距香橼研究（Citron Research）发布报告不过4个月零5天。

20天后停牌，停牌整整3个月后退至粉单市场交易，4个月后公司解体，东南融通成为香橼做空中概股最大的战利品。一家中国金融信息技术服务业的龙头公司就此销声匿迹，一度高达24亿美元的市值灰飞烟灭。自2007年10月24日在美国纽交所上市后，东南融通的股价最高曾达42.86美元。

斯凯则两次遭遇香橼猎杀。2011年5月2日，在斯凯股价高达18美元时，香橼发布报告，称斯凯采用的是即将被淘汰的商业模式，同时将斯凯目标股价定为3美元。报告指出："有些公司推出了独特的商业模式，有可能在各自的领域里占据优势的竞争地位，受益于中国快速增长的网络用户群体。无论何时你都能感受到狂热的气息，许多公司依仗这种声望来达到目的。以斯凯网络科技有限公司为例，这家企业操控真相，隐藏自己日渐衰亡的商业模式。"

香橼所谓的"日渐衰亡的商业模式"主要指，斯凯的业务主要集中在功能手机（指非智能机），而智能手机业务才有未来。香橼并没就此停手，很快发布第二篇报告，直逼着斯凯召开发布会澄清。当时斯凯进行了回击，并召开了新闻发布会，随后多名分析师调高了斯凯股票评级。但4个月之后，斯凯的股价如实报于3美元。香橼称，这不是因为报告，而是其业务模式的必然发展结果。

2011年11月1日，香橼发表投资报告，将矛头直指奇虎360，称奇虎360与斯凯有诸多相似之处，其股价被严重高估，目标价实际仅有5美元，较当前股价低75%，奇虎360与斯凯一样故意向华尔街美化其业务，旨在赢得更高的市值。

报告称奇虎360的上市时机较为适宜。2011年春，中国所有的互联网股票都表现强劲，新浪股价逼近150美元，优酷超过50美元。在营收有限的情况下，奇虎360却为公司未来制订了过高的标准。

11月16日，香橼发布第二份质疑报告，对前面的报告进行修正，称360的业务模式更像已经退市的中国高速频道。12月5日，香橼开始向奇虎360发起第三波攻击，发布报告质疑奇虎360从主页中获取的广告收入、游戏业务收入等内容，重申5美元目标价。

在最新报告中，香橼的目的性非常明确，就是赢利。香橼明确表示，已经持有奇虎360的空头和新浪、搜狐的多头，这意味着该机构将会在奇虎股价下跌时平仓获利。此次，香橼把矛头主要指向了奇虎360的广告、游戏等核心业务的收入。"奇虎360要么没有向华尔街如实交代自己的营收结构，要么存在财务欺诈。"香橼在报告中称。

根据对数字的分析和一些采访，香橼认为奇虎360通过互联网入口业

务产生的营收要远远少于公司所报告的营收，称“无论在哪个地方，奇虎360的数字就是平不了”。奇虎360公布的第三季度营收是4750万美元，香橼认为其主页收入经不起推敲。根据奇虎360的说法，该公司75%的广告营收来自它的主页，并且约有400万美元来自谷歌的搜索。但根据香橼掌握的数据，每个收费链接的平均广告价格每月在22.5万美元，而其主页上有92个第三方网站链接，其中有很多链接点击后进入到同一个域名。去掉谷歌和百度的链接，剩下约有60~65个链接是第三方企业的网站。最终根据链接数量和平均价格，香橼推测360主页的季度收入约为553.8462万~775.3846万美元，与奇虎360在财报中所描述的营收相差甚远。除了主营业务之外，香橼认为奇虎360夸大游戏业务，奇虎360流量并不清晰，称奇虎360当前的营收完全依赖于通过网站产生的互联网流量。

香橼发布报告的时机也耐人寻味。第一份报告是奇虎走出近期高点时发出；第二份报告选择在奇虎发布财报的前一天发布，看上去都是空方最有利可图的时候，而第三次，是因为上次做空奇虎360股价出现下跌后，又重现上涨趋势。

2013年香橼又盯上中国特卖电商唯品会。8月13日，香橼在其推特上表示，中国低价特卖电商企业唯品会的用户数量下滑，未来公司股价或下跌超过50%。受此影响，唯品会股价13日收跌6.82%至45.36美元。香橼强调，唯品会的流量“出现大幅下滑”，并援引另一家研究机构麦格理集团的报告称，该网站6月用户数量较前一月下滑了约20%。唯品会股价盘中一度重挫达9.2%，成交量是过去90天日均成交量的两倍。

唯品会股价自2012年3月23日在纽约证交所上市以来累计涨幅高达597.85%，其盈利模式以及涨幅过高的股价在2013年遭到了多家机构的质疑。另一家做空机构Greenwich研究集团在5月23日发布报告称：“唯品会在中国的知名度不高，许多用户甚至不知道有这个网站，因此很难吸引用户在其平台进行交易。”唯品会28日对该报告予以回应，但其股价仍大幅下挫13.15%，报收29.53美元。

Greenwich认为，唯品会涉嫌在用户数量、平均消费者以及利润率等方面误导投资者，其公布的财报数据与第三方机构公布的数据有很大的出入，推动其股价疯狂上涨的主要原因是该公司报告的业绩在过去 4 年中增长了 247 倍。在竞争异常激烈的中国电商市场，该数字的真实性值得商榷。

唯品会对此回应称，做空机构的言论和主张中包含了大量错误和无事实支持的猜测，而且对唯品会的业务模式存在整体上的误解，因此唯品会想要对特定的主要错误信息做出澄清。唯品会称，做空机构援引的 Alexa 流量数据低估了唯品会的实际用户流量，同时未考虑公司的实际用户数增长以及公司其他推动业务增长的因素。

第19节

集体诉讼是美国特殊的法律制度

2001年12月，美国最大的能源公司——安然公司突然申请破产保护，此后，该公司丑闻不断。特别是2002年6月的世界通信会计丑闻事件，彻底打击了美国投资者对美国资本市场的信心。为了改变这一局面，美国国会和政府加速通过了《萨班斯—奥克斯利法案》。该法案对美国商业界影响巨大，以至于美国总统布什在签署《萨班斯—奥克斯利法案》的新闻发布会上称，“这是自罗斯福总统以来美国商业界影响最为深远的改革法案”。《萨班斯—奥克斯利法案》完善了美国法规在处理虚假财务报表、虚假财务审计、销毁财务证据等方面的漏洞，提高了所有公司在美国上市的门槛。

集体诉讼是美国特殊的法律制度，在全球其他国家少见。所有在股票受影响的时间段买入的股东均可成为原告，而最后的判决或和解协议也默认覆盖所有股东，除非股东主动声明被排除在外。诉讼一般是由代表原告的律师事务所推动，原告费用由律师预支，一般采取风险代理模式，律师能够分到20%～30%的赔偿。

从登陆美股那天起，美国律师事务所和做空机构一刻也未放松过对中概股的紧盯。在众多中概股中，中国互联网概念股遭遇华尔街的集体诉讼和做空威胁最多。1999年7月13日，中华网作为中国第一只互联网概念股在纳斯达克挂牌交易。2001年6月，中华网在美遭遇集体诉讼，被指涉嫌操纵股市，这也是最早遭遇集体诉讼的中国概念股。2014年9月19日，中国互联网巨头阿里巴巴在纽约证交所上市，首次公开招股融资规模创美股历史之最。2015 年 1 月 29 日，阿里巴巴在美遭遇集体诉讼，被指涉嫌信息披露不充分。以中国互联网公司赴美上市 15 年的历史而论，从中华网到阿里巴巴，可谓自始至终都被美国律师事务所的集体诉讼阴霾笼罩。

集体诉讼如影相随

• 2015 年 1 月 29 日，阿里巴巴在美遭集体诉讼，被指隐瞒信息。

此次诉讼代表的是在 2014 年 10 月 21 日到 2015 年 1 月 28 日的“集体诉讼期”期间买入阿里巴巴美国存托股的投资者。诉讼指控，阿里巴巴未披露 2014 年 7 月公司高管与中国国家工商总局会面的情况，违反《1934 年证券法》。在 2015 年 1 月 28 日开盘前，各种财经媒体都报道工商管理总局指控阿里巴巴存在大量假货，而这些指控早在 2014 年 7 月就告诉了阿里巴巴的高管。在此消息推动下，阿里巴巴股价下跌，交易量却出奇地高。

诉讼还指控，2014 年 9 月阿里巴巴在美国上市，在首次公开招股时该公司及其两位联合创始人以每股 68 美元出售了超过 3. 68 亿股美国存托凭证。随后在 2015 年 1 月 29 日开盘前，阿里巴巴公布了季度业绩。阿里巴巴的营收增长低于预期目标，利润也下降了 28%。该公司将业绩不佳归结为移动平台交易增长，而这些平台的广告利润低于桌面端。诉讼书称，由于这些信息的披露，阿里巴巴股价进一步下跌，导致市值比诉讼前最高点缩水超过 110 亿美元。

• 2015 年 1 月，聚美优品在美遭集体诉讼，被指未披露公司信息。

此次诉讼代表的是在 2014 年 5 月 16 日聚美优品上市到 2014 年 11 月 20 日的“集体诉讼期”期间买入聚美优品股票的投资者。诉讼指控，聚美优品在集体诉讼期中，公司将收入模式由提供平台服务转变为进行商品自营销售；该转变给公司此前成功的财务表现带来了重大风险；聚美优品并未像其宣称的那样扩大其平台服务。

从几个月前媒体披露电商第三方平台售假事件以来，聚美优品股价可

谓遭受重创。相较于2014年8月18日触及39.45美元的高点，12月11日触及12.87美元的低点，聚美优品股价缩水六成，这也引起美国律师事务所的“围攻”。截至2014年底，已有逾10家美国律师事务所对聚美优品提起了集体诉讼，诉讼指控均围绕聚美优品的首次公开招股展开，包括违反联邦证券法、涉及披露虚假信息等。

2014年5月16日，聚美优品在纽交所上市，7个月后遭集体诉讼，聚美优品及其特定高管被指控向投资大众发布了错误的、误导性的声明。对于在美遭律所诉讼，聚美优品创始人陈欧表示，这些律师事务所就是“股市秃鹫”，在美国已经形成一条产业链，美国有一批律师事务所专门盯着上市公司，在第一时间去当“第一原告”，获得最大利益。

• 2014年9月，世纪互联在美遭集体诉讼，被指财报存在重大造假和误导行为。

此次诉讼代表的是2011年4月21日至2014年9月10日的“集体诉讼期”期间购买世纪互联美国存托股的投资者。诉讼指控称，世纪互联夸大了其数据中心的机柜数量，世纪互联外包的数据中心合作很大一部分已经结束；世纪互联提供了错误的Managed Network Entities（托管网络实体）财务结果。

• 2014年7月，中国手游在美遭集体诉讼。

起诉书中称，中国手游发布关于业务和运营方面的虚假的、误导性的声明，而并未公布一些重大不利事实，尤其是：一项贿赂游戏发行商的计划；未公布的集团内交易；内部控制不充分。此次诉讼代表的是2012年9月20日至2014年6月19日的“集体诉讼期”期间购买中国手游股票的买家。

• 2014年4月，7家美国律师事务所针对巨人网络私有化发起集体诉讼，指控巨人集团董事会成员在出售该公司时违反了信托责任。

起诉书称，根据巨人集团与Giant Investment和Giant Merger公司达成的协议条款，巨人集团的股东将在该交易中获得每股12美元。交易完成后，巨人集团将成为一家全资子公司，这实际上相当于从上市公司变成私有公司。巨人集团董事会没有在达成协议前将股东利益最大化，违背了对股东的信托责任。起诉书还质疑，买方是否出价过低。

•2014 年 3 月，澜起科技在美遭集体诉讼，被指发布虚假或误导性声明。

此次诉讼代表的是 2013 年 9 月 25 日至 2014 年 2 月 6 日的“集体诉讼期”期间购买澜起科技股票的投资者。诉讼书称，澜起科技违反了美国《1934 年证券法》，未能披露有关公司业务、经营、前景和业绩方面的实质性不利消息。具体包括：作为澜起科技最大的经销商，LQW 为其贡献了多数营收，但该公司却是由澜起科技创办和控制的；财报中通过 LQW 实现的营收系伪造；澜起科技虚增营收。鉴于以上原因，该公司在所有相关时期内的财报均存在重大错误或误导。

2 月 6 日，做空机构 Gravity Research 发布报告称，澜起科技通过自己创办并控制的经销商 LQW 操纵财报、伪造利润、虚增毛利率、夸大营收增长。

受此消息影响，澜起科技股价在 2014 年 2 月 6 日放量下跌 3. 76 美元，跌幅达到 18%，报收 17. 45 美元。该股次日再跌 10%，报收于 15. 72 美元。

•2013 年 8 月，兰亭集势在美遭集体诉讼，被指发布虚假或误导性声明。

此次诉讼代表的是 2013 年 6 月 6 日至 2013 年 8 月 19 日的“集体诉讼期”期间购买兰亭集势股票的投资者。兰亭集势因业绩不及预期，股价遭遇断崖式暴跌。当时情形和阿里类似，多家美国律师事务所对公司发起诉讼。美国 4 家律师事务所发起集体诉讼，指控兰亭集势涉嫌欺诈和未尽信息披露义务，在集体诉讼期内造成了人为抬高市场价格的影响，致使兰亭集势股东遭受损失，违反了美国《1934 年证券法》。

2014 年 9 月，兰亭集势宣布以 155 万美元就集体诉讼达成和解。按照当时和解协议的相关规定，兰亭集势及其保险公司同意向在集体诉讼期间购买了公司股票的投资者支付 155 万美元的赔偿金。作为和解条件，原告方同意撤销对兰亭集势及所有相关个人的所有诉讼。从 2013 年 8 月诉讼发起，到 2014 年 9 月最终达成和解，历时整整一年。兰亭集势也是为数不多公开承认存在虚假和误导声明并赔偿和解的公司。

• 2011 年 5 月，东南融通在美遭遇集体诉讼，被指发布虚假或误导性声明。

此次诉讼代表的是在 2009 年 7 月 29 日至 2011 年 4 月 25 日的“集体诉讼期”期间买入东南融通股票的投资者。诉讼书称，东南融通涉嫌发布虚假信息并误导投资者决策。5 月 17 日，根据纽约证交所每天公布的美股市场股票停牌公告显示，东南融通被临时停牌。停牌原因为 T1，即有重大消息将公布。4 月 26 日，做空机构香橼发表文章，质疑东南融通涉嫌造假。此后东南融通陷入造假质疑声浪中。

• 2010 年 12 月，麦考林在美遭集体诉讼，被指控财务报告虚假、信息披露有误，受到美国律师事务所连环诉讼，股价随之被腰斩。

麦考林于 2010 年 10 月 26 日在纳斯达克上市。11 月 29 日，麦考林发布上市后的首份财报，股价大幅下滑，投资者遭受损失。该财报显示，麦考林 2010 年第三季度毛利率同比下滑近 400 个基点、销售及管理费用增长 20.4%、营业费用增长 19.8%。投资者认为，这一业绩与麦考林提交的上市文件所述相反，麦考林成本和开支的增加已经对其毛利润造成不良影响，不符合麦考林路演时的承诺和预期。麦考林股价从 29 日的 13.38 美元下跌至 30 日的 8.15 美元。尽管投资者已逐渐接受这一信息，但在 12 月 1 日的交易中，麦考林股价持续下滑，最低跌至 6.45 美元，并以 6.64 美元报收。两天的跌幅约 50%，交易量异常扩大，并出现超过 1475.9 万股的交易量。

12 月 4 日，美国律师事务所 Kahn Swick & Foti 及其合伙人宣布，以股东的名义对麦考林发起集体诉讼，认为麦考林高管、董事及承销商在首次公开招股文件中发布虚假信息，误导投资者，违反了美国《1933 年证券法》。随后，又有 4 家美国法律事务所也先后向麦考林提起集体诉讼。

• 2009 年 10 月，第九城市在美遭集体诉讼，被指披露虚假信息。

此次诉讼代表的是在 2006 年 11 月 15 日至 2009 年 7 月 15 日的“集体诉讼期”期间买入第九城市股票的投资者。至 11 月 5 日，已有 5 家律师事务所对第九城市提起集体诉讼，指控第九城市及其多名高管，披露的信息不完整，或披露虚假信息，导致股东高价买进其股票，违反了美国证券法。

诉讼书称，第九城市没有披露以下事实：第九城市已不大可能同暴雪续约《魔兽世界》；第九城市甚至没有就合同续约问题与暴雪展开正式谈判；在中国运营《魔兽世界》的问题上，第九城市与暴雪存有歧义；美国艺电公司对第九城市进行投资，使得暴雪与第九城市就《魔兽世界》续约变得不大可能，因为暴雪不可能与其最大的竞争对手之一进行合作。

7 月 15 日，第九城市将其 2008 财年的净利润下调 3690 万美元，较 2009 年 2 月报称的该财年 5110 万美元的净利润下滑 72%。此外第九城市还承认，在通知投资者不会续签《魔兽世界》代理合同之前，该公司甚至没有就续签问题与暴雪展开谈判。受此消息影响，九城股价下跌 18%，至 8.34 美元。

• 2007 年 11 月，巨人网络在美遭集体诉讼，被指隐瞒事实。

11 月 19 日，巨人网络在美国股市收盘后发布了截至 9 月 30 日的 2007 年第三季度财报，在报告中，巨人网络提到了《征途在线》第三季度平均同时在线玩家人数为 48.1 万人，比上一季度下滑 6.6%；而最高同时在线玩家人数为 88.8 万人，比上一季度下滑 17.2%。

诉讼书称，巨人网络在首次公开招股（11 月 1 日上市）文件中没有提到第三季度平均同时在线玩家和最高同时在线玩家人数都出现下滑的事实，只在 11 月 19 日披露的第三季度财报中才提到，隐瞒了事情真相，这种行为违反了美国《1933 年证券法》。在 11 月 1 日上市开盘之初，巨人网络的股价涨至 18.25 美元，11 月 2 日的收盘价更是高达 19.2 美元。但随后，巨人网络的股价一路振荡下走，跌破发行价。投资者要求巨人网络赔偿因信息披露不完善而导致的损失。

• 2007 年 11 月，分众传媒在美遭集体诉讼，被指隐瞒事实。

继巨人网络因信息披露“违规”在美遭诉讼后，分众传媒也被美国律师事务所提起集体诉讼。此次诉讼代表的是在分众传媒二次售股中购买其美国存托凭证的投资者。巨人网络和分众传媒几乎是同时遭到同一家美国律师事务所的起诉，而且被起诉缘由非常接近。

11 月 19 日美国股市收盘后，分众传媒发布了截至 9 月 30 日的 2007 年第三季度财报。报告显示，由于在互联网广告领域开展了多笔收购，分众传媒的毛利率出现下滑。诉讼书称，分众传媒在11月初向美国证券交易委员会提交注册申请书和关于二次售股的招股说明书中，没有披露由于在互联网广告领域开展多笔收购，而导致毛利率受到负面影响的事实，这种行为违反了美国《1933年证券法》，投资者要求分众传媒赔偿损失。受此消息影响，分众传媒股价于11月20日大幅下跌，由57.15美元跌至52.00美元，而且交易量巨大。

• 2005年2月，新浪在美遭集体诉讼，被指发布虚假信息、误导投资人。

此次诉讼代表的是在2004年10月26日至2005年2月7日的“集体诉讼期”期间买入或者出售新浪股票的投资者。诉讼书称，新浪没有披露为达到业绩目标，而日益对“算命”“星象”等短信息服务收入产生依赖，没有主动披露中国移动MMS服务条款变化对新浪业务的影响，以及政府打击在线、短信“算命”服务及广告对新浪现金流的影响。由此造成2005年2月7日，新浪2004年第四季度及全年财报披露时，公司股价发生异动，对投资者利益造成重大损失，违反了美国《1934年证券法》。

• 2005年1月，前程无忧在美遭集体诉讼，被指未如实披露市场业绩和市场预期。

1月21日，美国Schiffrin&Barroway律师事务所针对前程无忧提起集体起诉，认为前程无忧没有向投资者如实披露自己的市场业绩与市场预期，在消息披露方面“不恰当地增加了公司第三季度的广告收入”，违反了美国《1934年证券法》。此次诉讼代表的是在2004年11月4日到2005年1月14日的“集体诉讼期”期间买入前程无忧股票的投资者。

2004年9月29日，前程无忧在纳斯达克挂牌，截至2004年12月13日，该公司股价最高探至55.55美元。2004年底收于近52美元，3个多月内涨幅高达270%，并直接引发美国投资者对中国概念股的进一步追捧。2005年1月18日前程无忧发布公告称，由于公司“未估计到2004年12月后两周广告收入大幅锐减”，公司将第四季度预期收益大幅下调至约每股3美元，而此前的预计则是每股6美元。在随后召开的电话会议中，前程无忧首席执行官甄荣辉对于业绩暴跌并没有给出令人信服的理由。投资者立刻对前程无忧网产生了高度质疑，其股票成为当日跌幅最大的股票，跌幅达35%。受其拖累，纳斯达克其他中国概念股也未能幸免，在18日的交易中集体狂泻。19日、20日两日前程无忧股价又分别下跌8.8%与6.86%。21日遭集体诉讼，前程无忧在纳斯达克的收盘价仅为24.02美元——甚至不到最高峰时期股价55.55美元的一半，而其市值也从最高超过12亿美元下降到6.43亿美元。

•2004年7月，空中网在美遭集体诉讼，被指涉嫌证券欺诈。

此次诉讼代表的是在2004年7月9日至8月17日的"集体诉讼期"期间买入或者出售空中网股票的投资者。投资者认为，空中网上市时隐瞒了中国移动对包括该公司在内的中国22家全网SP做出的处罚决定。对此，空中网表示颇感委屈，声称一直按照美国证券法律行事，并且在2004年7月9日的招股说明书中已进行了适当、必要的披露。尽管如此，空中网仍同意以和解来解决此诉讼。2006年4月，空中网宣布，据初步协议，将为在"集体诉讼期"的股东建立一个和解基金，并注入350万美元资金。空中网同时表示，和解的目的是为了避免旷日持久的诉讼大战，而并不意味着自己承认有过错或应当承担责任。

•2001年10月，网易在美遭集体诉讼，被指财务造假。

此次诉讼代表的是在2000年7月3日至2001年8月31日的"集体诉讼期"期间买入网易股票的投资者。诉讼书称，与网易挂牌上市有关的说明书及注册文件在内容上存在错误和误导信息，公司2000年第一季度的财务报告中也包含人为虚报的财务数据。另外，在网易成功上市之后，2000年季度报告以及全年财务报告中均有错误和误导信息，这些信息都夸大了网易的实际经营表现。该事件引发中国概念股整体的信任危机。网易一案最终达成和解，网易向于2000年7月3日至8月31日之间购买网易股票的投资者一次性支付了435万美元的赔偿金，这笔钱反映在2002财年第三季度和全年的财务报表中。但事情并未就此结束。2004年，网易再次被美国证券交易委员会翻旧账，开始接受其调查。原因是网易在2000年纳斯达克上市前夕，虚报了420万美元的营业收入，违反了美国的证券交易法。

• 2001年6月，中华网在美遭集体诉讼，被指涉嫌操纵股市，这也是最早遭遇集体诉讼的中国概念股。

投资者指控，中华网及其管理人员和首次公开招股承销商雷蒙兄弟公司、贝尔斯登公司、美林证券，在中华网发行上市过程中存在欺诈行为。诉讼书称，中华网的股票发行承销商曾经向部分投资者暗中索要并接受了额外的佣金，并向这些投资者配售了中华网公开发行的相当数量的股票。承销商与部分客户达成协议，同意向这些客户配售中华网的股票。条件是，这些客户必须在股票发行后按事先预定的价格增持中华网公司的股票。这使得中华网的股价受到操纵，人为地达到了一个相当高的水平，股票承销商和一些客户因此获得了丰厚的利润。诉讼书指出，“这种协议中设计的配合维持、歪曲并支撑了中华网上市后的股价”，有操纵市场之嫌。

中国互联网公司在资本市场上的“缺课”

上述所列17起中国在美上市互联网公司遭遇的集体诉讼，从中华网首家在纳斯达克上市到阿里巴巴断后在纽约证交所上市，恰恰反映了15年来中国互联网公司赴美上市的另一番历程。一方面赴美上市风尘仆仆，历尽艰辛；另一方面上市之后频遭诉讼，风波不断。作者粗略地统计，15年来先后有20家在美上市的中国互联网公司遭遇到美国本土第三方机构的集体诉讼和做空，占在美上市中国互联网公司总数的25.64%。从发生集体诉讼的事件看，第一轮赴美上市有2起，第二轮赴美上市有5起，第三轮赴美上市有10起。中国赴美上市的互联网公司数量一轮比一轮多，而遭遇集体诉讼事件也在不断增加。来自华尔街的集体诉讼和做空已成为中国互联网公司赴美上市乃至整个中国概念股必须正视的一个共性问题。

中国网络股遭遇的17起集体诉讼，起因都是虚报、隐瞒信息，凸显出中国互联网公司整体在资本市场上的“缺课”，深层次的根源则是中国企业在公司治理结构和信息披露方面的缺陷。这也从某种程度上反映出中国资本市场在信息披露体系上的不足。信息披露的质量直接影响着公司治理的绩效。经营不佳的公司，公司治理缺陷较多，自然会有较多的隐瞒。中国的信息披露制度与美国相比，最大的差距之一就是信息披露缺失的成本太低。在成熟的资本市场上，投资者一旦发现信息披露缺失，其直接的反应就是集体索赔和起诉。而中国在这方面的实践太少，造成公司一旦“出海”就“水土不服”。

很多时候，中国互联网公司遭遇集体诉讼和做空，总认为是华尔街的“阴谋”而蓄意为之。但是，要清楚地看到，美国资本市场就是这样一套体系，来自第三方的集体诉讼和做空报告都是合法的，在这样的监管环境下，中国互联网公司不适应也得适应，来不得半点任性，否则，即使一点小问题也会被揪着不放，甚至被无限放大，到头来吃大亏的还是自己。比如，一些投机者盯住了一些不太透明的中国公司，抓住一些很小的方面大肆做文章发布负面报告，对这些中概股公司进行做空交易。这主要是利用了这些上市公司在信息披露中不透明的弱点。

2014 年 15 家中国公司赴美上市，互联网公司有 11 家，占了大头，占赴美上市公司总数的 73%，尤以阿里巴巴赴美上市最受业界瞩目。截至 2014 年底，互联网公司数量占中概股的比重在 1/4 左右，市值占中概股比重则超过 3/4。

然而，中美互联网公司在美股的表现却是两番景象。赴美上市的互联网中概股暴露出不少“漏洞”遭华尔街做空，投资人“用脚投票”，股价频频大跌。代表着互联网和高科技企业发展的纳斯达克指数屡屡创出新高，甚至达到了 2000 年互联网泡沫时期的高度，而其中具有代表性意义的公司，如苹果、谷歌和脸谱，则不断地给投资人带来回报。

从既往情况看，赴美上市被中国互联网公司视为发展道路上的标志性事件。美国成熟的资本市场有自己的游戏规则，熟悉并适应美国资本市场的监管环境和游戏规则，提高信息披露透明度和财报质量，提升投资者对中概股的信心，是中国互联网公司赴美上市的必修课。

风声鹤唳的美国资本市场

中国互联网公司赴美上市15年来，屡屡遭遇集体诉讼和做空，但是上市热情依然不减，且一波连一波，扎堆上市的热闹景象让人目不暇接。在科技创新的驱动下，中国互联网公司方兴未艾，互联网公司的诞生就如孵化场的小鸡破壳，稚嫩勇敢的同时也嗷嗷待哺，急需资金扶持，以期实现快速成长壮大。

资本的实力形态

根据作者长期对企业软实力的研究，资本与价值虽然都可用货币单位来计量，但二者之间是绝不能画等号的。资本能够创造价值，实现资本增值，获得超额资本回报，谓之“活钱”；资本不能创造价值，不能实现资本增值，谓之“死钱”。资本有没有价值，要看用在什么地方。资本本身的实力形态是硬实力，资本通过创造价值实现增值的这一过程所体现的实力形态即软实力。

相比实体公司而言，互联网公司最显著的特征是虚拟公司。实体公司靠资本起家，虚拟公司则靠价值起家，当然这个价值更多的是潜在的市场价值。据对在美上市的中国互联网公司研究，80%以上的互联网公司在上市前，其所有者权益均为负值。也就是，互联网公司大都是白手起家，负债经营。读者可能不解，这些互联网公司一点资本都没有，缘何还能成功上市？殊不知，互联网公司的创立、上市靠的不是资本，而是一个好的创意、一个好的应用、一个好的商业模式，这些能够给用户带来价值的东西才是互联网公司的核心资产。美国资本市场看中的是公司的未来价值，而中国资本市场则看重公司的盈利，这也是中美资本市场的区别之一（见表1－15）。

表1－15　　中美资本市场区别

美　国	中　国
注册登记制（上市容易）	排队审批制（等待时间长）
上市条件宽松，无业绩要求	上市条件严格，有盈利门槛
无涨跌幅限制	有涨跌停机制
监督主要依赖投资者和第三方市场力量	证监会起主要监管作用
信息披露要求更严格	具备信息披露制度
一旦被机构质疑做空，只有业绩能挽救	可进行换壳重组

资料来源：邓正红软实力研究应用中心。

互联网公司靠价值起家，是因为它创立或拥有创造价值的工具和方式，这也是互联网公司能够获得超高人气之处。但是，在抵御经济危机方面，资本型实体公司与价值型虚拟公司各有优劣。1999～2000年爆发的互联网泡沫危机，是一场虚拟经济的危机。互联网公司的价值被过度高估，那些缺乏实体经济支撑的互联网公司都摔得很惨，对于线上与线下相结合的亚马逊却稳稳当当地抗住了网络泡沫冲击，这得力于它有强大的物流系统等实体经济作支撑。2008～2009年爆发的国际金融危机，是一场实体经济的危机。那些技术含量低、对资本过度依赖的制造业公司受到的打击最大，而占用资本少、价值含量高、运营周转快的互联网公司却傲然挺立，不但没有受到冲击，反而大把大把地赚钱。2008～2010年是制造业最艰难的3年，谷歌、亚马逊、易贝等互联网公司的利润却实现了翻倍增长。因此，对比两场经济危机，可以得出这样的结论：在虚拟经济危机中，资本型实体公司的抗风险能力大于价值型虚拟公司；在实体经济危机中，价值型虚拟公司的抗风险能力大于资本型实体公司。

对于互联网公司的发展方向来讲，“线上线下一体化”是必然的趋势。强大的互联网公司的实力已不限于互联网层面，而且越来越综合、全面甚至实体化。阿里巴巴、亚马逊、谷歌等互联网巨头不仅是资本型公司，也是技术型公司，更是价值型公司。这些公司体量庞大、资本雄厚、技术领先、价值巨大，因而它们能在商场上呼风唤雨、纵横捭阖、跨界经营，甚至“为所欲为”。

然而，初创的互联网公司就像刚出壳的小鸡，非常脆弱，并且大多数公司在初创的几年内是负债运营，举步维艰，急需输入资金血液才能支撑公司成长发展。所以上市是互联网公司融资的一条捷径。但是，中国国内上市条件严格，有盈利门槛，排队审批时间长，小公司耗不起；而美国资本市场实行的是注册制而不是审批制，上市条件宽松，无业绩要求，上市容易，所以能吸引全球的创新型公司到美国上市。这也是中国互联网公司热衷于赴美上市的主要原因。以智联招聘为例，该公司在 2014 年 5 月初向美国证券交易委员会提交了首次公开上市招股书，6 月 12 日就成功登陆纽约证券交易所。中国市场从审核到发行，局势瞬息万变，等批下来早已过了最佳的上市时机，对于互联网公司来说，时间成本太高了。截至 2014 年 6 月 30 日，中国证监会公布最新一批 23 家企业预披露和预披露更新信息，已有 641 家企业发布了预披露或预披露更新信息，全部存量首次公开募股公司审核完成需要很长时间。

在中国上市不容易，可一旦上市成功，企业似乎就被塑成了不败金身，主营业务再烂都还有不错的股价，实在不行了，搞个卖壳重组概念，还能拉上个涨停板。美国资本市场则相反，上市很容易，基本来者不拒，但上市后不好混，投资者、对冲基金、事务所、媒体、交易所一天到晚盯着你，你的蛋上稍露条缝，就有“苍蝇”来叮。被叮破了，除了自已的业绩，没有任何力量能救你，没人为你的股价背书，你的壳都不会有人要。这也是一些在美上市的中国公司股价低迷丧失再融资功能，甚至面临退市命运的原因。

2000年7月12日，搜狐在纳斯达克挂牌上市，由于赶上的是互联网泡沫破裂前的最后一趟车，当日收盘与发行持平。但随着纳斯达克指数的继续下挫，搜狐股票很快跌破了发行价，在2001年初跌破了1美元，此后，股价长期在1美元以下徘徊，随时有被摘牌的危险。按纳斯达克规定，如果股价30天内成交价都不到1美元，纳斯达克便会警告上市公司。如果受到警告之后90天的成交价都不到1美元，纳斯达克便将股票下市。股票下市之后，通常会在美国证券自营商公会所经营的店头市场交易。已下市的公司可以申请再次上市。但一旦这些公司离开了纳斯达克市场，它们就离开了公众的视线，失去了信用，将更难集资。

美国资本市场的逻辑

赴美上市，对于大部分中国公司来说，不会是终点，而是麻烦的开始。这背后是中美资本市场不同的设计逻辑。美国资本市场的逻辑是不认为交易所、监管部门有能力甚至有义务通过上市审核把控公司的质量，他们把鉴别好公司坏公司的事情交给投资者自己。甚至上市以后，监管方和交易所也只管信息披露，对上市公司的监管更多是依赖投资者和第三方市场力量自己完成的。

罗斯福在1933年美国股灾后说："联邦政府当然不能够也不应采取任何行动，可能导致人们认为联邦政府认同或保证有关的新发行证券稳健可靠，或其价值将可维持，或其所代表资产将能够赚取利润。然而，我们有责任坚决要求所有发售的新证券，均向投资者提供广泛且全面的资料，不得隐瞒任何重要信息。"

美股是全球监管最为严厉的市场之一，除了官方监管机构外，行业自律组织、律师、对冲基金、分析师、新闻媒体及个体投资者都是市场监管的一部分。一旦有公司涉嫌利用财务手段恶意欺骗投资者，股价立即暴跌，上市公司需动用大量人力和物力资源进行澄清。如果最终被证实财务做假，上市公司被证券交易所摘牌、管理层和董事会成员被证监会和投资者控告则在所难免。

自2009年中国互联网公司开启第三轮赴美上市以来，中国网络股被疯狂追捧，获得迅猛发展，但随后丑闻频发，出现信任危机，陷入退市和私有化潮的低谷，然后又逐渐恢复元气，迎来以2014年京东上市和阿里巴巴上市为标志的另一个高峰。但也应看到，中国网络股存在财务信息不够透明、股利分红政策不够合理、与投资者关系沟通不畅和在美国资本市场制度的不相适应等问题。

从上市以来的3个多月里，阿里巴巴股价着实坐了一轮猛烈的“过山车”，2014年“双十一”之后，11月13日阿里股价曾攀至120美元的高位，市值接近3000亿美元，而2015年3月3日收盘81.58美元，创阿里巴巴上市以来的最低股价，较之120美元的高位，阿里近1000亿美元市值就此蒸发。事实上，不仅是阿里巴巴，其他在美上市的互联网中概股2014年普遍“失意”。2014年，像久邦数码、网秦、搜房网、奇虎360、新浪、500彩票网等股价跌幅都超过了50%，网秦的股价跌幅甚至近80%。

像2014年中概股这样的大跌情形，在2010年底也上演过。美国资本市场对上市公司的财务造假行为几乎是“零容忍”。2010年底美国资本市场的中概股危机爆发，导致大部分中国公司股票加速贬值，很多公司的股价还不到1美元，多家公司涉嫌财务造假而被停牌或摘牌。香橼、浑水等做空机构与中概股大战，引发中国概股集体暴跌。比如2010~2011年中概股的暴跌就源于香橼与奇虎360的做空大战，2014年的暴跌则“归功”于浑水与网秦的做空大战。面对风声鹤唳的美国资本市场，美国投资者信心下滑，做空机构屡屡出手，导致中概股在美市值长期被低估，现实惨淡。很多中概股公司被逼无奈，只好选择退市。

中概网络股退市

中概股从美国退市的还有一个原因，这些公司当年凭借“中国概念”，来到门槛并不那么高的美国股市，但进入市场后，原形就逐渐露出来了——

经营功力不够，具有可观利润和重大吸引力的产品或技术相当稀缺，难以持续吸引投资者，在美国股市就显得“黔驴技穷”，最终不得不走上退市之路。正所谓“其兴也勃焉，其亡也忽焉”。

美国股市退市途径包括三种：退至粉单市场（Pink Sheet Market）、退至美国场外交易电子报价板（OCTBB）、完成私有化。中国互联网公司从美股退市始于2007年，首家退市的互联网公司是TOM在线。2007年9月6日，TOM在线由于核心电信增值业务下滑明显，进行私有化，从纳斯达克退市。对于私有化，TOM集团首席执行官兼执行董事汤美娟表示，取消上市地位之后，TOM在线将面临更多发展机会，过去受上市规则限制的一些关联交易将不再受限制，这有助于集团充分利用旗下的多媒体平台，实现集团内的业务互补。

2011年，数百亿、东南融通因财务造假而被做空，引发美股首次中国互联网公司退市潮，这一年总共有5家中国互联网公司退市。4月8日，因为未能满足纳斯达克信息披露要求，数百亿被停牌。4月26日，被称为“中国第一家在纽约证交所上市的软件公司”的东南融通，被做空机构香橼质疑财务作假、做高利润，其后股价一路暴跌，5月17日遭到紧急停牌。在停牌3个月后的8月17日，东南融通被强令退市，退至粉单市场交易，当日收盘报0.78美元，较停牌前收盘价暴跌95.9%，市值蒸发13亿美元。东南融通成为美国做空机构斩获中国概念股的最大战利品，以及中国概念股中第一家被质疑、停牌、调查的纽约证交所主板上市公司。

2011年10月27日，纳斯达克宣布，中华网投资集团（2005年中华网更名为中华网投资集团，简称“CDC集团”）将从纳斯达克股票市场中退市，该决定于2011年10月28日起正式生效。而在7月22日，中华网因未能按时向美国证券交易委员会递交2010年年度报告（Form 20－F），收到纳斯达克书面警告。10月5日，中华网投资集团按美国破产法第11章的规定，在美国亚特兰大破产法庭提交了破产保护申请。10月6日，纳斯达克已暂停中华网投资集团股票包括旗下子公司CDC软件的交易。

互联网泡沫破灭的前一年，中华网在纳斯达克上市，成为标准的“第

一只中国概念股”；12 年后，它又成为美股第一家申请破产的中国互联网公司。受互联网泡沫放大的影响，2000 年 3 月，赶上了互联网史上最大泡沫“尾班车”的中华网，股价一度高达 220.31 美元，市值更一度超过 220 亿美元。随着泡沫破裂，中华网股价便一落千丈，2001 年 9 月，中华网股价跌至 5.61 美元，到 2011 年 10 月 5 日停牌前最后一天的收盘价仅为 0.42 美元，公司市值萎缩至 1479.3 万美元。中华网曾经无比风光，拥有超过其他三大门户总和还要多的现金储备，其破产让人唏嘘不已！

乐语中国选择了私有化，主动要求从纳斯达克股市摘牌。2011 年 5 月 31 日，乐语中国宣布已完成与丰泽集团（Fortress Group Limited）最终协议签订，丰泽集团将以每股 7.20 美元的价格收购乐语中国。8 月 26 日，乐语中国称私有化完成，成为丰泽集团全资拥有的子公司，主动要求退市。

2012 年中国网络股退市进入高潮，全年有 7 家互联网公司退出美股。2 月 15 日，盛大选择私有化，从纳斯达克退市。2 月 22 日，靠借壳上市的联络网游因股价长期低于 1 美元，被纳斯达克摘牌，退至粉单市场。3 月 30 日，经纬国际选择私有化，从纳斯达克退市。4 月 24 日，中房信选择私有化，从纳斯达克退市。8 月 24 日，土豆与优酷换股合并，从纳斯达克退市。11 月 10 日，文思信息与海辉软件对等合并，从纽约证交所退市。11 月 13 日，海辉软件与文思信息对等合并，从纳斯达克退市。

2013 年仅分众传媒 1 家互联网公司退市。2011 年 11 月，做空机构浑水针对分众传媒的突袭打响。浑水发布报告，“赋予”分众虚增 LCD 显示屏数量、内部交易导致股东受损、资产减值不合理等三宗罪，并给出最终建议——强烈建议卖出分众股票。报告发出后，分众传媒股价急剧下跌，盘中一度探底 8.79 美元，创年内新低，一个交易日内，分众传媒市值蒸发 13.6 亿美元。2012 年 8 月分众传媒宣布收到私有化收购要约。浑水的做空，警示着分众传媒要适应美国资本市场的游戏规则，但分众传媒决心私有化的最重要原因，则在于公司价值被低估。事实上，自分众传媒赴美以来，很长时间内分众传媒的投资价值一直被低估，分众业务表现优秀却始终难获美国资本市场买账。2013 年 5 月 24 日，分众传媒发布公告称，公司已经申请纳斯达克暂停其美国存托股票交易，这也标志着分众传媒正式完成私有化。值得注意的是，分众传媒2005年7月13日在美国纳斯达克上市时的发行价为17美元，2012年8月收到私有化要约时的收购价为27.5美元，这说明分众传媒确实是一只优质的价值潜力股。

2014年又一次迎来中国网络股退市高潮，全年共有7家互联网公司从美股退市，退市公司数量与2012年齐平。2012年选择私有化退市的公司只有3家，2014年选择私有化的公司达到6家，是2012年的两倍，这说明私有化已成为中国互联网公司退市的主流。

1月2日，由于日趋严格的行业监管和受到智能手机新支付方式冲击，近些年盈利状况出现了下降，掌上灵通主动从纳斯达克市场退市。掌上灵通董事会表示，退市原因系董事会认为这种节省资金之举将令股东受益，并有利于更好地将重心放在公司业务上。

3月27日，文思海辉完成私有化，从纳斯达克退市。文思海辉是2012年11月10日由文思信息和海辉软件两家公司对等合并而来的。文思海辉董事长陈淑宁指出，近年来，欧美资本市场对于中国概念股估值普遍偏低，资本市场已经无法实现文思海辉对于融资的功能性要求。此外，资本市场对于上市公司的财务透明度要求，短期内影响了公司战略决策的自由度和决策效率。加上财务成本过高和货币汇率的影响，私有化退市成为文思海辉必然和务实的战略选择，为转型赢得了时间。

5月30日，九城关贸实现私有化，从纳斯达克退市。7月18日，阿里巴巴完成对高德软件的私有化交易，高德软件从纳斯达克退市。7月19日，巨人投资有限公司已经以约30亿美元的现金收购了巨人网络，意味着巨人网络完成私有化，巨人网络从纽约证交所退市。8月30日，软通动力完成私有化，从纽约证交所退市。11月20日，澜起科技完成私有化，从纳斯达克退市。

从2007~2014年，中国互联网公司总共有21家从美股退市（见表1－16），其中有12家公司选择了私有化，占退市公司总数的57%，说明私有化正成为中概股退市的主流趋势。2015年3月3日，世纪佳缘宣布，收到 Vast Profit Holdings 发出的私有化要求，报价为每股美国存托凭证 5.37 美元现金。世纪佳缘的股票 3 月 2 日收于 4.64 美元。上述报价的溢价比为 15.7%。当日消息发布后，世纪佳缘的股价在盘前交易中大涨 10.99%，报 5.15 美元。之前的 1 月 3 日，完美世界董事长池宇峰提出每股 20 美元的私有化提议，完美世界也启动了退市计划，在当日纳斯达克新年开盘后完美世界大涨 22%。似乎私有化已成为中国网络股逃离华尔街的一剂良药。

表 1－16　　中国互联网公司退出美国股市一览表

公司名称	交易地点/股票代码	上　市	退　市	主要原因
TOM 在线	纳斯达克/TOMO	2004 年 3 月 10 日	2007 年 9 月 6 日	私有化
数百亿	纳斯达克/ SBAY	2010 年 3 月 17 日	2011 年 4 月 8 日	财务造假
东南融通	纽约证交所/ LFT	2007 年 10 月 24 日	2011 年 8 月 17 日	财务造假
乐语中国	纳斯达克/ FTLK	2009 年 12 月 17 日	2011 年 8 月 26 日	私有化
中华网	纳斯达克/ CHINA	1999 年 7 月 13 日	2011 年 10 月 6 日	破产
CDC 软件	纳斯达克/CDCS	2009 年 8 月 6 日	2011 年 10 月 6 日	破产
盛　大	纳斯达克/ SNDA	2004 年 5 月 13 日	2012 年 2 月 15 日	私有化
联游网络	纳斯达克/CCGM	2011 年 3 月 30 日	2012 年 2 月 22 日	股价长期低于 1 美元
经纬国际	纳斯达克/ JNGW	2010 年 5 月 20 日	2012 年 3 月 30 日	私有化
中房信	纳斯达克/CRIC	2009 年 10 月 16 日	2012 年 4 月 24 日	私有化
土　豆	纳斯达克/ TUDO	2011 年 8 月 17 日	2012 年 8 月 24 日	与优酷换股合并
文思信息	纽约证交所/VIT	2007 年 12 月 12 日	2012 年 11 月 10 日	与海辉软件对等合并
海辉软件	纳斯达克/HSFT	2010 年 6 月 30 日	2012 年 11 月 13 日	与文思信息对等合并
分众传媒	纳斯达克/ FMCN	2005 年 7 月 13 日	2013 年 5 月 24 日	私有化
掌上灵通	纳斯达克/ LTON	2004 年 3 月 4 日	2014 年 1 月 2 日	盈利下降，主动退出
文思海辉	纳斯达克/ PACT	2012 年 11 月 19 日	2014 年 3 月 27 日	私有化

续表

公司名称	交易地点/股票代码	上 市	退 市	主要原因
九城关贸	纳斯达克/ NINE	2004 年 12 月 3 日	2014 年 5 月 30 日	私有化
高德软件	纳斯达克/ AMAP	2010 年 7 月 1 日	2014 年 7 月 18 日	私有化
巨人网络	纽约证交所/ GA	2007 年 11 月 1 日	2014 年 7 月 19 日	私有化
软通动力	纽约证交所/ ISS	2010 年 12 月 14 日	2014 年 8 月 30 日	私有化
澜起科技	纳斯达克/MONT	2013 年 9 月 26 日	2014 年 11 月 20 日	私有化

资料来源：邓正红软实力研究应用中心。

由于“水土不服”，中国网络股长期以来遭受华尔街做空机构的打压，公司市值被严重低估，又要支付大量费用和接受严格监管，可谓憋了一肚子“冤屈”。实际上，中国网络股选择私有化退市是万般无奈之举。上市时，企业大都抱有相似的目的和诉求；而退市时，却是各有各的苦衷和打算。有的公司想得通，与其在华尔街“受气”，不如在回购成本较低的时候进行私有化，也可以防止潜在竞争对手或其他投资者进行敌意收购。有的公司则考虑从低迷的美股退市，回到估值较高的国内或者其他市场重新上市，市值可能会因此增长好几倍。还有的公司则出于中长期战略需要而选择私有化退市，因为公司发展到一定阶段，资金已经不是迫切需求，而是考虑长远竞争力，还不如暂时成为私人公司，安安心心地做企业。

中国市场格局正处于变化较快的关键时期。对互联网公司来说，不管基于怎样的打算，选择私有化退市，可以避免诸多政策规则的限制，卸掉财报披露的压力，把更多的精力放在业务运营上，公司管理层的权力也更加独立自主，有利于变革时期的快速决策和战略战术执行。作者预计，由于中概股在资本市场长期被低估，加上业务转型和背后 PE 资本的推动，未来或有更多的中国互联网公司选择私有化从美股退市，并回国上市。但是，可以肯定的是，私有化并非中国网络股的完美“解药”，也不是中国互联网公司的最终归宿，中国网络股到底何去何从，还有待时日观察。

下 篇

较量：软实力×硬实力

在中国市场上，中美互联网公司正演绎一场消长式的竞争大变迁。谷歌、易贝、雅虎、Expedia、巨兽、Adobe、Zynga 等美国知名互联网公司由于水土不服或业绩不佳，纷纷从中国退出。颇具戏剧性的是，而今中美互联网都在上演大撤退，中国互联网公司退出美股，美国互联网公司退出中国市场。是美国公司不行了，还是中国公司变厉害了？最主要的是“美国模式”不适合中国，加之中国公司的崛起，使得美国公司在中国市场日渐萎缩。毋庸置疑，中国互联网军团实力今非昔比，与美国军团开始站到了同一起跑线上，但从阿里巴巴与亚马逊、腾讯与脸谱、百度与谷歌、京东与易贝、网易与雅虎、唯品会与 TJX、携程与 Priceline、奇虎 360 与赛门铁克、58 同城与领英、优酷土豆与奈飞的比对看，中国互联网公司缺乏肌肉力量，价值体量、营收规模仍然不够大，软实力转化放大能力不强。截至 2015 年 6 月 18 日美股收盘，在美上市的 58 家中国互联网公司加上腾讯，市值总量为 6582.69 亿美元，而美国谷歌、脸谱、亚马逊的市值总量就接近 8000 亿美元。中国互联网公司软实力上来了，但硬实力不强，总体价值水平不高，59 家公司抵不过美国三巨头。

第1节

巨头垄断下的两极分化

从1999年7月13日中华网一声炮响打开赴美上市大门，到2014年9月19日阿里巴巴独占鳌头创美股史上首次公开招股最高纪录，这15年来通过三轮赴美上市潮，有78家中国互联网公司登上美股，也有21家互联网公司退出美股，截至2015年3月9日，还有57家中国互联网公司在美上市（见表2－1），其中纳斯达克有35家，纽约证交所有22家。

表2－1　2015年3月9日美股中国互联网公司市值一览表

上市年份	公司名称	交易地点/股票代码	公司市值(单位:亿美元)
2000	新　浪	纳斯达克/SINA	24.10
	网　易	纳斯达克/ NTES	129.85
	搜　狐	纳斯达克/ SOHU	19.53
	环球资源	纳斯达克/ GSOL	1.80
2003	携　程	纳斯达克/ CTRP	60.31
2004	前程无忧	纳斯达克/ JOBS	20.49
	金融界	纳斯达克/ JRJC	1.42
	艺　龙	纳斯达克/ LONG	5.71
	第九城市	纳斯达克/ NCTY	0.37
	空中网	纳斯达克/ KZ	2.12
2005	百　度	纳斯达克/ BIDU	740.53
	泰克飞石	纳斯达克/ CNTF	0.53
	酷6	纳斯达克/ KUTV	0.52

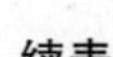
续表

上市年份	公司名称	交易地点/股票代码	公司市值(单位:亿美元)
2006	中国信息技术	纳斯达克/ CNIT	1.01
	富基融通	纳斯达克/ EFUT	0.17
2007	橡果国际	纽约证交所/ ATV	0.24
	完美世界	纳斯达克/ PWRD	9.18
	易居中国	纽约证交所/EJ	8.22
	永新视博	纽约证交所/ STV	2.19
2009	畅　游	纳斯达克/ CYOU	14.28
	盛大游戏	纳斯达克/ GAME	15.88
2010	易　车	纽约证交所/ BITA	23.33
	中网在线	纳斯达克/ CNET	0.34
	蓝　汛	纳斯达克/ CCIH	2.27
	当当网	纽约证交所/ DANG	7.34
	联合信息	纳斯达克/ KONE	0.04
	麦考林	纳斯达克/ MCOX	0.51
	斯　凯	纳斯达克/ MOBI	1.18
	搜　房	纽约证交所/ SFUN	24.90
	优酷土豆	纽约证交所/ YOKU	34.10
2011	世纪佳缘	纳斯达克/ DATE	1.64
	凤凰新媒体	纽约证交所/ FENG	5.56
	网　秦	纽约证交所/ NQ	2.26
	奇虎 360	纽约证交所/ QIHU	59.97
	人　人	纽约证交所/ RENN	9.21
	淘　米	纽约证交所/ TAOM	1.17
	世纪互联	纳斯达克/ VNET	10.25
2012	唯品会	纽约证交所/ VIPS	140.31
	欢聚时代	纳斯达克/ YY	31.42
	中国手游	纳斯达克/ CMGE	5.73

续表

上市年份	公司名称	交易地点/股票代码	公司市值(单位:亿美元)
2013	汽车之家	纽约证交所/ ATHM	44.96
	58 同城	纽约证交所/ WUBA	36.14
	去哪儿网	纳斯达克/ QUNR	32.80
	久邦数码	纳斯达克/ GOMO	1.60
	500 彩票网	纽约证交所/ WBAI	4.22
	兰亭集势	纽约证交所/LITB	2.74
2014	微　博	纳斯达克/ WB	29.12
	京　东	纳斯达克/ JD	395.36
	聚美优品	纽约证交所/ JMEI	20.00
	乐　居	纽约证交所/ LEJU	11.24
	猎豹移动	纽约证交所/ CMCM	25.59
	途　牛	纳斯达克/ TOUR	5.95
	智联招聘	纽约证交所/ ZPIN	8.23
	迅　雷	纳斯达克/ XNET	4.65
	乐逗游戏	纳斯达克/ DSKY	4.75
	阿里巴巴	纽约证交所/BABA	2034.37
	陌　陌	纳斯达克/ MOMO	20.38
合　计	57 家		4102.08

资料来源：邓正红软实力研究应用中心。

中美互联网公司的价值差距

按 2015 年 3 月 9 日美股收盘价计算，57 家在美上市的中国互联网公司总市值为 4102.08 亿美元。按同日收盘价计算市值，苹果 7405.58 亿美元，谷歌 3847.66 亿美元，微软 3515.32 亿美元，脸谱 2223.53 亿美元，亚马逊 1757.97 亿美元，易贝 735.77 亿美元，Priceline637.17 亿美元，雅虎 407.17 亿美元，推特 301.96 亿美元。美国这 9 家互联网公司的总市值为 20832.13 亿美元，是中国 57 家互联网公司总市值的 5 倍多，由此也可看出中美互联网公司巨大的价值差距。

中国互联网公司上市数量虽然众多，但价值含量极低，57 家公司的总市值基本上只抵得上一个谷歌。如果还算上腾讯的话，按照 3 月 9 日腾讯在美国场外市场 OTC Markets 的报价，腾讯市值 1569. 98 亿美元，中国网络概念股的总市值为 5672. 06 亿美元，那么这个数字则正好与谷歌和亚马逊市值之和 5605. 63 亿美元相当。要说明的是，腾讯虽属港股，但在 2009 年 9 月 8 日进入美国 OTC Markets 交易，OTC Markets 是美国主流场外市场，2007 年之后 OTC Markets 中报价企业数量在已经全面超过 OTCBB。2014 年底 OTCBB 中报价股票数量还不到 OTC Markets 的 1/20。尽管腾讯并非完全意义上的美股，但也称得上半只美股，将其纳入中国网络股总市值，更能全面反映在美上市的中国互联网公司的总体实力。

5672. 06 亿美元的总市值包括了中国互联网的三大巨头阿里巴巴、腾讯和百度，三巨头的市值和为 4344. 88 亿美元，占中国网络股总市值的 76. 6%，也就是说，网络中概股的总市值有近 80% 是由三巨头创造的。如果再算上超过 100 亿美元市值的京东（395. 36 亿美元）、唯品会（140. 31 亿美元）和网易（129. 85 亿美元），6 家公司的总市值达 5010. 40 亿美元，占中国网络股总市值的 88. 3%。6 家公司只占到上市互联网公司总数的 10%，却创造了近 90% 的总市值。

2007 年 12 月 31 日，中国网民总人数达到 2. 1 亿，到 2014 年 11 月 19 日中国已拥有互联网网民 6. 4 亿，7 年的时间中国网民增长了 4. 3 亿，中国作为全球第一大互联网市场当之无愧。但是，网民数量全球第一并不意味着中国的互联网业已经发展成为全球第一。按理说，快速发展、如此巨大的互联网市场，为中国互联网公司的发展壮大提供了极好的条件。不过，回顾 7 年来的变化，10% 之外的 90% 的公司到底做得怎样？以三大门户市值来看，2007 年，新浪 22. 04 亿美元、网易 20. 93 亿美元、搜狐 17. 60 亿美元，到 2015 年 3 月 9 日，新浪 24. 10 亿美元、网易 129. 85 亿美元、搜狐 19. 53 亿美元，7 年多的时间，新浪市值仅增长 9. 3%，搜狐仅增长 11%，而网易则增长了 520%。这说明，网易把握中国互联网市场飞速发展的黄金时机，公司价值迅猛增长，从门户网站中脱颖而出，成为小型的互联网巨头。而新浪、搜狐依旧在原来的门户价值中徘徊。

再看其他互联网股：空中网上市当年（2004 年）的市值为 3.23 亿美元，到 2015 年（注：截止时间均为 3 月 9 日，下同，数据为表 2－1 所列）市值不但没增反降至 2.12 亿美元；兰汛上市当年（2010 年）的市值为 5.16 亿美元，到 2015 年市值不但没增反降至 2.27 亿美元；网秦上市当年（2011 年）的市值为 3.06 亿美元，到 2015 年市值不但没增反降至 2.26 亿美元；当当网上市当年（2010 年）的市值为 22.13 亿美元，到 2015 年市值不但没增反降至 7.34 亿美元；完美世界上市当年（2007 年）的市值为 10.23 亿美元，到 2015 年市值不但没增反降至 9.18 亿美元；人人上市当年（2007 年）的市值为 21.90 亿美元，到 2015 年市值不但没增反降至 9.21 亿美元；凤凰新媒体上市当年（2011 年）的市值为 5.65 亿美元，到 2015 年市值不但没增反降至 5.56 亿美元；淘米上市当年（2011 年）的市值为 2.28 亿美元，到 2015 年市值不但没增反降至 1.17 亿美元；世纪佳缘上市当年（2011 年）的市值为 1.89 亿美元，到 2015 年市值不但没增反降至 1.64 亿美元。

从以上每只互联网股的市值纵向对比不难发现，虽然这些年中国互联网行业迅猛发展，赴美上市的中国互联网公司与日俱增，但公司市值做大的并不多，与此相反，市值做不大、甚至不断萎缩的公司却是绝大多数。90% 的市值集中在 10% 的公司，换言之，90% 的公司只达到 10% 的市值，就是最有说服力的数据佐证。

下面不妨继续纵向对比，看看占 10% 的互联网巨头们的市值暴涨情况：

• 阿里巴巴上市当年（2007 年，这是在香港证券联合交易所上市）的市值为 177.59 亿美元，到 2015 年市值增至 2034.37 亿美元，上涨了 1045.5%；

• 腾讯上市当年（2004 年，这是在香港证券联合交易所上市）的市值为 10.59 亿美元，到 2015 年市值增至 1569.98 亿美元，上涨了 14725.1%；

• 百度上市当年（2005 年）的市值为 20.92 亿美元，到 2015 年市值增至 740.53 亿美元，上涨了 3439.8%；

• 京东上市当年（2014 年）的市值为 327.15 亿美元，到 2015 年市值增至 395.36 亿美元，上涨了 20.8%；

• 唯品会上市当年（2012 年）的市值为 9.40 亿美元，到 2015 年市值增至 140.31 亿美元，上涨了 1392.7%；

• 网易上市当年（2000 年）的市值为 0.65 亿美元，到 2015 年市值增至 129.85 亿美元，上涨了 19876.8%。

除了京东上市时间较短外，其他 5 家互联网公司的市值都是井喷式暴涨，6 家互联网公司的市值之和占据了中国网络股 90% 的市值江山！如此市值格局使中国互联网公司呈两极发展，即大的更大，小的更小。互联网竞争靠的是马太效应，谁的体量大、价值高，谁的影响力就大。互联网三次热潮之后，行业市场竞争日益激烈，大有从自由竞争发展到垄断竞争的迹象。互联网入口已经被各大巨头所垄断：百度垄断了搜索引擎入口，腾讯则垄断了即时通讯的入口，阿里巴巴则几乎垄断了电商的入口，而那些想要在互联网分一杯羹的公司，一旦出现加速发展的趋势，要么被迫接受被收购的命运，要么遭遇入口垄断巨头的打击。一些刚冒头的中国互联网新型创业公司大多昙花一现，在占有市场绝对话语权的庞然大物面前，成了市场的牺牲品。

“赢者通吃，输家出局”的马太效应

随着经济体量和市场占有率的不断扩大，垄断行为已经开始影响整个中国的互联网生态。最直接的表现是，美国平均每两年就会出现类似谷歌、脸谱、优兔（YouTube）、推特等新兴互联网科技公司，而中国互联网市场自 2005 年之后，就难再见有新创业公司能够崛起。2007 年以后的 7 年里，中国互联网市场规模扩大了两倍多，对互联网创业公司来说，这是多么难得的发展机遇！

互联网没有边界，这是其最大特点。宇宙无边，那些质量巨大的星体总是吸引力最强的。互联网巨头们以自身庞大的体量和影响力，牢牢控制着互联网的入口，并像一块巨型磁铁，只要沾上的领域，其资源都会被吸走，乃至寸草难生。比如腾讯，在互联网的每个领域都具有太多的优势，其业务更是涵盖了通信、金融Q币、娱乐游戏、社交网络、新闻资讯、电视传播、电子商务等互联网全部业务。因此，互联网行业更容易产生“强者更强，弱者更弱”“赢者通吃，输家出局”的马太效应。在日趋垄断的市场生存环境中，众多新兴的创新创业型互联网公司只能拥挤在狭窄的市场缝隙中，其生存难度可想而知！

从竞争的角度看，互联网行业的垄断不能怪巨头，因为这是自然竞争的结果，并且互联网竞争是马太效应使然。20世纪80年代中期，斯坦福大学学者布赖恩·阿瑟观察到，许多信息技术公司生产的东西越多，单位成本就越低。特别是软件产品——生产得越多，成本就会迅速趋向于零。这种利润递增被认为是自然垄断的标志。随之，许多学者又观察到了科技企业的另一个特征：技术锁定和高昂的转移成本。一家企业一旦从IBM购入大量计算机，随后如果想改用其他供应商的电脑，将会付出巨额的转移成本。然而，最为有趣的还莫过于网络效应所释放的巨大能量。1908年，美国电话电报公司董事长西奥多·韦尔曾指出，电话的价值在于与其他电话相互连通，连接在一起的电话数量越多价值就愈大。发明家鲍勃·梅特卡夫在1980年也提出了类似的观点，即网络的价值随着规模的增大而成倍增长，这也就是著名的“梅特卡夫定律”。

在互联网竞争中，垄断并不可怕，可怕的是一些互联网巨头在技术竞争的面具下，利用垄断地位，以垄断为要挟，“绑架社会”“绑架政府”“绑架用户”，进行不正当竞争，比如利用市场开放或占有优势，发布假报告、诋毁、冒名、偷取别人信息、山寨抄袭、捆绑销售、限定交易和拒绝交易、强制消费等等，致使消费者、投资者、竞争对手等受损害的事情比比皆是。

脸谱是当今互联网时代的一大社交巨头，但是，多年来脸谱创始人扎克伯格一直向用户强调：脸谱不是一个社交网络，而是一个“社会化的公器”。2010 年，当有人问到脸谱是不是一种需要管制的公器时，扎克伯格狡黠地绕过问题回答道，“有趣的事物可能会消亡，但有用的事物不会，这就是我理解的公器”。脸谱对“有用的事物”的定位就是让脸谱成为用户不可或缺的必需品。

“公器”看似是一种枯燥的概念，可是一旦擦亮双眼看破真相，就会发现它不过是“垄断”的面具而已——既没有被政府严格监管，也不完全受制于自身。一旦大获成功，巨头们便开始以可怕的垄断者姿态出现在用户、对手和监管者面前。当脸谱的垄断地位开始进入人们目光时，它已经渗透到用户生活的方方面面，从社会角度来看，它已经成为垄断性质的公器，每每涉及隐私设置的改动都会掀起轩然大波。但没有谁能奈何它，因为扎克伯格所讲的“社会化的公器”，实际上是用垄断绑架了社会，以至于有人呼吁政府将其国有化。

假货问题引发了阿里巴巴与国家工商总局的口角大战，最后工商总局不得不从网站首页撤下《关于对阿里巴巴集团进行行政指导工作情况的白皮书》，似乎政府妥协了，但阿里巴巴与政府“对抗”，有什么能量？正如马云所言，在 2.5 万名员工背后，超过千万人正围绕阿里巴巴实现就业，淘宝已成为“草根”们实现就业的最大平台。这就是阿里巴巴自称“阿里不能倒下”的根本理由。

2013 年 12 月 24 日，阿里研究中心和清华大学社会科学院公布合作完成的《阿里巴巴就业》课题研究表明，淘宝为近 60 万个无业人士提供就业机会，包括 8 万名家庭主妇、17 万名待业者、2300 名退休职工和 31 万名学生。数据显示，阿里巴巴零售电子商务带动的直接就业和间接就业人数约为 1200 万人左右。

就业是一个国家稳定的底线，也是最大的安全线，还是政府最头痛的难题。如果哪一家企业能够多提供一些就业机会，等于为社会文明进步做出了一大贡献。阿里巴巴有 2.3 亿个消费者、900 万家商家，单就解决的就业岗位突破 1000 万个，这是阿里巴巴的一大社会贡献。所以，当马云见到李克强总理之时，马云说给社会提供了1000万个就业机会，李克强总理高兴地说："就凭你解决千万人就业，我们就要支持你。"

与其说阿里给社会提供了1000万个就业机会，不如说垄断使阿里手中攥着1000万个就业机会。连政府总理都要支持阿里，工商总局又能奈它何？

大树之下寸草难生

互联网最大的问题，就是小企业发展不起来，原因之一是外部环境太恶劣。当小公司有点创新的时候，往往就被行业巨头仿造、复制了，正规一点的干脆将整个公司控股兼并。互联网行业跟其他行业有很大的不同，这个行业像一个黑洞，只要一家公司做大或成为巨头，就可以在整个领域把所有的资源都吸在自己手里。一些先行的公司通过自己的努力做起来以后，取得了用户垄断，它们就会像热胀冷缩一样，只要从一个领域过去，就寸草不生。例如百度、腾讯等行业巨头，当它们拥有了用户以后，其他的领域再没有任何限制。越是大公司越能垄断资源，把小公司的机会都断送了，只要小公司在这些领域稍微做出点什么成绩，就都成了大公司盘中的"菜"。

在搜索领域，谷歌退出中国后，百度一度以超过80%的市场份额垄断搜索引擎市场。更为关键之处在于，模仿谷歌模式的百度却在商业模式上做了竞价排名等"创新"。竞价排名的商业模式对中国搜索引擎市场产生了非常不利的影响，即使在国际上也是不被认可的商业模式，阻碍了中国搜索行业的良性发展，通过人工干预搜索结果攫取商业利益，严重损伤了广大用户的权益。

新兴的搜索产品推向市场时，百度会以各种方式对其围追堵截，企图将新生的力量扼杀在摇篮中。2012年8月16日，奇虎360宣布开展搜索业务，便受到百度基于其搜索垄断霸主地位的各种阻击，从而引发奇虎360与百度的搜索引擎攻防战。网友将此事件戏称为"3百大战"。百度通过拒绝交易的方式，强行跳转页面，对360搜索业务展开反击。奇虎360对百度反制做出回应，将网址导航搜索框中所含百度服务全部撤掉。百度作为具有支配地位的垄断者，其推广后台简单粗暴地要求用户放弃奇虎360浏览器，逼用户要么选择自己，要么选择对方。这种“二选一”捆绑的方式，无疑是行业垄断者进一步巩固自身市场地位、遏制竞争对手的手段。这种方式虽不能把竞争对手打死，却能够压制竞争对手的成长空间。

腾讯以QQ为基础，向各个方面发展。以其强大的市场占有率，强大的客户群体，几乎人手一号的资源，不断发展吞噬着互联网各个领域。2010年2月，腾讯推出“QQ医生”，与奇虎360安全卫士形成竞争。8个月后，奇虎360推出“扣扣保镖”直接剑指QQ，要对其实施包括清垃圾和去广告在内的系列“净身”动作。11月3日，腾讯宣布在装有360软件的电脑上停止运行QQ软件，用户必须卸载360软件才可登录QQ，要求用户“二选一”，导致大量用户被迫删除360软件。由于QQ和360各有数亿用户，双方为了各自的利益，从2010~2014年，两家公司上演了一场长达4年之久的软件拉锯战，被业界形象地称为“3Q大战”。

奇虎360市值59.97亿美元，仅为百度市值的8%、腾讯市值的3.8%，但奇虎360推向市场的新产品却来势凶猛。2006年7月，奇虎360推出主打互联网安全的360安全卫士软件，不到一年即成为中国最大的安全软件，其用户数量就超过3亿，覆盖了75%以上的中国互联网用户，成为继腾讯之后的第二大客户端软件。2012年8月，奇虎360的搜索引擎才上线两周时间，就迅速攀升为仅次于百度的中国第二大搜索引擎。奇虎360的发展打破了腾讯、百度原有的利益格局，为了保住在互联网市场的垄断地位，两巨头利用技术手段设置壁垒，限制奇虎360进入核心设施，比如“3Q大战”中，金山、傲游、可牛、百度和搜狗联合宣布不兼容360安全软件。这些垄断行为严重影响互联网行业的创新发展，挤压创业环境，提高市场准入门槛，对其他市场竞争者产生障碍性威胁，妨碍市场的公平竞争，侵害用户的自由选择权和其他权益。

有道是：一花独放不是春，百花齐放春满园。对互联网市场来说，即使两个魔鬼一块跳双人舞，也比一个天使跳独人舞更加起劲。巨头垄断不仅会抑制技术创新，同时也会扼杀新兴的创业公司，最终伤及用户利益和体验。正所谓“大树之下寸草难生”，在垄断寡头的打压下，许多曾经预期很好的互联网新兴创业公司，在发展过程中遭遇严重侵害，都成为了垄断市场的牺牲品。中国互联网的寡头垄断格局急需通过竞争而改变。

第2节

“嫩麻雀”为何做不大

中国互联网公司多如牛毛，在本土上市困难，能够在美上市的公司也算是脱颖而出。一直以来，本土互联网公司将在美上市视为一种荣耀和跨越的象征。但上市以后表现如何？实在不敢恭维。15 年间赴美上市的 78 家上市公司中，21 家已退市，剩下的 57 家互联网公司市值总和只相当于一个谷歌的市值。中国互联网公司在美股的“低、退”表现与 15 年来三轮赴美上市的热闹景象形成强烈反差。

公司创造的价值越高越受人尊敬

上市最能看出一家公司是优还是劣，市值是投资者对公司业绩、潜在价值、信用以及综合运营能力的客观评价。“股神”沃伦·巴菲特的获利秘诀就是从研究市值开始的。亚马逊因为大规模投资基础设施和互联网技术建设，曾连续 8 年亏损和连续 5 年资不抵债，备受股东指责。为了不影响公司市值提升，首席执行官贝佐斯从 1997 年开始坚持每年给股东致信，做股东的工作，阐明亚马逊的战略意图，以此求得股东的理解和支持。亚马逊的成功就得力于两条腿走路，一条腿是用户，一条腿是股东；用户保证了亚马逊的营收持续增长，股东保证了亚马逊的市值持续提升。2014 年亚马逊营收 889. 88 亿美元，市值 1434. 62 亿美元，价值放大比例为 1. 612，营收增值达544.74亿美元。

雅虎作为老牌互联网公司，由于忽视用户体验和技术创新，中道衰落。梅耶尔接任首席执行官后，将做大营收和提升市值作为复兴雅虎的重要指标，通过大量并购创业公司，雅虎技术实力快速增强，公司市值由2012年的233亿美元升至2014年的470亿美元，市值涨幅达101.7%。

相比之下，中国公司追求规模胜过追求市值，2014年进入《财富》世界500强的中国公司就达到100家，占据了1/5的世界版图。但是，中国公司的市值却不尽人意，以2014年排名世界500强第3的中国石化为例，中国石化2013年营收4757.93亿美元，市值894.32亿美元，价值放大比例为0.188，2014年营收4554.55亿美元，市值948.73亿美元，价值放大比例为0.208。中国石化一个如此大的巨型企业，屡遭外界诟病，原以为是能源垄断所致，其实不尽然，主要还是公司价值与其庞大的营收规模极不相称，其市值只有营收的1/5，即1美元的营收才产生20美分的价值，表明投资者对中国石化4/5的业绩是不满意的。苹果2014年营收1827.95亿美元，不及中国石化营收的一半（占40%），市值却高达7400亿美元，是中国石化营收的1.6倍，苹果1美元营收产生的价值高达4.05美元，表明投资者对苹果的业绩超高满意。

一家公司是否受人尊敬，首先取决于投资者的态度。公司创造的价值越高越受人尊敬，而不仅仅是营收规模。公司市值的高低反映了投资者对公司价值水平的评价。苹果能成为全世界的市值王，主要是它创造的价值全世界都无与伦比。中国石化虽然跃升全球第三大公司，但与“人民满意、世界一流”的目标还差得很远。什么是世界一流？从1美元营收产生的价值看，埃克森美孚为0.95美元，雪佛龙为1美元，康菲石油为1.53美元。如果以美国三大石油公司1美元营收价值的平均值1.16美元作为世界一流石油公司的基准，中国石化距世界一流水平相差82%。若论投资者满意，中国石化的营收价值至少要达到世界一流水平的50%，即1美元营收必须产生0.58美元的价值，按照中国石化2014年营收计算，其市值至少要达到2600亿美元。

中国公司天生爱面子，很喜欢赶潮。美国《财富》杂志搞的“世界企业500强排行榜”就弄得中国公司心里痒痒的，都想进这个榜单。上了榜单的企业在宣传自己的时候就可以冠上“世界500强”的称号，你想想，全世界有多少公司，能成为“世界500强”是多有面子的事。不过，《财富》世界500强排名仅以营收为依据，外界认为这种排名过于简单，不能全面反映公司实力比如市值、盈利等，意义不大。

中国互联网公司在本土上市门槛高、周期长，创业公司一般都耗不起，门槛低的美股给了这个机会。中国公司骨子里的“崇洋”思想是挥之不去的，对一些小公司来说，成为美股也是一种莫大的荣耀，吹嘘起来显得很“洋”。正是门槛低又“洋”的缘故，中国互联网公司趋之若鹜，成群扎堆地争相赴美上市。这些创业公司的上市以临时“速成”居多，就是按照美股游戏规则短期内对公司进行突击包装，所以上市快。

当然，在美上市的互联网公司并非都是创业公司，也有一些在江湖历练了十几年才上市的“老麻雀”。2014年分别在纳斯达克和纽约证交所上市的京东和阿里巴巴，就是两只“老麻雀”，分别成立于1998年和1999年，在互联网行业摸爬滚打了十几年，根基深厚，影响广泛，拥有庞大的用户群，营收做到了100多亿美元的规模，是中国两大电商巨头。这两只“老麻雀”是成了大气候才上市的，而且一上市就人气冲天。阿里上市当日收盘市值达2190亿美元，京东上市当日收盘市值达341亿美元，看来华尔街的投资者还是蛮识货的。如果中国网络股都像阿里、京东一样，恐怕会把华尔街搅得一个底朝天。只可惜的是，在美上市的中国互联网公司像阿里、京东这样的“老麻雀”实在少得可怜，多数都是那些刚成立几年就急不可耐上市的创业小公司，这些“嫩麻雀”连羽翅都没长全，经过精心包装就急匆匆上路了。

“嫩麻雀”做不大的原因

记得10年前初夏的一天，在一处露天宠物交易市场，看到几个商贩在

出售名贵狗和名贵猫，和买家讨价还价。突然一场暴雨下来，那些宠物还来不及挪地方，顷刻间“金丝猫”“沙皮狗”的毛色被雨水淋得面目全非，仔细一看都是一些被染了色的土猫和土狗崽。买家们个个惊诧，幸亏这场及时雨，才使宠物原形毕露，没有上当受骗。

土狗崽经过狗贩的一番“打扮”，摇身成了价值不菲的名贵狗。那些互联网“嫩麻雀”又何尝不是这样呢！以为上了市就身价倍增，大功告成，万事大吉。俗话说得好：出来混总是要还的。美股最大的特点就是进来容易混下去难，它的游戏规则是全世界最严苛的，况且时刻都有第三方机构在盯梢。这些“嫩麻雀”刚刚才过了一把敲钟上市的瘾，手上的美元还没捂热，就爆出诚信问题，接连不断地遭遇集体起诉、做空猎杀，股价一泻千里，由此屡屡引发中概股集体下挫。

于是，抱怨者有之，认为华尔街的做空机构专门和自己作对；愤愤不平者有之，认为遭受歧视，公司市值长期被低估；打退堂鼓者亦有之，感觉实在混不下去了，最后只能选择退市；更多的成了股市中的浑浑噩噩者，上市10多年公司市值上涨如同蜗牛极为缓慢，有的能维持刚上市时的市值水平就相当不错了；还有一部分公司的市值是王小二过年，一年不如一年，日渐萎缩。罗列这些现象，绝没有半点打击创业公司上市的意思，倒是觉得创业公司要权衡自己，量力而行，没有过硬的能力就不要轻易上擂台。上市确实风光，给自己挣了面子，但被人家揭丑、自己又没有能力挽回，那就非常不光彩了；另外，公司长期业绩不佳，投资者丧失信心，股价滑落后长期起不来，被摘牌警告或摘牌，那也是非常没面子的。

互联网创业要耐得住寂寞，沉下心来做事，避免浮躁，不要急功近利，否则欲速不达。这方面，“嫩麻雀”要向“老麻雀”学习。阿里、京东属于那种比较成熟的互联网公司，公司形成了气候再上市，无须做过多的宣传，业绩、规模、资历就是招股的本钱，凭着树大根深也扛得住股市风浪。阿里“假货风波”最终得以平息，再次应验了那句俗话“姜还是老的辣”。当然，“嫩麻雀”有机会上市也不要错过，毕竟上市是发展公司的一大契机，重要的是要乘“市”而上，通过技术创新和价值创新加快发展，做强做大公司，这方面百度是个典范。百度凭着搜索引擎技术，成立4年就上市，最终发展成为中国最大的搜索引擎服务商。上市10年来，百度从“嫩麻雀”修炼成了炉火纯青的互联网“老麻雀”。

中国已是互联网大国了，但不是互联网强国，因为中国互联网“嫩麻雀”太多了，而“老麻雀”寥寥可数。这里的“嫩麻雀”有才上市几年，也有上市超过10年的。不论老“嫩麻雀”还是新“嫩麻雀”，总的症状就是长不大，市值低。57家在美上市的中国互联网公司，其中市值在5亿美元以下就有23家（见表2－1），占比40%。在23家公司中，上市4年以上（含4年）的有18家，市值不足1亿美元的有8家。

环球资源上市15年，市值仅1.8亿美元；金融界上市11年，市值仅1.42亿美元；第九城市上市11年，市值仅3700万美元；空中网上市11年，市值仅2.12亿美元；泰克飞石上市10年，市值仅5300万美元；酷6上市10年，市值仅5200万美元；中国信息技术上市9年，市值仅1.01亿美元；富基融通上市9年，市值仅1700万美元；橡果国际上市8年，市值仅2400万美元；永新视博上市8年，市值仅2.19亿美元；中网在线上市5年，市值仅3400万美元；蓝汛上市5年，市值仅2.27亿美元；联合信息上市5年，市值仅400万美元；麦考林上市5年，市值仅5100万美元；斯凯上市5年，市值仅1.18亿美元；世纪佳缘上市4年，市值仅1.64亿美元；网秦上市4年，市值仅2.26亿美元；淘米上市4年，市值仅1.17亿美元。

中国互联网公司大多是模仿起家的，模仿的对象都是美国互联网公司，上市路演一般比照美国模式讲述中国故事，这样美国投资者就更容易理解、接受和遐想。最早时，雅虎红了，有了中国的网易、搜狐和新浪等一批门户网站，谓之“中国雅虎”；优兔（Youtube）一举成名，优酷、土豆、酷6如雨后春笋般冒了出来，谓之“中国优兔”；推特火了，各家微博借着东风搭台唱戏，微博讲着“中国推特”的故事上市；人人上市，更是连套了4家美国互联网公司的模式，即脸谱、Zynga、Groupon和领英（Linkedin），便有了“中国脸谱”“中国Zynga”“中国Groupon”“中国领

英”的组合。不仅如此，就是那些成名了的中国互联网巨头也都有对应的美国公司，阿里巴巴对应亚马逊，腾讯对应脸谱，百度对应谷歌，京东对应易贝，携程对应 Priceline。类似的例子很多，几乎任何一家中国互联网公司都可以在美国找到样本。凡此种种说明，中国互联网公司效仿美国公司，玩的是中国式的美国概念。因此，既往中国互联网公司的成长路经就是 C2C（Copy to China）。

复制美国模式在中国确实是一条互联网创业捷径，中国互联网公司依靠模仿成功地跨出了第一步，但一味地复制而不是创新，也直接导致了中国互联网在模式创新上距离美国越来越远。在百度还在醉心竞价排名的时候，谷歌的无人驾驶汽车早已开上了路；当国内的手机厂商大搞价格战、内核战的时候，谷歌的智能眼镜又掀起一轮科技硬件新浪潮。美国的那些巨头们，不喜欢小打小闹，iPhone 重新定义了手机，iPad 创造了平板电脑这个蓝海市场，无人驾驶汽车给汽车行业带来的变化也注定是颠覆式的。这正是中国公司所欠缺的，也是横亘在中美两国互联网行业之间的巨大差距。

中国互联网那么多的“嫩麻雀”为何做不大？这与多年来一味复制、模仿、跟风有关。2015 年 3 月 20 日，在“中国发展高层论坛 2015”20 人午餐会时，马云以“数据：科技时代的特色”为主题作了演讲，并与参会的 20 位跨国公司负责人作了相关话题讨论。对于传统企业与互联网的结合，马云提到，许多传统企业担心互联网行业的冲击，但是大部分互联网公司活不到 3 年，我们正处于数据科技时代，需要完全不同的思考方式。马云的话击中了中国互联网发展的死穴，那就是缺乏创新，这也是“嫩麻雀”做不大的症结所在。

“嫩麻雀”做不大还有一个原因，就是巨头垄断下，中国互联网的创业创新环境受到限制，创业公司即使有一点微创新，也难以放大。巨头垄断，寸草难生，这也是马云所说的大部分互联网公司活不到 3 年。2013 年 11 月 26 日上午，奇虎 360 上诉腾讯滥用市场支配地位一案在最高院公开审理，奇虎 360 在庭审间隙发布公开信，指责腾讯构成垄断，并“扼杀”

了创业者。公开信指出：“一将功成万骨枯，巨头垄断已使中国互联网产业荒漠化。中国互联网巨头的市值，虽然已经名列全球前三位，但整个中国互联网行业的总产值和在全球的地位却比美国差得很远。根据第三方数据统计，2006 年之后在长达 8 年的时间里，中国互联网没有诞生一家新的有影响力的网站或公司，而同期美国却诞生了脸谱等一大批创新公司，中国互联网市场从与美国同步繁荣变成荒漠化。套用马云的话，如果腾讯赢了，全中国年轻的创业者们就输了。”

巨头林立、寡头横行的年代

从现在的情况看，有种趋势越来越明显，互联网资源正在高度归附于少数巨头，且不说社交、电商、应用商店等热门领域，仅以刷机软件这个小众市场为例，就可看出巨头们的影响力：国内第一刷机品牌刷机大师（子品牌 ROOT 大师、救砖大师等）就是腾讯系的控股公司，另外几个有影响的品牌与巨头关系密切，如刷机精灵（腾讯全资收购）、卓大师（百度占股）、360 刷机（奇虎 360 旗下产品）。

2014 年 9 月 6 日，阿里巴巴在更新的招股书中披露了马云致投资者的一封公开信，在信中马云首次详尽阐释了阿里巴巴的使命、愿景、做事的原则以及对未来的信念。特别值得关注的是在这封篇幅不算长的公开信中，马云频繁地提及了同一个关键词——生态系统，达 24 次之多。

对于“阿里巴巴是什么”，马云说：“我们不是靠某几项技术创新，或者几个神奇创始人造就的公司，而是一个由成千上万相信未来、相信互联网能让商业社会更公平、更开放、更透明、更应该自由分享的参与者们，共同投入了大量的时间、精力和热情建立起来的一个生态系统。”马云强调，阿里巴巴一直坚持“让天下没有难做的生意”这一使命。与那些依赖出售某一项产品或技术获得收入的高科技公司不同，阿里巴巴依靠运营一个庞大且复杂无比的商业生态系统来产生收入。

2015 年 3 月 26 日，在“新常态新机遇 ——2015 中国广州国际投资年

会”上，马化腾透露，腾讯在4年的开放基础上要打造全要素众创孵化平台，“我们希望将腾讯已有的资源，包括账号体系、社交关系链、应用分发、支付能力、流量、云计算等都开放给创业者”。2011年6月，腾讯提出在开放平台再造一个腾讯，腾讯开放平台已有500万创业伙伴，所有合作伙伴的市值已接近2000亿元人民币，已有10家公司实现美股、港股借壳上市。腾讯开放平台除创业基地，还通过创业公开课、开放日、创业者沙龙等线下体系，对创业者进行辅导，同时，线上腾讯应用宝也能为创业者提供分发渠道，开放平台在线上线下给创业者提供全方位的服务，降低整体的创业成本，为创业者打造了一体化的创业生态圈。对此，马化腾称，我们要整合内部和外部资源为创业者提供一站式的服务，让“大众创业、万众创新”成为一种“新常态”。

巨头们什么都要做，什么都能做。到底要做什么？阿里巴巴做的1000万人参与创业的商业生态系统，腾讯做的500万创业伙伴参与的全要素众创孵化平台，很明显，巨头们要做天下创业者的共主，“老麻雀”领导“嫩麻雀”。“嫩麻雀”们辛辛苦苦创业，最大的贡献就是撑起了阿里和腾讯两大商业帝国。而巨头们所做的事，无非是让互联网资源高度集中于自己门下，再将资源分配给创业众徒们，让他们为帝国打工。这就好比一个大地主，强势占有大量的土地，然后将土地包给失去土地的人们耕种。创业者依附于帝国，在帝国范围内种地，就会得到巨头的庇荫，倘若另起炉灶，另立山头，必然受到巨头们的打压。

在巨头林立、寡头横行的年代，独立自主的创业者还有机会吗？机会倒是有，但空间不大。打擦边球就成了创业者们生存的机会和方法，比如熟人社交有微信，陌生人社交有陌陌，如果没有更好的模式，简单地进入再做这两块就没有太大意义了。但是匿名社交却是一直没有人重视的领域，秘密（后改名叫无觅）的爆红就说明了这个问题，已拿到A轮1500万美元融资的语音社交应用比邻也是很好的例证，其实陌陌也是抓住了微信在陌生人交友上的不足发展起来的。

随着1号店的物流和布局加快、天猫超市发展、京东等进入，之前很多做同城生活用品的电商平台很快就消失匿迹，但是专注某个细分领域内的电商们却成长迅猛，比如专注尾货处理的电商唯品会、专注于女性化妆品的聚美优品和乐蜂网。创业者们千万不要做巨头们的核心业务，核心的业务是巨头们赖以生存的底线，也就是生命线，用户习惯已经培养，巨头们绝对不会允许后期的创业者动它们的奶酪。

“地主”心态导致帝国林立，互联网上形成了越来越多的围墙，同时恶意竞争也愈演愈烈，对整个行业造成了污染。中国互联网巨头所走的扩张之路与美国互联网巨头截然相反，谷歌、亚马逊走的是价值扩张之路，这种价值扩张是将技术创新不断放大；而阿里、腾讯走的则是规模扩张之路，这种规模扩张主要是扩充创业人数。二者的差异就是创新。中国互联网发展在经历了三次热潮后，已进入垄断竞争阶段。所谓垄断竞争，就是几个巨头之间的较量，与草根创业者无关。中国互联网市场如果长期陷于寡头垄断格局，将会彻底“扼杀”来自草根的创新活力。

中国的互联网股票很热门，但投资者宁愿花更多钱投资国外的互联网公司，原因就在于中国互联网公司千篇一律，缺少创新，价值含量低。互联网从来不缺概念，最缺的反而是创新。国外互联网巨头对未来各有志向，竞争较为差异化，它们通常会提前对未来技术进行大量储备，待时机一到便可攻占领地。相比而言，国内的互联网公司同质化竞争严峻，大家都在盯着移动互联网入口，火药味很浓。比如眼下，谷歌和脸谱两大科技巨头的争夺已经从网上飞到了“天上”的无人驾驶飞机，甚至在机器人、可穿戴设备、互联网热气球、太空电梯这些未来技术“逐梦”；而大洋彼岸和它们“对标”的中国互联网巨头们，正在“三国杀”抢入口、忙收购。这主要跟中国内地的环境有关，资本市场和法律环境并不鼓励创新，导致巨头们拼命收购以巩固自己的市场，而非站在创新的角度。

“学我者生，像我者死。”互联网公司仅凭抄袭难以赢得发展，各家都要努力走出自己的特色。可叹的是，中国已是互联网大国，但中国互联网至今尚未出现一家像苹果、谷歌一样的全球领袖企业。

第3节

资本霸气的O2O生态布局

中国互联网行业正在上演一场无奈的现实剧，巨头们的业务扩张进入提速阶段，扩张方式由以前的大肆复制转向大肆收购，有一定实力的“嫩麻雀”都将成为它们的目标，这种情况使得无数创业公司崛起的难度加大。这就是中国互联网行业的“马太效应”！强者愈强，弱者愈弱。大鱼吃小鱼，快鱼吃慢鱼。竞争丛林法则已被中国互联网巨头发挥得淋漓尽致。互联网竞争本应是技术性竞争，复制性扩张尚存一些学习因素，一旦收购行为充斥全网，技术就被资本挟持了，互联网竞争就会沦为一场资本游戏，所产生的后果是极其可怕的。

巨头们各有各的优势

上文说了，马云要建“让天下没有难做的生意”的商业生态系统，马化腾要为创业者打造了一体化的创业生态圈，“二马”的共同心愿就是要建自己的生态。所谓生态，说白了就是商业帝国。在商业帝国中，巨头们各有赚钱的方式，比如阿里巴巴赚的是广告费、服务费、交易佣金，腾讯赚的是娱乐服务费，百度赚的是流量费。

中国的互联网经过15年的发展，以阿里巴巴、腾讯和百度为代表的互联网巨头已牢牢占据了中国互联网线上的市场。百度占据了信息搜索产业链，阿里巴巴占据了电子商务产业链，腾讯占据了社交网络产业链，且彼此间不存在冲突和竞争。但随着O2O概念的兴起和移动互联网的到来，用户习惯被彻底颠覆，互联网的竞争格局已经发生巨大的变化，三巨头之间泾渭分明的格局被打破，因为彼此都力图进入对方的领地。如何打通线上和线下资源的路径，成为巨头们的新问题，于是开始了一场布局O2O的并购大战和攻防博弈。

竞争O2O市场，三巨头各有各的优势。阿里巴巴在O2O领域采取的是多点布局方式，从丁丁优惠、美团、新浪微博，到高德地图、陌陌、穷游网，再到快的打车，似乎只要有O2O概念且具备潜力的互联网企业都成为了阿里巴巴的收购目标。利用支付宝这个第三方支付工具，阿里巴巴将这些生态链上的企业串起来，就可以实现整个生态闭环，构建阿里巴巴在O2O竞争中的优势。如果用马云的话讲，阿里巴巴的最大优势在于一个完善的连接商业和服务的生态系统，涵盖批发、零售、物流、配送、线下连锁、广告服务、金融服务所有环节，并通过疯狂的收购为线上线下结合做准备。

微信是腾讯O2O布局的杀器，当然，马化腾自谦地表示“微信只是张站台票”，但微信很明显地让阿里巴巴、百度都备感压力。腾讯的O2O故事以微信为“大纲”，微信支付、微生活，加上先后入股滴滴打车、华南城、大众点评、中国石化等，形成了售前信息、售中支付到售后服务、营销的生态闭环。用户关系链这个优势成为腾讯最大的法宝，加上海量的用户，腾讯在O2O的想象空间无疑更加巨大。腾讯拥有近10亿粘性极高的用户，拥有其他两大巨头所不具备的稳定可靠流量，腾讯将这一优势比作是取之不尽用之不竭的“流量海洋”。腾讯正在通过各种方式将这些流量导入到商业和服务中去。同时，微信开始进入智能设备，比如家电，开通企业号进入移动办公市场，这都是对手所不具备的能力，腾讯的微信如果可以无处不在，意味着成为真正的超级入口。

最早时腾讯想自己做生活服务平台，微生活、团购都是那段时间的布局，效果并不好。后来腾讯意识到，只要掌握着微信，就已经把绝大多数

活跃网民攥在手里，于是选择开放，把不擅长部分交给大众点评等其他公司。腾讯在O2O的发展比较被看好，微信本身就是移动互联网时代的产物，微信差不多已经约等于移动互联了。基于微信，腾讯拥有底层用户数据资源，因此策略是集中力量打造生态。微信平台“我的银行卡”类目下，腾讯已陆续嫁接完成话费充值、打车、电影票、AA收款、今日美食等不同O2O场景，拼图趋向完整。

百度的最大优势是LBS（基于位置的服务），它和二维码是在移动互联时代下新诞生的两大流量入口。就产品而言，主要是百度地图。地图产品肩负着为百度打造O2O生态圈的重任。百度地图、百度身边、糯米网、百付宝等构成百度的O2O布局，其中百度地图、百度身边为信息服务，糯米网为商业变现工具，百付宝为支付工具。在百度地图的附近类目下，团购、酒店、电影、美食、外卖、优惠等O2O功能应用一个不落。为了构建生态系统的闭环，百度也在支付和金融上发力，正在通过贴吧、金融、去哪儿、糯米网、知道、阅读等旗下所有业务吸引用户注册百度账号，并实现打通。相比于电商、视频、在线旅游等领域的惨烈竞争，百度LBS的领先优势和飞速发展，让此行业的格局相对明朗。

中国已进入互联网+时代，互联网面临着新的机遇。三巨头如何布局生态抢占流量？2014年对整个互联网行业来说是改变格局的一个转折点，以阿里巴巴、腾讯、百度为首的“三国演义”势力分布在进一步扩张，而三巨头在不同的线上线下领域纷纷插旗，誓要覆盖互联网的各个方面，纷纷抢滩收购其他互联网企业。

阿里巴巴的生态布局

阿里巴巴从电子商务出发，通过自有业务、资本手段，正着力构建一个庞大且具备相互协作前景的商业大版图。在这张版图中，阿里巴巴的“互联网帝国”囊括了电子商务、金融、本地生活O2O、教育、旅游、汽车、房产、医疗健康、硬件、游戏等各个领域，这是一个很大的商业生态系统。同时，阿里巴巴的战略也在开始进一步拓展扩张全球化的生态链。

2014 年阿里巴巴全面出击，在投资和收购上先后进行了超过 40 起的投资（见图 2－1），投资金额超过 170 亿美元。从投资案例来看，阿里巴巴在文化娱乐有 10 起投资，在电子商务有 6 起投资，在移动互联网、消费生活 O2O、SNS 社交各有 3 起投资，以上领域投资次数占到全年投资案例的 62.5%。从投资金额分布看，阿里巴巴在移动互联网、文化娱乐、消费生活 O2O、金融、房产酒店等领域出钱最多，投资额度占到全年投资总额的 74%，其中移动互联网 54 亿美元，文化娱乐 30 亿美元，消费生活 O2O30 亿美元，金融 25 亿美元，房产酒店 17 亿美元。从国内外分布来看，阿里巴巴在 2014 年参与了国外 7 家公司的投资，涉及金额 15.34 亿美元，行业覆盖电商、金融、硬件、汽车交通、游戏等。

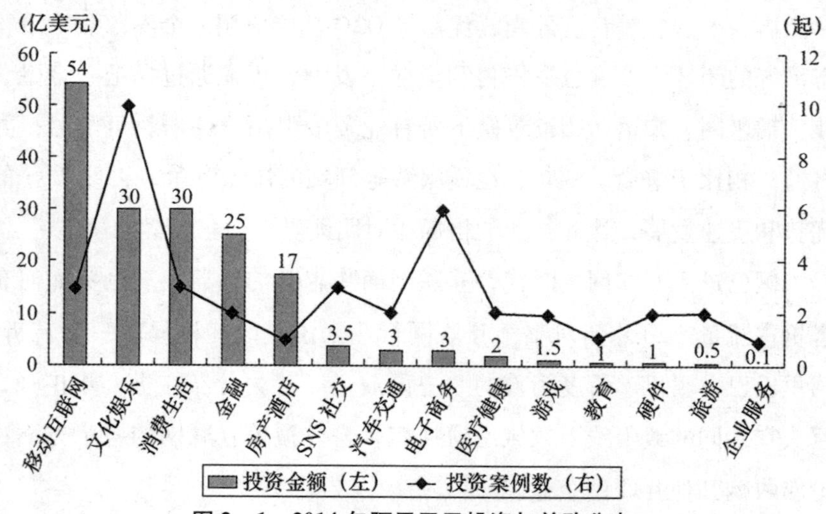

图 2－1　2014 年阿里巴巴投资与并购分布

资料来源：邓正红软实力研究应用中心。

阿里巴巴以 43.5 亿美元收购 UC 优视，以 10.45 亿美元收购高德，两个大额收购花费达到近 54 亿美元，这是阿里巴巴 2014 年布局移动互联网的大手笔，也是阿里巴巴花钱最多的方向。在文化娱乐领域，发生了 10 起投资和并购，总金额近 30 亿美元，具体包括：62.44 亿港元收购文化中国 60% 股权并在后面将其升级为“阿里影业”，65.36 亿元（人民币）入股华数传媒，12.2亿美元战略投资优酷土豆集团，12亿元（人民币）投资广州恒大足球俱乐部，与腾讯、平安一起斥资36亿元（人民币）入股华谊兄弟，5亿元（人民币）投资21世纪传媒等，此外还投资魔漫相机、V电影、芭乐网、虎嗅网等。

消费生活O2O服务是阿里巴巴的战略重点业务，包括53.7亿港元投资银泰商业，参与美团新一轮5亿美元的融资，还投资了垂直方向上的遛遛宠物，投资总额接近30亿美元。金融领域，阿里巴巴非常强势，业务线很长，包括32.99亿元（人民币）入股恒生电子、1200万美元投资移动安全支付公司V－Key。在电子商务领域，2014年的大多数投资是在物流方面，包括新加坡邮政、全峰快递、卡行天下，还有外贸电商服务商“一达通”、美国奢侈品电商1stdibs等。

在互联网改造升级传统行业的领域，阿里巴巴则在汽车交通、房产酒店、教育、旅游、医疗健康多个方向也有投资。交通出行领域包括领投美国拼车公司Lyft的2.5亿美元D轮融资、参与快的打车的投资等；酒店领域则是28.1亿元（人民币）投资石基信息获得15%的股份，在酒店信息管理系统布局；教育领域1亿美元领投语言学习网站VIPABC；旅游方向上，和宽带资本2000万美元投资出境游服务商百程旅游、收购商旅服务商阿斯兰；医疗健康领域，1.7亿美元联手云锋基金投资中信21世纪，并在后面更名为阿里健康，还有数千万美元投资移动医疗及挂号服务商华康全景。

社交一直是阿里巴巴的一个痛点，在投资上却非常有收获。比如对陌陌的投资，就实现了非常大的财务回报；投资瞄向学生群体的“超级课程表”，开始覆盖新生代群体；国外则大手笔投资了移动社交应用Tango。智能硬件上，包括参与Peel的5000万美元D轮融资，参与小米科技新一轮11亿美元的融资。

O2O是移动互联网时代的商业革命，移动互联网具有“位置”这一特殊属性，有着极高的“搜索—行动”转化率，O2O更是一块巨大的、尚未被完全开发的蛋糕，但阿里自身的移动端很难涵盖这些需求，需要从不断的投资、控股中寻找新的可能。2013 年阿里巴巴入股新浪微博，用 5.86 亿美元换得 18% 的股份，也是想借此实现移动互联网布局。其实，阿里投资陌陌、快的打车、丁丁网、旅游 App 在路上，收购虾米网和友盟，几乎所有都与移动互联网“有染”。这些投资涵盖了移动浏览器、数据分析平台、LBS 应用等多个领域。阿里自身的移动端已经掌握了巨大的用户流量，再加上这些布局，接入阿里这座电商城市的道路越来越多。

进入 2015 年，阿里巴巴依次投资了整合数字营销平台易传媒以及以色列二维码技术创业公司“视觉码”，均与自身业务有所打通。2015 年 2 月阿里巴巴斥资 5.9 亿美元参股魅族科技，为自身生态系统硬件“端”做了最重要的补充，并推动阿里整个移动战略进入软硬件深度整合的新阶段。阿里首席技术官王坚就投资魅族称，“阿里不会做手机，不会做硬件”，如果说阿里想从此项投资中获得什么，那么就是得到好的移动互联网生态。

阿里想建设的移动互联网生态，是以大数据和云计算为支撑，以 YunOS 操作系统贯穿多个屏幕，开放阿里电商 App 的基础能力和庞大用户，覆盖手机、客厅、智能穿戴乃至汽车的全场景终端。而与魅族联盟，意味着在硬件终端上拥有了一座“桥头堡”，从而延伸阿里巴巴的移动互联网优势。

腾讯的生态布局

腾讯 2014 年进行的投资达 46 起（见图 2－2），投资总额达 65.36 亿美元，所覆盖的行业主要集中在游戏、消费生活 O2O、电子商务、移动互联网、文化娱乐等细分行业；从投资金额的分布来看，腾讯花费资金最多的依次是消费生活 O2O、移动互联网、游戏、电子商务、文化娱乐。对于国外投资，腾讯在 2014 年动作比较大，13 起国外投资，涉及金额近 13 亿美元，其中 7 起是与游戏相关的投资。

消费生活 O2O 是腾讯 2014 年的战略重点。一方面，这个领域三巨头的角逐最激烈，另一方面，腾讯通过微信布局 O2O，消费生活服务是必然

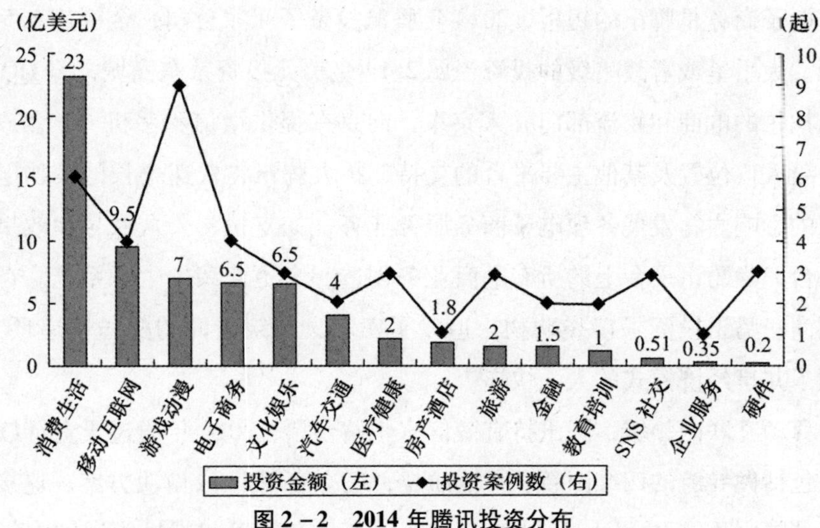

图 2－2　2014 年腾讯投资分布

资料来源：邓正红软实力研究应用中心。

要拓展的重要领域。腾讯 2014 年在这个领域最大手笔的投入当属 58 同城，围绕其上市前后进行了 3 轮投资，总金额达到 8.6 亿美元的同时，腾讯持股比例也达到了 24%。腾讯与 58 同城联手，微信是其中不可忽视的平台，旨在打造下一代 O2O 服务。

另外一个大手笔就是投资大众点评，腾讯持股比例达到 20%，要打造中国最大的 O2O 生态圈。腾讯的优势是微信已成为最大 O2O 入口，劣势是 O2O 服务品类不全，而入股大众点评，可帮助腾讯弥补这一缺陷。微信支付需要丰富的交易场景才能真正发展起来。腾讯将把大众点评的商户信息、消费点评、团购、餐厅在线预订等丰富的本地生活信息和服务带到腾讯的平台上，为 QQ 和微信用户带来更多线上线下尤其是在移动端的一体化体验。“微信支付 + 大众点评”的模式，可理解为另一个“支付宝 + 淘宝”组合。在消费生活领域，腾讯投资了华南城、e 家洁、e 袋洗等。

游戏是腾讯的主营业务收入，也是腾讯 2014 年投资案例最多的领域，和往年不一样的是，在腾讯所投资的 9 家游戏公司中，仅仅 2 家是国内的，其他 7 家都来自国外，而且国外投资同样大手笔，累计金额超过 6.6 亿美元。

电子商务是腾讯的短板，2014 年腾讯投资了 4 家公司，金额达 6.5 亿美元。大手笔或者战略级的投资当属 2.14 亿美元投资京东商城，将 QQ 网购、拍拍的电商和物流部门并入京东，向京东提供微信和手机 QQ 客户端的一级入口位置及其他主要平台的支持，扩大腾讯在快速增长的实物电商领域的影响力，发展各项电子商务服务业务，如支付、公众账号和效果广告平台，为腾讯平台上的所有电商业务创造一个更繁荣的生态系统。在移动电商，腾讯投资了口袋购物，追投买卖宝，围绕电商的配送快递环节，投资了共享经济模式的人人快递。

移动互联网领域，腾讯持有微信这张站台票，2014 年通过投资继续强化，包括做导航的四维图新、科菱航睿，还有商用 WiFi 解决方案、连接商家移动端服务的 WiWide 迈外迪，另外一个是在渠道和刷机领域的刷级大师。SNS 社交是腾讯所擅长的领域，2014 年的 3 起投资都是新玩法的，包括国内的 Blink 快看，国外则有匿名社交网络 Whisper、熟人社交网络 Heirloom。在文化娱乐领域，腾讯与阿里巴巴、平安集团一起斥资 36 亿元入股华谊兄弟、数亿元战略入股华彩控股，还有 300 万美元投资视频服务提供商红点直播等。

在互联网与传统行业结合、消费升级的领域，与阿里巴巴一样，腾讯在汽车交通、医疗健康、教育、旅游、金融、房产酒店等领域也进行了比较多的投资和布局，几乎与阿里针锋相对。这些行业的业务是很多创业公司所重点摸索的，腾讯在这样的时间点上，通过投资来做这些垂直行业，其战略布局意图很明显。交通出行上，腾讯继续大手笔投资滴滴打车；医疗健康上，腾讯首次开始布局，覆盖软硬件、移动及桌面端，包括 1 亿美元投资挂号网、7000 万美元投资丁香园、2100 万美元联合京东投资 PICOOC；教育领域则投资了跨考教育、优答等；金融上投资了人人贷、富途证券；旅游领域投资了同程网、面包旅行、我趣旅行；房产酒店则是 1.8 亿美元投资乐居。

百度的生态布局

在 O2O 的发展上，百度有先天优势。O2O 的技术核心是推荐技术，推荐技术则又是以搜索技术为核心的，而百度是做搜索引擎技术的，因此，布局 O2O，百度走的是“技术为王”的路线。

从投资布局情况看，似乎 O2O 的很多重量级服务都已经被腾讯和阿里巴巴垄断了：阿里巴巴旗下有快的打车、美团、高德、银泰百货，腾讯则有滴滴打车、京东、大众点评、王府井百货，它们的第三方支付工具支付宝和财付通/微信支付也垄断了线上支付的前两名，正在加速往线下扩张。从百度投资路线来看，百度试图卡位移动互联网渠道、入口和基础工具，而这正是互联网巨头争抢的领域。

2013 年百度的投资额在三巨头中是最多的（见表 2－2），全年投资和并购的案例达 17 起，投资总额超 25 亿美元。但到了 2014 年，百度相对保守一些，整体的投资节奏放慢了，在自有业务方面，更多是在做技术积累，在新产品和新服务的布局也不是太多，但百度加大了前沿科技的探索和力度，引进了一些世界级的科学家。

表 2－2　　2013 年百度投资/并购一览表

时　间	投资案例	领　域	融资金额
12 月	YoKA 时尚网	时尚媒体	1500 万美元
12 月	纵横中文网	网络文学	1.915 亿元人民币
11 月	百分之百数码	移动互联网	数千万元人民币
8 月	91 无线	移动互联网	19 亿美元
8 月	加速乐	安全	N/A
8 月	道道通/长地万方	导航地图－LBS	N/A
8 月	悠悠村 UUCUN	移动互联网	5000 万美元
8 月	糯米网	020—LBS	1.6 亿美元
6 月	传课网	教育	1000 万美元

续表

时　间	投资案例	领　域	融资金额
5月	PPS 视频	视频	3.7 亿美元
4月	捷通华声	语音	数千万元人民币
3月	原点手机	移动互联网	数千万元人民币
2月	点心移动	移动互联网	N/A
2月	TrustGo	安全	3600 万美元
1月	乐彩网	彩票	数千万元人民币
1月	积木热门视频	视频	N/A
1月	Estrongs/ES 文件	移动互联网	数千万元人民币

资料来源：邓正红软实力研究应用中心。

2013 年百度投资方向主要集中在视频及移动领域，尤以移动端为重。先后投资了卓大师、点心等应用公司，并进行了两笔重大收购：19 亿美元收购 91 无线，3.7 亿美元收购 PPS 视频。移动端的流量去向主要有二：一是以浏览器为载体的 wap 网页或 wap app，二是 native app。网站主或开发者的数量越多，则百度的平台地位将越显重要。因此，百度需要在移动互联网培育起自己的生态圈。此前百度一直致力于推广移动云，面向开发者开放大量云技术，就是旨在将开发者纳入自己的生态系统当中。但云技术偏重 wap app，而收购 91 天线显示百度对于 nativeapp 市场也开始显现出足够的重视，旨在进一步加强在移动应用分发方面的入口作用，并双管齐下推动生态圈。

百度收购 PPS，也是弥补百度在移动视频业务上的短板。百度旗下的爱奇艺合并 PPS 之后，将达到两个行业第一，一是全平台用户规模，二是用户时长。全平台用户规模主要指“PC 互联网 + 移动互联网”的用户规模。这一服务对于用户有很高的黏性，有社交网络特性。百度的移动互联网布局日渐清晰，形成了移动搜索、移动分发、移动视频和 IBS 四大业务为矩阵的最强入口，又通过百度地图、百度钱包、去哪儿等重要应用强化消费生活 O2O 服务。百度已有的移动互联网产品涉及中间页、应用市场、搜索、浏览器、输入法、云存储、资讯新闻等各个领域。

2014 年百度的投资和收购仅有 15 起（见图 2－3），投资的领域也不太多，主要集中在企业、文化娱乐、教育等领域，投资总额约 15 亿美元，在移动互联网的投资仅 0.53 亿美元，占比 3.5%。2014 年百度最大的一笔是 6 亿美元投资硅谷新兴公司 Uber，抢占打车市场，拓展中国 O2O 服务。就像先前在视频领域的争战一样，在打车和其背后的支付领域，百度不愿意看到腾讯和阿里凭借滴滴和快的占领市场，滴滴和快的已经在各大城市有了布局，且有固定的用户群，Uber 虽然慢了一点，但最终也会形成“三国之战”的局面。

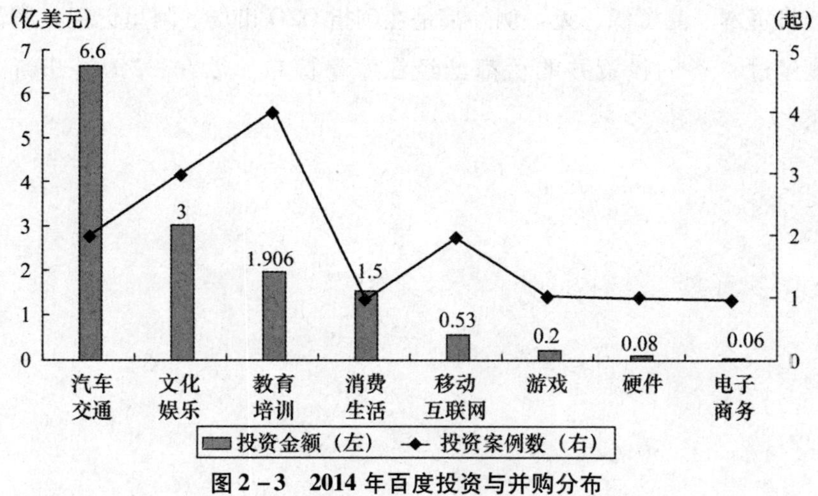

图 2－3　2014 年百度投资与并购分布

资料来源：邓正红软实力研究应用中心。

从投资案例数来看，百度 2014 年投资最活跃的当属教育领域，有 4 起投资，包括 1 起收购，这些公司有教育平台服务的传课网、语言学习服务商沪江网、出国留学服务商智课网、大学生教育和考试考研服务万学教育等。文化娱乐领域，百度牵头成立的爱奇艺进行 3 亿美元新一轮融资中，百度有继续跟投；再就是彩票领域的乐彩、国外做视频技术服务的 Pixellot 等。消费生活领域，百度全资收购了糯米网剩余股份，并将其业务拓宽至二三线城市。

相比较阿里和腾讯在各种生活服务类应用方面的投资，百度更加注重人工智能和深度学习。2014 年百度的研发投入 11 亿美元，全面涉足人工智能、人机交互、深度学习、图像识别、无人驾驶汽车、车联网等前沿领域，成立硅谷研究院，从技术角度着眼未来的发展。但是如百度首席执行官李彦宏所讲，百度这些投入还处于早期阶段。国际市场上，2014 年百度在亚洲、北美洲、欧洲和南美洲都进行了布局，成为三巨头中国家跨度最大的公司，2014 年李彦宏随国家主席习近平出访巴西，随即便收购了巴西的电子商务公司 PeixeUrbano，布局南美。

如今三大巨头已经直接或间接控制了 90% 的打车软件市场、81% 的团购市场、82% 的手机地图市场和 85% 的移动支付市场。三巨头之间抢用户、拼资本、圈资源，无一例外都是在剑指 O2O 市场。阿里巴巴、腾讯和百度经过一番的投资并购后都已经在摩拳擦掌，欲在 O2O 展开新一轮厮杀。

人气——互联网时代的人民战争

前面对三巨头的生态布局进行了描述，再看看它们的实力对比（见表2-3）。2014年，硬实力体量最大的当属阿里巴巴，除了营收比腾讯少13.09亿美元，其资产规模达435.15亿美元，是腾讯的1.6倍，百度的2.7倍；从软实力看，阿里巴巴的利润率最高，达38.2%，高出腾讯8个百分点，高出百度11.3个百分点，市值是腾讯的近2倍，是百度的3倍多，价值放大比例也是腾讯和百度的2倍多，因此，它的软实力指数最高，为0.524，分别高出腾讯和百度4.9个百分点及5.8个百分点。

阿里巴巴的综合价值

表2-3 2014年阿里巴巴、腾讯、百度的硬实力及软实力对比 单位：亿美元

公司名称	硬实力			软实力			
	营收	资产	指数	利润率	市值	价值比例	指数
阿里巴巴	114.13	435.15	0.745	38.2%	2576.86	22.579	0.524
腾讯	127.22	275.87	0.864	30.2%	1347.87	10.595	0.475
百度	79.06	160.63	0.889	26.9%	783.15	9.906	0.466

资料来源：邓正红软实力研究应用中心。

阿里巴巴的高市值决定了它的软实力指数最高，高市值与股市人气分

不开，当然，不排除其中有人为炒作的泡沫因素。阿里的资产体量最大，但它的硬实力指数最低 0.745，说明它的资产活性不高，软实力转化能力不强，在资产大体量的情形下，阿里资产臃肿的现象必然突出。

在软实力指数评价体系中，价值放大比例（简称价值比例）是评价公司运营价值的重要指标。在三巨头中，阿里巴巴的软实力高居第一，最有说服力的证据就是阿里高达 22.579 的价值放大比例，这是一个什么概念呢？就是 1 美元的营收产生 22.58 美元的价值，这 22.58 美元的价值包含了为消费者、商户、就业者、投资者、员工以及政府、社会提供的各类价值，从表面上讲包括经济价值、环境价值和社会价值，甚至从国家战略层面讲还有“政治价值”，这些价值就构成了阿里巴巴的综合价值。

前文说了，阿里巴巴上市创造了两大奇迹，一个是阿里巴巴首次公开募股共融资 250.32 亿美元，创下了美股史上规模最大的一桩首次公开募股交易；另一个则以高达 2314.39 亿美元的市值惊艳华尔街，被视为“中国崛起”的一个缩影。15 年时间成就了阿里巴巴这个世界级优秀公司，市值超过 202 年历史的美国花旗银行（市值为 1617 亿美元，比阿里巴巴少 700 亿美元），真是叫人拍案称奇！

同样，阿里巴巴 2014 年高达 22.579 的价值放大比例也创下了美股史上的互联网奇迹。读者可能有所不知，美股史上公司价值放大比例超过 22 的仅 4 家公司，分别是雅虎 1999 年价值比例 219.396、亚马逊 1998 年价值比例 27.796、思科 2000 年价值比例 24.154、甲骨文 2000 年价值比例 22.624。然而，这 4 家公司的高价值比例纪录不是奇迹，却是“畸迹”。因为这 4 家公司的高价值比例是在美国互联网泡沫经济走向巅峰时产生的，很明显，是泡沫经济下被狂热的股民炒作出来的畸形价值。1998 年，亚马逊成立才 3 年，公司上市不到两年，1998 年的营业额仅 6.1 亿美元，市值却高达 169.5 亿美元；而有着 113 年历史的西尔斯，其营业额高达 413.22 美元，市值仅 158 亿美元，低于亚马逊 11.5 亿美元。1999 年，雅虎仅凭 5.89 亿美元的营业额就赢得高达 1291.38 亿美元的市值。以上两家公司的价值放大无论从哪方面分析都是不正常的。关于泡沫经济下的畸形价值，

作者在2014年9月出版的《从客户体验到技术为王：移动互联网时代的掘金之路》（中国发展出版社）一书中有专门的分析，这里就不赘述了。

曾有华尔街人士质疑，阿里巴巴一上市即创下2314.39亿美元的高市值纪录，是新一轮互联网泡沫经济爆发的前兆，或者再次引发泡沫危机。但是，事实并非如此，此一时非彼一时也。一是美国经济在经历金融危机后正处于向好的复苏期；二是阿里上市是积15年之大成，并非刚出道的创业公司急功近利；三是阿里之前已是香港联合证券交易所的上市公司。如果阿里市值是泡沫助成的话，那全中国就没有一家真正的互联网公司了。当然啦，老美总是不习惯“中国崛起”，做空、说怪话、“鸡蛋里挑骨头”是他们一贯的伎俩，我们也习惯了，见怪不怪，不足为奇。

阿里巴巴2014年高达22.579的价值放大比例是继最大融资规模、高市值之后的又一大奇迹，排除泡沫经济下的畸形价值，美股史上的互联网公司还没有达到过这个水平。纵观中美两国的互联网公司，只有谷歌一家公司能与之媲美。谷歌上市后的第二年（2005年），营收61.39亿美元，市值达1267.8亿美元，价值放大比例高达20.653，此时距谷歌创立已有7年。作者长期研究美股价值，认为谷歌这个价值比例是真实的价值放大，因为谷歌具备相应的实力和规模。谷歌这个价值比例创下了自泡沫危机之后美股史上互联网公司最高价值放大纪录。9年后，阿里巴巴横空上市，刷新了谷歌创造的这项纪录。当年谷歌是1美元营收产生20.65美元价值，阿里则是1美元营收产生22.58美元价值，比谷歌多近2美元的价值。

公司价值放大取决于人气

互联网时代，公司价值放大取决于人气，持续旺盛的人气是公司不竭的价值源泉，而催生人气的根源是公司的软实力。当然，公司人气的来源是多元的，比如投资者的人气、消费者的人气、合作者的人气、员工的人气等。公司用自己的价值方式聚拢这些人气，又通过这些人气实现营收和利润，提升股价。泡沫经济下的价值是畸形的，是因为只重视投资者的人气，用投机的策略过分迎合股民，而公司自身的业务拓展却踱脚不前，就造成公司市值被抬得奇高，公司营收就那么一点儿，看似四两拨千斤，软实力在起作用，实际上这样的价值尽是泡沫，一捅就破，难抗风险，经不起市场的检验。

雅虎就是一个例子，1999 年雅虎仅 5.89 亿美元就“吹”出 1291.38 亿美元的市值，你信吗？5.89 亿美元的营收，如果按照谷歌 20.653 的最高价值比例纪录，充其量就 121.65 亿美元的价值，也不过 1291.38 亿美元的 1/10。雅虎作为最早出道的第一代互联网公司，2001 年泡沫经济破灭后，雅虎市值跌至 100 亿美元，可谓一落千丈，说实在的，雅虎的那点营收成绩也就这个价值！10 年来，雅虎不思改悔，继续采取投机取巧的办法取悦股民，欲再创股市辉煌，但由于忽视广大用户的价值体验，结果营收不增反倒不断萎缩，价值比例也如庐山瀑布，飞流直下。2005 年营收 52.58 亿美元，2011 年营收则降至 50 亿美元以下，泡沫危机后的 2003 年雅虎价值比例仍高达 19.082，到 2011 年则降至 3.694，显然，雅虎正走向衰落。2012 年 7 月，雅虎首席执行官梅耶尔上任后，将用户体验和移动互联网作为雅虎复兴计划的目标，大肆收购创业公司，广纳技术创业人才，用户体验得到极大的改善和提升，虽然短期内营收徘徊而无增长（2012～2014 年的营收仍在 50 亿美元以下），但价值放大成绩斐然，2012 年、2013 年、2014 年的价值比例分别为 4.685、9.717、10.178。两年多年来，雅虎 1 美元营收产生的价值已是 3 年前的近 3 倍，价值增幅达 175.53%。

1998 至 2000 年美国互联网泡沫经济引发公司价值被推至极高，那是违背股市常态的“群体性事件”。13 年后的美国股市又冒出一桩公司价值靠制造股市人气、被极度抬高的“泡沫事件”；不过，读者不用担心，这仅仅是个案，而且也没有任何迹象表明美股会泡沫化。2013 年 11 月 7 日，成立达 7 年之久的美国互联网公司推特在纽约证交所上市，发行价 26 美元，开盘 45.1 美元，收盘较发行大涨 72.69%，市值达 244.57 亿美元。到 2013 年底，推特全年营收 6.65 亿美元，市值涨至 367.6 亿美元，价值放大比例高达 55.287，完全可与泡沫经济时代“畸高”的价值放大比例“媲美”。这么高的价值比例是谷歌最高纪录的近3倍，很不正常。

从推特一上市，华尔街一些专业投资人士就比较看空推特，认为该公司的基本面并不支撑股价的暴涨，即便是最看好推特的投资人，也对推特未来的股价走势感到担忧。推特2012年营收仅3.17美元，亏损7940万美元；2013年营收6.65亿美元，亏损却高达6.45亿美元。即使按谷歌的最高纪录，6.65亿美元的营收能放大到137亿美元就已到顶了，反过来，按367.6亿美元的市值，营收至少应达到17.8亿美元，而推特的营收与此相差62.64%。多出来的230亿美元市值近乎疯狂，难免涉嫌泡沫，让人们不禁怀疑是否科技股的泡沫又来了。互联网分析人士表示，泡沫肯定存在，按照正常情况推特可能需要几年时间才能做到那样大的规模和市值，而上市的成功让推特透支了未来几年的增长。

对于推特的高估值，华尔街早已展开了一场基于泡沫化的激辩。因为像这样的社交媒体互联网公司，其前景假设比如未来收入增长状况、用户规模、使用活跃度等并没有向投资人交代清楚，模糊不清。推特股价在上市首日的暴涨，它是否有足够的营收能力来支撑如此高的股价，仍是问号，也令市场产生了一些担忧，明摆着投资人为股票支付了虚高的价格。投资公司Pivotal Research就第一个给予了该公司股票“卖出”的评级。Pivotal Research指出，“当推特股价达到30到40美元区间的高端并进一步上涨，这家公司的股价就明显偏高”。

专业人士看空推特，推特却能获得如此高估值，最关键的是，推特善于表演，通过“积极画饼”，使投资人产生想象力，对其价值超常放大。这一招，用中国的成语，就是“哗众取宠”，博取投资人的支持，与雅虎当年的做法如出一辙。推特上市时，有2.3亿活跃用户，约为脸谱的1/5，脸谱上市时（2012年5月18日）有9亿用户。在上市之前，推特展开了全球化的路演，不断宣传其即将面市的“秘密武器”——移动端广告系统，希望复制脸谱在移动端所创造的传奇；同时，收购Vine也好、收购多家广告系统公司也好，都无疑给大家画了一个大饼，大大提升了市场的想象力。无论这个利好有多大，都符合市场的口味。还有一个细节，就是谁来敲响开市钟，也是经过推特精心设计的。脸谱上市，是其创始人、首席执行官马克·扎克伯格敲响开市钟，推特则巧妙地选择了三个不同面向的用户来敲开市钟，从娱乐、慈善公益和政府宣传三个角度来体现该公司的价值。

推特上市股价表现很好，跟市场大环境也有很大的关系。当时美国股市在历史新高的位置，而且在上市首日，散户投资人能够买入这家公司的股票。通常情况下，散户投资人会被排除在企业的首次公开招股之外。市场流动性好，很多人手里拿着很多钱等着买。总之，多种因素发生了很大的共振作用，最终导致推特如此之高的估值，意外但是不神奇。在如此高的估值之下，如果未来画的饼不能兑现，推特的泡沫注定会破灭。

到 2014 年，对推特股价的看空得到验证，推特价值之外的泡沫终于破灭。推特全年营收 14.03 亿美元，与作者按谷歌最高价值比例推算的 17.8 亿美元营收仍相差 21.18%（3.77 亿美元），继续亏损 5.78 亿美元，市值回落至 234.86 亿美元，价值放大比例为 16.740。与上年相比，价值放大收窄幅度为 69.72%，与作者按谷歌最高价值比例推算的 62.64% 的泡沫成分相差不大。推特新的业绩表明，它的 1 美元营收产生 16.74 美元的价值才是其真实的价值水平，在此之上的都是泡沫。如果按照 55.287 的放大比例继续泡沫膨胀，推特 2014 年的市值将会涨至 775.68 亿美元，是其实际值的 3.3 倍。但觉醒后的投资者并不那么好“骗”，他们绝不会傻乎乎地把钱投到水里。

赢得人气是持久战

讲到人气，想起了陈毅元帅的一句名言：淮海战役是人民群众用小车推出来的。在战役期间，民工的支前是战役中最动人心弦的一幕。江苏、山东、安徽、河南等地的人民用极大的物力、人力支援了战争。这四省共出动民工 543 万人，其中随军常备民工 22 万人，二线民工 130 万人，后方临时民工 391 万人；担架 20.6 万副，大小车辆 88 万辆，挑子 30.5 万副，

牲畜76.7万头，船只8539艘；筹集粮食9.6亿斤，运送到前线的粮食4.34亿斤。

到了战役的第三阶段，参战兵力与支前民工的比例高达1:9。这种空前浩大的人力动员，解放区表现出异乎寻常的承受能力，如民工支前负担最重的鲁中南区，以第六分区的统计为例，该区共出动49万民工（常备民工17万，临时民工32万，许多临时勤务尚未计算在内）占其总人口300万的16%以上。按惯例，人民负担战争的人力一般不能超过总人口的12%，即8个人中抽1个民工，除去老弱妇孺，几乎是动员了全部的青壮年男性，而此次动员的民工高达总人口的16%，可以说超出了最高的负担界限。而永城、夏邑、宿县几乎是全民动员。人民提出的口号是“倾家荡产，支援前线，忍受一切艰难，克服一切困苦，争取战役的胜利”。

整个解放战争就是一场声势浩大的人民战争，国共两党的较量就是赢得民心的较量。谁站在人民一边，谁就会聚集人气，得到人民全力以赴的支持；谁与人民为敌，谁就是众矢之的，必然遭到天下人的唾弃和驱逐。互联网经济时代，企业与企业的竞争说到底亦是人气之争，人气代表价值，即价值需求得到满足，这是企业软实力的体现。企业有了人气，就有了自己的生态，就可产生营收，实现利润，提升市值。因此，互联网时代的竞争也是一场争取人气的人民战争。

对企业来说，赢得人气不是一时的而是持久的，不是单方面的而是全方位的。雅虎、推特虽然靠人气创造了极高的价值放大比例，但那是不健全的人气，是靠投机制造的股市人气，由此产生的市值涨得快且高，跌得也快亦惨。为什么？因为它们的业绩太小，撑不起过高的股价。互联网本身的特点就是虚拟经济，光靠“画饼充饥”是没有生命力的。公司价值最终取决于公司手中的真金白银，业绩——营收、利润始终是互联网经济的王道！

任何一家公司的价值不在市值本身，而要看它所从事的业务能够惠及多少人，这才是互联网人气经济的核心所在。阿里巴巴一上市就创造了2314.39亿美元的市值，并刷新美股公司价值放大纪录，绝不是靠哗众取宠的小伎俩得来的，那是它15年来累积的人气体现。习近平主席在向首届世界互联网大会发出的贺词中表示，中国正在积极推进网络建设，让互联网发展成果惠及13亿中国人民。那么，阿里的互联网经济又惠及多少人?

2014年，中国拥有互联网网民6.4亿，阿里巴巴中国零售平台上的活跃买家数达到了3.34亿，占据中国网民的一半以上，整个人口的1/4。这是阿里巴巴能快速成功的社会基础。阿里的买家以年轻人居多，本来世界是年轻人的世界，谁拥有年轻人，谁就拥有明天。这一点在阿里巴巴十分明显，一个商家有3.34亿个忠诚的消费者，在传统商界是不可能想象的，也是很难做到的。

阿里巴巴有900万家商家，给社会提供了1000万个就业机会。中国每年快递包裹总量为57亿件，其中，阿里巴巴的快递包裹就是37亿件，这是一个多么庞大的产业链，仅物流快递环节的就业岗位多达数百万个。阿里巴巴创造了一个虚拟环境下的就业平台，让大量失业人员找到了创业的机会，尤其是不少创业的残疾人、下岗职工、缺乏本钱的无业人员，这些社会的弱势群体能够在阿里巴巴的平台上求得一线生机，甚至有的还发了大财，这是传统型企业很难做到的。

2014年全年阿里巴巴中国零售平台实现商品成交总额3700多亿美元，全球最大的在线和移动电子商务公司地位进一步强化，承载了超过8%的中国全社会消费品零售总额。根据艾瑞咨询的数据显示，以GMV（总交易额）计算，阿里在中国移动电商领域占据86%的市场份额，手机淘宝不仅是遥遥领先的移动电商头号应用，也在各种榜单上位列中国最流行的APP之列。

阿里首席执行官陆兆禧表示，“我们实现了一个强劲增长的季度，各项关键运营指标持续增长。我们的业务表现优秀，并且我们的业绩展现了阿里生态系统的强健和可持续增长的强大基石”。阿里首席财务官武卫也表示，“我们继续执行专注的增长战略，并且业务的强大基础给予了我们投资新计划，增加新用户，改进用户互动和体验的信心，扩张我们的产品和服务，驱动长期的股东价值”。

在2014年第四季度，阿里巴巴对员工的股权奖励支出达到了7亿美元，比上年同期大幅上涨554%，是当季收入的16%之多。这是阿里继上个季度近5亿美元奖励员工以后，再次大幅度回馈员工。这些激励主要以发放受限制股份的形式惠及诸多员工，是阿里巴巴集团长期激励计划中的一部分，而并非一次性的激励行为。未来，将会有更多的员工从阿里巴巴集团的成长中获益。2014年度历史性上市和员工激励帮助阿里巴巴吸引了来自全世界各地的顶尖人才，吸引了从世界级数据科学家、顶尖程序员到提升客服体验的专家加盟阿里。

前面讲到雅虎、推特泡沫性的高市值之所以破裂，是因为它们把股东摆在第一位，走的是“先市值后业绩”的路线，而阿里所走的路线与前面两家公司恰恰相反，是“先业绩后市值”，业绩是基本面，只有业绩稳固了，公司价值才能高高耸立。阿里巴巴一直坚持着这样的人气原则：客户第一，员工第二，股东第三。阿里在招股书中称，在新经济时代，让客户满意的最主要因素是员工，没有勤奋、快乐、激情敬业和富有才华能力的员工，给客户创造价值就是一句空话。没有满意的员工队伍就不可能有满意的客户，没有满意的客户绝对不可能有满意的股东。阿里潜心15年做业绩、聚人气，用惠及数亿人的价值打通了所有的人脉，最后上市获得投资者的高度青睐也就是必然的了。阿里巴巴打了一场互联网时代的持久的、漂亮的人民战争！

第5节

阿里云有了“中国亚马逊”的雏形

在阿里巴巴上市前，无论按营收规模还是按公司价值，亚马逊都是世界第一大电商；可阿里巴巴一上市，一跃成为全球最有价值的电商，亚马逊在这方面只得屈居第二。阿里巴巴“客户第一”的人气原则与亚马逊“一切从客户出发”的人气原则高度吻合，只是表述稍有差异，且2014年亚马逊营收889.88亿美元是阿里巴巴营收114.13亿美元的7.8倍。按理说，投资者应该毫不犹豫地将亚马逊高高举在价值第一的位置，但这个头筹已被后来的阿里巴巴轻而易举地拔得，是否说明上文所说的“先业绩后市值”的价值路线有谬？

亚马逊18年只有6%的盈利能力变现

路线没错，主要是亚马逊在战略操作上得罪了股东，迫使股东以股价下跌的方式教训亚马逊。2014年9月19日，阿里上市的日子，亚马逊当日收盘331.32美元，到12月31日收盘跌至310.35美元，跌幅6.33%；阿里上市首日收盘93.89美元，到12月31日收盘涨至103.94美元，涨幅10.7%。一跌一涨，这也是阿里巴巴成为全球最有价值电商的原因。

2014年亚马逊在全球的活跃用户达3.7亿，比阿里巴巴3.34亿的用户还要多3600万。无论从营收规模还是从用户规模，亚马逊的人气都远超阿里巴巴。以营收论，亚马逊已是全世界首屈一指的电商巨鳄，而阿里巴巴充其量不过是电商大鳄。自1997年上市以来，亚马逊每年在基础设施建设和技术研发上的资金投入从没停止过，而且数额巨大，为的是布局未来，带来更好的用户体验，因此，它的营收增长和业务扩张极为迅猛。亚马逊首席执行官杰夫·贝佐斯在1997年致股东信中写道：“亚马逊将利用互联网为客户创造真正的价值，同时希望建立一种经久不衰的专营权利，不管是对于已经建立的市场甚或更大的其他市场。”

营收做大了，人气上来了，但有一点，股东们仍很恼火，问题在于亚马逊长期亏损，利润少得可怜。面对华尔街的声讨和指责，贝佐斯似乎置若罔闻，他竟然说：“利润像是维生的血液，却不是存在的理由，人不会为了血液而生存……1995年12月，亚马逊曾经短暂获利了一小时，但那也许是一项错误。”贝佐斯认为，要创新，就要接受长期的误解。按贝佐斯的意思，亚马逊盈利是轻而易举的事，但为了亚马逊的长远价值，他拒绝将亚马逊的盈利能力变现。基于此，贝佐斯与投资者的关系一直处于僵持状态，几乎从没有从根本上调和过。

事实也是如此，亚马逊的盈利能力还是蛮强的，只是为了抢占未来竞争的制高点而不想变现。从表2－4可知，从1997年上市到2014年的18年，亚马逊累计利润不到20亿美元，阿里巴巴2014年的利润就达43.58亿美元，是亚马逊18年利润总额的两倍多。可想而知，尽管投资者相信亚马逊的战略，但18年的盈利就这么一丁点，能不恼火吗？再看亚马逊每年的研发投入，18年总计投入306.551美元，研发要记入成本，冲抵利润，每1美元的研发投入就要冲减1美元的利润，如果将这些研发成本节省下来，18年亚马逊总计盈利325.953亿美元，研发投入占到总盈利的94%，只有6%的盈利能力变现。

对公司来说，得罪用户就会失去营收，得罪股东就会失去资本支持。贝佐斯的脾气很倔，在战略上“一意孤行”，但他仍然在努力和股东保持沟通。从1997年上市以来，贝佐斯每年都会致信股东，阐明亚马逊长远的价值追求以及客户利益和股东利益的一致性。

表 2－4 1997～2014 年亚马逊利润和研发投入一览 单位：亿美元

年份	利润	研发投入	合计
1997	－0. 31	0. 125	－0. 185
1998	－1. 245	0. 468	－0. 777
1999	－7. 2	1. 597	－5. 603
2000	－14. 113	2. 693	－11. 42
2001	－5. 67	2. 412	－3. 258
2002	－1. 49	2. 156	0. 666
2003	0. 35	2. 078	2. 428
2004	5. 88	2. 512	8. 392
2005	3. 30	4. 51	7. 81
2006	1. 9	6. 62	8. 52
2007	4. 76	8. 18	12. 94
2008	6. 45	10. 33	16. 78
2009	9. 02	12. 40	21. 42
2010	11. 52	17. 34	28. 86
2011	6. 31	29. 09	35. 4
2012	－0. 39	45. 64	45. 25
2013	2. 74	65. 65	68. 39
2014	－2. 41	92. 75	90. 34
合计	19. 402	306. 551	325. 953

资料来源：邓正红软实力研究应用中心。

早在 1997 年的致股东信中，贝佐斯就提出了以创造长远价值为核心。他说："如果被要求在最优化财务报表和最大化未来现金流二者之间做出选择，我们会毫不犹豫地选择后者。"贝佐斯在每年的致股东信中都会附上 1997 年的致股东信，表明他们对价值追求的一贯性，并特别推荐股东阅读"关于长期投资价值"那部分内容。

亚马逊将利润投在未来的价值上，旨在未来持续赚取更多的钱。对此，贝佐斯给股东打强心针："我们坚信，股东的长期利益和用户利益紧密联系在一起。如果我们努力方向对了，现有客户的重复消费率将提升，新增用户数量会提升，公司现金流也会增加，股东的长期价值随之而增加……最后我想说的是，我们一直都致力于通过提升用户价值，进而提升投资收益的方式，来扩大我们在电商领域的领导地位，离开其中任何一方，我们都不可能成功。”

试想一下，亚马逊这么一个全世界的电商巨鳄，怎么就赚不到钱，原来这些钱都放到未来发展中去了。但是，投资者的天性是要赚钱，如果亚马逊不在盈利变现上有所体现，投资者就会逐渐失去耐心，这给亚马逊的发展会带来极大的不利。2014 年，亚马逊的股市表现为最糟糕的大市值科技公司之一，从 1 月 21 日全年股价最高点 407. 05 美元跌至 12 月 31 日的 310. 35 美元，全年累计跌幅达 23. 8%。进入 2015 年仍继续下跌，到 1 月 15 日降至最低点 286. 95 美元，较 2014 年进一步下跌 7. 5%。显然，投资者对亚马逊 2014 年盈利情况的不满已在股价上发泄了出来。

2014 年，亚马逊的研发投入高达 92. 75 亿美元，创公司历史之最，全年却亏损 2. 41 亿美元。自上市以来，股东们与亚马逊风雨同舟 17 年，对亚马逊的“不赚钱”已表现出足够的理解和耐心，但 2014 年的业绩不但没看到 1 分钱的盈利，反倒亏损，叫人如何受得了？亚马逊在研发上哪怕少投入 2. 75 亿美元，也能盈利 0. 34 亿美元。可是，亚马逊就是做得出，一点也没顾及投资者的感受。亚马逊在迅速崛起的同时，似乎一直忽略了对股东的关注。贝佐斯曾强调，他比大多数投资者具有更长远的眼光，以化解外界对他高额的研发支出支出方面的批评。2014 年底，他还夸口称，平均每年只花 6 小时在投资者关系上。既然如此，投资者就只能在股价上采取实质性的行动，而这已对公司的估值构成了影响。更何况此时亚马逊正进行快速扩张，依赖股价吸引杰出人才。

投资者在股价上的报复似乎已经引起亚马逊的重视。在 2015 年 1 月召开的 2014 年第四季度财报电话会议上，亚马逊称 2015 年将首次向外披露其快速增长的云计算部门 Amazon Web Services（AWS）所取得的成效。2015 年将专注于让旗下资产获得更大产出，并强调对流媒体视频服务和物流基础设施的投资已经开始获得收益。亚马逊首席财务官汤姆·斯库塔克表示，该公司正将“更大精力用于确保让各种固定和可变资产获得巨大的生产力”。美国 Key Private Bank 高级股票分析师罗布·布莱扎指出：“本季度，亚马逊展示了当他们专注于利润时所能取得的成效。如果他们的营收能实现百分之十几的增长，并在此基础上实现盈利，那么其股价将做出反应。”

长期以来，投资者一直要求亚马逊更多披露其增长最快和可能最赚钱的 AWS 部门取得的进展。但亚马逊通常拒绝透露除最基本财务数据以外的更多细节，包括年费为 99 美元的 Prime 项目会员数是多少，或者其广泛投资是否得到回报。亚马逊在其第四季度财报中披露了更多信息，以及强调在投资上将更有效率。贝佐斯在声明中还透露，2014 年全球范围内 Prime 会员数增长 53%，国际市场的增长超越美国市场——这是该公司首次披露这方面的数据。他表示，2014 年，亚马逊在 Prime 视频服务上投资了 13 亿美元，在 Prime 快递服务上投资了数十亿美元。无疑，亚马逊正在改变多年来一直对投资的冷漠态度，开始讨好华尔街，更愿意倾听投资者的呼声。

2015 年 3 月，亚马逊在美国东海岸与投资人举行了会晤。亚马逊这一反常态的做法似乎已经奏效。自 2015 年 1 月 15 日的 286.95 美元至 4 月 10 日的 382.65 美元，亚马逊的股价已累计上涨了 33%，收复了上一年的失地。亚马逊股价升幅的绝大多数，似乎都与投资人看好 Amazon Web Services 业务的未来发展相关，因为该业务让亚马逊在快速增长的企业云计算服务市场处于绝对领先的地位，亚马逊在公众云领域的份额达到了 64% 左右。

亚马逊兵临城下，与阿里巴巴短兵相接

市值是对公司各类人气的综合评价。阿里巴巴超越亚马逊、成为全球最具价值的电商，这是阿里上市后与亚马逊的第一轮较量，胜在人气。从前面分析可知，亚马逊的失策主要是得罪了投资者，阿里的胜出主要赢在

利润。阿里仅114.13亿美元的营收，利润高达43.58亿美元，而亚马逊以889.88亿美元、近8倍于阿里的营收，反而亏损2.41亿美元。投资者是很现实的，收益好的公司自然受到热捧。但是，如果仅凭此就评价阿里比亚马逊厉害，那还为时尚早。

阿里巴巴与亚马逊的第二轮较量是跨境电商。跨境进口电商被中国电商行业视为最后一片蓝海。2014年以来，跨境电商已成为电商业最热门的话题，两家中外跨境电商巨头都在抢着锁定优势，加快战略布局，已经各自跨越了边界，进入了对方的领地。未来，阿里巴巴与亚马逊之间必定会拉开一场惊天动地的战斗——为了各自的利益而战。

在中国市场，亚马逊完全被阿里巴巴的光芒掩盖。亚马逊以亚马逊中国（Amazon.cn）这个品牌在中国经营了近10年。它已经在客户服务和产品质量方面建立了良好的口碑，但其占据的市场份额仍然很小：2014年亚马逊中国在企业对消费者（B2C）市场上仅占据1.3%的份额，落后于阿里巴巴旗下的天猫、京东以及苏宁易购和唯品会（见图2－4）。

2014年8月20日，亚马逊中国宣布与上海自由贸易试验区、上海市信息投资股份有限公司达成合作，三方将在自贸区内合作开展跨境电子商

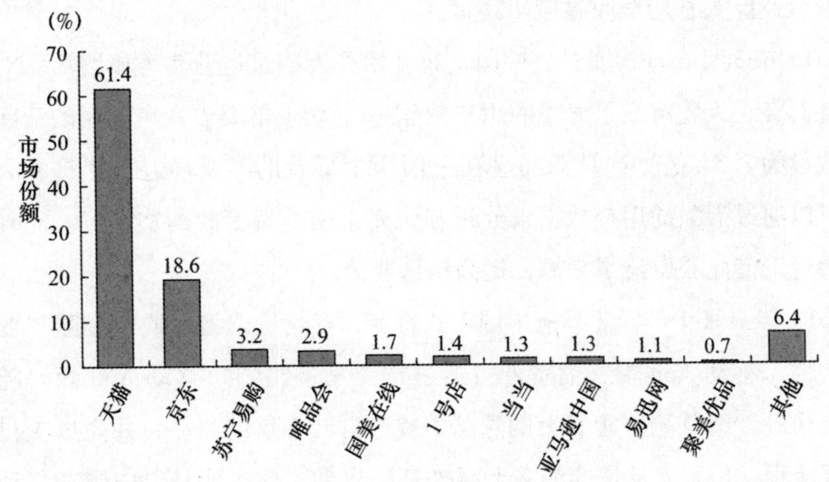

图2－4　2014年中国B2C购物网站交易规模市场份额

资料来源：邓正红软实力研究应用中心。

务业务，并在自贸区内建立跨境电子商务平台和物流仓储平台，为境内外客户购买亚马逊境外网站和中国网站商品提供服务，为中国企业出口商品配送全球提供物流仓储服务，打造辐射全球贸易的物流中心。利用自贸实验区金融创新政策，优化亚马逊公司融资结构，合作开展跨境电子支付服务。亚马逊在上海自贸区设立国际贸易总部，将把全球商品进口到中国，直接出售给消费者，也把中国卖家的商品卖到全球。这是继云计算业务（AWS）入华外，亚马逊又一次漂亮的进击。这一次，亚马逊向阿里开启全面战争。

亚马逊通过跟顺丰等物流企业合作，大幅降低直邮物流价格，并在时效上也有所加强，从消费者下单至收到商品耗时7～10天。而在保税进口方面，亚马逊将在上海自贸区自建的仓储中心备货，一旦有订单生产，可直接在上海发货，时效与中国本土网购相当。如果说淘宝代购还能给阿里巴巴带来营收，第三方海淘网站体量不够难以动摇阿里巴巴的生意之本，那亚马逊推出的直邮服务，才是真正的“狼来了”。借助于自贸区这块“试验田”，亚马逊的直邮业务终于落地了。如果说之前是亚马逊中国在和阿里巴巴竞争，那“全球货源直供中国”之后，亚马逊和阿里巴巴这两家全球电商业巨头开始全面碰撞。

2015年3月6日，亚马逊中国宣布开始在天猫试运营官方旗舰店。对亚马逊而言，天猫沉淀了海量的用户数据——2014年天猫和淘宝网的活跃买家数量为3.34亿，这是亚马逊在中国望尘莫及的。亚马逊选择进驻天猫，可以通过天猫的用户数据来分析和研究中国消费者的购物偏好。此外也希望可以借此获取流量来源，提高销售业绩。

2015年4月9日，亚马逊中国正式宣布，亚马逊“海外购”登陆“亚马逊购物”移动App端，消费者可通过“亚马逊购物”移动App随时随地从亚马逊“海外购”上百万的选品中挑选自己心仪的商品，并完成支付等购买流程，乐享方便快捷的掌上海外直购乐趣。此次亚马逊中国在移动领域首先发力“海外购”，旨在为消费者提供在移动端海外直购的机会，持续推进其国际品牌战略，为广大中国消费者打造更加便捷购买国际高品质商品的一站式选购平台。

阿里巴巴直抵“黄龙”，包抄亚马逊的“后院”

阿里巴巴进军亚马逊驻守的海外市场，则困难重重，更何况亚马逊也是一家没有边界的互联网企业。如何在海外创造本地化的电商模式将是阿里巴巴面临的最大挑战。与中国市场相比，美国规模最大的电商企业以B2C为主。除了亚马逊，排名前十的电商企业在线上和线下同时开展业务，而且商品的重合度低。以沃尔玛、百思买为例，它们的线上业务往往是线下业务的延续，并不会像中国大部分电商平台一样进行全品类经营。这是因为美国的零售业体系较为成熟，电子商务更被视为是一个新的渠道，而不是一次对零售业的颠覆和重建。

美国大的品牌商和零售商往往都已经自建平台，美国网民的消费习惯也更为成熟，他们信赖品牌，跟中国消费者对价格更为敏感不同的是，美国消费者更加看重企业的综合服务体验。阿里巴巴试图找到一条平稳过渡的道路。通过投资美国奢侈品网站1stdibs、亚马逊在物流领域的竞争对手ShopRunner，以及体育用品电商公司Fanatics，完成对美国市场进行的深度学习。

2014年6月11日，阿里巴巴集团宣布，由旗下美国子公司Vendio和Auctiva共同推出的全新购物平台11 Main（www.11Main.com）正式上线，为消费者提供来自“优质商户”的“有趣、高质量”的产品。11 Main主要服务于美国市场，对入驻商家采取邀请制，只有受到邀请的商户才有机会来11 Main上开设店铺。而被邀请加入平台的商家在带来本店独特产品的同时，又要保证产品的高品质。这在美国市场尚属首次，也意味着阿里巴巴将会在亚马逊、沃尔玛等零售巨头的“地盘”谋求一席之地。

2015年4月12日，中国中央电视台新闻联播报道：“阿里云美国硅谷数据中心已投入试运营，这标志着我国云计算企业开始全球布局。”3月4日，阿里云宣布北美首个数据中心投入试运营，向北美乃至全球用户提供云计算服务。这是继杭州、青岛、北京、香港、深圳之后，阿里云在全球

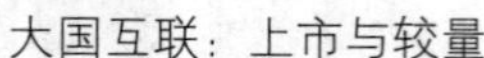

的第六个数据中心。这也意味着，阿里云开始在云计算的发源地，与亚马逊 AWS、微软 Azure 等展开竞争。至此，阿里云已经有了“中国亚马逊”的雏形。

阿里云副总裁喻思成表示，经过 6 年的积累，阿里云早已成为中国最大的公共云计算平台，也是世界上第一个对外提供 5K 云计算服务能力的公司。这些技术实力和运营服务经验，将帮助阿里云计算加速走向世界，与全球顶尖的云服务提供商竞争。中国香港和美国硅谷只是阿里云计算国际化战略的开始，阿里云将加快在北美、欧洲、日本、中东等全球各地选址，建立数据中心。

如果不算在中国境内销售的美国商品，近几年美国对中国每年的跨境消费品销售额只有 150 亿美元，预计到 2020 年这个数字可以增加到 2910 亿美元。业内曾猜测阿里巴巴可能对美国市场发起直接攻势，正好相反，阿里巴巴却以保守的方式在美国进行扩张，即采取联合亚马逊的对手对付亚马逊的策略。在支付宝的配合下，阿里巴巴利用中国消费者这张王牌，吸引美国的合作者，为美国零售商提供新的销售途径，向中国规模庞大、并且不断增长的消费人群销售商品，以扩展其在美业务。

这项计划旨在提高阿里巴巴在美国的知名度，获得重要的商誉，并为在美长期发展奠定基础。战略核心是推动阿里巴巴和支付宝与美国一些零售巨头达成协议，由其为这些巨头处理在中国的销售、支付和送货等业务。阿里巴巴瞄准的美国零售巨头，包括高端百货公司集团 Neiman Marcus Group 和奢侈品零售商 Saks Inc 等。阿里巴巴还将与零售服务商 Borderfree 以及美国新兴在线商城 Shoprunner 合作，以吸引中国消费者。其中，阿里巴巴持有 Shoprunner 部分股份，将与亚马逊 Prime 展开竞争。

亚马逊与阿里巴巴实力对比

电商巨头大战在即，战争还未开始就已硝烟弥漫。两家公司都已进入对方领地，从实力分析就可知各自的战略意图和价值效能。互联网竞争，

所有的资源都是围绕软实力较量展开。下面，借助软实力指数工具对亚马逊和阿里巴巴的实力进行对比（见表2－5）。

表2－5　2014年亚马逊与阿里巴巴实力对比　单位：亿美元

项　目	亚马逊	阿里巴巴
软实力指数	0.281	0.524
软实力价值	249.64	59.77
硬实力指数	1.622	0.745
硬实力价值	404.82	44.52
综合价值	654.46	104.29
资产总额	545.05	435.15
活性资产占比（%）	74.3	10.2
营业收入	889.88	114.13
每个用户平均营业收入（美元）	240.51	34.17
市值	1434.62	2576.86
价值放大比例	1.612	22.579
资源整合率（%）	80.3	49.2
商业模式运转频率	1.63	0.26
收入负荷	0.61	3.81

资料来源：邓正红软实力研究应用中心。

首先，从软实力看，阿里巴巴的软实力指数高出亚马逊24.3个百分点，为什么会高这么多？

仔细阅读表2－5可发现，在软实力指标体系中，阿里巴巴仅有市值及市值放大比例超过亚马逊，阿里市值是亚马逊的1.8倍，超亚马逊1142.24亿美元，价值放大比例是亚马逊的14倍。这两项指标都与股市人气有直接的关系。除此之外，阿里的其他软实力指标均不及亚马逊。股市人气是2014年阿里巴巴最辉煌的表现，比如阿里上市创下美股首次招股融资最大规模的纪录，2014年“双十一”购物狂欢节天猫淘宝交易额达93亿美元，更是将阿里股价推至2014年的最高点119.45美元。阿里巴巴的价值在股市得到充分放大，同时亚马逊的价值因为得罪股东而在股市下挫，一扬一跌，彼此的人气价值差距被更大地拉开，无形中就拔高了阿里软实力指数。

软实力指数是基于公司核心价值被放大的潜力评价，公司价值潜力有多大还得看软实力价值。将软实力指数折算成软实力价值，就能真实地看出公司的软实力水平。亚马逊按 0.281 的软实力指数折算，软实力价值为 249.64 亿美元；阿里巴巴按 0.524 的软实力指数折算，软实力价值为 59.77 亿美元。亚马逊的软实力价值是阿里的 4.2 倍。由此可看出，亚马逊的核心价值要比阿里大得多，而且阿里的市值有被过度放大之嫌，阿里高达 22.579 的价值放大比例，泡沫成分肯定是有的。2015 年阿里“假货风波”以来，其市值大幅缩水就是很好的佐证。

其次，从硬实力看，阿里的资产规模仅比亚马逊差 110 亿美元，两家基本上是属于同一个量级的，但阿里的营收只有亚马逊的 12.8%，为何会相差如此之大呢？

这其中就涉及资产的活性问题。所谓资产活性，就是资产投入运营能产生和带来价值，能产生价值的资产是活资产，不能产生价值的资产是死资产，能产生价值却没有产生价值的资产是沉淀资产。活资产称为有效资产，死资产和沉淀资产则是无效资产。资产是否具有活性，关键看软实力的作用。从用户的角度，企业软实力就是创造和提供价值的能力。如果企业所有的资产都在为用户创造价值，那么企业所有的资产都被软实力激活了，由此企业的营收水平就会随着资产规模的扩大而提高。

硬实力指数与软实力指数相匹配，都是对企业价值潜力的评价。软实力指数主要针对核心价值，硬实力指数主要针对放大核心价值，即有多少资产参与放大核心价值，又称资产活性。资产活性与资源配置、优化、整合有关。公司核心价值一旦被放大，转化成现实价值如营收，公司软实力指数就会下降。亚马逊的软实力指数之所以比阿里巴巴低，就是因为它的软实力在持续向硬实力转化，其硬实力指数高达 1.622，是阿里巴巴的 2.2 倍。亚马逊的资产只比阿里多了 110 亿美元，营收却是阿里的 7.8 倍，因为亚马逊有 74.3% 的资产发挥了价值作用，而阿里仅 10.2% 的资产发挥了价值作用。也就是说，阿里的非活性资产占比高达89.8%，而亚马逊只有25.7%的资产处于非活性状态。

亚马逊七成以上的资产都在为用户创造价值，而阿里仅一成的资产在发挥价值作用，亚马逊7.8倍于阿里的营收规模，硬实力所起的价值放大作用功不可没。硬实力承担了软实力价值的转化，亚马逊硬实力价值404.82亿美元，是阿里硬实力价值44.52亿美元的9倍。尽管阿里与亚马逊的资产规模相差不是很大，但从价值转化看，阿里的实力和亚马逊相比就有明显的的差距。亚马逊的综合价值654.46亿美元，高出阿里550亿美元，恰恰是它们资产差额110亿美元的5倍。从硬实力比对来看，亚马逊属于重价值型公司，阿里巴巴则属于重资产型公司。

对阿里来说，重资产不是好现象，它对互联网公司未来发展的阻碍是相当大的。之前作者专门写了一本书《从客户体验到技术为王：移动互联网时代的掘金之路》，深入对比了重价值和重资产这两类型公司，雅虎和亚马逊这两家在同一时期出生的互联网先辈，所走的路却截然相反，亚马逊越走越宽，雅虎却越走越窄，研究结论是，亚马逊得益于重价值，雅虎受害于重资产。雅虎缺乏自己的技术，曾寄托于通过收购来弥补这方面的不足，但大肆的收购并没有给雅虎带来营收增长，反而造成了大量的资产沉淀。阿里巴巴上市确实火了一把，也在通过大量的并购投资进行布局和扩张，但其未来到底怎样，人们或多或少都会联想到雅虎，更何况阿里和雅虎的渊源一直很深，难免会受雅虎基因习性的影响。

最后，从运营水平看，阿里巴巴的用户数与亚马逊基本相当，阿里巴巴的每个用户平均营业收入34.17美元，亚马逊的用户营收却高达240.51美元，两者为用户带来的价值效能相差7倍。亚马逊的用户群体主要购买中高端商品，大量的资产参与价值运营，为用户带来了丰富而满意的购物体验，使得用户的重复购买次数不断增加。阿里巴巴的用户群体主要购买中低端商品，参与价值运营的资产非常少，给用户提供的购物体验也非常有限，因此，用户给阿里做的营收贡献就显得很“小气”。

衡量公司软实力运营，还有一个重要指标——资源整合率，就是用别人的资产做自己的生意，这是减轻公司资产负重的有效途径。公司营收规模做大了，就需要相应的资产规模来支撑，这时候公司用软实力去整合别人的资源，本身就体现了公司的价值。亚马逊资源整合率高达80.3%，尽管资产规模很大，而真正属于亚马逊自己投入的资产仅占19.7%。这就是亚马逊体量庞大，却不显资产之重的奥秘所在。阿里巴巴之所以是重资产型公司，是因为它的资源整合率只有49.2%，也就是它的运营资产一半以上是属于自己投入的，从别人那里借来的资产却不到50%。2014年阿里上市融资250.32亿美元，但全年用于投资和并购的资金超过170亿美元，占融资总额的68%，阿里的资产就是这样变重的，是好是歹还难说，但愿不要重蹈雅虎的覆辙。

亚马逊资产规模比阿里大，运营上却是轻公司的形态，它的商业模式运转频率快，这么大的资产体量一年能运转1.63次，而阿里巴巴的商业模式运转频率仅为0.26次，亚马逊的运转速度是阿里的6倍。亚马逊的资产运营效率高，比阿里多出5倍的实现营收的机会，用户重复购买，亚马逊则重复运营，大大提高了资产的利用率，亚马逊的营收就是这样快速翻滚出来的。

收入负荷是指公司每实现1美元营收所投入的资产额度。收入负荷越小，公司就越轻，资产价值就越高；反之，公司就越重，资产价值就越低。收入负荷可以直接评价公司的轻与重。亚马逊的收入负荷为0.61，即投入61美分的资产，就能带来1美元的价值，资产增值率为63.9%；而阿里巴巴实现1美元的营收，要投入3.81美元的资产，资产贬值率高达73.8%。这就好比扫射目标，亚马逊用的是轻机枪，而阿里巴巴用的是重机枪甚至大炮。

从中美两家电商巨头的软实力指标比对，可得出结论：阿里巴巴的内质是重的，亚马逊的内质是轻的，一重一轻的最大差距是价值。互联网公司的竞争是为价值而战，而不仅是利润。亚马逊为长远价值布局做了近20年，而阿里巴巴才刚刚起步，在未来的竞争中谁是最后的赢家，其实已见分晓。

第6节 脸谱要与腾讯一决高下

移动互联网正以惊人的速度发展，并且快速分流传统互联网流量，一批移动社交应用也应运而生，包括脸谱的 Messenger、腾讯的微信、美国的 Snapchat 和 WhatsApp、韩国的 KakaoTalk、日本的 Line，其中人气最旺、用户量提升最快的当属 WhatsApp。WhatsApp 的月活跃用户自 2014 年 8 月达到 6 亿之后，几乎每隔 4 个月就增长 1 亿。2015 年 1 月，WhatsApp 宣布月活跃用户量达到 7 亿。4 月，WhatsApp 宣布月活跃用户量已达 8 亿（见图 2-5）。按照这样的增长速度，WhatsApp 月活跃用户量到 2015 年底时有望达到 10 亿。

WhatsApp：唯一比脸谱活跃度更高的应用

在约 1 年的时间里，WhatsApp 的用户数增长了 3 亿。作为对比，脸谱花费了约 1 年半时间，才使用户数从 4 亿增长至 7 亿。不过，那是在 2010～2011 年，即智能手机普及率还不是很高的情况下。2014 年脸谱月活跃用户达 13.93 亿，但其将月活跃用户量提升至 10 亿用了大约 10 年时间，而 WhatsApp 将只用 6 年的时间就达到 10 亿的人气规模。

WhatsApp 由美国人莱恩·艾克顿和乌克兰人简·库姆于 2009 年 12 月推出。他们两人曾经都是雅虎的员工。在互联网行业，作为 WhatsApp 联

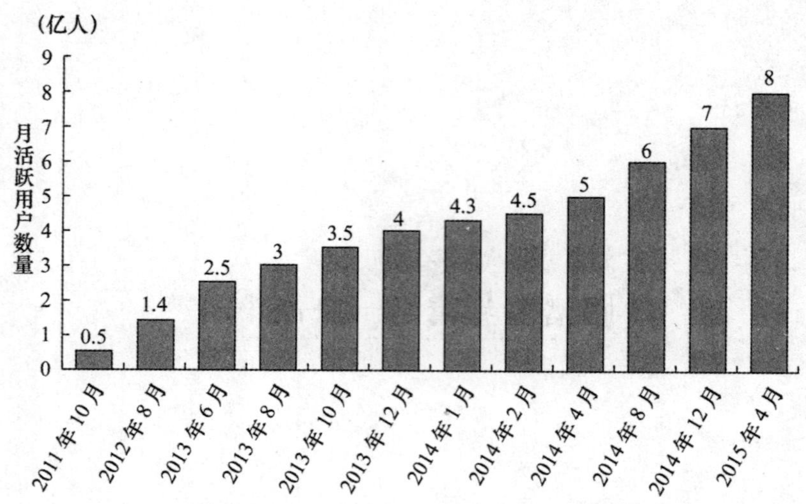

图 2-5 WhatsApp 月活跃用户数量变化

资料来源：邓正红软实力研究应用中心。

合创始人兼首席执行官的简·库姆十分特立独行，他反对网络广告、反对掺杂花里胡哨的功能，希望追求简简单单的（付费）纯聊天体验。相比于亚洲聊天应用微信、line、KakaoTalk 里的卡通聊天表情、游戏、社交圈分享等功能，WhatsApp 一概没有。

WhatsApp 对产品的定位就是手机短信的替代品，因为流量费比短信费便宜，并采用了美国创业公司更擅长的收费产品模式。值得注意的是，WhatsApp 应用是社交即时通讯的几个大佬中唯一收费的一个，每年 0.99 美元。即使在收费的情况下，WhatsApp 活跃用户数增长也是十分惊人的。2011 年 10 月至 2013 年 6 月，仅 1 年 8 个月的时间，WhatsApp 月活跃用户量就增长了 2 亿，即每月增长 1000 万活跃用户。这一数据对于一家 4 年前刚推出应用且不花钱来营销自己的科技公司而言，无疑是令人印象深刻的。

2013 年 7 月，WhatsApp 从一款一次性收费 0.99 美元的产品转变成每年收费 0.99 美元的产品，而且首次下载后可免费使用一年。这意味着对于想尝试使用 WhatsApp 的用户，这个产品可以免费使用了。这对吸引用户体验产品有很重要的鼓励作用，加快了活跃用户的增长。从 7 ~ 10 月，

WhatsApp 月活跃用户量增长了 1 亿，即每月增长活跃用户 2500 万。WhatsApp 的快速增长受到了许多公司的关注，其中包括曾经从短信服务中赚取巨额利润的电信运营商以及社交网络巨头脸谱等。

互联网社交巨头脸谱较早地进入了移动社交网络市场，2011 年曾发布手机聊天应用 FB Messenger，但反响差强人意，Line、微信以及其他移动 IM 软件很快超越了前者的发展。曾几何时，脸谱是青少年首选，是酷的代名词，但随着移动互联网的快速发展，脸谱对年轻人的吸引力渐渐下降，社区老龄化越来越严重。类似 WhatsApp、Snapchat 这类新应用却日益受欢迎，占领移动端和年轻人市场。据美国普林斯顿大学研究院研究显示，脸谱或许已走到自己繁华的尽头，越来越多用户逐渐忽视其魅力所在，并最终对其失去兴趣。

脸谱创立之初主要立足于桌面端，但用户从桌面端向移动端转移速度之快超乎脸谱的想象，各类移动社交应用有可能会在未来几年对脸谱的主导地位构成威胁，脸谱面临的最大机遇和挑战均来自于移动端，从基因层面上讲脸谱有着移动互联网的“焦虑症”。脸谱一直在努力弥补移动端的短板，研究 SnapChat、WhatsApp 和其他移动社交应用的特点，试图弄清楚它们究竟为何能够牢牢抓住青少年眼球，并对 SnapChat 显示出浓厚兴趣。

脸谱正遭遇青少年用户流失的问题，对青少年的吸引力正在降低，而“阅后即焚”式照片分享应用 Snapchat 主要的用户群恰恰是青少年群体，且这一用户群对 Snapchat 的喜爱度在快速上升。全球互联网市场是一个极其多元的市场，年轻用户群体喜欢新鲜应用，这要求脸谱不断地进行产品创新，但脸谱凭一已之力很难覆盖到所有角落，脸谱要实现自己“全球化”之梦，需要拓展自身技术，需要新的工具和新的专利来保持公司的全球领先地位，如果创新速度跟不上，就只能寻求收购能覆盖全球市场且用户基数稳固的移动应用来弥补。如美国《连线》杂志创始主编凯文·凯利所言：“互联网领域垄断是一种短暂垄断，很快会被下一代产品或下一代科技所取代。”

2013年11月，脸谱欲以30亿美元现金收购Snapchat，但是被对方23岁的首席执行官埃文·斯皮格否决了。一家成立仅两年的创业公司竟然拒绝了互联网巨头的收购，一个重要原因是，Snapchat未来的价值远不止于30亿美元。Snapchat拒绝脸谱收购，表明脸谱对创业公司的吸引力已经下降，预示着社交网络的未来：脸谱将不再是用户默认登录的社交网络。类似Snapchat的创业公司能够在高速发展的社交媒体领域快速崛起，也意味着用户花费时间的方式和场所都在发生改变。

遭到SnapChat拒绝后，脸谱逐渐把目光投向WhatsApp。WhatsApp不仅是SnapChat的竞争对手，在很多方面还超过SnapChat。2014年2月，脸谱和移动通讯应用WhatsApp达成协议，以190亿美元现金和股票收购WhatsApp。这是2001年时代华纳与美国在线合并后互联网产业最大规模的并购交易。脸谱首席执行官马克·扎克伯格与WhatsApp创始人认识多年，这笔收购谈判仅用11天，确定价格只用一周时间。并购后WhatsApp将保持独立运营，模式类似Instagram。2014年10月，脸谱完成对WhatsApp的收购交易，最终收购价格相比当初宣布的价格增长30亿美元，达到近220亿美元，主要原因是脸谱最近几个月股票价格出现上涨。

脸谱与WhatsApp从谈判到确定收购价格用了不到20天的时间，速度之快、价格之高，在互联网并购史上是罕见的。这次并购对脸谱来说简直就是一场生死之争。首先，事先谷歌也有强烈意愿收购WhatsApp，在与谷歌竞购的背景下，脸谱如果不快速拿下WhatsApp，极有可能会被谷歌捷足先登。谷歌在竞争WhatsApp时曾出价100亿美元，但最后还是不敌脸谱的190亿美元。其次，近几年亚洲市场兴起且发展迅速的一批移动通讯应用，包括微信、Line和KakaoTalk等，正大举进攻包括美国在内的国际市场，直接威胁到脸谱的核心领域，脸谱有被取代和颠覆的危险，必须尽快培育和加固自己的“护城河”。

脸谱收购WhatsApp是基于防御，价钱看起来比较高，但从未来发展看，最重要的就是时间成本，如果能用资金解决时间壁垒，再贵也值得，最起码的是消灭了一个潜在而强劲的竞争对手。扎克伯格表示，WhatsApp

是他们看到的唯一比脸谱活跃度更高的应用。收购不仅将解决 Facebook 青年用户流失的难题，长远来看，这些活跃用户可以成为脸谱在移动互联网上非常重要的资产。

在脸谱看来，WhatsApp 用户量正在迈向 10 亿人，能够达到这一级别的服务都拥有不可估量的价值。扎克伯格认为，对 WhatsApp 的收购显然能帮助 Facebook 加快移动服务领域的扩张速度。从 2013 年 7 月以来，WhatsApp 的月活跃用户量正以每 4 个月增长 1 亿的速度扩张，2014 年 2 月，WhatsApp 月活跃用户 4.5 亿，按照 4 个月 1 亿的增长速度，不用两年时间 WhatsApp 月活跃用户规模就可突破 10 亿。事实也是如此，2015 年 4 月，WhatsApp 月活跃用户达 8 亿，到年底就可达 10 亿。这说明，脸谱最看重的是 WhatsApp 快速扩张的人气，随着人气的持续上涨，WhatsApp 的价值也在不断推高。

只有拥有 10 亿用户才能赚钱

“人气规模”是互联网经济体系的驱动力，也是互联网巨头实现盈利的前提。虽然 WhatsApp 尚未获得主动性营收，但其巨大的信息交互量吸引了脸谱。WhatsApp 应用日均信息发送量超 420 亿条，远远超过全球短信发送量，巨大的信息里还包括每天 10 亿张照片、2 亿条音频消息和 1 亿条视频。扎克伯格强调，脸谱一直在努力向移动公司的方向发展，而 WhatsApp 是唯一一款在用户黏性的增长速度上超过脸谱的移动应用。扎克伯格认为，只有拥有 10 亿用户才能赚钱。无疑，WhatsApp 符合扎克伯格的长期远景。他在一场财报电话会议中说到：“在这 5 年多的时间中，我们提供了很多服务，我们正朝着 10 亿人的目标前进。这些服务包括 Messenger、WhatsApp、Instagram 和 Search。当我们形成这些规模，它们就能凭借自身的实力变成有意义的商业。”

随着移动互联网的发展，人们在移动场景下发生的社交行为越来越多，把握住了移动市场就等于抓住了未来的社交。脸谱在桌面端是全球最大的社交平台，但在移动端表现不佳。从脸谱国际化的战略看，脸谱收购WhatsApp主要是培育未来移动社交平台，将其对全球社交的统治力由桌面端延伸至移动端，借助WhatsApp不断开拓新兴市场，保持用户量的增长。

从市场占有率看，亚洲通讯应用在维持自身在本国市场的绝对优势外，也都在纷纷扩张国际市场份额。Line有86%的用户来自海外，但绝大部分集中在泰国、印尼、中国台湾、印度等亚洲地区。微信的国际路线也多集中在亚洲。不过，脸谱收购WhatsApp，对于微信国际化来说，也构成了一种挑战。

对于微信的国际化布局，腾讯董事局主席马化腾这样说过："成或不成，（腾讯）这辈子就这一次机会了。"显然，马化腾将腾讯的国际化押宝在微信上。脸谱、推特、优兔等全球有影响力的社交平台因各种原因未能进入中国，而微信恰恰抓住这个机会，主动进行全球布局。2011年1月腾讯正式推出微信，当年10月就推出了英文版，2012年4月，微信推出4.0版本，英文版微信正式更名为WeChat，并整合了脸谱和推特等多个社交网站内容。

脸谱收购WhatsApp，对于把微信视作国际化唯一机会的腾讯而言，这或许不算一个好消息。当WhatsApp这一并非在美国市场家喻户晓的竞争对手，被影响力巨大但移动端表现不佳的脸谱收购后，WhatsApp与腾讯微信的国际化竞争已经演变成了腾讯和脸谱之间两个巨头的竞争。脸谱的规模和腾讯相当，再加上其国际品牌的影响力远远大于腾讯，这样的竞争让微信的国际化变得更难。除了WhatsApp外，微信国际化的竞争对手还包括Line、KakaoTalk等。

微信的国际化布局由来已久，但微信对于国际化市场的开拓主要集中在港台地区和东南亚国家。2014年1月，微信海外版WeChat在美国市场推广时，曾使用包括引入谷歌账号登录和餐馆优惠券推广等形式吸引美国用户，"只要在微信上连接谷歌账号，从你的谷歌账号中邀请5个联系人进入微信，微信将送出折合150元人民币的饭店礼券"。外界因此对微信的国际化也抱有极大幻想。但脸谱收购WhatsApp让微信的国际化前景更加难以预料。两大海外最强社交公司合为一家，给竞争对手的压力可想而知，毕竟市场空间已经不大。

用户数量是移动聊天应用产品得以持久发展的根基。用户规模、用户活跃度和关系黏性是评估移动社交产品价值的主要人气指标。微信的成功很大一部分是依靠腾讯的资源（渠道、技术、资本、人才），而 WhatsApp 则更多的是依靠对市场和产品的把控度。随着脸谱的财力及其他资源投入，未来 WhatsApp 的用户增长将会加快。实际上，WhatsApp 自被收购以来，其快速的增长月活跃用户量（见图 2－6）也证明了这一点。

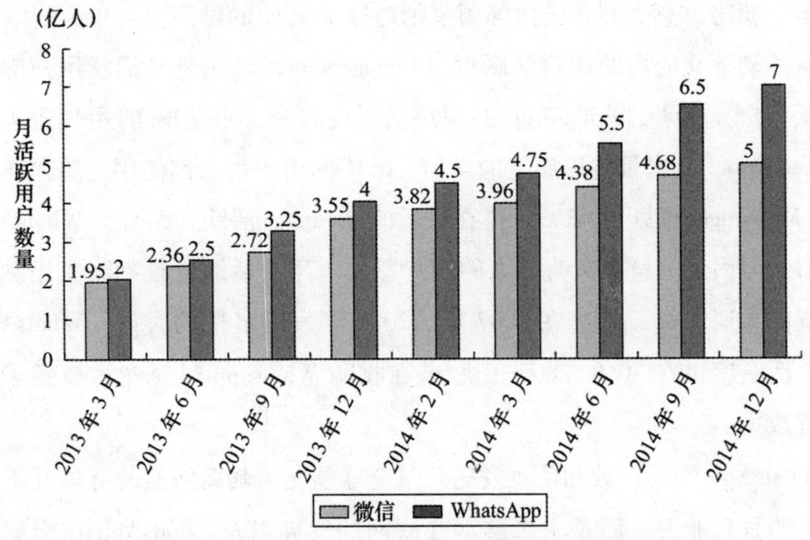

图 2－6　微信、WhatsApp 月活跃用户数量变化

资料来源：邓正红软实力研究应用中心。

2014 年 2 月，脸谱宣布收购 WhatsApp，WhatsApp 的月活跃用户量 4. 5 亿，微信为 3. 82 亿，两者相差仅 6800 万；3 月，WhatsApp 的月活跃用户量增至 4. 75 亿，微信增至 3. 96 亿，两者相差 7900 万；6 月，WhatsApp 的月活跃用户量增至 5. 5 亿，微信增至 4. 38 亿，两者差距扩大至 1. 12 亿；9 月，WhatsApp 的月活跃用户量增至 6. 5 亿，微信增至 4. 68 亿，两者差距扩大至 1. 82 亿；12 月，WhatsApp 的月活跃用户量增至 7 亿，微信增至 5 亿，两者差距扩大至 2 亿。2014 年 WhatsApp 被收购后，月活跃用户增幅为55.6%，同一时期微信的活跃用户增幅则为30.9%。很明显，脸谱在集中力量帮助WhatsApp扩张用户，也正因为如此，市场空间受到挤压，影响了微信的用户增长，微信与WhatsApp的用户数差距也越拉越大。

从全球移动社交应用市场分布看，WhatsApp在欧美国家占有绝对优势，而Line则在日本市场处于领先位置，微信主要用户群体集中在中国地区，脸谱旗下的FB Messenger在各个地区都有一定份额，但没有达到市场领先位置。WhatsApp的优势在其全球市场份额较高，即使在亚洲地区也有一定份额，如中国也有17%的份额；而在欧美地区则处于绝对统治地位，在法国、德国、意大利、巴西等国家则超过了90%的份额。

从移动社交应用的用户活跃度（Engagement，算法是日活跃用户除以月活跃用户）来看，WhatsApp的用户活跃度最高，近70%的用户每天使用WhatsApp。其次是腾讯旗下的微信，66%的用户每天都使用，脸谱旗下的FB Messenger活跃度62%。排在最后的是Line，活跃度57%。WhatsApp高估值的原因之一就是其有很大的用户黏性。用户活跃度是判断应用黏性和健康的重要指标，脸谱在2007年、2008年发展最快的时候，WhatsApp的用户活跃度也在70%～80%，脸谱在收购Whatsapp时显然注意到了这一关键数据。

WhatsApp的用户数和信息发送总量全球领先。其高估值的背后并不是其特有的盈利能力，而是未来移动互联网的发展以及WhatsApp在全球社交即时通讯领域的市场领先地位。脸谱收购WhatsApp，加上自己的FB Messenger，其在移动互联网的霸主地位将会巩固并且很难被颠覆和改变。但是，这也会对中国微信在国际市场布局造成阻碍，下一轮竞争在所难免，微信全球化之路还有很长的路要走，并且会走得异常艰难。

脸谱通过收购WhatsApp，宣告了要与腾讯一决高下的雄心。腾讯是中国最大的互联网公司，立志成为全球即时通信市场的霸主。脸谱和腾讯都雄心勃勃，力图统领全球即时通讯市场。WhatsApp与微信的对弈已演变成中美两大互联网巨头的海外竞争。与其他大多数互联网服务相比，WhatsApp和微信这样的移动服务更容易跨越国界，服务于全球用户。事实上，脸谱之所以收购 WhatsApp，部分原因是 WhatsApp 的用户来自北美以外的地区，而脸谱的用户群则集中在美国。但与腾讯竞争，脸谱恐怕得三思而行。

脸谱与腾讯实力对比

（1）从脸谱和腾讯的用户人气看（见表 2－6）

2014 年脸谱月活跃用户 13.93 亿，是腾讯 QQ 月活跃用户 8.15 亿的 1.7 倍；脸谱移动业务月活跃用户 11.89 亿，是腾讯 QQ 智能终端月活跃用户 5.76 亿的 2 倍；WhatsApp 月活跃用户 7 亿，是微信和 WeChat 合并月活跃用户 5 亿的 1.4 倍。综合来看，脸谱的人气规模大于腾讯，而且在移动端的人气处于全球领先地位。

表 2－6　　2014 年脸谱、腾讯社交的用户人气对比

脸　谱	腾　讯
·Facebook 月活跃用户 13.93 亿，其中 Facebook 移动业务月活跃用户 11.89 亿； ·WhatsApp 月活跃用户 7 亿； ·FB Messenger 月活跃用户 6 亿； ·Instagram 月活跃用户 3 亿。	·QQ 月活跃用户 8.15 亿，其中 QQ 智能终端月活跃用户 5.76 亿； ·微信和 WeChat（微信海外版）合并月活跃用户 5 亿； ·QQ 空间月活跃用户 6.54 亿，其中 QQ 空间智能终端月活跃用户 5.4 亿。

资料来源：邓正红软实力研究应用中心。

（2）从脸谱和腾讯的股市人气看（见表 2－7）

2014 年脸谱市值 2194.25 亿美元，是腾讯市值 1347.87 亿美元的 1.6 倍；脸谱的价值放大比例为 17.602，是腾讯价值放大比例 10.595 的 1.7 倍。很明显，两巨头的价值放大比例与用户人气规模紧密关联，脸谱的月活跃用户是腾讯的 1.7 倍，这个倍数值恰恰是脸谱价值放大比例对腾讯的倍数。由此也可看出投资者对社交网络巨头价值的评估准则——用户人气决定股市人气，用户规模反映了互联网公司的价值贡献。

表 2－7　　2014 年脸谱与腾讯实力对比　　单位：亿美元

项　目	脸　谱	腾　讯
软实力指数	0.470	0.475
软实力价值	58.65	60.48
硬实力指数	0.877	0.864
硬实力价值	51.45	52.25
综合价值	110.10	112.73
资产总额	401.84	275.87
活性资产占比（%）	12.8	18.9
营业收入	124.66	127.22
每个用户平均营业收入（美元）	8.95	15.61
利润率（%）	23.5	30.2
市值	2194.25	1347.87
价值放大比例	17.602	10.595
资源整合率（%）	10.2	53.3
商业模式运转频率	0.31	0.46
收入负荷	3.22	2.17

资料来源：邓正红软实力研究应用中心。

（3）从脸谱和腾讯的用户营收看

脸谱每一个用户平均营收 8.95 美元，利润率 23.5%，腾讯的用户营收 15.61 美元，是脸谱的 1.7 倍，利润率 30.2%，比脸谱高 6.7 个百分点。互联网的生意，本质上都是流量的生意。流量生意的本质就是将流量价值最大化。让流量价值最大化，正是腾讯流量生意的核心。腾讯的用户流量不及脸谱，但腾讯的用户营收能力和盈利能力都要强于脸谱。两家公司在桌面电脑时代就完成了对用户信息和用户关系数据的原始积累。而在互联网迈入移动时代后，它们正在转变自己的角色——不再只是“连接人”的社交工具，而是正在成为连接各种互联网服务和人们生活需求的平台。不同的是，脸谱的连接方式就如一条穿梭于世界各个市场的快速通道，腾讯的连接则是一个超级大卖场——这里有琳琅满目的商品，但它们都贴着

“腾讯牌”的标签。

脸谱的访问流量在一定程度上依赖于用户之间的信息交换，脸谱的流量生意就是充当交通工具，将用户输送到不同的集市。因此，脸谱的用户营收相对比较简单。以 WhatsApp 为例，扎克伯格希望 WhatsApp 将对脸谱的业绩作出贡献，前提是 WhatsApp 的月活跃用户量达到 10 亿。WhatsApp 吸引用户的能力很强，原因是流量费比短信费便宜。WhatsApp 联合创始人简·库姆喜欢简单，拒绝广告，拒绝游戏，拒绝噱头，每年只收取用户 99 美分的订购服务费（第一年使用免费），这种商业模式决定了用户营收很低，脸谱也很难强迫 WhatsApp 实施其他营收模式。从长远看，脸谱还是想把 WhatsApp 打造成脸谱式的微信，使 WhatsApp 成为一个移动互联网的入口，将更多的手机网民通过 WhatsApp 吸引到脸谱的生态系统中。

腾讯的流量生意是将用户引入到自己的商业圈中，为此，腾讯打造了丰富多彩的互联网服务生态系统。它售卖各种服务，包括游戏及嵌入游戏内的服务，同时还销售表情包给微信用户，帮助各种企业建立专属的通信服务渠道，并从中收取服务费。消费者可利用腾讯平台在各种购物商场进行交易，预订机票，购买金融产品。显然，腾讯将流量生意放大了，这也是其用户营收高于脸谱的原因。

（4）从脸谱和腾讯的综合价值看

脸谱 110.10 亿美元，腾讯 112.73 亿美元，其中软实力指数，脸谱 0.470，腾讯 0.475；软实力价值，脸谱 58.65 亿美元，腾讯 60.48 亿美元；硬实力指数，脸谱 0.877，腾讯 0.864；硬实力价值，脸谱 51.45 亿美元，腾讯 52.25 亿美元。从数字看，两者的实力差异不大，但细微对比也能看出两大巨头的优势和劣势。比如：脸谱的市值是腾讯的 1.6 倍，但其综合价值却比腾讯低 2.63 亿美元，可以看出股市低估了腾讯的价值。到 2015 年 4 月 7 日美股收盘时间，脸谱市值为 2304.14 亿美元，腾讯市值为 1834.69 亿美元，脸谱市值对腾讯的倍数由 2014 年的 1.6 倍降至 1.26 倍，脸谱市值涨幅为 5%，腾讯市值涨幅为 36%，腾讯价值增速是脸谱的 7 倍。脸谱的用户量比腾讯大，但价值增速非常缓慢。也说明，脸谱的价值变现

能力不及腾讯。

（5）从脸谱和腾讯的运营水平看

脸谱资产 401.84 亿美元，是腾讯资产 275.87 亿美元的 1.46 倍，但脸谱的硬实力价值略逊于腾讯，相对于脸谱的资产体量，其活性资产占比仅为 12.8%，而腾讯的活性资产比为 18.9%，说明腾讯资产参与价值运营的能力比脸谱强。从资源整合率来看，脸谱为 10.2%，腾讯为 53.3%，脸谱近九成的资产是自己投入的，而腾讯有超过一半的资产是借来的，因此，脸谱显得很重，腾讯则显得较轻，在软实力运用方面腾讯强于脸谱。从商业模式运转频次来看，脸谱为 0.31，腾讯为 0.46，腾讯的运营效率略高于脸谱。从收入负荷来看，实现 1 美元收入，脸谱要投入 3.22 美元资产，而腾讯只需投入 2.17 美元资产，腾讯在资产运营效率上强于脸谱。

面对移动互联网的飞速发展，社交领域新品不断涌现，更“轻盈”的新锐产品正在飞快地席卷用户，对脸谱来说，避免老去的最直接办法就是通过收购来巩固全球社交霸主的地位。脸谱收购 WhatsApp，就想获得类似微信的产品，使得原有的数据和通信数据相互流动，进一步构建属于自己的移动生态圈。

脸谱之“重”，与收购 WhatsApp 有关。2014 年脸谱并购 WhatsApp 实际出资 220 亿美元，仅此一项就占资产总额的 54.7%，并且 WhatsApp 的月活跃用户要达到 10 亿后才能为脸谱带来财务贡献。但按 WhatsApp 的用户增速，有望在 2015 年底达到月活跃用户 10 亿，据此推算，脸谱运营的“重”状态维持期在两年左右。

腾讯的优势在于创新能力、资源整合能力和变现能力，这也是它“轻”的原因。2014 年，腾讯改进 QQ 手机版的社区及分享功能，提升了用户参与度，同时透过整合 O2O 及其他新服务（包括由战略合作伙伴所提供的服务）及推出 QQ 钱包培育了 QQ 手机版的生态系统。由于功能的增强及用户体验的改善，用户活跃度及黏性得以提升。

微信通过增加新功能及服务，增强用户互动及参与程度，提高微信公众号的普及率。WeChat 则继续提升重点海外市场，尤其是新兴亚洲市场的用户参与度。腾讯还注意丰富支付场景，推出如微信红包的活动，培养了用户意识及习惯，绑定银行账户的微信支付和 QQ 钱包帐户超过 1 亿。

脸谱与腾讯是势均力敌的对手。2014 年、2015 年双方的战略重点都在布局和培育移动互联网平台上，到 2016 年两大社交网络巨头在市场上一决高低已不可避免。

第7节

百度与谷歌站在同一起跑线上

移动互联网刚兴起的头几年，受桌面思维的影响，百度一开始并未意识到移动互联网的新需求和新机会。因为手机的速度慢、屏幕小，百度就把图片拿掉，只提供文字，但结果是手机上的排版很难看。这样的思维方式，导致百度丢掉了发展移动互联网的先机。2013 年初，百度下定决心要从桌面互联网向移动互联网转型。

向移动互联网转型成功

百度通过对 91 无线等一系列业务的迅速收购、整合，搭建起了以移动搜索为核心的百度移动互联网生态系统。2014 年第三季度百度移动端流量就已超过桌面端，12 月份来自于移动端的搜索营收首次超过桌面端。从 2014 年整个财年来看，百度第一季度到第四季度移动收入占比分别为 25%、30%、36%以及 42%，呈现快速上涨态势。百度移动端营收的增长是其发力移动端、增大移动市场投入的结果。可以看出，从 2014 年第三季度开始百度就已经符合移动公司的标准。移动流量和移动收入双双超过桌面端，这表明百度向移动互联网转型成功。

“转型为移动先行的公司，使我们在下一阶段连接人与服务的移动机遇中占据有利位置。”百度创始人、董事长兼首席执行官李彦宏表示。

2015年2月初，百度宣布新一轮架构调整，将百度现有业务群组和事业部整合为三大事业群组：移动服务事业群组、新兴业务事业群组、搜索业务群组。从此次架构调整来看，百度以“连接人与服务”作为核心指导思想，将接下来发展的重点聚焦于移动、新业务和搜索三大业务，意图构建百度更为完善的生态体系。百度的直达号、百度钱包、百度金融等围绕“连接人与服务”的业务均是配合移动战略而来。李彦宏解释架构调整时指出，“进攻时刻已经到来”。

转型让百度付出了代价，短期来看，移动搜索的流量变现率低于桌面，在移动端流量日益增长的情况下，百度的业绩也受到影响。在转型之前（2012年），百度的利润率是46.9%，两年之后（2014年），当转型完成的时候，利润率降到了26.9%，也就是说在两年中，有20个点的利润率下降，这是百度转型付出的代价。当然，利润率的下降与增加转型研发投入也有关。2012年百度的研发投入为3.7亿美元，2013年增至6.78亿美元，同比增加83%，2014年进一步增至11.25亿美元，同比增加66%。如果省去这部分研发投入，2014年百度利润率达41.1%。可见，百度为了转型牺牲了短期的利润。

移动互联网使得越来越多的人可以通过移动搜索随时随地寻找产品与服务，为商家提供了一个每时每刻直达每个人的营销渠道，消费者和商家之间架起了一座实时沟通的桥梁。但在产品体验上，照搬桌面端，就会存在很多的不足。将人工智能引入移动互联网，能使移动搜索更加拟人化和个性化，“人工智能+移动互联”是移动搜索的发展方向。

技术创新是一个从量变到质变的过程，伴随并行计算能力不断提升和云存储等技术产品成本的不断降低，大数据已走向技术变革的临界点，突破的方向就是人工智能。移动搜索、O2O、大数据、LBS业务、应用分发、影音入口这些均是百度未来的支柱，它们支撑着百度的想象空间。而这些支柱的基石则是技术，对于百度来说，这个技术就是人工智能。2014年美国《商业周刊》撰文分析了百度在人工智能上的动作，已经与大洋彼岸的谷歌形成割据之势。

前面说了，在移动互联网领域，百度失去了先机，实际上也错过了一次赶超谷歌的机会。移动互联网浪潮带来了大量创新、颠覆和传奇，主宰着今日的科技世界，谷歌和苹果通过操作系统掌握了移动互联网的最高话语权，作为“移动补课”，百度通过19亿美元天价收购91无线等手段，形成应用分发、LBS和移动搜索几大入口，扳回一局。

在人工智能领域布局

在人工智能新一波浪潮到来之时，百度再也不想错过。谷歌拥有无人汽车、智能眼镜、安卓等项目，给人们的直觉就是谷歌更酷、走得更快。伴随技术研究的不断突破和在大数据、人工智能、深度学习等方面的大力投入，百度成功推出筷搜、百度眼镜（Baidu Eye）、智能自行车（DuBike）、无人驾驶汽车、小度机器人、百度识图、百度魔镜、天眼等诸多“黑科技”产品，在国际市场占据了一席之地，与谷歌分庭抗礼。可以说，人工智能让百度与谷歌站在同一起跑线上，未来想象空间十分诱人。

人工智能是搜索引擎乃至科技的未来。过去搜索引擎帮助人们“找到答案”，未来搜索引擎实现人与服务的智能化的连接。人工智能对搜索引擎的革命性影响，给百度提供了赶超或者说与谷歌平起平坐的机会。百度正在与谷歌一起尝试着用最为激进的技术手段来颠覆自己，就看谁走得更快，谁能够拿出革命性的创新产品。

谷歌的佩奇和布林一直认为，“机器学习和人工智能是谷歌的未来”。谷歌将人工智能渗透到了其各种产品的方方面面，从而为用户带来更多的使用场景和更加智能的功能。谷歌在人工智能的布局大致分成两个路径，第一个路径是覆盖更多的用户使用场景，从谷歌传统业务覆盖的互联网、移动互联网延伸到智能家居、自动驾驶、机器人（2013年收购了8家机器人公司）等领域，从而抓取到更多信息，这可以看作是信息积累和输入的过程。

智能家居领域将是未来人工智能应用的一个重要市场。谷歌通过一系

列并购、开放平台的建立、软件硬件一体化，建设智能家居生态系统。2014 年，谷歌以 32 亿美元收购了智能家居制作商 Nest，通过 Nest 以 5.55 亿美元收购了基于云端的家庭监控公司 Dropcam，还收购了智能家居中枢控制设备公司 Revolv。

奇点大学的网络与计算部门负责人布拉德·坦普尔顿（Brad Templeton）认为，在接下来的 10～20 年里最具改变世界潜力的技术是自动驾驶汽车，而谷歌在这方面要领先于传统汽车厂商。谷歌于 2014 年 7 月推出了 100 辆原型车来执行小规模的市区道路测试，这是自动驾驶行业首次进行的规模化城市道路测试。谷歌计划 5 年内实现无人驾驶汽车的量产和市场投放。

第二个路径是做好底层人工智能技术的积累，研发更加高级的深度学习算法，增强图形识别和语音识别能力，从而能对第一阶段收集到的信息进行更好的处理和反馈，这可以看作是信息的处理和用户服务的输出过程。

2014 年，谷歌以 4 亿美元收购了深度学习算法公司——DeepMind，以 DeepMind 为主体与牛津大学的两支人工智能研究队伍建立了合作关系。10 月，DeepMind 公布了一种新的模拟神经网络，旨在模仿人类大脑的工作记忆原理，拥有更加强大的归纳整理和联想演绎等逻辑处理能力，从而带来更快的任务处理速度，还可以通过训练实现自行处理任务，这种全新的深度学习算法可用于计算机视觉和语音识别等领域。

在图像识别方面，谷歌一直在积极吸引图像识别和计算机视觉方面的专家参与到谷歌的项目研究中来，并收购了图片分析公司 Jetpac。谷歌研究表明，未来谷歌的图形识别引擎不仅能够识别出照片的对象，还能够对整个场景进行简短而准确的描述。谷歌在语音识别方面的精准度从 2012 年的 84% 提升到 2014 年的 98%，移动端安卓系统的语音识别准确性提高了 25%；计算机视觉技术也取得了突飞猛进的发展，自 2010～2014 年，图像分类识别的精准度提高了 4 倍。

百度在人工智能领域的布局概括为三点。第一，具有战略眼光，与世界科技巨头保持同步；第二，注重技术人才的引进和人工智能底层技术的积累；第三，互联网入口的地位和丰富的产品线使得人工智能技术能够迅速落地，转化成具体的产品和服务。2014 年百度共计投入 11.25 亿美元用于技术研发，占营收比重 14.2%，这一比例不仅远高于业内平均 4% 的投入水平，也高于硅谷领先科技企业平均 7% 的投入比例。在大手笔的投入下，2014 年百度专利申请量大幅提升，直接飙升至接近 2000 件，增长率高达 146%。

人工智能可能给互联网带来改变的前景，各大公司都希望能成为互联网未来技术的掌控者。但是，相对于传统的互联网业务，人工智能的技术门槛相对较高，只有少数拥有技术实力的互联网巨头才有可能成为入局者，而对于相关技术人才的引进也就显得尤为重要。

在人工智能领域，谷歌聘用了多伦多大学计算机系教授杰弗里·辛顿（Geoffrey Hinton），脸谱聘用了纽约大学数据科学中心教授雅恩·乐昆（YannLeCun），2014 年 5 月，百度将另一位人工智能大师、深度学习专家吴恩达（Andrew Ng）引入，任命他为百度首席科学家，由他负责同期成立的北美研究中心。杰弗里·辛顿、雅恩·乐昆和吴恩达都是全球人工智能技术的泰斗。至此人工智能领域世界最顶尖人才的争夺战已经基本落定，“深度学习”技术的三驾马车已经分属其主。

作为网页搜索领域领导者，吴恩达曾领导谷歌的深度学习项目——谷歌大脑（Google Brain），被誉为“谷歌大脑之父”。谷歌大脑是谷歌 X 实验室的一个主要研究项目。2010 年，时任斯坦福大学教授的吴恩达加入 X 实验室，X 实验室已先后为谷歌开发无人驾驶汽车和谷歌眼镜这两个知名项目。身为人工智能领域的权威，吴恩达的使命是“以史无前例的规模，通过谷歌庞大的数据中心来打造人工智能系统”。

百度此次争得人工智能领域最顶尖的科学家，在硅谷布局人工智能研究，被视为与美国科技巨头谷歌和脸谱在人工智能领域直接展开的技术和人才竞争，也是中国公司在世界尖端创新领域抢占主导地位的标志性事件。对于百度在谷歌后院挖人以及挑战，谷歌已经意识到并且表示欢迎，称“我们正处于机器学习的文艺复兴时期”。

大数据是人工智能的基础，而这方面，百度拥有强大的数据获取能力和数据挖掘能力。百度除了做好数据积累和挖掘以外，还加快了大数据平台的开放步伐，于2014年4月发布了大数据引擎，向外界提供大数据存储、分析和挖掘技术，在医疗、交通和金融领域有了具体应用。大数据引擎是百度人工智能的核心产品，是以核心技术能力带来的全新的商业模式，超越了搜索的概念。大数据引擎融合了深度学习算法、数据建模、大规模GPU并行化平台等技术，可以实时学习和成长，它拥有200亿个参数，构成了一套巨大的深度神经网络。大数据引擎提供的个性化服务将更加智能。

7月14日，百度凭借自身的大数据技术在14场世界杯比赛的结果预测中取得全中的成绩，击败了微软和高盛。9月，百度发布整合了大数据、百度地图LBS的智慧商业平台，旨在更好在移动互联网时代为各行业提供大数据解决方案。

2014年12月，美国《福布斯》发布文章称，吴恩达及研究团队发明了一种新的语音识别方法，这款基于深度学习的名为“Deep Speech”语音识别系统可以在嘈杂环境下实现将近81%的辨识准确率。卡耐基梅隆大学工程学助理研究教授Ian Lane对其评价是“百度研究院最近的工作有可能颠覆语音识别在未来的应用效果”。吴恩达表示，该语音识别系统采用深度学习算法取代了原来的模型，在递归神经网络或者模拟神经元阵列中进行训练，让语音识别系统更加简单。同时这套系统还使用了Nvidia等芯片制造商出品的多枚图形处理器（GPU），这些处理器通过并行连接，能够用比普通计算机处理器更快的速度训练语音识别模型，从而提高工作效率。

百度一直在利用深度学习技术来提高图像识别的精度。比如，百度云结合深度学习研究院提供的人脸识别及检索技术，推出云端图像识别功能，同时发布基于模拟神经网络的“智能读图”，可以使用类似人脑思维的方式去识别、搜索图片中的物体和其他内容。百度大脑通过深度学习来模拟人类大脑的神经元，参数规模达到百亿级别，构建了世界上最大规模的深度神经网络。

在自动驾驶方面，百度与宝马合作。百度的三维地图及相关数据服务将被融入宝马的车辆导航系统中，为自动驾驶汽车提供技术支撑。双方计划合作研究高度自动化驾驶在中国道路环境下面临的技术挑战，通过智能技术加强道路行驶安全性，减少交通事故及人员伤亡。

截至 2015 年 4 月，百度在人工智能领域已累积近 500 项核心技术专利，申请地域遍布欧洲、美国、日本、韩国等地区和国家，布局深度和广度在全球范围内均属领先。百度在神经语言程序学（Neuro-Linguistic Programming，NLP）领域拥有 270 多项技术专利，在深度学习（Deep Learning）领域拥有 120 多项技术专利，在大数据领域、图像识别领域和语音技术领域也拥有较多技术专利。

“我国人工智能领域的研究积累和发达国家相比差距不大，如果能在国家战略层面制定针对人工智能的全面推进计划，将是我们国家实现弯道超车、提升综合国力和影响力的绝佳机会。”在 2015 年 3 月 9 日全国政协大会上，全国政协委员、百度董事长兼首席执行官李彦宏阐述了他关于建议国家主导建立人工智能发展平台的“中国大脑”提案，希望以此推动中国整体创新水平的提高。由于该提案对于中国未来的发展极具战略意义，被媒体誉为 2015 年“最具前瞻性”的两会提案。

美国 Riedel Research Group 的创始人、总裁 David Riedel 认为，百度十分有可能在像人工智能这样的新兴技术领域成为巨头。Montral 大学的计算机科学教授 Yoshua Bengio 认为，百度可以在这个领域提高自己与其他公司的区分度，会理解学习的搜索引擎将是一大突破。香港城市大学首席信息官、人工智能研究员 Andy Chun 表示，深度学习能否帮助百度摆脱谷歌的阴影取决于其进步是否具有足够的革命性。人工智能能否让百度实现弯道超车还很难说，它确实存在可能性。但无论结果如何，最终都将推动人工智能的高速发展，引领搜索引擎的自我变革。

谷歌与百度实力对比

谷歌和百度这两家高举技术旗帜的巨头，都是以互联网搜索为基础，而今在人工智能领域的布局走在互联网行业的前列。从人工智能的研发看，百度与谷歌处在同一起跑线上，但从 2014 年的实力比对来看（见表 2-8），百度与谷歌之间仍有着较大的差距。

表 2-8　**2014 年谷歌与百度实力比对**　单位：亿美元

项　目	谷　歌	百　度
软实力指数	0.350	0.466
软实力价值	231.18	36.86
硬实力指数	1.281	0.889
硬实力价值	296.09	32.76
综合价值	527.27	69.62
资产总额	1311.33	160.63
活性资产占比（%）	22.6	20.4
营业收入	660.01	79.06
每个用户平均营业收入（美元）	22.16	15.81
利润率（%）	21.9	26.9
市值	3569.61	783.15
价值放大比例	5.408	9.906
资源整合率（%）	20.3	53.3
商业模式运转频率	0.50	0.49
收入负荷	1.99	2.03

资料来源：邓正红软实力研究应用中心。

（1）从体量比对看

百度与谷歌不在一个量级上，就好比蜥蜴与恐龙，二者形似，但体量相差甚大。从资产规模看，谷歌资产总额为 1311.33 亿美元，是百度资产总额 160.63 亿美元的 8 倍多；从营业收入看，谷歌营收 660.01 亿美元，是百度营收 79.06 亿美元的 8 倍多；从市值看，谷歌市值 3569.61 亿美元，是百度市值 783.15 亿美元的 4.6 倍。互联网公司做大做强的一个重要标志就是看公司的体量变化，资产增加说明业务在扩展，营收增加说明市场在扩大，市值增加说明公司的价值在提升。百度赶超谷歌尽管找到了一个极好的机会——人工智能，但能否成功实现弯道超车，不仅看技术的领先，更为关键的是看体量的增大。

体量增大是公司将软实力转化放大后的价值体现，比如资产规模就涉及资源整合，营业收入是软实力价值直接转化、放大的结果，市值则是对公司各方面人气的综合评价。对互联网公司来说，技术领先仅仅是一方面，但如果体量做不大，就会影响公司的成长和发展。一些在美上市多年的中国互联网公司为什么发展缓慢，就因为体量增长不明显。其实体量之间的几大因素都是联动的，资产、营收、市值，只要其中一个方面做大了，其他都会跟着上来。以体量论，谷歌是世界互联网巨头，而百度只是中国的互联网巨头。

（2）从实力比对看

谷歌软实力指数 0.350，百度 0.466，比谷歌高 11.6 个百分点；谷歌软实力价值 231.18 亿美元，是百度软实力价值 36.86 亿美元的 6.3 倍；谷歌硬实力指数 1.281，百度硬实力指数 0.889，也就是说，软实力价值转化为硬实力的比例，谷歌高出百度 39.2 个百分点；谷歌硬实力价值 296.09 亿美元，是百度硬实力价值 32.76 亿美元的 9 倍；谷歌综合价值 527.27 亿美元，是百度综合价值 69.62 亿美元的 7.6 倍。从实力整体状况看，百度仅在软实力指数方面高出谷歌，而其他方面均不及谷歌。

读者可能要问，既然百度软实力指数高，为何百度实力价值这么低呢？殊不知，软实力指数主要是评价公司的潜在价值，比如技术创新的累积，只有当软实力转化为商业应用并被放大，软实力价值才能显现出来。百度软实力指数高，表明百度有相当一部分软实力处于囤积状态，还没有投入商业应用中去产生营收，同时受体量限制，软实力价值转化、放大程度也不高。百度软实力指数高，与李彦宏倡导的技术创新“厚积薄发”的理念也有很大关系。在作者看来，互联网竞争固然强调技术领先，但技术转化、人气变现也相当重要，技术创新需要专注、需要时间，可以慢一点，但新技术新产品一旦投入市场，就要快速将软实力价值放大，为用户创造最大的价值，扩大营收，否则过了市场黄金周期，软实力就可能有老化、贬值的风险。

但话又说回来，自从谷歌搜索退出中国大陆后，百度搜索在中国市场一家独大的现象非常明显，既然是独大，就没有完全与之竞争的对手，这种格局使百度在竞争上就显得不太着急，渐渐地就养成了“慢”基因。以作者之见，百度在运营上应该是“厚积快发、大发”，如此才能将体量迅速做大，缩小与谷歌的差距。

（3）从运营比对看

谷歌一个用户平均营收 22.16 美元，百度则是 15.81 美元，与谷歌相差 6.35 美元，这就是运营水平、创造价值大小的差异。被软实力激活，参与价值运营的资产，谷歌占比为 22.6%，百度则为 20.4%，比例彼此相差不大，但谷歌体量大，因此硬实力价值差距拉开较大。谷歌的价值放大比例为 5.408，百度则为 9.906，是谷歌放大比例的 1.8 倍，尽管如此，同样是因为体量不大，百度的市值增长受限。谷歌资源整合率为 20.3%，百度则为 53.3%，谷歌自有资产占比高达 80%，而百度的自有资产不到 50%，按理说，这方面本应是百度的优势，百度借来的资源多，经营上应更“轻”、更快，而谷歌借来的资源仅两成，经营上应更“重”、更慢。但是，恰恰相反，百度的资源整合优势并没有在经营上体现出来。谷歌商业模式运转频率为 0.5，而百度的运转频率为 0.49，反倒比谷歌慢了 0.01；谷歌的收入负荷为 1.99 美元，而百度的收入负荷则为 2.03 美元，反倒比谷歌重了 0.04 美元。这说明百度在模式运营、资源优化配置上都存在问题，其运营能力有待提升。

易贝借助京东重回中国市场

2015年4月15日，中国第二大电商京东全球购业务正式上线。京东全球购平台首批上线商品超过15万种，品牌数量超过1200个，商铺超过450家，涵盖母婴用品、食品保健、个护化妆、服装鞋靴、礼品箱包等众多品类。通过全球购，中国用户可以选购日本、韩国、澳大利亚、新西兰等国家和地区的商品。

值得注意的是，此前在中国大陆几乎销声匿迹的易贝（eBay）出现在京东全球购的合作伙伴名单内，京东与易贝合作的“eBay海外精选”频道与京东全球购同步上线，消费者可以选购到易贝商家的商品。

发展互联网的终极意义是实现全世界的“互联互通”。中国互联网公司赴美上市，不过是资本市场的互联；而真正通过互联网平台实现业务上的互联互通，进而合作共赢，这样的典型案例在中美两国互联网公司之间还不多见。前面分析了阿里巴巴与亚马逊、腾讯与脸谱、百度与谷歌等3对中美同类型互联网巨头，它们彼此之间更多的是较量大于合作，而京东与易贝，则在跨境电商业务上，实现了平台互联合作。

京东是中国的第二大电商，易贝则是美国第二大电商，这一对中美电商“老二”走在一起，是有机缘的。在跨境电商业务上，易贝一直试图进入中国市场，而京东正努力将海外商品引进自己的平台，如此二者就找到了天然的契合点。

易贝用户改旗易帜转投淘宝

易贝是电商界的元老级鼻祖，最早从C2C业务拍卖市场起家，其早期主打的C2C业务模型与网上拍卖的独特模式引领了诸多后起公司。易贝进入中国也比较早，在2002年就通过收购易趣网33%股份进入中国，随后在2003年收购易趣其余的67%股份。2003年，易贝易趣在中国C2C市场占有率接近80%，而其最大的竞争对手亚马逊到2004年才通过收购卓越网进入中国。

迅速行动并第一个抢占市场就是最大的优势，这是时任易贝首席执行官梅格·惠特曼的经营法则。吸取兵败日本的教训，易贝迅速以1.8亿美元买下易趣，既领先雅虎成为第一个抢占中国C2C市场的国际电子商务巨头，又实现了依托本土企业进行中国本土化发展的目的。为此，惠特曼信誓旦旦，易贝在中国市场“必须赢”。在她看来，中国的上网人数即将超过1亿，必将成为继美国之后的全球第二大互联网市场，中国是其在互联网市场取得成功的决定性因素。

惠特曼对中国的承诺是：要什么就给什么，要多少就给多少。易贝为进入中国打破了很多惯例：在欧美市场，易贝进入一个国家的初期，并不会在电视上投放广告，而在中国，尽管电视广告费“贵得离谱”，但易贝还是不惜血本把钱投到了春节联欢晚会上。动用巨资与中国三大门户网站——新浪、搜狐和网易签署排他性协议，以封杀淘宝等拍卖网站在三大门户上打广告。而事实上，易贝在中国的投入已超过2.8亿美元，这一切都显示着中国市场在易贝心中的身价与众不同。

2004年，易贝中国增加了近540万用户，这一数字超过以往4年的总和，使总用户达到1000万，占到中国互联网用户的10%；易贝中国的交易额达到3亿美元。按照当时易贝中国首席执行官郑锡贵的想法，网上拍卖市场的聚合效应会支撑易贝的现有优势，朝着一家独大的方向发展。

2003年之前，在中国C2C市场上除了易趣，几乎没有什么其他的竞争对手。但是淘宝的出现却打破了这个格局。2003 年 6 月 12 日，易贝正式入主易趣。2003 年 5 月 10 日阿里巴巴创立淘宝。从淘宝诞生之日起，易贝不但没能阻止淘宝的崛起，而且输在了本土化上。成立之初，淘宝网的免费策略让收费的易趣网吃了不少的苦头，大量易贝用户改旗易帜转投淘宝的怀抱。2003 年以来易贝易趣一再下调登录费、交易费等费用，甚至不惜推出“返现金”之类的推广活动。2005 年 10 月，阿里巴巴宣布向淘宝追加 1.24 亿美元投资，命令淘宝“三年不准赢利”，将实行了两年多的免费政策再延续三年。淘宝的免费让易贝慌了神，以至破天荒地回应“免费不是一种商业模式”。

2005 年，在中国 C2C 市场上，易贝易趣的市场份额由 2003 年的 80% 降至 34.19%，淘宝经过两年多的奋战，占据了 57.1% 的市场份额，抢走易趣 45.81% 的市场，淘宝处于绝对领先地位。很显然，易贝在与淘宝的争夺战中败下阵来。马云事后对此评价说：“如果在一年半前，易趣采取免费策略，淘宝的日子就没这么好了，但现在淘宝气势来了，易趣就没有机会了。”

易贝进入中国走的是本土化路线，但它对中国市场的不够了解，也使其所谓的中国“本土化”战略只停留在改变广告、宣传等策略的肤浅表面上，而没有触及中国文化深层的本质。易贝全资收购易趣后，将易趣与易贝美国平台对接，把服务器搬到美国，按照易贝的全球统一模式修改网站风格，但这种改变引起了几乎所有易趣卖家的反感。在战略调整上，易趣需要层层向上级汇报工作从而反应迟钝，更不用说它完全无法像淘宝那样针对本土市场开发独有功能了。

后来，腾讯和当当也推出了免费的 C2C 拍卖，在本土公司的迅猛冲击之下，易贝的应对却非常迟缓。2006 年年底，易贝无奈，出让易趣 51% 股权给 TOM 在线。2012 年 4 月，易趣成为 TOM 集团的全资子公司，不再是易贝在中国的网站。

中美电商“老二”走在一起

兵败淘宝后，易贝有6年多时间淡出中国公众视线，外界猜测易贝退出了中国市场。其实易贝并没有离开中国，只是调整了策略，由之前的C2C大众型业务转向外贸B2C领域。易贝通过调研发现，进口品牌产品占据中国零售市场的30%，进口商品在线零售在2015年有望达到150亿美元。同时，易贝全球化多元采购的优势使其在跨境电商方面跃跃欲试，踌躇满志。

2011年，中国消费者登陆易贝英文网站购买商品数量同比增长40%，2012年上半年，中国用户浏览易贝英文网站时间长达1700小时。说明在易贝平台上销售的全球商品和品牌对中国消费者是具有独特吸引力的。但是，这样的购物体验并不顺畅，比如用户只能在全英文的语境下了解商品情况，要有双币信用卡并熟悉贝宝（Paypal）才能完成支付，很多易贝上的商家不提供直邮服务，等等。这让易贝相信，通过与一家中国本土的电子商务公司合作，能为中国用户提供更好的购物体验，让他们一方面能购买到来自全球的精选商品，另一方面又能享受一种轻松自在的购物体验。易趣的例子也让易贝觉得，通过合作实现“曲线入华”会更稳妥。

2012年11月12日，易贝选择与本土时尚电商走秀网合作，推出网购频道“eBay Style秀”。通过这个一站式购物平台，中国消费者可以搜索、浏览并购买易贝全球发售的产品，包括服装、包、鞋、首饰等8个类别，5000个品牌，50万数量的单品。从构架上，中国消费者在走秀网下单后，由走秀网统一将订单数据传送到易贝美国总部。易贝总部再开始将货物调配到美国和中国香港的仓库。最后由走秀网统一将货品引进中国大陆，并负责物流、配送、海关、支付、退换和售后服务。与走秀网合作，除了打开海外购物的天窗之外，也有易贝为整体再次入华而预先试水的意图，明显可以感觉到易贝重返中国市场的强烈渴望。

易贝全球平台上有22%的成交额来自跨境贸易。易贝做过研究，每3

个易贝新用户中，就有1人进行跨境贸易。大多数消费者在跨境购物时更喜欢使用母语。打破跨国语言的沟通障碍，为买家和卖家提供实时无障碍的母语体验，显得越来越紧迫。2014年6月，易贝收购主要从事机器翻译和语音识别技术的AppTek公司，就是为了改善易贝平台上的机器翻译工作，为全球用户提供精准的翻译服务。

从与走秀网合作到收购机器翻译公司AppTek，易贝发力B2C跨境电商的意图愈加明里。尤其在中国市场，在C2C领域输给淘宝之后，易贝希望为中国商家搭建跨境零售电商平台，在B2C跨境电商领域扳回一局。2014年11月18日，易贝和万邑通信息科技有限公司签署战略合作协议，合力为易贝中国商家提供更加优质高效的跨境物流服务，后者是中国知名的跨境供应链解决方案服务商。万邑通在中国、美国、英国、德国及澳大利亚设立了全球直营仓库，易贝平台上的中国卖家将可以通过万邑通的物流渠道向海外运送货物，为中国卖家和国外消费者创设一个无缝连接的交易平台，让跨境交易本地化。

根据易贝在2015年3月进行的《海外仓使用与发展商务调查》显示，78%的受访卖家表示，使用海外仓之后送货速度得到了明显的提升。海外仓的出现，将易贝原本复杂的跨境运送流程简化为“分拣—投递”两个环节，不仅包裹的破损和丢失率大大减少，还能实现配送进度的实时跟踪查询。

2014年第四季度，易贝大中华区卖家通过海外仓销售的产品总额比2012年同期增长145%，易贝中国大陆卖家的增长速度更是高达199%。易贝大中华区深圳分公司总经理郑长青表示：“随着中国跨境电商的迅猛发展以及国外消费者对于购物体验要求的愈加严苛，出口物流瓶颈的制约日益严峻。海外仓的本质就是将跨境贸易实现本地化，提升消费者购物体验。易贝亦在积极与第三方伙伴合作推动为中国卖家量身定制的突破性物流方案。”

从2003年到2014年，从C2C业务到B2C跨境贸易，易贝在中国的本土化经历可谓坎坷重重，但对中国市场，易贝从来就没有放弃过。就在易

贝出让易趣51%股份后，紧接着（2007年）ebay.cn（易贝中国）上线，选择转入外贸B2C这块“隐匿”的市场，为中国企业将商品卖到海外市场提供交易平台和支付工具。经过8年的试水，最终，易贝的跨境贸易和京东的全球购走到一起。

2014年7月，中国海关总署的〔2014〕56号公告明确规定通过与海关联网的电子商务平台进行跨境交易的进出境货物、物品范围，以及数据传输、企业备案、申报方式、监管要求等事项。这一规定彻底扫除了跨境电商业务操作中的很多灰色地带，为跨境电商行业发展带来诸多政策红利。对于跨境电商业务，阿里巴巴、亚马逊甚至聚美优品等都先于京东动作，但由于主要采用代购的方式，受限于流程与监管，导致掺假等问题频频出现，而京东的全球购平台，强调B2C业务的正品行货概念，除了直接从海外采买并自营，海外商家还可通过平台模式直接签约入驻京东全球购。

京东正铆足劲发展跨境电商。2015年第一季度，京东首席执行官刘强东亲率京东代表团赴法国、韩国开拓市场，会见法国、韩国政要，商讨跨境合作，启动了京东“法国馆”“韩国馆”。在京东平台上已有数百个法国品牌商品在售，涉及酒饮、母婴、服装、化妆品等品类。同时，消费者在京东平台上可以更便利地买到喜爱的韩国快时尚、美妆等商品，韩国最大的综合型购物网站G-market、韩国LG集团旗下LG生活健康官方旗舰店在京东上线。

易贝是京东众多合作项目当中的一个，京东看中了易贝拥有海量的海外商品，平台的信息度非常高，并且中国消费者在易贝网站上的交易量在逐渐加大。而易贝也想从京东获取中国消费者用户需求的相关信息。京东作为中国最大的B2C电商平台，有近1亿的活跃用户，消费能力和潜力巨大，海外商家可在京东平台最大范围地接触中国消费者，以实现后期精准营销。同时京东整合自身资源推广海外商家，实现最大化的曝光，提升在中国的影响力。京东和易贝之间的平台合作正好资源互补，京东除了把易贝优质的商家和商品引入中国，满足中国消费者的需求外，也与易贝探讨更多层面的各种优化解决方案，实现更多的合作。

易贝借助京东重回中国市场，可谓得“天时、地利、人和”，算得上赶上了最佳时机。京东的本地化优势、成熟的供应链管理体系与物流是易贝重返中国的“地利”因素，中国跨境电商的政策红利则是让易贝占尽“天时”，迅速增长的海外购物需求则是重要的“人和”因素。京东的“自营+平台”模式将推动易贝平台众多商家快速进入中国，实现本土化发展，同时受益于成熟的供应链管理以最后一公里的物流优势，易贝平台商家也会更好地满足消费者的需求。

易贝与京东实力对比

俗话说：同行是冤家。中国第一大电商巨头阿里巴巴就一直把美国第一大电商巨头亚马逊视为最强的竞争对手，而且双方都在较劲要一决高下。从对比来看，阿里巴巴的优势——盈利能力正是亚马逊的短板，而亚马逊在技术创新和规模扩张方面却占据优势。颇具戏剧性的是，分别作为中国和美国第二大电商的京东、易贝却走到一起。老大之间竞争，老二之间合作，这也展现出中美两国在互联网领域合作与竞争并存的新格局。京东与易贝结盟，尽管有着共同的利益交集，但从长远看彼此的竞争是避免不了的。对比2014年京东与易贝的实力（见表2－9）就会发现，京东的一些表现与亚马逊极为相似。

表2－9　　2014年易贝与京东实力比对　　单位：亿美元

项　目	易　贝	京　东
软实力指数	0.248	0.303
软实力价值	44.44	56.22
硬实力指数	1.822	1.498
硬实力价值	80.97	84.23
综合价值	125.41	140.45
资产总额	451.32	107.17

续表

项　目	易　贝	京　东
活性资产占比（%）	17.9	78.6
营业收入	179.02	185.35
每个用户平均营业收入（美元）	115.50	191.87
利润率（%）	17*	-4.3
市值	688.01	328.08
价值放大比例	3.843	1.770
资源整合率（%）	55.9	43.6
商业模式运转频率	0.40	1.73
收入负荷	2.52	0.58

注：2014年易贝报表利润率为0.3%，实际利润率应为17%。2014年第一季度，易贝海外调拨近90亿美元现金流回美国，向美国政府缴纳了近30亿美元税款，冲抵了30亿美元的利润。易贝首席执行官约翰·多纳霍对此给出的解释是，以30亿美元换取美国国内市场60亿美元可用现金流是“非常值得的”。

资料来源：邓正红软实力研究应用中心。

（1）从用户人气看

易贝2014年活跃用户达1.55亿（见图2-7），较2013年的1.28亿活跃用户增长了21%；京东2014年活跃用户达9660万（见图2-8），较2013年的4740万活跃用户增长了104%。京东的用户规模仅为易贝的六成，但增长速度却是易贝的5倍，人气上升势头非常迅猛。2014年，在与腾讯合作后，除京东APP以外，京东新启用了包括微信、手机QQ、微店等在内的多个移动购物平台，广泛而深入地触及到了包括三到六线城市用户在内的更多用户群体，来自这些区域的用户数量大幅增长。第四季度来自微信和手机QQ两个社交网络渠道的交易额比上一季度增长了两倍以上，这反映了用户习惯的建立过程。这个因素加上京东旗下主营C2C的拍拍网的发力，使得用户大幅增加，年活跃用户达到了9660万。

（2）从营收和市值看

就营收规模来讲，京东和易贝同属一个量级，2014年京东营收185.35亿美元，易贝营收179.02亿美元，彼此相差不大；但从市值来看，2014

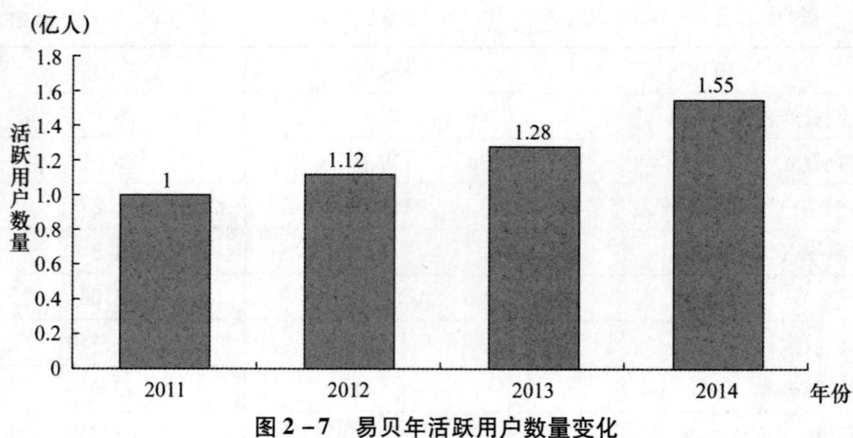

图 2－7　易贝年活跃用户数量变化

资料来源：邓正红软实力研究应用中心。

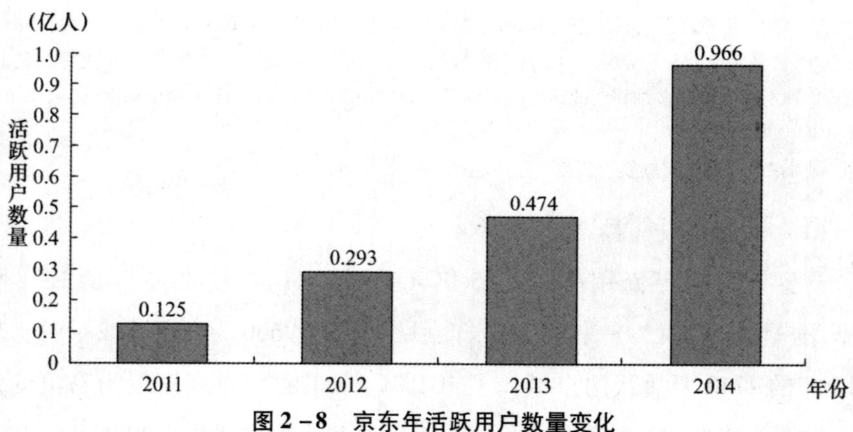

图 2－8　京东年活跃用户数量变化

资料来源：邓正红软实力研究应用中心。

年京东市值 328.08 亿美元，易贝市值 688.01 亿美元，是京东的两倍多。京东价值放大比例 1.770，易贝价值放大比例 3.843，是京东两倍多。

京东的营收比易贝多，何以市值反差如此大？有两个因素：一则易贝的活跃用户比京东多近 6000 万，易贝的潜在人气价值比京东高；二则易贝赚钱，京东长期不赚钱。从 2009～2014 年，京东已连续 6 年亏损，前 5 年累计亏损 5.67 亿美元，2014 年亏损更是高达 8.07 亿美元。京东的亏损与亚马逊相似，亚马逊赚的毛利都投到了基础设施建设和技术研发中，京东赚的毛利也都投进了物流配送建设，而且投资的力度在逐年加码，如果将这些投资额和亏损相抵，京东完全可以盈利。2011、2012、2013、2014年，京东分别亏损2.04亿美元、2.78亿美元、0.08亿美元、8.07亿美元，物流配送投资分别为2.41亿美元、4.91亿美元、6.79亿美元、13亿美元，如果将物流投资与亏损相抵，京东则可分别实现盈利0.37亿美元、2.13亿美元、6.71亿美元和4.95亿美元。

2014年京东亏损巨幅上升，还有一个因素，就是股权激励费用以及与腾讯战略合作涉及的资产及业务收购所产生的无形资产的摊销费用。其中，股权激励费用为以股权结算的员工激励计划产生的，无形资产为企业并购过程中取得的按照公允价值计量的各项可辨认无形资产的金额，在会计处理上需定期摊销计入费用，这两项费用在发生时均不涉及现金支出。京东与腾讯战略重组等带来的一次性费用，在一定程度上反映了其在三四线城市和县镇的扩张方面所产生的代价。

京东的这些支出是基于未来的长远价值而进行的战略性投资，与亚马逊投资未来的性质一样。所不同的是，亚马逊的投资者对亚马逊投资未来的行为是理解和支持的，对亚马逊的价值给予了合理的放大，而京东一直没有给股东明确的盈利时间，投资者对京东的价值有争议，京东的市值反映了投资者对其观望的心态。如果以亚马逊为标尺不难发现，京东的价值被低估了。实际上2015年以来京东持续攀升的股价也证明了这一点。截至2015年5月8日美股收盘，京东市值由2014年的328.08亿美元升至461.25亿美元，涨幅达40.6%，增长了133.17亿美元，表明京东为长期成长而投入的做法正在深入投资者的心。

相比京东，易贝更会赚钱。2012年，易贝和易趣正式脱离，易贝方面就表示，易贝在中国会更加谨慎，必须将投资用在高利润的地方。由C2C转向B2C跨境贸易就是易贝基于战略性盈利考虑的。2008~2013年的6年间，易贝的平均利润率为22%。2014年比较特殊，易贝的报表利润率仅为0.3%，这个比率并不代表易贝的真实盈利情况，因为在第一季度，为了获得美国市场60亿美元可用现金流，易贝从海外调拨了近90亿美元的资金回归美国，向美国政府缴纳了近30亿美元税款。这笔税款是可避免的，

完全取决于易贝是否愿意缴纳。近几年来苹果、微软等诸多科技巨头都在通过海外市场规避美国的高额税收。当然，易贝缴这笔款，是为了舍小求大，以30亿美元换取美国国内市场60亿美元可用现金流。易贝首席执行官约翰·多纳霍称是“非常值得的”。剔除这30亿美元税款所冲抵的利润，易贝2014年的实际利润率为17%。

（3）从综合实力看

易贝的软实力指数为0.248，软实力价值为44.44亿美元，京东软实力指数和软实力价值均高于易贝，分别为0.303和56.22亿美元，说明京东核心价值被放大的潜力比易贝大，也证明了京东2014年的市值确实被低估了。2015年5月8日京东市值较2014年上涨了133.17亿美元，涨幅达40.6%，同日易贝市值711.75亿美元较2014年上涨了23.74亿美元，涨幅仅为3.45%，京东市值涨幅是易贝的11倍多，照此势头，京东市值超过易贝是早晚的事。

再看硬实力，京东资产107.17亿美元，易贝资产451.32亿美元，易贝硬实力指数1.822，京东硬实力指数1.498，易贝不但资产体量是京东的4倍多，而且软实力向硬实力转化的程度也比京东高。但是，比较硬实力价值，易贝为80.97亿美元，低于京东的84.23亿美元，这说明易贝虽然资产体量大、软实力转化程度高，但其资产参与放大核心价值的活性却不及京东，易贝由软实力转化来的硬实力有一部分并没有创造营收，反而沦为沉淀资产。从资产活性比看，易贝仅为17.9%，京东却高达78.6%。易贝资产规模比京东大3倍，但只有不到两成的资产参与了价值放大，而京东参与价值放大的资产有近八成，并以资产的小体量创造了超过易贝的大营收。因此，京东的软实力转化及放大能力比易贝强。

（4）从运营水平看

易贝的活跃用户比京东多近6000万，但易贝每个用户平均营业收入为115.50美元，京东的用户营收却是191.87美元，其每个用户的营收贡献比易贝高76.37美元，这也进一步诠释了京东小体量创造大营收的原因，反映了京东的用户黏性强，重复购买率高，这得力于近八成的资产参与价值运营。

易贝软实力指数比京东低5.5个百分点，还有一个原因就是易贝的软实力被较高的资源整合率分化了，易贝资源整合率为55.9%，比京东43.6%的资源整合率高12.3个百分点，软实力用于资源整合，资源整合则形成硬实力，因此，易贝资产体量大，硬实力指数高。不过，易贝的活性资产不到两成，八成以上的资产没有产生价值，使得易贝在运营中更像资产型重公司。

从商业模式运转频率看，易贝为0.40，京东为1.73，京东的运转速度是4.3倍，很明显，京东资产体量小，资产活性高，更具轻公司的运营特点。从收入负荷看，京东投入58美分的资产就能产生1美元的价值，资产增值率为72.4%，这方面与亚马逊相似，亚马逊投入61美分的资产，就能带来1美元的价值，资产增值率为63.9%。易贝则与阿里巴巴相似，易贝实现1美元的营收，要投入2.52美元的资产，资产贬值率为60.3%，而阿里巴巴实现1美元的营收，要投入3.81美元的资产，资产贬值率高达73.8%。综合来讲，京东的运营效能和效率均高于易贝。2014年第一季度至第四季度，京东交易总额（GMV）同比增幅分别为84%、107%、111%、119%，同期净收入同比增幅依次为65%、64%、61%、73%。不论交易总额还是净收入均显示出持续、高速且稳健的增长，体现了京东高超的运营管理水平。

截至2015年5月8日，阿里巴巴市值由2014年的2576.86亿美元跌至2146.03亿美元，跌幅16.7%，亚马逊市值由2014年的1434.62亿美元涨至2013.99亿美元，涨幅40.4%，亚马逊与阿里巴巴的市值差由2014年的1142.24亿美元缩至132.04亿美元。京东与易贝的市值差也由2014年的359.93亿美元缩至250.50亿美元。因此，比对中美4家电商——亚马逊、阿里巴巴、易贝、京东的市值变化，作者更看好亚马逊和京东的前景。

第9节

美国互联网公司撤出中国

长期跟踪研究中美两国互联网公司的动态，便会发现两国的互联网公司正在由“围城”转入“回归”。所谓“围城”，就是美国的互联网公司打进中国，中国的互联网公司在美上市，也就是城外的人闯进来，城里的人冲出去。所谓“回归”，就是进入中国的美国互联网公司纷纷从中国撤退，而在美上市的中国互联网公司正一波接一波地掀起退市潮。

百度想回到“祖国怀抱”

中国是全球第一大互联网市场，这块巨大的蛋糕让美国互联网公司垂涎，而美国上市门槛低，容易“国际化”，让中国互联网公司趋之若鹜。但是，不论中国市场还是美国股市，都面临着一个“本土化”的问题，这个问题不解决，最终都只能选择“回归”——被迫退出。

中国互联网公司退出美股的愿望日益强烈，就连在美股“混”得很不错的互联网巨头百度也冒出这样的想法。2015 年 4 月 24 日，百度首席执行官李彦宏在中国证监会演讲，他说：“今年是百度上市的第 10 年，我们上市时候的市值是 8 亿美金，现在是接近 800 亿美金，所以是 10 年 100 倍的回报……这 10 年当中，百度在华尔街的名声还是不错的。”尽管如此，李彦宏似乎并不满足：“当然，我也在各种场合都表示过，很希望百度有

机会能够回来，在中国上市，或者以某种其他的形式，让中国投资者能够受益。因为我们的市场在中国、用户在中国、客户也在中国，所以我们也希望我们的股东、投资人也能够在中国。”

从2007~2014年的8年间，已有21家中国互联网公司从美股退市。2015年以来，完美世界、世纪佳缘、久邦数码、盛大游戏等互联网公司又相继提议私有化。这里先说明一下，退市潮在游戏行业表现得最为明显（包括2014年7月退市的巨人网络）。4月3日，盛大游戏宣布，已与凯德集团及其全资子公司签署最终私有化协议，即将退市。4月27日，网络游戏开发商和运营商完美世界宣布，已与董事长池宇峰的关联公司签署最终私有化协议。若合并完成，完美世界将从美股退市。5月7日，中国国务院出台《关于大力发展电子商务加快培育经济新动力的意见》（简称“电商国八条”），其中提出加大金融服务支持，研究鼓励符合条件的互联网公司在境内上市等相关政策。“电商国八条”的出台意味着国家高度重视互联网公司的境内上市，这是在国家层面上提升资本市场对互联网公司的支持力度。这一切显示，中国互联网公司新一轮美股退市回归潮来临。

以往，赴美上市被中国互联网公司视为一大得意之事。但是，2014年以来，持续下跌的中概股股价甚至低于美国A股同类公司的估值，中概股普遍认为自身市值被严重低估，心理落差巨大，甚至影响公司中长期发展战略（包括创新与投资）。而在中国，多数中概股公司以其独特的市场结构更受本土投资者的青睐，选择私有化退市，不仅能规避对竞争策略有影响的财报披露压力，还可将更多的精力放在业务运营上，管理层也能更加自由独立，况且有中国政府新政策的支持，回到“祖国怀抱”重新上市，市值增长指日可待。

美国模式难接中国地气

上面讲的是中国互联网公司的退市回归，而美国互联网公司的回归主要指退出中国市场。上节说了，美国电商易贝2002年通过收购易趣进入中国，2005 年易贝易趣被淘宝打败，2006 年底，易贝出让易趣 51% 的股权给 TOM 在线，2012 年 4 月，易趣被 TOM 集团全资收购。易贝退出中国 C2C 市场，这是美国互联网公司回归的一个缩影。

美国互联网公司撤出中国，大多数是因水土不服或者业绩不佳，而业绩不佳也是水土不服所致。全球搜索巨头谷歌于 2005 年 7 月在中国设立研发中心，在随后几年谷歌搜索击败雅虎搜索，中国搜索市场逐渐从雅虎、百度、谷歌三强分立过渡到百度、谷歌两极相争的局面。但谷歌不适应中国政府的监管，2010 年 3 月 23 日，谷歌发表声明，借黑客攻击问题指责中国，宣布将搜索服务由中国内地转至中国香港，谷歌正式退出中国大陆市场，登录 google. cn（谷歌中国）将自动跳转到 Google. com. hk（谷歌香港）。

世界领先的数字媒体和在线营销解决方案供应商 Adobe1998 年进入中国市场，在中国熬了 16 年后，实在熬不下去了，2014 年 9 月 23 日，Adobe 中国宣布决定撤销并关闭在中国的研发分公司。Adobe 退出中国市场，主要是 Adobe 中国的业绩已经差到不足以支撑 Adobe 在中国的运营。Adobe 在大中华区的主要竞争对手是百度，相比于百度的数字营销工具，Adobe 的数字营销工具不仅价格偏高，而且实际效果也并不明显更好。除了几个使用率高的软件，Adobe 很多其他软件甚至没有中文版本，这也是中国消费者拒绝购买 Adobe 产品的原因之一。

美国社交游戏开发商 Zynga 成立于 2007 年，可以说是同脸谱、聚友网（Myspace）等社交网络一起成长起来的。Zynga 凭借着《City Ville》《Farm Ville》《Zynga Poker》等一系列休闲社交游戏而成为脸谱社交中最热门的游戏开发商。2010 年 5 月，Zynga 宣布收购中国社交游戏开发商希佩德信息技术（北京）有限公司，成立了 Zynga 中国分公司。2015 年 2 月 13 日，Zynga 宣布关闭其北京办事处，并裁员 71 人，相当于其员工总数的约 4%，理由是因其农场游戏《FarmVillage》在中国市场的销售未达到预期。

美国互联网公司纷纷撤出中国，表明美国的那一套成功的经验，在中国本土不一定行得通。本土化是互联网公司成功的关键，而本土化既要接

“天线”——适应当地的政策，更要接“地气”——摸准当地用户的习惯。不接“天线”就难以进入，不接“地气”就难以扎根。谷歌不服中国政府监管，靠指责无济于事，最终一怒而去；脸谱、优兔、推特等互联网公司更是因政策问题，一直被挡在墙外。

中国互联网市场巨大，谁都想进来分一杯羹。美国互联网公司向来雄心勃勃，但进到中国内地，还得适应中国国情，习惯中国式竞争。中国用户的习惯是“不要太贵，最好免费”，易贝嘲笑淘宝的“免费不是商业模式”，Adobe 产品价高、使用麻烦，因此，中国用户更喜欢本土的淘宝和百度。互联网表面看是卖技术和产品，但实质卖的是本土化和用户习惯。亚马逊进入中国 11 年，仍不温不火，无法对抗淘宝，脸谱、推特在中国没戏，反而腾讯 QQ、微信和新浪微博大行其道，这就是本土化的力量。

对雅虎来说，这个曾经叱咤一时的门户巨头，最近几年每每出现在公众视野似乎都离不开“关停服务”“退出区域市场”“大幅裁员”等话题。2015 年 3 月 18 日，雅虎宣布，将关闭在中国大陆的唯一办公室、拥有 300 多名员工的雅虎北京全球研发中心。继 2013 年关闭包括中国雅虎网站和雅虎邮箱在内的中国业务后，雅虎终于全面撤出了中国。

与美国其他互联网公司不同的是，雅虎撤出中国很大程度是自身衰落所致。雅虎是元老级的门户鼻祖和搜索先驱，1999 年 9 月进入中国，成立雅虎中国（也称中国雅虎），最初提供邮件、即时通讯和门户新闻服务，但发展速度远远落后于网易、新浪、搜狐、腾讯等本土竞争对手。

雅虎意识到，拓展中国市场必须借助本土公司进行业务落地。2003 年 11 月，雅虎中国出资 1.2 亿美元全资收购提供中文上网服务领导公司 3721，该公司占据中文上网服务市场 90% 以上份额。3721 网络实名插件由奇虎董事长周鸿祎一手创办，它通过地址栏实现中文搜索。雅虎收购后，该软件更名为雅虎助手。作为最早进入中国的搜索引擎，雅虎中国在 2004 年占有高达 38% 的中国搜索引擎市场。2004 年 11 月，雅虎和 3721 发布搜索竞价产品线，雅虎中国成为中国最大、最综合的搜索营销服务提供商。但后来，雅虎派来的管理者与周鸿祎因为在控制权和管理风格方面存在分

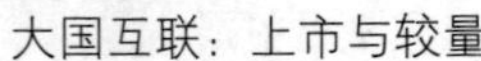

歧，使得雅虎中国的业务陷入运营困境。

2005年8月，雅虎以10亿美元和7000万美元雅虎中国的资产换取了阿里巴巴40%的股权，阿里巴巴则从雅虎手中换来雅虎中国。雅虎中国成为阿里巴巴旗下资产，核心业务包括搜索、邮件、门户和即时通讯，3721业务随之并入阿里巴巴。

阿里巴巴接手雅虎中国后，进行了一系列本地化改革。但阿里巴巴将生活服务的电子商务化作为中国雅虎的唯一核心业务，非核心的业务将逐步淡化与下线。如此一来，3721业务就成了马云手中一块“鸡肋”业务，马云曾于2006年9月对外自评整合雅虎中国，称3721已成为累赘，“如果按照我的想法，我根本就不准备发展3721，但因为之前签了很多的合同，有些是长期的，我必须要继续完成这个服务。现在3721对雅虎中国已经不是收入，而是成本”。2008年12月，阿里巴巴对中国雅虎网站的内容资讯业务进行了压缩。

阿里巴巴从一开始就没有把雅虎中国的业务作为重点，而是在着重发展并壮大原来就有优势的电商产业，且一直在做去雅虎化的一些操作，这就使得中国雅虎的业务不管是用户数还是市场占有率都在不断下滑。本土的腾讯利用巨大的用户基数发展了资讯平台和邮箱，搜狐和新浪的新闻门户也都做得很好。相对而言，雅虎在中国市场的品牌认知度却走向衰落。

2009年1月4日，中国雅虎正式放弃3721业务。点击3721. com域名时会显示“找不到相关页面”的页面，并在几秒钟后跳转至中国雅虎首页(cn. yahoo. com)，中国雅虎首页不再有雅虎助手或者3721页面的入口。

雅虎“终生邮箱”只存活了6年

雅虎中国曾是中国最早一批互联网用户的主要信息源，不少人的第一个电子邮箱就是雅虎邮箱。2004年7月，雅虎中国率先推出1G电子邮箱，开创中国电子邮箱G时代。2007年9月，雅虎中国高调宣布推出第一款无限容量的免费“终生邮箱”，并整合了雅虎相册、音乐盒、音乐搜索等实用功能，吸引了不少中国用户。

然而伴随着阿里与雅虎的争斗，加之作为电商平台的阿里并不擅长雅虎所从事的媒体领域，雅虎中国在整个阿里系中的重要程度越来越低，雅虎中国的邮箱业务日益被边缘化，雅虎邮箱头上的光环渐渐褪去，中国雅虎邮箱的垃圾邮件也越来越多。2009 年 10 月 30 日，中国雅虎关闭雅虎空间服务，取消相册功能，当时许多用户曾因没能及时备份照片而表示不满。

2012 年 12 月，雅虎首席执行官玛丽莎·梅耶尔在宣布全新改版的雅虎邮箱服务时称："13 年来，全球有 5 亿人在雅虎发出了自己的第一封电子邮件。"就在梅耶尔描述雅虎邮箱辉煌战绩的同时，由于用户活跃度太差，雅虎退出韩国市场，关闭在韩国运营 15 年之久的邮箱服务。雅虎邮箱在中国市场的表现也不容乐观，到 2013 年 3 月，中国雅虎邮箱访问量份额降至 1.9%，排名由 2012 年 12 月的第 4 位降至第 6 位，前 5 位被 QQ 邮箱、163 网易免费邮箱、搜狐闪电免费邮箱、网易手机邮箱和 QQ 手机邮箱占据，雅虎邮箱退居二线，市场份额持续萎缩。

2013 年 4 月 18 日，中国雅虎向用户发出通知，中国雅虎邮箱将于 2013 年 8 月 19 日停止服务，用户可以注册并绑定一个全新的阿里云邮箱，代收原雅虎邮箱的邮件，此项服务也仅持续到 2014 年 12 月 31 日。若用户没有进行账号转移等操作，原中国雅虎邮箱中的所有邮件和相关的账户设置都将被删除且无法恢复。中国雅虎还宣布由于产品策略的调整关闭旗下音乐搜索服务，后续将不再对外提供服务。2005 年，当阿里接手中国雅虎时，中国雅虎有 600 多名员工，旗下门户资讯、搜索引擎一搜、即时通讯雅虎通以及雅虎邮箱仍处于发展期，可以说是雅虎中国在历史上最好的一个时期。但到 2013 年 4 月，中国雅虎员工人数只剩下 200 人左右，其中运营邮箱的团队不到 30 人。

2013 年 8 月 19 日，中国雅虎邮箱（以@ yahoo. com. cn、@ yahoo. cn 为后缀的邮箱）业务正式关闭。曾经宣称"终生邮箱"的雅虎邮箱中途退场，雅虎"食言"了。其实，雅虎中国到了阿里手里，唯一和广大用户建立了信任和依赖关系的就是邮箱，别的都不具备规模化用户群。关闭中国雅虎邮箱，表明阿里对雅虎中国彻底放手，也意味着雅虎中国离寿终正寝不远了。

中国雅虎邮箱关闭不到两周，8 月 31 日，中国雅虎网站（cn. yahoo. com）在首页发布公告称，从 2013 年 9 月 1 日起停止服务，不再提供资讯及社区服务。原有团队将专注于阿里巴巴集团公益事业的传播。点击 cn. yahoo. com 网址自动跳转到阿里公益项目“天天正能量”的页面。成立于 1999 年 9 月的中国雅虎，曾经是和新浪、网易、搜狐并行的四大门户网站之一，15 年后，其他三大门户还活得好好的，雅虎却对中国用户关上了大门。可以说，在和 3721、阿里巴巴合作的过程中，雅虎是完全失败的，主要败在本土化上，并且一蹶不振，再不尝试深耕中国市场。

值得注意的是，2007 年 9 月，中国雅虎推出后缀为@ yahoo. cn 的“终生邮箱”服务，承诺所有电子邮件将被永久保存；网易也迅速推出无限量邮箱，矛头直指对手，由此拉开了网易与雅虎的免费邮箱扩容之战。雅虎与其他邮箱达成了互联互通，唯一不通的是网易。因此，当时中国雅虎表示要与网易邮箱“打持久战”。作为门户网站，网易与雅虎的较量就是从邮箱竞争开始的。免费邮箱不能给网站带来真金白银，却能聚集大量人气，提升用户忠实度，为网站获取其他利润赢得足够的空间。所以，各大竞争对手之间，你追我赶扩容免费邮箱，无限量邮箱也正是围绕提升网站的人气争夺用户资源发起的。

2004 年电子邮箱从 M 时代跨入 G 时代。为吸引用户，邮箱服务商不断地掀起你超我赶的扩容大战。从几十兆、数百兆升级到无限容量，邮箱扩容竞争已触及天花板。邮箱市场格局正由分散走向集中。邮箱市场以前被 7 家服务商所瓜分，到 2007 年被 3 家服务商控制、掌握和管理了整个市场 60% ~70% 的用户。网易、雅虎、新浪 3 家邮箱稳居中文邮箱市场的第一阵营，而后起的 QQ 邮箱、Gmail 与 Hotmail、Tom、搜狐、21CN 等构成了第二阵营。在邮箱服务方面，263、网易、雅虎三者并立，其中以雅虎用户最为国际化和高端。

中国雅虎的“终生邮箱”得到了美国雅虎在邮箱存储、压缩上的技术支持，以及阿里巴巴集团在资金、市场、渠道各方面的强力支持，集合了新版的网页版即时通讯工具雅虎通，用户可以在邮箱界面和别人聊天，还融入了音乐盒、相册、音乐搜索等符合新生代网民兴趣的应用。网易邮箱为用户提供了新闻、博客、天气预报、理财、网易硬盘等服务。新推出的手机邮服务，能够让用户无须电脑，仅仅通过手机即可轻松收发电子邮件，从而大大提高工作效率实现移动办公的梦想。

但是，好景不长，雅虎“终生邮箱”从推出到关闭只存活了6年。2013年4月18日，中国雅虎邮箱突然宣布即将于8月19日停止提供服务。消息一出，众多用户都纷纷担忧，担心邮箱停用后给自己造成不便甚至是不堪想象的后果。作为中文邮箱第一品牌的网易邮箱抓住时机，第一时间公开承诺：网易邮箱将为用户提供永久免费的优质服务，愿成为中国网民畅游互联网的永久身份证，并愿意承担起中国雅虎邮箱用户的数据保存任务。为了使中国雅虎邮箱用户的原有邮件和通讯录不丢失，网易邮箱紧急推出“一键迁移”服务，方便用户安全迅速搬家，这样，网易邮箱成了中国雅虎邮箱用户“搬家”的首选。

网易邮箱统计的数据显示，从4月18日至8月18日，总共有超过100万的原中国雅虎邮箱用户陆续搬迁到网易邮箱。其中，消息刚宣布的那几天用户搬迁量集中爆发，仅4月18日一天，搬迁至网易邮箱的原中国雅虎邮箱用户比平时日均搬家人数激增了近200倍，搬家的邮件总数增长超过100倍。

在搬家流量集中爆发的情况下，网易邮箱提供了全面技术支持。为保证用户平稳过渡，网易制作了详细指导教程，帮助用户与主要的电商网站、社区网站进行协调，为网友更改账号提供技术支持和帮助。此外，为了给网友的邮箱搬迁提供帮助，网易邮箱的专业团队全程提供一对一客户服务，在微博、论坛等处回复，解答网友疑问。

第10节

把更多优质游戏带给全世界的玩家

从推出首款免费无限量邮箱到关闭中国雅虎邮箱，邮箱的变迁见证了雅虎在中国市场的衰落，也见证了网易等中国本土门户的发展壮大。2007年网易市值仅20.93亿美元，而雅虎市值为255.10亿美元，是网易的12倍。到2013年，网易市值95.08亿美元，比2007年上涨了近3.5倍，雅虎市值454.80亿美元，比2007年上涨了78%，网易与雅虎的市值差距也由2007年的12倍缩至4.8倍，网易的市值增速是雅虎的4.5倍。

短短4个月内，由于网易邮箱从雅虎“抢客”，邮箱总有效用户数猛增4000万。2013年第三季度，网易邮箱总有效用户数超过5.9亿，网易手机号码邮箱突破1亿，达到1.1亿；网易企业客户数量接近17万家，其中付费企业数量接近6万家，老客户持续维持90%的高续费率。在市场占有率和市场美誉度两个方面，网易企业邮箱都持续稳居中国市场的绝对领先地位。可以说，雅虎的败退使网易的用户人气和股市人气均获得快速发展。

自1997年率先研发中国首个电子邮箱系统以来，网易始终将邮箱服务作为最基础的战略服务，始终保持在中文邮箱市场的领军地位。网易邮箱拥有8个邮箱子品牌（163免费邮、126免费邮、yeah免费邮、163VIP、126VIP、188财富邮、专业企业邮、免费企业邮）。网易是中国互联网反垃圾邮件协会的发起人之一，参与制定了中国反垃圾行业法规，自主研发的

智能反垃圾技术使垃圾邮件拦截率高达98%，极大降低了垃圾邮件对用户的干扰。

2014 年 8 月 19 日，在中国雅虎邮箱关闭 1 周年之际，网易全新发布了全能移动邮箱客户端——邮箱大师。这是网易在移动端市场的战略级产品，它支持所有类型邮箱，是一款全能、极速、安全、体验卓越的超级邮箱 APP。伴随着邮箱大师的发布，网易的移动战略也全面升级。

与普通邮箱 APP 相比，邮箱大师的最大特点就是支持所有类型邮箱登录，通用性非常强。它支持网易邮箱、QQ 邮箱、Gmail、Hotmail、新浪邮箱、搜狐邮箱等各种类型的邮件服务，同时还支持校园邮箱和企业的办公邮箱。用户可以同时管理多个邮箱，并且在使用手机、平板、电脑等多台设备的过程中，无须任何设置就能轻松享受随时随地的同步功能，为移动办公提供诸多便利。

网易邮箱在 2014 年还上线了一项重要的服务——网易公正邮服务。公正邮服务是网易邮箱为用户提供的邮件证据留存、取证以及出证的一站式服务，解决了电子邮件“易逝、易改、易变”的问题。在移动应用领域，网易企业邮箱不断优化其客户端 APP 邮箱大师，推出包括手势密码、Touch ID 等多项功能，进一步保障企业用户的信息安全。截至 2014 年 12 月 31 日，网易邮箱总有效用户数超过 7.4 亿，比 2013 年的 6.2 亿净增 1.2 亿，增长率为 19.4%。

雅虎与网易实力对比

对比雅虎和网易，从趋势看，雅虎已经衰落，网易正处于上升期。这可以从二者的市值变化得到验证：截至 2015 年 5 月 15 日，网易市值 183.23 亿美元，较 2014 年上涨 54.06 亿美元，涨幅 41.85%，雅虎市值 423.94 亿美元，较 2014 年下跌 46.07 亿美元，跌幅 9.8%，网易与雅虎的市值差距由 2007 年的 12 倍缩至 2.3 倍。市值是对公司各方面人气的综合反映，7 年多时间，网易和雅虎的市值差距大幅缩小，反映了网易的价值增长在突飞猛进，与雅虎的衰落形成鲜明对比。对比2014年雅虎与网易的实力（表2－10），雅虎给人的感觉就如老牛负重、暮色苍苍，网易则是意气风发、砥砺前行。

表2－10　　　2014年雅虎与网易实力比对　　　单位：亿美元

项　目	雅　虎	网　易
软实力指数	0.195	0.411
软实力价值	8.99	7.75
硬实力指数	2.242	1.056
硬实力价值	20.15	8.19
综合价值	29.14	15.94
资产总额	619.60	48.92
活性资产占比（%）	3.3	16.7
营业收入	46.18	18.88
每个用户平均营业收入（美元）	4.62	2.55
利润率（%）	26.5*	40.6
市值	470.01	129.17
价值放大比例	10.178	6.842
资源整合率（%）	37.5	22.9
商业模式运转频率	0.07	0.39
收入负荷	13.42	2.59

注：雅虎2014年报表利润为75.22亿美元，其中包括第三季度在阿里巴巴集团首次公开招股交易中出售1.4亿股份获得的63亿美元税后净收益，计算实际利润率剔除了这部分所得。

资料来源：邓正红软实力研究应用中心。

（1）从用户人气看

雅虎和网易都在向移动端发力，雅虎通过大量收购科技创业公司向移动端转型，网易则重点发展邮箱大师，稳抓移动市场。雅虎在移动上面的投资，已经有了回报的迹象。2014年雅虎月活跃用户超过10亿，其中5.75亿用户来自移动端，移动用户数已超桌面用户，移动营收达12亿美元。与2013年同期相比，雅虎移动业务增长率达100%，使得雅虎成为仅次于谷歌和脸谱的全球第三大移动广告公司，也表明雅虎的移动转型初步

见效。

通过大量收购移动技术和人才，雅虎多款产品得到升级，打头阵的是天气应用和电子邮件应用。对网易来说，邮箱服务不赚钱，却是最基础的战略服务，免费邮箱换来的是用户人气，这是战略价值。在移动端，网易仍处在积累用户的阶段，邮箱大师是网易移动战略升级的标志，旨在给用户在移动端带去更好体验和更多惊喜，吸引更多用户。2014 年网易邮箱总有效用户数超过 7.4 亿，网易手机号码邮箱总用户数达 2.4 亿。邮箱用户数增长是网易营收增长的战略引擎，2014 年网易营收增长率（24.3%）首次超过邮箱用户增长率（19.4%）（见图 2－9）。

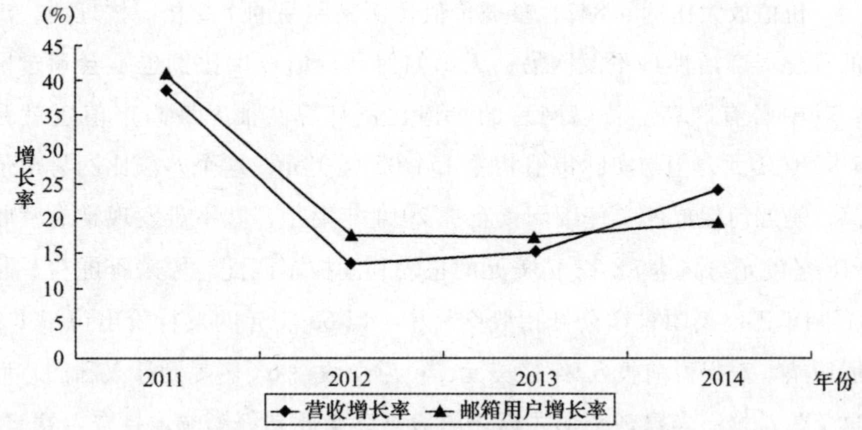

图 2－9　2011～2014 年网易邮箱用户增长率与营收增长率比对

资料来源：邓正红软实力研究应用中心。

（2）从综合实力看

雅虎硬实力比网易略强，但软实力不及网易。雅虎软实力指数 0.195，网易软实力指数 0.411，比雅虎高 21.6 个百分点，网易软实力潜能是雅虎的 2 倍多。雅虎软实力价值 8.99 亿美元，网易 7.75 亿美元，相差不大。雅虎硬实力指数 2.242，网易硬实力指数 1.056，雅虎硬实力价值 20.15 亿美元，网易硬实力价值 8.19 亿美元，表明雅虎软实力向硬实力转化的程度以及资产活性均高于网易。

雅虎综合价值 29.14 亿美元，仅是网易的 1.8 倍，而雅虎资产体量达

619.60 亿美元，却是网易的 12.7 倍。很明显，雅虎资产体量太大而综合价值太小，二者极不匹配，这是软实力不足造成的。再看资产活性比，雅虎仅为 3.3%，雅虎真正参与价值放大、创造营收的资产不到 5%，高达 96.7% 的资产处于无效或闲置状态，资源浪费惊人，资产效能极低，雅虎已沦落为资产型重公司，暮气沉沉。而网易参与价值运营的资产高达 16.7%，网易资产体量小，但资产激活能力是雅虎的 5 倍。截至 2015 年 5 月 15 日，网易与雅虎的市值差距由 2014 年的 3.6 倍缩至 2.3 倍。因此，网易的价值增长潜力远大于雅虎。

雅虎市值 470.01 亿美元，价值放大比例 10.178，网易市值 129.17 亿美元，价值放大比例 6.842，雅虎价值比例是网易的 1.5 倍。按理说，沉重的雅虎资产活性远不及网易，无论如何其价值放大比例也不会超过网易，其中必有蹊跷。若以网易的价值比例计算，雅虎最高市值也就是 315.96 亿美元，但与实际市值相差 154.05 亿美元，这个差额比网易市值还高，是如何促成的？仔细阅读雅虎 2014 年财报，就不难发现雅虎营收 46.18 亿美元与高达 75.22 亿美元的报表利润极不匹配。原来雅虎在 9 月 19 日阿里巴巴集团首次公开招股交易中，以 68 美元的发行价出售了 1.4 亿股股票，获得税前收入 94 亿美元，税后净收益 63 亿美元计入利润，而且这笔收益的一半以现金形式返还给股东。受此利好影响，投资者欢喜，使得雅虎股价出现上涨。2014 年雅虎出售阿里股份获得的净收益占全年净利润的 83.75%，也显示雅虎的大部分甚或全部的价值与其在阿里持有的股份密切关联。

在出售部分持股以后，雅虎仍旧持有 3.83 亿股阿里巴巴集团股份，在阿里股票总量中所占比例为 15%，首次公开招股交易以前雅虎的持股比例占 22.4%。以 2015 年 5 月 15 日美股收盘计算，雅虎市值 423.94 亿美元，阿里巴巴市值 2180.54 亿美元，雅虎所持阿里巴巴股权价值为 327.08 亿美元，约占雅虎市值的 77%。由此来看，雅虎核心业务所代表的股票价值就很低，占雅虎市值的 23%，约为 96.86 亿美元。若以 2014 年雅虎、阿里巴巴市值计算，雅虎所持阿里巴巴股权价值为 386.53 亿美元，约占雅虎市

值的82%，雅虎核心业务所代表的股票价值占雅虎市值的18%，约为84.60亿美元。综合两个计算，除去雅虎所持阿里巴巴股权价值，雅虎的电子邮件、网站和其他业务价值介于80亿到100亿美元。

按雅虎核心业务100亿美元的价值计算，雅虎的价值放大比例为2.165，因此，雅虎正常的价值放大比例应在2.165到6.842之间，超出此区间的放大部分，也就是雅虎市值高估的部分，是股东得利以及雅虎所持阿里巴巴股权价值促成的。

（3）从运营水平看

雅虎的盈利能力、运营效能效率均不及网易，雅虎的资产之重使其在运营中显得很笨拙，而网易在放大价值、做大营收上仍需努力。2014年，剔除出售阿里巴巴的部分持股所得，雅虎的实际利润率为26.5%，而网易的利润率高达40.6%，比雅虎高14.1个百分点，主要是网易的运营效能效率高出雅虎好几倍。从运营效率看，雅虎商业模式运转频次为0.07，就像蜗牛一样爬行，而网易的商业模式运转频率为0.39，虽然称不上快，但比起雅虎的"蜗牛速度"却快了4.6倍。从运营效能看，雅虎、网易都在拼资产，只是拼的多与少的问题。所谓拼资产，就是为了实现营收不计资产代价。雅虎收入负荷为13.42，即实现1美元营收要投入13.42美元的资产，资产效能极低；而网易实现1美元营收仅投入2.59美元，资产效能是雅虎的5.2倍。运营效能效率与资产活性直接相关，雅虎背负的壳太重了，只能一步一步地爬。

但从用户营收和资源整合看，网易不及雅虎。雅虎每个用户平均营收4.62美元，网易用户营收仅2.55美元，比雅虎低2.07美元，相差45%；雅虎资源整合率为37.5%，网易资源整合率为22.9%，比雅虎低14.6个百分点。雅虎虽然软实力指数低于网易，但在运用软实力整合资源、做大营收上比网易强，相反，网易虽有软实力优势，但在软实力转化放大方面做得不够，致使软实力价值表现不高，这是网易的短板，也是网易的潜力所在——比如为用户创造更多的价值，提高营收。同时，雅虎也有致命的弱点，软实力转化程度高，但资产活性极低，造成资产的大量闲置和浪费，因此，梅耶尔主导雅虎的移动转型，最紧迫的是要提高运营效能和效率。

网易乘势接盘，雅虎铩羽而归

从运营业务内容看，网易、雅虎都从门户起家，都是互联网界的大佬，在中国本土两家的邮箱扩容之战斗得不可开交，最后网易乘势接盘，雅虎铩羽而归。进入2014年，雅虎觊觎移动端，进军游戏业。3月20日，雅虎推出游戏发行平台雅虎游戏网络（Yahoo Games Network）和游戏网站雅虎经典游戏（Yahoo Classic Games）。雅虎称，该公司在全球范围内拥有8亿“潜在游戏用户”，其中4亿在移动端。他们正在做出更多改进并增加一些新的功能。而现在他们乐于自豪地向开发商展示自己的跨平台网络，“为数百万雅虎用户带去更好的游戏体验”。

殊不知，在线游戏正是网易最擅长的业务。作为以游戏为主要营收业务的互联网公司，网易在美股上市游戏公司中游戏业务营收保持着比较高的水平。2010~2013年游戏业务对网易营收贡献在85%以上（见图2-10），2014年由于邮箱、电商及其他业务营收占比上升，游戏占比有所下降，但仍高达78.64%。对网易来说，邮箱业务是“地”，接地气、通人气；游戏业务是“天”，承天气、达财气。

前面讲了，2014年以来在美上市的中国互联网公司涌现退市潮，其中游戏行业比较突出。从2014年7月到2015年4月，已经退市或已明确退市的游戏公司就有3家，包括巨人网络、盛大游戏和完美世界。2015年2月13日，在脸谱上最热门的美国社交游戏开发商Zynga也宣布退出中国市场。在中国游戏商从美股退市、美国游戏商退出中国市场的背景下，2月24日网易却宣布进军欧美游戏市场，网易的这一举动显得格外另类。

网易将美国总部设在加州Redwood Shores，是中国游戏大佬在西方市场的第一个分公司。值得注意的是，网易的合作伙伴暴雪的总部也设在加州，网易与暴雪的合作也将在海外市场中起到一定的作用。网易的美国团

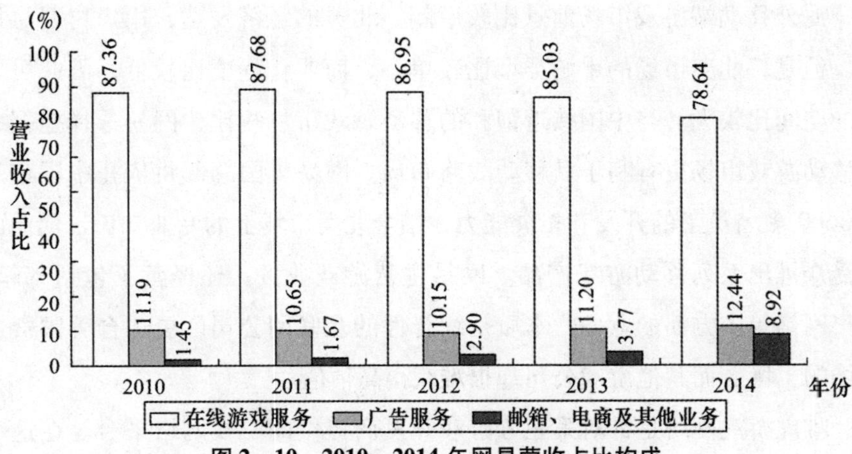

图 2-10　2010~2014 年网易营收占比构成

资料来源：邓正红软实力研究应用中心。

队将由游戏行业资深人士大卫·廷负责领导，这个团队最初的重点将集中放在移动平台上，为欧美玩家开发移动游戏。大卫·廷曾担任美国游戏创业公司 OUYA（游戏主机品牌）的首席技术官、暴雪的在线出版主管以及 IGN eSports（一家电竞网站）的总经理，他在游戏和娱乐领域中拥有丰富的经验，将为网易拓展西方市场。

网易在中国游戏行业的地位仅次于腾讯，其研发、人才、资本等方面具有优势。此次在美国成立总部拓展海外游戏市场一方面是为了扩展收入来源，扩大业务范围加强影响力；而另一方面，中国手游市场出现的增长停滞状况也使得资本充实的企业做出向海外发力的选择。大卫·廷公开表示："网易拥有 150 亿美元的市值，在亚洲市场上拥有强大的成功基础，这是由大批设计和工程人才创造出来的。通过努力，网易美国总部将把更多优质游戏带给全世界的玩家。"

2014 年网易移动游戏营收在游戏总营收的占比为 14%，网易美国总部以手机游戏为发力点，表现了其对移动游戏的重视。但是，网易首席执行官丁磊表示，网易仍处在积累移动端用户的阶段，由于网易是新人，所以移动端游戏在营销推广方面会多交一些学费，在移动端的用户获取方面投入很大。

海外移动端游戏市场前景比较广阔，北美的经济发达，用户付费意识强。但是，北美市场的手游类型比较单一，商业化程度比较低，因此可开发的空间比较大。与中国接近饱和的移动游戏市场相比，网易选择挖掘北美移动游戏市场更有利于其移动战略布局。网易美国总部将依托中国市场上 3600 多名员工的开发和拓展能力，结合北美市场上的专业知识，面向西方受众推出系列移动游戏产品。网易主营游戏业务，还经营了包括邮箱、门户网站等多方面的业务，本质是综合性的互联网公司，更适合美国资本市场的土壤。而其他游戏公司却很难获得高估值。

雅虎游戏网络是针对第三方游戏开发商提供的游戏网络平台。在这个平台上，游戏开发商可以利用雅虎用户群体庞大的优势发行新游戏。此外，雅虎游戏网络平台还提供“培训”服务，帮助开发者吸引玩家、增加收入，并提供社交分享、分析功能以及“游戏运行成长支持服务”。雅虎表示，雅虎经典游戏将实现 Android、iOS 设备和电脑网页之间的“无缝对接”。雅虎公司希望借此复兴 20 世纪 90 年代网游的盛况。

从邮箱到游戏，网易与雅虎的竞争已从中国转移至美国，下一步，是退却还是扎根？看来两家游戏大佬决战的好戏还在后头。

第11节

特卖电商像一匹冲出的黑马

2014年，谁也没料到中国领先的特卖电商唯品会像一匹冲出的黑马，劲爆股市。其股价迅速飙升，几次超越百度股价，并与百度轮着坐“中国概念第一高价股”的位子，市值一度突破170亿美元，相当于携程加奇虎360的总和！

不合常规的股价飙涨

7月21日，唯品会股价首次冲破200美元，报收于204.20美元，超越百度收盘价197.72美元；7月23日，百度股价亦冲突200美元，报收于200.12美元，唯品会以210.66美元的收盘价继续领先百度；8月13日，唯品会报收于229.18美元，百度股价报收于218.59美元，唯品会再次超越百度；8月18日，唯品会股价首盘跌至221.42美元，但仍然高出百度收盘价2.18美元。

2012年3月，唯品会以每股6.5美元的发行价、5.99美元的开盘价、5.5美元的收盘价，在纽约证交所“流血上市”，但随着公司在中国B2C电商中首家实现盈利，公司的股价节节高升。2013年5月，唯品会股价升至30美元上下，被不少美股投资者称为“妖股”，5月和8月相继遭遇了Greenwich和香橼的做空，但唯品会的股价始终坚挺，并在2014年1月冲破100美元大关。从“流血上市”到晋身“百美元股”，唯品会用了22个月。更让很多投资者意外的是，唯品会的股价从100美元进一步上涨至200美元，只用了半年时间。

2014年10月10日，唯品会宣布从11月4日起每份美国存托凭证代表的股份数从2股变为0.2股，其效果相当于1股拆成10股。在新换算开始的时点，唯品会每股的交易价格将相当于原先的1/10。唯品会从2012年3月30日4.39美元涨至2014年11月3日228.6美元（年均复合增长率386%）的传奇经历总算告一段落。11月4日，唯品会报收于23.67美元，相当于换算前的236.7美元，较3日收盘价上涨3.54%。

唯品会深耕“她经济”，不合常规的股价飙涨近乎“妖性”，令人匪夷所思。2014年唯品会选择情人节（2月14日）高调宣布收购女性垂直品类B2C电商乐蜂网，投资1.125亿美元，战略入股乐蜂75%的股份，共同打造顶尖女性时尚购物平台。在外界看来，两家的“联姻”使得唯品会又“妖”了一把。

面对桌面端转向移动端的大趋势，唯品会也在暗暗发力，加大了移动端的研发力度。7月25日，唯品会在美国硅谷成立研发中心，将移动平台及大数据领域的前沿技术作为研究重点。一方面进行移动端软件的研发，另一方面利用大数据提供定制化服务，继续优化唯品会特卖平台，提升唯品会“精选品牌、深度折扣、限时限量”的独特特卖体验。此外，唯品会还成立了移动事业部，技术与管理共同发力。唯品会董事长兼首席执行官沈亚表示，美国研发中心的成立将进一步强化唯品会在中国乃至全球特卖领域的领先竞争优势。

唯品会自上市以来，成长迅速，已成为中国第三大电商、全球最大的特卖电商。唯品会所代表的特卖模式，与天猫代表的集市模式、京东代表的传统B2C模式成为中国三大主流电商业态（简称TJV），组成中国一线电商阵营。

9月24日，唯品会携手广州海关，开通首个正规海外快件进口的“全球特卖”业务，成为第一家与海关完整对接订单、运单、支付三单信息的

电子商务平台。跨境电商已然成为电商行业的下一片蓝海，有关跨境电商的模式创新层出不穷，其中，以1.0时代的“保税网购”以及2.0时代的“直购进口”两种模式最为众人所知。而此次唯品会携手广州海关推出的“全球特卖”业务，可谓将跨境电商模式升级为2.5时代，创新性地引入由电商平台、海关监管部门、信用支付系统及物流机构所构成的四位一体全链条管理体系，实施订单、运单、支付单“三单对接”的信息化同步管控，大幅提升通关效率。首批与唯品会合作的“全球特卖”品牌商中，既有Coach、Juicy Couture、CK等一线名牌，更不乏Fairydrops、Mediheal、NEOFLAM等国外新锐品牌。

2014年唯品会实现营收37.74亿美元，同比增长122.39%，实现利润1.37亿美元，同比增长163.46%；全年活跃用户从2013年的940万增至2360万，增长151.06%；全年总体订单量从2013年的4920万单增长至1.073亿单，增幅118.09%。显然，亮眼业绩的主要拉动力还是来自全年活跃用户数量和订单量的攀升。活跃用户和订单量的持续高速增长也反映出消费者对唯品会“精选品牌、深度折扣、限时抢购”的特卖模式、商品品牌、正品保障和品类供给的认可度都在持续提升。

2015年第一季度，唯品会实现营收13.89亿美元，同比增长100%，超过市场预期的84%；实现利润5928.5万美元，同比增长125.3%，并已是连续10个季度盈利；活跃用户数同比增长75%，订单总量同比攀升90%。在这一季，唯品会移动端表现出色，移动端销量在总交易额中占比达到72%，超过2014年第四季的66%和第三季的57%，这大约是中国在线购物行业平均水平的两倍以上。5月14日唯品会股票的收盘价为25.50美元，基于2015年第一季强劲的业绩成长势头，当天美国顶峰研究公司重申，维持对唯品会股票的增持评级和35美元的目标价不变。顶峰机构认为：“唯品会是中国竞争日益加剧的电商市场中处于最佳位置的公司之一，这主要得益于该公司不可复制的行业经验。此外，我们相信唯品会近来加大投资有助于长期维持营收的强劲增长。唯品会是在较长期内投资中国B2C电商市场应持有的一只重要股票。”

唯品会是继阿里巴巴、京东之后的中国第三大电商，按2014年的市值排名，是中国第六大互联网公司。前面已对中国五大互联网公司与相应的美国对手进行了比较，即阿里巴巴与亚马逊、腾讯与脸谱、百度与谷歌、京东与易贝、网易与雅虎。对于唯品会，作者亦试图找出一家能与之抗衡的美国纯电商进行比对，但是找遍了美国所有电商，除了亚马逊和易贝外，居然就找不出一家能与唯品会相匹配的竞争对手！

今天，没有哪一个行业像零售电商一样，让中国与美国在如此短的时间里如此势均力敌。美国科尔尼管理咨询公司按100分制对最具吸引力的网上零售国家进行排名。得分越高，表示该国网上零售方面的发展潜力越大。考察对象是向大众出售消费品的纯网上零售商和以门店为基础的零售网站。2014年全球零售电商市场排名，中国居第一，美国第二。但是，2015年4月8日，科尔尼发布《2015年全球零售电子商务指数》，美国跃居第一，中国退至第二，主要原因是美国经济持续增长，消费者信心逐渐提升，中国由于经济增长趋缓，三、四线城市存在基础设施投资和物流支持及消费者支出等问题。研究显示亚太地区的电子商务市场持续增长，且很快将成为世界最大的在线销售市场，但很多亚洲国家在2015年指数中的排名出现下滑。

科尔尼消费品和零售业务合伙人唐仕敦表示："尽管中国电子商务市场的增长率呈现小幅下滑，但它仍然是世界上最具吸引力的在线零售市场。"在他看来，中国作为世界人口第一大国，网民人数众多。超过1/3的网民每周至少上一次网，而且保持持续联网状态，58%的网民每天会上网2~4次。社交媒体可能成为推动中国未来电子商务发展的关键，行业领先的品牌和零售商会在主要的社交网络进行更大规模的自我推销，从而推动自身增长。

科尔尼合伙人、报告合著者迈克·莫里亚蒂表示："电子商务的繁荣带来挑战——领先的实体店业者和纯网上零售商意识到，电子商务产业的未来并不局限于网络，而是会采取创意十足的全方位渠道，即联合在线购物和实体店购物。"亚马逊的崛起让美国零售业明显感受到了电商的冲击，

2014年第四季度美国零售店销售总额同期增长3.7%，电子商务销售额增长却高达14.6%。在电商潮的压力下，包括杰西潘尼、A&F、Aeropostale、RadioShack、巴诺书店、西尔斯百货、梅西百货、家多乐、史泰博等在内的服装、文具、图书乃至电子产品的零售商，不得不通过关店这一方式来挽救下滑的业绩。当然，美国传统零售商巨头们已经开始行动，不断增加在网络销售方面的投入，打造全渠道零售模式，实现线上线下销售和服务的无缝连接。

唯品会要做中国版的TJX

与唯品会匹配的美国电商对手，最好是纯在线零售商，经营业务有折扣、女性等特征，而且营收或者市值与唯品会相当。2013年全美最受欢迎的十大电商网站依次是：亚马逊、沃尔玛、易贝、科尔士百货、百思买、塔吉特百货、杰西潘尼百货、梅西百货、西尔斯百货、老海军（服饰品牌）。在这个排名中，只有亚马逊、易贝是纯在线零售商，而且分别和阿里巴巴、京东匹配，剩下的8家电商均为传统零售商搭建的自有电商平台，没有与唯品会匹配的纯在线零售商。从传统零售商的自由电商看，科尔士百货（Kohl's）的销售对象以家有幼儿的年轻母亲为主，货品以服装为主，其业务特点与唯品会接近，尤其是市值相当，按2015年5月22日收盘，科尔士百货、唯品会的市值分别为159.80亿美元、144.95亿美元。

鉴于唯品会已推出“全球特卖”，不妨变换一下思路，从跨境电商的方向查找唯品会的美国对手。2014年美国十大跨境电商依次是：亚马逊、易贝、新蛋（Newegg）、西尔斯、百思买、沃尔玛、Overstock、史泰博（Staples）、尼曼（Neiman Marcus）、杰西潘尼（J. C. Penny）。在这个排名中，除了亚马逊、易贝、新蛋、Overstock这4家是纯在线零售商外，其余均是传统实体零售商，同时进行线上线下业务。新蛋没有上市，没法和唯品会进行比较，按照排除法，最后只剩下Overstock进入比较范围。

Overstock是一家在线销售品牌折扣商品尾货的公司，于1999年上线，

2002 年 5 月 30 日上市。Overstock 主要销售的商品包括家庭用品、珠宝、电子产品、服装、图书和音像制品。在为消费者提供便宜的品牌商品的同时，Overstock 也为其供应商处理令人头疼的尾货。Overstock 20% 的营业额来自自营业务，80% 的营业额来自 Overstock. com 网站上替第三方供货商销售所得。2014 财年 Overstock 营收 14. 97 亿美元，利润 885. 4 亿美元，市值 5. 66 亿美元。Overstock 的英文意思是进货过多、库存过剩，Overstock 的纯在线、折扣、尾品等特点，表明它是唯品会真正的美国同行。但从营收和市值规模看，Overstock 和唯品会不是一个量级的对手，2014 年唯品会营收 37. 74 亿美元，市值 117. 40 亿美元，分别是 Overstock 的 2. 5 倍和 20. 7 倍。

唯品会在美国难找相应的同行对手，说明在美国类似唯品会的网站为数不多，也反映了美国线上与线下相结合的电商发展较快，而纯在线零售商的发展比较缓慢。Overstock 于 1999 年创立，到 2014 年，历经 15 年的时间营收才做到近 15 亿美元的规模，简单地来算，平均每年仅 1 亿美元的营收增长。唯品会成立于 2008 年 12 月，仅 7 年营收就做到了近 38 亿美元，平均每年的营收增长就达 5 亿多美元。这样一比较就知道，中国纯电商发展要快于美国。当然，美国电商发展慢也是有原因的，美国传统零售业发达，起步也早，传统零售商巨头众多，而且美国人都习惯上零售连锁店购物。相比之下，中国传统零售业基础较差，天猫、京东、唯品会等在线零售商的崛起既受益于传统零售业的不足，同时又弥补了传统零售业的不足。

随着探寻美国同行对手的深入，越来越多的迹象表明唯品会的美国同行对手不在线上而是在线下。2013 年 5 月唯品会首席财务官杨东皓在接受《华尔街日报》采访时说的一句话也进一步验证了这种猜想。杨东皓说，唯品会正计划成为中国版的 TJX。

TJX 是美国的名品特卖龙头，也是品牌折扣鼻祖，其模式是线下的折扣连锁店（注：美国没有线上折扣品牌巨头），主要销售服装和家庭时尚低价产品，市值高达近 400 亿美元。TJX 商店中，通常出售一线品牌商品，价格比商场和专卖店便宜 20% ~60%。TJX 的进货时间比专卖店和百货商

场晚，大部分只在当季销售，不留存货。这些和唯品会的经营思路如出一辙。

唯品会高管公开表态要做中国版的TJX，这似乎还是第一次。2012年唯品会的招股书里在描绘中国线上打折零售行业的前景时也曾提到过TJX，“相比美国，中国的折扣零售还很不发达，没有像TJX这类的大型折扣店，奥特莱斯的数量也非常少”。

“奥特莱斯”是英文Outlets的中文直译。其英文原意是出口、出路、排出口，在零售商业中专指由销售名牌过季、下架、断码商品的商店组成的购物中心，因此也被称为“品牌直销购物中心”。奥特莱斯最早诞生于美国，迄今已有近一百年的历史。Outlets最早就是“工厂直销店”专门处理工厂尾货。后来逐渐汇集，慢慢形成类似Shopping Mall的大型Outlets购物中心，并逐渐发展成为一个独立的零售业态。Factory Outlet这种业态在美国已有100年的历史，但真正有规模的发展是从1970年左右开始的。

在美国，品牌折扣市场主要的销售以线下为主，线上品牌折扣公司规模都不大，而且增长几乎停滞。TJX主要的分销渠道是线下店，电商业务也有，仅在英国有电商业务，而且规模很小。事实上，TJX早在2004年就推出了自己的电商业务，但是刚过一周岁就由于不堪巨额的亏损而宣布关闭。TJX面对的消费者群体主要为25~54岁的中高等收入女性，她们既追随时尚又对价格敏感，所以，商店的货品需要不断的变换才能满足她们的口味。

一家线上一家线下，这是唯品会跟TJX最大的差别。唯品会的销售全部来自于线上，但在运营模式上和TJX有两点相似，即低价折扣和买手制，同时，二者都在积极地进行市场扩张。TJX在全球拥有2800多家门店，它的最终目标是达到4500家店的数量，覆盖北美和欧洲市场。唯品会也希望仓库建在人口稠密地区，但最大的问题是地方不好找。杨东皓称，“到目前为止，找到合适的土地一直都是唯品会扩张计划所面临的最大挑战”。截至2014年底，唯品会已经建起了华南、华东、华北、西南、华中五大仓储中心，全国仓储面积已达近110万平方米。2015年第一季度，唯

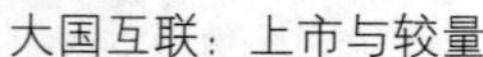

品会自建的鄂州二期仓库、肇庆物流园等相继投入运营，物流运转效率及配送能力进一步大幅提升。

唯品会特卖模式的主要特点是“精选品牌、深度折扣、限时限量”，是中国电商首个确保正品和低价的电商平台。闪购模式并非唯品会首创，但唯品会将闪购与特卖创新地融合在一起，使之迅速成长为中国电商主流模式之一。

在美国，TJX已通过专业化和规模化的运营，实现了与大多数传统零售商和电子商务网站的差异化，竞争的压力小很多。而对于唯品会来说，一方面模式并没有太多的差异化和进入门槛，另一方面还面临天猫、京东等强大的竞争对手。在没有推出特卖模式之前，这些平台上的商品对唯品会的替代效应也十分明显，何况这些巨头纷纷推出了特卖模式，更有针对性地与唯品会开展竞争，比如天猫的品牌特卖业务，京东的“闪团”业务，当当网上线服装尾货特卖频道“尾品汇”，凡客的“李宁限时特卖”等。

不过，在顺应电商发展潮流上，后来者要想超越唯品会很难。面对大鳄抢滩尾货市场，唯品会首席执行官沈亚如此表态：“其实，特卖隐藏的门槛很高，真正决定‘特卖’成败的，不是流量、低价，而是获得强势品牌资源的支持以及拿到有竞争力的折扣。唯品会的‘买手资源’和独家合作品牌优势无法替代，而且唯品会用户的重复购买率高。”

具有独特优势的线下体验和线上购物的O2O商业模式是特卖电商制胜的关键，这种商业模式主要通过帮助商户创建发展自主品牌并做强做大，以此来实现批发零售业的几何式增长，进而提高竞争力。近两年来，无论是会员数量还是会员质量，唯品会表现出的显著增长态势，其背后很重要的原因在于唯品会的品牌吸附力规模效应。

科尔士百货、Overstock、TJX与唯品会实力对比

对比中美互联网公司的实力，前面都是采取的“一对一”的比较方

法，鉴于唯品会还没有相对应的美国同行对手，因此采取“一对多”的比较方法来分析唯品会的实力。在用户营收方面，将唯品会与亚马逊、易贝、阿里巴巴、京东等4家中美纯电商放在一起比较（见图2-11）；在实力方面，将唯品会与科尔士百货、Overstock、TJX等3家美国零售商一起比较（见表2-11）。

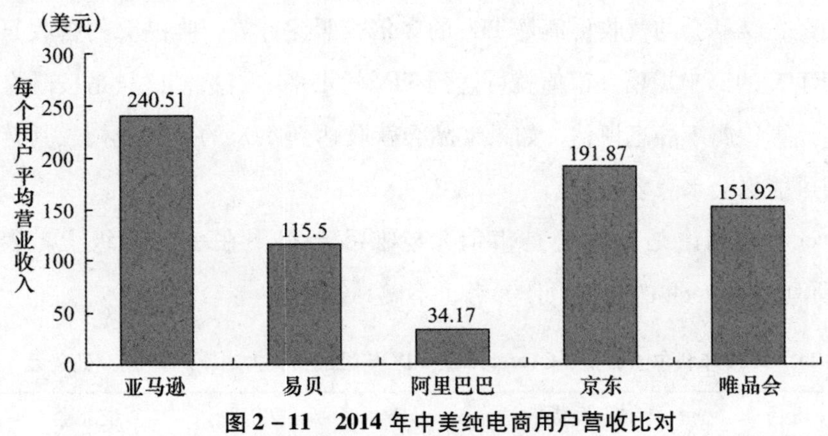

图2-11　2014年中美纯电商用户营收比对

资料来源：邓正红软实力研究应用中心。

（1）从用户营收看

2014年唯品会每个用户平均营业收入为151.92美元，在中美5家纯电商中位列第三。亚马逊以240.51美元排第一，京东以191.87美元排第二，易贝以115.50美元排第四，最后是阿里巴巴34.17美元。易贝营收179.02亿美元是唯品会的4.7倍，阿里巴巴营收114.13亿美元是唯品会的3倍，但唯品会的用户营收分别是前两者的1.3倍和4.4倍。唯品会的人气规模虽不及易贝和阿里巴巴，但用户的回头率和重复购买率高。唯品会活跃用户中75.2%是回头客，订单中有91.7%是回头客贡献的，在中国电商网站重复购买率排名中高居榜首。唯品会的用户黏性与其限时特卖的模式有很大关系。限时抢购和品牌折扣的经营模式，让占75%的女性买家购物“成瘾”，持续消费，从而保持了较高的重复购买率。

（2）从价值放大比例看

价值放大比例最高的是唯品会，为3.111，其次是TJX1.551，第三是科尔士百货0.649，最低的是Overstock 0.378。

科尔士百货的营收是唯品会的5倍，市值仅比唯品会高6.09亿美元，主要是营收价值不高。科尔士百货1美元营收创造的价值仅0.65美元，唯品会为3.11美元，是科尔士百货的4.8倍。

TJX是唯品会学习的样板，其营收和市值分别是唯品会的7.7倍和3.8倍，但是，唯品会的营收价值是TJX的2倍，照此计算，唯品会的营收只要做到TJX的一半规模，市值就可达到TJX的水平。当然，这只是按既有的潜力计算，属于静态评估，如果唯品会营收达到TJX的一半规模，其营收价值可能更会水涨船高。

Overstock无论是营收还是市值，与唯品会都不在一个量级上。表2－11所列Overstock的数据只作参考，不做具体比较。

表2－11　2014年科尔士百货、Overstock、TJX与唯品会实力对比　单位：亿美元

项　目	科尔士百货	Overstock	TJX	唯品会
在线状态	线上＋线下	线上	线下	线上
软实力指数	0.144	0.198	0.384	0.380
软实力价值	27.42	2.96	111.74	14.35
硬实力指数	2.782	0.271	0.708	1.163
硬实力价值	76.29	0.80	79.11	16.68
综合价值	103.71	3.76	190.85	31.03
资产总额	144.31	3.77	111.28	27.32
活性资产占比	52.9%	21.2%	71.1%	61.1%
营业收入	190.23	14.97	290.78	37.74
利润率	4.6%	0.6%	7.6%	3.6%
市值	123.49	5.66	451.03	117.40
价值放大比例	0.649	0.378	1.551	3.111
资源整合率	58.5%	65.7%	61.7%	85%
商业模式运转频率	1.32	3.97	2.61	1.38
收入负荷	0.76	0.25	0.38	0.72

资料来源：邓正红软实力研究应用中心。

唯品会价值放大比例高，实质是营收价值高，并最终得到投资者认可而表现在股价上。唯品会于2012年3月23日上市收盘价5.50美元，2015年5月22日收盘价25.43美元，相当于换算前的254.30美元，3年多的时间里唯品会股价上涨了4523.64%。同样在这一时间段内，TJX的股价涨幅为73.85%，科尔士百货的股价涨幅为37.42%，Overstock的股价涨幅为306.86%。股价涨幅反映了投资者对公司业绩增长及价值潜力的评价，唯品会高达4523.64%的股价涨幅就好似“黄河之水天上来”，表明投资者对唯品会的业绩增长、用户高黏性和高重复购买率以及价值潜力的高度认可。2015年5月14日，美国顶峰研究机构给出唯品会股票的目标价是35美元，按此计算，唯品会股价离目标价仍有37.63%的增长潜力。

（3）从综合实力看

TJX、唯品会的综合价值高于资产总额，TJX综合价值高出资产71.5%，唯品会综合价值高出资产13.6%，而科尔士百货、Overstock的综合价值则低于资产总额。综合价值高于资产总额是资产溢价，反之则是损价。仔细阅读表2-10，便会发现，资产溢价的公司其资产活性比在60%以上，资产损价的公司其资产活性比在60%以下。TJX的资产活性比最高71.1%，其次是唯品会61.1%，科尔士百货、Overstock分别为52.9%和21.2%。

软实力决定资产活性比。TJX的软实力指数最高0.384，其次是唯品会0.380，而科尔士百货、Overstock较低，分别为0.144和0.198。TJX软实力价值111.74亿美元，唯品会软实力价值仅为14.35亿美元。读者可能不解，唯品会的软实力指数比TJX只低0.4个百分点，为何软实力价值却相差近九成？这就是营收规模造成的差距。上面分析了唯品会营收价值是TJX的2倍，就因为营收规模小，价值放大就受到限制，唯品会的市值就只占到TJX的四成。相反，唯品会只有加速软实力转化和做大营收，才能确保价值潜力得到充分释放。

从硬实力指数看，科尔士百货最高2.782，其次是唯品会1.163，再就是TJX0.708，Overstock最低0.271。硬实力指数表明软实力向硬实力转化程度，转化的结果即硬实力价值，也就是有多少资产参与价值放大，并创造营收。TJX 的硬实力价值最高 79.11 亿美元，其次是科尔士百货 76.29 亿美元，再就是唯品会 16.68 亿美元，Overstock 最低 0.80 亿美元。硬实力价值与硬实力指数一对比，就可看出公司运营在价值上的差距。TJX 的软实力转化程度不及科尔士百货和唯品会，但其硬实力价值却高于后两者：高于科尔士百货，是因为科尔士百货转化质量不如 TJX，比如其资产活性比就比 TJX 低 18.2 个百分点，这说明科尔士百货部分转化的硬实力并没有发挥价值作用，存在资产闲置和浪费现象；高于唯品会，仍然是因为唯品会营收规模小，使软实力向硬实力转化受到限制。这就好比煮米饭，正常情况下，一斤米放三斤水，蒸发掉两斤水，还剩两斤米饭，但如果水放少了，剩下的米饭就达不到两斤。米代表资源，水代表营收，相比 TJX，唯品会投入的资源和创造的营收均显不足，虽然转化程度高，但巧媳妇也有“少米少水”之忧。

（4）从运营水平看

利润率最高的是 TJX7.6%，其次是科尔士百货 4.6%，再就是唯品会 3.6%，Overstock 最低 0.6%。4 家公司资源整合率都很高，最低的科尔士百货也达到 58.5%，最高的是唯品会 85%，这是软实力转化程度高的体现。Overstock 体量小，商业模式运转最快，但体量大的 TJX 商业模式运转频率为 2.61，运转速度是科尔士百货的近 2 倍，是唯品会的 1.9 倍，因此，TJX 的营收规模是科尔士百货的 1.5 倍，是唯品会的 7.7 倍。

从收入负荷看，TJX 是实体零售商，但运转起来一点也不显重，与电商科尔士百货和唯品会相比，TJX 的运营是最轻的，1 美元的营收仅需投入 38 美分，而科尔士百货和唯品会则分别要投入 76 美分和 72 美分。从这里也可看出，TJX 运转快、利润率高，是因为它更轻，资产更增值。整体来看，3 家公司的运营水平都很高，只是 TJX 更出色。

第12节

Priceline的“进”和Expedia的“退”都与携程有关

经过15年的成长历练和发展积累，中国互联网公司已经和美国同行站在同一个平台上了，实力方面最大的差异是体量差异，软实力却上升特别快。

前文说了，从2010年以来，谷歌、易贝、雅虎、Adobe、Zynga等美国互联网公司皆因水土不服或业绩不佳而纷纷退出中国市场。2014~2015年，在中国在线旅游（OTA）领域，美国两大在线旅游巨头Priceline和Expedia出现一“进”和一“退”。所谓“进”，不再像以往通过收购或控股中国本土互联网公司直接进入中国市场，而是通过参股与中国公司合作，间接进入中国市场。所谓“退”，就是不再控股中国公司，将多数股出售，由直接进入转为间接进入，或者最终退出中国市场。Priceline的“进”与Expedia的“退”，都与中国在线旅游巨头携程有着直接关系，由此拉开了中美在线旅游巨头之间的战略博弈，也预示着中国在线旅游新格局已经到来。

在线旅游公司几乎全线陷入亏损

近两年，中国在线旅游市场越来越“热闹”了，“派系”林立，“军阀”混战，各方都是抱着“先占领市场”的策略，不惜大幅增加成本，以成本换市场，竞争愈演愈烈，使得刚刚建立起的脆弱秩序变得岌岌可危，在线旅游公司几乎全线陷入亏损。2014 年，去哪儿亏损 2.98 亿美元，亏损同比增加 861%；艺龙亏损 4300 万美元，亏损同比增加 54%；途牛亏损 7200 万美元，亏损同比增加 454%。唯有携程实现盈利 3900 万美元，打破在线旅游全行业亏损的魔咒，但是利润同比减少 323%，同时，营业亏损 2400 万美元，这是绩优股携程上市 11 年来的首次营业亏损。

在线旅游行业集体亏损意味着更残酷竞争局面的到来。从在线旅游市场既有的格局来看，可以基本概括为“XTAB”，即携程系、腾讯系、阿里系以及百度系。其中携程系包括途家网、易游网、同程网、途牛网等；腾讯系包括艺龙、QQ 旅游、住哪儿网等；阿里系包括去啊（淘宝旅行）、佰程旅行网、穷游网等；而百度系包括去哪儿、百度旅游等。

携程曾是在线旅游市场游戏规则的制定者，但它遭到了来自去哪儿、途牛网、同程等对手的挑战。在线旅游平台界限模糊，不断打破线下酒店的定价体系和合作模式，传统旅行社供应商在平台博弈中重拾话语权，而新的格局最终形成依然需要漫长的时间。

不同于艺龙这样的老对手，在线旅游新手们动作敏捷、思路灵活，以低廉的价格和良好的消费体验抢夺市场。携程的市场份额尽管还是最大的，但也不断遭到蚕食。对携程来说，最可怕的还不在于陷入价格战或损失市场份额，而是游戏规则被搅乱了。去哪儿发动了平台化和移动端的战争，携程原有的合作伙伴，例如航空公司和酒店集团，为获得更多利润，纷纷希望摆脱在线旅游，建立自己的官方订票渠道。携程，这个曾经的模式创新者，站在了行业巨变的十字路口上。

携程面临的挑战主要来自三方面。从打造一站式的旅游和出行服务来看，携程的正面竞争对手是百度旗下的去哪儿；从细分的业务领域来看，战线太长的携程面临来自阿里巴巴旗下的去啊、穷游网，艺龙网、同程网以及驴妈妈、打车应用等各类垂直 APP 的竞争；原有市场还面临酒店和航空公司的直销平台、独立旅游类 APP、美团和大众点评等本地生活服务应用的侵蚀。

2014 年携程成为众多在线旅游网站唯一盈利的上市公司，持续维持“众人皆亏我独盈利”的局面。“OTA + 平台化”融合将成为在线旅游趋势。携程的盈利主要来自远高于市场预期的营运数字，其中开放平台战略带动了各业务线的销售，而移动战略也让携程旅行应用成为在线旅游业变现能力最强的应用。两年来，携程一直在推进平台化战略。由于执行力迅速，携程在短期内也收获了一定效果，2014 年携程移动端的活跃用户达到 2 亿左右，约 40% 的携程新用户都来自移动端。2014 年第四季度，携程旅行无线应用已经拥有约 6 亿累计下载量，环比增长 70%。2015 年 2 月春节期间移动平台交易量占比更超过 70%。

但是，从传统呼叫中心模式加速向移动互联网转型，携程面临的亏损压力正逐渐加大。原因在于，除了公司原有的包括呼叫中心在内的两三万名员工导致的人员成本，携程在线预订比例占比越大，返现压力、价格战和市场投入带来的损耗也越大，同时还面临多项业务同时作战的压力。

中国在线旅游网站背后大抵都有腾讯、阿里巴巴、百度的身影，三巨头投资旅游是基于强化自身 O2O 布局的考虑。在线旅游是 O2O 的重要领域，三巨头的介入为旅游网站带来了海量的流量和庞大的用户资源。作为中国在线旅游的龙头，携程无疑更受巨头们的青睐。2012 年以来，三巨头均相继和携程传出投资传闻，百度方面更是一度力推携程与旗下去哪儿网牵手。但携程并不想在三巨头之间选边站队，更希望完全独立发展，建立自己独立的生态体系，成为独立于百度、腾讯和阿里巴巴的“互联网第四极”，即“BATX”的“X”。“假设 X 是未知数的意思，那我们有信心未来填进这个位置的，最可能的是携程”，携程董事会主席兼首席执行官梁建章对此并不讳言。

携程的独立发展需要进行大量投资。梁建章回归携程后，一个非常大的动作是，围绕携程的生态链进行一系列的投资，投资项目包括旅游网站途牛、同程旅游、一嗨租车、易到用车、天海邮轮、众安在线等。2014 年携程持有的长期投资账面余额 8.57 亿美元，较 2013 年的 4.72 亿美元增幅达 81.6%。

当然，大量投资使得携程资本运作空间不多，因此，携程也希望获得大资本投入，但前提是携程保持独立发展。梁建章曾如此回应三巨头乃至其他互联网公司对于携程的“青睐”：“大家都想在携程这边做一定的投资，也有很多家行业优秀公司来找我们，携程对此并不排斥，我们在看哪家能带来更多资源。当然我们也不急，因为携程完全可以独立发展。在不影响独立性的情况下，携程对投资是欢迎的。”

携程要成为中国的 Priceline

基于对资本的需求以及携程更大的野心——走出去拓展海外市场，最终携程选择了与美国在线旅游巨头 Priceline 合作。2014 年 8 月 7 日，Priceline 和携程达成合作，Priceline 以购买可转换债券的形式对携程投资 5 亿美元，并被授权在未来 12 个月通过公开市场购买携程股票，持股最高可达到 10%。Priceline 将向携程的客户开放其在大中华区以外的全球超过 50 万家酒店资源，携程在大中华区的超过 10 万家酒店资源也将对 Priceline 的客户开放。这轮交易中 Priceline 的 5 亿美元折算携程股本 5%，当时携程市值 81.79 亿美元，Priceline 对携程估值超过 100 亿美元，8 月 7 日收盘携程市值 88.33 亿美元，增幅达 9.2%。

2014 年 10 月中旬，Priceline 再次增持携程股票，总金额近 3 亿美元。10 月 20 日到 11 月 4 日，Priceline 持续买入携程 150 多万股，约合近 9000 万美元。2015 年 5 月 26 日，Priceline 又通过可转换债券，向携程投资 2.5 亿美元。Priceline 两次购入可转换转债，将持有约 10.5% 的携程总流通股。携程还表示加强与 Priceline 的合作意愿，允许 Priceline 通过公开市场购买其一定数量的股份（美国存托凭证），“包含此次发行的可转债及 2014 年 8 月发行的 5 亿美元可转债在内的携程股份，Priceline 可持有的携程总流通股的数量可达到 15%”。从 2014 年 8 月至 2015 年 5 月，Priceline 对携程投资规模增至 12.66 亿美元。

携程选择 Priceline 是有渊源的。之前梁建章就在多个场合提及携程要

成为中国的 Priceline。在携程公司内部，Priceline 亦被当做楷模来激励团队。梁建章称如果能够在未来的 7 年间做得更好，携程有望到 2020 年在市值上达到 Priceline 的 600 多亿美元这一水平。况且，2012 年 8 月，携程就与 Priceline 旗下的在线酒店预订服务提供商 Booking 开始了资源互换合作，Booking 的酒店库存量为携程的酒店预订服务提供重要的补充。携程与 Booking 进行系统直连，上线 20 多万家海外酒店预订，推出了海外酒店预订新平台。

在携程方面看来，没有选择腾讯、阿里巴巴、百度，而最终选择 Priceline，主要是因为 Priceline 能给携程带来更多资源。携程首席运营官孙洁更是说得很明了，此次合作投资方带给携程的是得天独厚、用钱买不到的资产，“全球第一名与中国市场第一名合作，我们觉得这样的合作是强强联手，会让两家公司变得更加强大”。

Priceline 是一家 C2B 旅游服务网站，1998 年由美国人 Jay Walker 创立，并将其发明的核心商业模式“Name Your Own Price（用户出价）”进行了专利注册。“用户出价”是 Priceline 的成功法宝，十几年来一直独树一帜，被认为是网络时代营销模式的一场变革。“用户出价”的模式遵循了经济学中的“保质期”越近，商品价值越小。比如飞机起飞前一天，卖不出去的位置，理论价值是 0。对于供应商来说，多卖一个赚一个。这种独特的商业模式为 Priceline 建立了巨大的客户黏性。凭借这一法宝，Priceline 迅速成长为全球最大的在线旅游服务商，旗下拥有 Booking. com、Priceline. com、Agoda. com 以及 TravelJigsaw 等多个品牌。

旅游本身是一个较少受到地域边界影响的行业，只有将业务范围扩展到更多的地域，才有可能将业务规模迅速做大。Priceline 之所以是全球在线旅游巨头，是因为它每年超过六成的营收来自国际市场，而且占比在持续扩大，2012 年其国际营收占比 68%，2013 年增至 74%，2014 年接近 80%。

Priceline 正是通过收购一系列海外市场的强势旅游品牌得以在国际市场迅速崛起。2004 年 9 月，Priceline 以 1. 61 亿美元收购英国在线酒店预订服务商 Active Hotels. com；2005 年 7 月，以 1. 33 亿美元收购荷兰的酒店预订网站 Bookings BV，此后，Priceline 将 Active Hotels 和 Bookings B. V 进一步整合为 Booking，自此 priceline 在欧洲市场站稳了脚跟；2007 年 11 月，收购了总部在新加坡和泰国的 Agoda. com，进军亚洲，实现全球扩张；2012 年 11 月，以 18 亿美元收购旅游搜索引擎 Kayak Software；2014 年 6 月，以 26 亿美元收购在线酒店预订服务商 OpenTable。而今，收购而来的 Booking 与 Agoda 已成为 Priceline 业绩的最主要动力，其中 Booking 的预订量已占 Priceline 酒店总预订量的 70% 以上。

中国已成为世界第一大出境旅游客源市场与第一大出境旅游消费国，Priceline 十分看好中国旅游市场的增长潜力。2008 ~ 2013 年，中国在线旅游交易规模每年保持 27% 以上的增长速度，而市场渗透率却仍处在 10% 以下，远不及欧美的 50% 。到 2020 年底，每年将有 2 亿中国游客出国旅行，在旅游上的支出也将增加 1 倍。相比欧美市场 40% ~ 50% 的旅行订票通过在线完成，中国市场的比例只有 10% ~ 15% ，这为在线预订平台提供了巨大的机会。

Priceline 在中国市场的优势不明显，急需在中国找到一位“合作伙伴”充当跳板和代言人。相比其他在线旅游公司，作为行业老大、体量不小的携程走入了 Priceline 的视野。2012 年起，Priceline 通过旗下 Booking 和携程合作正式开始拓展中国业务，共享各自的酒店库存，并进行交叉促销。此后，携程向其客户提供新增的 Priceline 品牌服务，包括来自 rentalcars. com 及 OpenTable 平台的服务。Priceline 也向其客户宣传推广携程的其他旅行服务，包括机票预订及景点票务服务。2014 年，Priceline 与携程的合作由战术性的资源整合提升至战略性的参股投资，这是 Priceline 历史上第一次以非控股形式投资一家企业，对于眼下意欲打开中国市场的 Priceline 而言，此举背后的深意不言而喻。

2014 年中国在线旅游市场营收规模达 22. 98 亿美元，比 2013 年 18. 91 亿美元增长了 21. 5% 。而携程营收在其中占比超过了 51. 5% ，高达 11. 84 亿美元，依然占有大部分市场份额。这更让 Priceline 看好合作的未来前景。

因此，2015 年 5 月 Priceline 再次投资携程 2.5 亿美元。总之，不管是 Priceline 还是携程，双方合作的基础都是觊觎一个目标，那就是市场。Priceline 需要借助携程杀入中国市场，而携程则希望能够借助 Priceline 的资源布局海外市场，尽快走出国门，分羹发展势境游市场。

Expedia 败退中国市场

相比 Priceline，美国另一在线旅游巨头 Expedia 进入中国市场则要早 8 年。2004 年以来，Expedia 通过投资、业务合作等方式逐步渗透中国市场，尤其在收购艺龙之后脚步更加迅捷。2004 年，Expedia 的母公司 IAC（InterActiveCorp）控股艺龙；2007 年，通过艺龙推出中国地区的服务；2008 年，Expedia 旗下酒店点评网站 TripAdvisor 投资成立到到网；2009 年，并购酷讯网；2013 年，Expedia 旗下的欧洲酒店搜索比价网站 Trivago 在上海设立分公司进入中国市场。

Expedia 是全球第二大在线旅游服务商，其历史可以追溯到 1996 年。当时，微软推出了一个供旅游者在线查询和预订旅游产品的网站 Expedia.com。3 年后，Expedia 从微软拆分出来，在纳斯达克独立上市。2002 年 2 月，Expedia 被InterActiveCorp’s（即 InterActiveCorp，简称 IAC）收购并私有化。2005 年 8 月 9 日，Expedia 从 IAC 分拆，Expedia.com、Hotels.com、Hotwire、TripAdvisor 等旅游相关业务打包上市。2011 年 12 月 20 日，Expedia 将旅游媒体和广告品牌业务打包到 TripAdvisor 独立上市，Expedia 则保留酒店、机票、租车、游轮以及其他度假旅游产品等交易相关业务。分拆后的 Expedia 公司和 TripAdvisor 已经没有任何股权关系，但实际控制人都是 Mr. Diller（Mr. Diller 是 IAC、Expedia、TripAdvisor 等 3 家公司的董事长）。

2004 年以来，Expedia 不断增持艺龙股份，把在艺龙的持股比例提高至 62.4%。Expedia 希望通过酒店预订网站艺龙、机票搜索网站酷讯和酒店点评网站的捆绑进入中国市场。但 Expedia 在中国的这 3 个网站运营业绩均不理想，尤其是艺龙亏损越来越大，对 Expedia 的利润构成了拖累。2015 年 5 月 22 日，Expedia 以 6.71 亿美元的价格出售了所持有的 62.4% 艺龙股权，并从艺龙董事会退出。携程则以 4 亿美元购入艺龙 37.6% 股权，成为艺龙第一大股东。一直以来，艺龙都被认为是 Expedia 在中国的有力棋子，甩手艺龙则意味着 Expedia 败退中国市场。

携程控股艺龙，相当于间接消灭了一个竞争对手，获得艺龙的市场份额。2015 年第一季度中国在线旅游服务市场份额中，携程占比 56.6%，而艺龙仅占 5.6%，控股后，携程的市场份额将增至 62.2%。艺龙发展不尽如人意，但依然拥有庞大流量。2014 年艺龙全年酒店客房间夜约为 3420 万间夜，同比增长 32%。而 2015 年第一季度通过艺龙预订的酒店客房间夜为 930 万间夜，同比增长 34%。这些流量优势如果被携程利用好，优势明显。2014 年中国在线旅游市场渗透率仅为 8.3%，从线上和线下来看，占比很小。5 月 22 日，美国投行派杰指出，携程将利用最大股东地位推动艺龙改变运营策略，致力于提升盈利能力，将要求艺龙更专注于产品，减少折扣力度，与此同时携程将进一步提升自身运营利润率。派杰重申，对携程评级为增持，目标价 91 美元（注：当日收盘 84.63 美元）。可以期待的是，随着艺龙投入携程系，中国在线旅游行业格局势必会发生变化。

Priceline 首席执行官戴伦・休斯顿曾表示，如果你的公司在中国不够大，那么未来 5 ~10 年内不能够说它是一家国际化的公司。从参股携程以来，Priceline 在中国市场的布局十分密集，与 Expedia 的卖股退出形成鲜明对比。这两个老对手在中国市场可谓“冤家路窄，狭路相逢”，在时间节点上跟得很紧。继携程收购艺龙部分股权、Expedia 败走中国之后的 4 天内，Priceline 便以 2.5 亿美元投资携程。Expedia 前脚刚走，Priceline 后脚就继续跟进，在外人看来，Priceline 通过投资携程，间接将老对手 Expedia 挤出中国市场。

不过，不论是 Expedia 还是 Priceline，二者在中国市场的进展都不大，而遇阻的原因不仅在于中国在线旅游企业的强势崛起，更重要的是美国公司进入中国后面临的本土化问题。Expedia 的艺龙全盘向 Expedia 学习，导

致本土化不够；卖掉艺龙股份的 Expedia 在中国市场几乎变得两手空空，旗下酷讯网、TripAdvisor 到到网、Hotel. com、Egencia. com 等在中国运营多年，市场份额甚少。不仅 Expedia 无法在中国市场有太大作为，其老对手 Priceline 亦在短时间内无法有所突破，旗下 Booking、Agoda 进入中国多年，战果不丰。但是，这样的结果并未阻挡 Priceline 进军中国的图谋。从 Priceline 进与 Expedia 退的格局看，最大的受益者应该是携程了。

Priceline、Expedia、TripAdvisor 与携程实力对比

Priceline 投资携程，携程投资艺龙，构成了 Priceline、携程、Expedia 的三角关系（简称 PEX)。下面就三者 2014 年的实力状况进行比对（见表 2－12)。

表 2－12　2014 年 Priceline、Expedia、TripAdvisor 与携程实力比对　单位：亿美元

项　目	Priceline	Expedia	TripAdvisor	E + T	携　程
软实力指数	0. 439	0. 167	0. 461	0. 250	0. 180
软实力价值	37. 04	9. 61	5. 75	17. 53	2. 13
硬实力指数	0. 967	2. 520	0. 902	1. 810	2. 380
硬实力价值	35. 83	24. 21	5. 19	31. 72	5. 08
综合价值	72. 87	33. 82	10. 94	49. 25	7. 21
资产总额	149. 41	90. 21	19. 59	109. 80	50. 43
活性资产占比	24. 0%	26. 8%	26. 5%	28. 9%	10. 1%
营业收入	84. 42	57. 63	12. 46	70. 09	11. 84
利润率	28. 7%	6. 9%	18. 1%	8. 9%	3. 3%
市值	593. 11	98. 00	106. 60	204. 60	63. 57
价值放大比例	7. 026	1. 700	8. 556	2. 919	5. 369
资源整合率	42. 7%	79. 0%	42. 6%	72. 5%	69. 5%
商业模式运转频率	0. 57	0. 64	0. 64	0. 64	0. 23
收入负荷	1. 77	1. 57	1. 57	1. 57	4. 26

资料来源：邓正红软实力研究应用中心。

（1）从价值放大看

价值放大比例最高的是 Priceline，为 7. 026；其次是携程 5. 369；Expedia 最低，仅 1. 700。Expedia 的兄弟公司 TripAdvisor 的价值放大比例高达 8. 556，超过全球老大 Priceline。为了更清晰地了解 Expedia 的价值放大内质，作者将 TripAdvisor 的价值融进 Expedia，通过软实力工具测算，得出价值合并后 Expedia 的放大比例为 2. 919，在 PEX 中仍是最低的。这说明 Expedia 价值放大潜力存在基因性障碍，不是简单地输入价值就能解决问题的。

Priceline 的营收是 Expedia 的 1. 5 倍、携程的 7 倍，而价值比例是 Expedia 的 4 倍、携程的 1. 3 倍，说明 Priceline 不仅营收规模大，价值创造和放大能力也是最强的，作为全球第一大在线旅游巨头当之无愧。而 Expedia 的营收是携程的近 5 倍，但其 1 美元营收创造的价值仅为携程的 1/3，这种“矮胖子”现象确实与其全球第二在线旅游巨头的形象不相称。

以 2015 年 5 月 29 日美股收盘，携程市值 112. 29 亿美元，较 2014 年上涨 48. 72 亿美元，涨幅 76. 6%；Expedia 市值 136. 82 亿美元，较 2014 年上涨 38. 82 亿美元，涨幅 39. 6%。携程市值涨幅是 Expedia 的近 2 倍，比 Expedia 多增 10 亿美元，携程与 Expedia 的市值差距由 2014 年的 34. 43 亿美元缩至 24. 53 亿美元，而且这是在第一季度携程亏损、投资艺龙、Expedia 甩掉艺龙“包袱”的情况下发生的。说明携程的价值增长潜力大于 Expedia。

尽管携程 2015 年第一季度亏损 2900 万美元，但营收同比增长 46%，而且第一季度产品开发费用同比增幅达 83%，共计 1. 30 亿美元，总体来看，第一季度是战略性亏损。同时，对于携程投资艺龙，顶峰研究、派杰、德银等多家机构分别给予维持、增持到强力买进的评级，目标股价从 80 美元上升至 122 美元。这说明投资者十分看好携程的价值潜力。

（2）从综合实力看

Priceline 软实力指数在 PEX 中遥遥领先，高出 Expedia 27. 2 个百分点，高出携程 25. 9 个百分点。携程略高出 Expedia 1. 3 个百分点，居第二。但

是，Expedia 和 TripAdvisor 合并后的软实力指数为 0. 250，超携程整整 7 个百分点。这说明，与 Expedia 单比，携程略占软实力优势，与 Expedia 复比，携程微弱的软实力优势就变成了明显的劣势，携程必须加快技术及产品研发，加大软实力积累，否则缺乏价值后劲，不利于长远发展。不仅如此，携程软实力价值 2. 13 亿美元，较之 Priceline 37. 04 亿美元和 Expedia 9. 61 亿美元的软实力价值低多了，说明携程的软实力转化能力脆弱不堪。

再看硬实力。尽管 Priceline 的软实力向硬实力转化的程度最低，但硬实力价值却是最高的，为 35. 83 亿美元，且资产活性比达 24. 0%，仅比最高的 Expedia 低 2. 8 个百分点，这说明 Priceline 软实力转化质量高，参与价值放大、创造营收的资产效能高。Expedia 的软实力转化程度和资产活性比均为最高，但硬实力价值为 24. 21 亿美元，比 Priceline 反而少 11. 62 亿美元，说明 Expedia 的软实力转化质量逊于 Priceline。问题最严重的是携程，其软实力转化程度与 Expedia 差不多，但活性资产只占全部资产的一成，较 Expedia 低 16. 4 个百分点，较 Priceline 低近 14 个百分点，硬实力价值仅 5. 08 亿美元，说明携程的软实力转化质量极低，90% 的资产处于非创效状态，资产闲置和浪费现象惊人！

比较综合价值，Priceline、Expedia、携程的综合价值则低于资产总额，都是资产损价。上一节说了，资产溢价的公司其资产活性比在 60% 以上，资产损价的公司其资产活性比在 60% 以下。这 3 家公司的资产活性比均在 30% 以下，携程更甚只有 10. 1%。很明显，3 家公司同时出现资产损价，原因就在于资产活性比极低。

（3）从运营水平看

利润率最高的是 Priceline，为 28. 7%，其次是 Expedia 为 6. 9%，最低的是携程仅 3. 3%。其实 3 家公司利润率的差异从各自的软实力和硬实力价值就可分出高低来。从资源整合率来看，Expedia 最高 79. 0%，其次是携程 69. 5%，Priceline 最低 42. 7%。资源整合就是公司利用软实力去整合别人的资源为自己所用，是软实力转化的具体表现。3 家公司的资源整合排序与硬实力指数排序是一致的。

从运营效率看，Expedia 的商业模式运转率最快为 0.64，其次是 Priceline 0.57，最慢的是携程 0.23。Expedia 运转最快源于高达 79.0% 的资源整合率，自己投入运营的资产仅两成，相对来说是轻资产运营；Priceline 运转稍慢点，也是因为资源整合，自己投入运营的资产超过一半以上，因此稍微显得重一点；而携程虽然资源整合率高达近 70%，自己投入运营的资产仅占三成，但由于 90% 的资产“不作为”，公司看似轻实际沉重得很，因此，运营起来极其缓慢。

从运营效能看，运营速度与收入负荷是连贯的，公司运营快，收入负荷必然轻，反之则重。Expedia 运转最快，收入负荷最轻，1 美元营收仅需投入 1.57 美元资产；Priceline 次之，1 美元营收需投入 1.77 美元资产；携程最慢，原因是这只蜗牛背着沉重的壳，1 美元营收要投入 4.26 美元资产，其负荷是 Expedia 的 2.7 倍、Priceline 的 2.4 倍。

值得提醒读者的是，对比 Expedia、TripAdvisor 及 E + T 的商业模式运转频率和收入负荷，你会发现三者都是一致的，商业模式运转频率都是 0.64，收入负荷都是 1.57。这说明 TripAdvisor 从 Expedia 分出去后，运营方面仍保持着 Expedia 的基因，也在一定程度上证明了公司基因在相同的文化环境中是可以传播和复制的。但是，Expedia 按照美国模式改造艺龙却失败了。2014 年艺龙的商业模式运转频率为 0.36，比 Expedia 慢了 0.28，艺龙的收入负荷为 2.80，是 Expedia 的 1.8 倍，而艺龙的运营水平与 Expedia 更是相差甚远。这说明公司基因在不同的文化环境中传播和复制是有难度的，这就是水土不服的问题。一方水土养育一方公司，Expedia 放弃艺龙、携程投资艺龙，应该是物归其类，各得其所。不过从上面 PEX 的实力对比来看，携程除了价值放大比例凸显外，在综合实力和运营水平方面都是相当落后的，如此看来，作者隐隐觉得携程的市值可能被投资者高估了，有泡沫之嫌。

第13节

美国“棱镜门”事件与中国免费杀毒

纵观从中国市场退出的美国互联网公司，仔细分析，便会发现它们有一个共同特点：个性都很强，不管中国的市场行情怎样，总是那么顽固地坚持自己的业务模式，结果都落得个败绩，不但不吸取教训予以反思，却宁愿死守美国模式而撤出中国。这也许是为了保持一点美国的“尊严”吧。

美国公司的“犟”是出了名的，总以为自己的商业模式最先进，对中国本土出现的免费等新模式感到不可思议，除了讥讽嘲笑，就是不认可。殊不知，市场是最好的裁判，中国用户就喜欢免费体验，中国互联网公司就凭着免费模式累积软实力，并在激烈的竞争中一天天崛起。不可否认，美国公司是创造互联网商业模式的先驱，中国公司也是从模仿、学习美国模式起步成长起来的，但世界上从来就没有“放之四海而皆准”的真理，美国公司进入中国市场首先就要吃透本土化之道，否则，市场无情，出局是必然的。

祭出免费杀毒大旗

中国互联网市场的每个领域几乎都有美国公司进入，也都有美国公司退出。中国网络安全市场亦是如此。1982 年 4 月成立的美国赛门铁克

（Symantec），是全球最大的安全软件厂商，早在1998年就进入中国市场，当时还有另一家美国安全软件巨头McAfee（2006年7月启用中文名称“迈克菲”）也进入了中国。从20世纪90年代末开始，中国杀毒软件市场处于付费时代，瑞星、金山、江民等本土厂商是市场的控制者，“洋杀毒”一直不温不火。

2006年7月奇虎正式推出360安全卫士，并与俄罗斯安全厂商卡巴斯基结成战略合作伙伴，正式推出新闻搜索。卡巴斯基依靠与奇虎360的捆绑和免费试用策略，2007年在中国杀毒市场份额蹿升至第二，仅次于瑞星，卡巴斯基、赛门铁克和McAfee等“洋杀毒”品牌也获得空前关注。McAfee迟来的中文名“迈克菲”也是那段时间落定的，“洋杀毒”品牌由此迎来最好的用户拓展期，一批代理商或其他合作伙伴争相递出橄榄枝。

但“洋杀毒”在中国的好日子仅仅维持了两年。2008年7月，奇虎360顺应安全已成为网络基础服务这一潮流，祭出“免费杀毒”大旗，推出免费的杀毒软件——360杀毒，像突然窜出来的一匹黑马，逆袭整个行业，引领中国杀毒软件市场进入免费时代。紧随而来的是金山、瑞星等本土软件相继免费，腾讯、百度等更多互联网巨头借势入局。“洋杀毒”被这突如其来的免费形势打了个措手不及，市场份额急剧下降，不仅痛失在华合作伙伴，甚至至今仍未理解“免费”在中国杀毒市场的意义。

“对于我们个人来说，免费是一种涤荡旧有思维的商业体验；对于互联网领域的企业来说，免费更多的是一种生存法则，一种可以改变旧有发展模式而实现脱胎换骨的动力机器。”美国《连线》杂志总编辑克里斯·安德森在其2009年畅销书《免费：商业的未来》中已经明确了互联网的免费趋势。

对于免费杀毒，奇虎360的逻辑是这样的，互联网安全像搜索、电子邮箱、即时通讯一样，是互联网的基础服务，应该免费的。奇虎360坚持以互联网的思路解决网络安全问题，因此成为免费安全的首倡者。360杀毒一经问世，就受到数以亿计的用户青睐，颠覆了传统的杀毒付费模式。2008年360产品月活跃用户达1.22亿，360产品用户渗透率达43.6%。

2009年10月，360安全中心高调发布永久免费的360杀毒1.0正式版。这是全球范围内首款真正永久、彻底免费的杀毒软件，对免费不做任何限制，并抛弃了收费杀毒软件固有的“激活码”机制。不仅免费，而且在性能指标上全面超越了本土杀毒及“洋杀毒”收费软件。360杀毒推出前，在桌面安全领域，付费用户的比例接近40%；360的出现，使得免费杀毒大行其道，并成了用户的习惯。有关方面的调查报告显示：58.6%的网民愿意使用免费杀毒软件，而在收费杀毒软件用户中，35.6%的用户明确表示到期后不会再续费。360杀毒正是靠着永久免费的策略，很快就笼络了上亿用户，到2010年1月其市场份额已攀升至33.76%，成为中国装机量最大的杀毒软件。

轰轰烈烈的腾讯QQ大战奇虎360，一度搅动了整个即时通讯和杀毒软件市场。随之而来的是面向个人用户的传统杀毒软件厂商纷纷竖起了免费大旗，中国个人级杀毒软件市场基本分成了两个派别：一是全面免费的本土品牌，如奇虎360、瑞星和金山毒霸；一是仍旧坚持收费为主的“洋杀毒”品牌，如美国赛门铁克、迈克菲，俄罗斯的卡巴斯基以及德国Avira（俗称“小红伞”，部分个人级产品免费）。

“洋杀毒”不敌免费杀毒

免费杀毒正成为个人用户市场的主流，虽然大势如此，“洋杀毒”却也怪话不少。赛门铁克认为，其他厂商的一些免费产品虽然也叫手机安全产品，但从安全角度来看，这方面的功能都很弱，可能更多的是一些应用型的软件，从功能上比较的话，仔细一罗列就会发现免费产品里面90%的功能与安全可能没什么关系，这种免费做法的最终受害者还是用户。

在赛门铁克看来，中国一些安全厂商的做法可能更倾向于互联网公司，通过提供免费安全产品作为一个入口进入到市场里面去，迅速地占有更多的用户，有了庞大的用户群之后，可能通过其他一些方面增值和盈利。这个思路跟诺顿（赛门铁克杀毒软件品牌）是不一样的，赛门铁克还是比较专注在做安全的，诺顿这个品牌要做的是保护用户所有有价值的信息，提供的是真正能够给用户带来信息安全的这样一些功能和产品，从这个角度来讲，诺顿的定位与其他厂商就不太一样了。2010 年时任赛门铁克总裁兼首席执行官的恩瑞克·塞伦认为，免费杀毒软件功能有限，一分价钱一分货，有效应对有针对性的攻击才是现阶段信息安全领域最重要的事。

中国免费的杀毒品牌已对市场形成了一定冲击，但赛门铁克表示，诺顿不会放弃收费原则。诺顿手机安全软件在中国市场销售渠道只能通过盒装版本购买，官方报价 199 元，1 年服务期适用于 1 个用户 1 部手机或 1 部平板电脑。截至 2011 年 1 月，中国个人用户杀毒市场几乎被本土免费杀毒软件垄断，奇虎 360 杀毒的覆盖用户为 2. 5 亿，瑞星杀毒约 4000 万。而收费的卡巴斯基月覆盖用户数为 1370 万，诺顿防病毒软件（NortonAntivirus）为 473 万。

2012 年 2 月 28 日，赛门铁克旗下兼容 Windows 8 系统的“诺顿 360 全能特警”的 6. 0 版本正式在中国上架销售。赛门铁克消费产品事业部高级业务发展经理 Elaine Chan 认为，2011 年用户信息安全问题不断涌现，但免费杀毒软件是比较基本的工具，诺顿会通过更专业的产品和服务来吸引用户为安全产品付费。诺顿 360 全能特警 2007 年上市，此后每年发布一个版本，每份软件可用于 3 台电脑。此次 6. 0 版本两年期的售价为 499 元。

同样卡巴斯基对免费也是叽叽歪歪。2011 年，卡巴斯基亚太区一位技术负责人说“看不到免费杀毒的明天在哪里”，坚称：“卡巴斯基未来的发展会有两个‘不做’，一不做‘依靠互联网生存’的公司，第二不会做免费杀毒厂商。”2012 年，免费杀毒软件的竞争使得卡巴斯基在中国的市场份额损失了 75%。当时卡巴斯基在中国的桌面端用户总数为 2000 多万，而最高时达到 1. 8 亿。

根据赛迪顾问对 2013 年中国企业杀毒软件应用统计分析，受美国“棱镜门”事件影响，越来越多的中国企业选择本土杀毒软件。其中，奇虎 360 成为企业占有率最高的杀毒软件，达 42%；紧随其后是赛门铁克和

瑞星，占比分别为18%和13.5%；再次是迈克菲11.5%、金山10%、卡巴斯基8%、趋势科技8%。奇虎360、瑞星、金山这3个本土品牌占据了中国65.5%的企业杀毒软件市场。中国本土杀毒软件技术能力不断增强，尤其在本土化应用、创新服务上更符合中国企业的需求，行业用户对于本土品牌的信任度不断提升，选用本土杀毒软件已经成为中国企业的共识。360杀毒品牌在各个行业企业中的占比较高，主要得益于360杀毒的免费模式，另一方面，360杀毒软件的人性化应用以及专业安全品牌备受企业青睐。

2014年5月，赛门铁克方面又出奇论，其信息安全高级副总裁布莱恩·代伊在接受《华尔街日报》采访时表示，杀毒软件已死。代伊表示，传统的杀毒软件只能探测到45%的攻击，所以效果不佳。更称奇的是，美国另一家安全供应商火眼（FireEye）也在附和代伊的言论。火眼表示，该公司探测到的所有恶意软件中，有82%只会保持一个小时的活跃性，70%只会出现一次。这是恶意软件作者故意经常调整软件代码，以便绕过传统杀毒软件的扫描。所以，该公司称：“基于签名的杀毒软件功能更像是在捉鬼，而不是探测和预防威胁。”

针对这种情况，赛门铁克和其他安全软件公司推出新型解决方案，进行针对性地关闭攻击渠道，如通过各种工具屏蔽垃圾信息和钓鱼攻击、恶意网站和社交媒体诈骗。安全公司还涉猎了各种补充软件，例如密码管理器、移动VPN应用和安全云存储服务，但这些产品都不属于传统的杀毒软件范畴。

“杀毒软件已死”，确实耸人听闻，但杀毒软件并未死，只不过杀毒软件已成为各种确保电脑安全的工具之一，必须通过多种技术的相互配合才能更好地抵御恶意攻击。赛门铁克此时放出这种言论，无非有三个企图：一是诋毁免费杀毒，二是以更先进的技术取代传统杀毒，三是让用户更加关注新型杀毒解决方案。

赛门铁克、卡巴斯基不愿做互联网公司

2015年4月23日，赛门铁克发布《2014年度互联网安全威胁报告》称，2014年针对大公司发动的黑客攻击数量比2013年增加了40%。当软件中的漏洞被发现之后，软件厂商们平均要花59天才能将它修复，这远远超过了2013年的4天。大约有5/6的大公司遭到过各种黑客攻击。赛门铁克高级安全响应经理萨特南·纳朗说："黑客们的速度比以前更快了，攻击方式更具创造性了，而且攻击时使用的资源也更多了，这也使得企业很难通过自查的方式检测出黑客攻击。"被破坏的软件升级是一种被称作"水坑"（watering hole）的欺诈性攻击。纳朗称："水坑式攻击就像等待猎物上门的野生动物一样，他们将恶意代码植入攻击目标经常访问的网站。个人用户无法采取行动保护自己，他们会受到恶意软件的感染。"

黑客攻击确实较以往厉害多了，不过这样的信息从赛门铁克方面公布出来，却有刻意渲染问题之嫌。由于赛门铁克仍在努力研发更加现代的反黑客技术以及剥离数据业务部门（旗下的数据存储及恢复业务子公司Veritas），受此影响，赛门铁克2015年第一季度的营收与利润预期都不及市场分析师的水平。赛门铁克已经受益于打击黑客技术的需求，但一直落后于业内同行，其中就包括火眼。火眼的技术主要是检测更加严重的黑客攻击。赛门铁克报告黑客攻击情况，与"杀毒软件已死"如出一辙，无非是提醒用户重视，使用赛门铁克的安全产品，从而提高营收。

免费体验是互联网的发展趋势。赛门铁克、卡巴斯基不愿做互联网公司，给自己的定位是安全厂商，而奇虎360给自己的定位则是互联网安全公司。与互联网公司不同，厂商必须将自己生产的产品销售出去方能获得收入。"洋杀毒"失败主要在于中国市场的复杂性以及免费基调与其付费逻辑存在本质矛盾。"洋杀毒"将自己孤立于互联网之外，根本不具备互联网基因，没有支撑免费的互联网商业模式，用非互联网思维做互联网安全产品，自然不敌本土杀毒，至于"洋杀毒"与本土杀毒的功能差异已不

是主要问题。

互联网公司要的是用户规模，有了用户规模就可以做收入性业务。奇虎将免费的360安全产品变成了沉淀用户和培养用户依赖性的最大入口，用户数量快速扩大，进而通过搜索广告、游戏分成等较为成熟的互联网盈利方式获得收入。依靠广告及增值服务收益支持免费服务的成本，又通过免费服务的用户基础拉动广告及增值服务的用户覆盖，这种产品布局与盈利方式是奇虎360在众多“免费+增值服务”模式中脱颖而出的根本原因。

免费杀毒颠覆了杀毒软件行业的既有生态链，将互联网安全服务带入了一个全新的发展时代，使得奇虎360迅速崛起。截至2014年12月，奇虎360基于桌面端的产品和服务的月活跃用户总数为5.09亿，创下历史最高纪录，基于智能手机的移动安全产品用户数达7.44亿，安全浏览器的月活跃用户为3.61亿，同时用户渗透率仍然呈快速扩大趋势。按活跃用户数计算，奇虎360已是中国第一大互联网安全厂商和第二大浏览器提供商。此外，奇虎360从2009年开始，营收一直获得持续快速增长，到2014年营收首次破10亿美元，达13.91亿美元，5年间的复合增长率为112.6%。

美国“棱镜门”事件把信息安全推上了风口浪尖，中国将信息安全提升至国家安全的重要地位，加大了信息安全的保护力度，对于选择国外信息安全厂商更加慎重。中国的采购决策正在发生一些变化，中国政府已经要求在网络设备、服务器、操作系统、存储系统等领域尽量使用国产品牌。中国政府已对包括思科、IBM、高通、微软在内的美国科技公司采取了相应措施。2013年11月，中国金融系统内部就发起“去IOE”行动，尽量采购国产同类产品。所谓“IOE”，即指国际商用机器公司（IBM）、甲骨文（Oracle）和易安信（EMC），三者分别是服务器、数据库和高端存储设备三大领域的领导厂商。2014年4月8日微软结束对Windows XP的支持和更新，为确保计算机安全，5月16日，中国中央机关采购中心禁止所有计算机类产品安装Windows 8操作系统，转而采购国产的操作系统，同时加大力度支持中国Linux操作系统的研发应用。

对于赛门铁克而言，2014 年中国市场情况无疑是糟糕的。5 月下旬，中国国家互联网信息办公室宣布，凡是涉及国家安全和公共利益的所有的系统使用的信息技术产品和服务，都将进行安全审查。6 月 26 日，中国公安部下发通知，要求各级公安机关今后禁止采购赛门铁克的“数据防泄漏”（Symantec DLP）产品，并尽快用国产软件予以更换，原因是该产品存在窃密后门和高危安全漏洞。

7 月 31 日，中国中央政府采购网发布《2014 年信息类产品协议供货软件采购项目（总第二十一期）中标公告》。5 家国内厂商中标，其中 360 中标 1 款产品，冠群星辰 5 款，江民 4 款，瑞星 5 款，金山 4 款。8 月 3 日，《人民日报》在推特发帖称：“中国政府采购部门已将赛门铁克和卡巴斯基从安全软件供应商的名单中剔除。”随后又传出，不少国有企业譬如中国石油、中国石化、中国烟草、中国几大银行都已开始卸载赛门铁克的安全软件。路透社在报道上述消息时称：“这一报道再次表明，中国政府希望推广国内的信息技术产品。此前，美国国家安全局前雇员爱德华·斯诺登曝光的一系列窃听事件（‘棱镜门’事件）引起了国外监管部门的担忧。”

第14节 奇虎360遭遇海外阻力

个人用户使用杀毒软件关心的是实际效果与用户体验，而政府采购安全软件考虑的主要因素有安全性、及时性、可控、合规，以及很好的兼容性和稳定性。中国政府没采用“洋杀毒”，主要担心使用国外技术产品而遭到监控，比如不断曝出的后门，并且无法对其源代码进行安全审计，因此，中国政府对“洋杀毒”存在不信任问题。

“洋杀毒”大势已去

“洋杀毒”的劣势恰恰是本土杀毒的优势。本土杀毒所有的技术支持团队、安全威胁发现和分析团队都在国内，并且了解国内需求，在软件定制和售后服务上更贴近用户需求。近年来，以360为代表的本土安全厂商正在快速崛起。360安全产品是迄今国内唯一包揽AV－C、AV－TEST、VB100、CheckMark、ICSA、OPSWAT等各大国际评测“全满贯”的安全软件。来自微软的官方数据统计，自2009年以来，360共41次独立发现并协助微软修复漏洞，在全球安全软件厂商中排名第一，赛门铁克、诺曼(Norman)、趋势科技、卡巴斯基、迈克菲等均不足10次。

赛门铁克在中国也是命途多舛，先是受制于本土免费策略而苦苦挣扎，后曝出窃密后门和高危安全漏洞而成众矢之的，紧跟着被中国政府列入采购黑名单而失去最后的避风港。这一切表明，赛门铁克这家老牌安全公司在中国已经陷入颓势。在免费策略和政策因素的双重挤压下，再加上中国对信息安全警戒性的提升，马太效应在中国安全杀毒市场愈演愈烈，“洋杀毒”恰如秋风落叶，大势已去，如果还一意孤行死守固有模式，将面临被“扫地出门”的命运。业内预计，3 年后，赛门铁克或将在中国市场颗粒无收，甚至会彻底退出中国市场。

赛门铁克刚刚在中国经历了政府采购禁令风波，销售业绩也出现波动，急需要一款新产品来重整旗鼓。2014 年 8 月 18 日《华尔街日报》消息，赛门铁克正全面整顿诺顿软件产品，将 9 个细分产品整合为一个：“新诺顿安全卫士”（The New Norton Security）。诺顿产品整合主要是为了整合资源增强竞争力，避免公司内部类似产品不必要的竞争和资源损耗。整合后的诺顿即可精简公司的产品线，更重要的是精简后降低了用户选择诺顿产品的决策难度，可吸引更多的新用户加入。新诺顿结合了“反病毒”和“网络安全特警”两者的特点，产品分别对应 Windows、Mac、iOS、Android 多个版本，诺顿允许用户通过 1 个账号注册 5 台设备。这款新诺顿定于 9 月 23 日上市，费用为每年 80 美元。

中国自主杀毒引擎打破欧美垄断

奇虎 360 是免费杀毒软件的倡导者，入选中国政府采购名单，也意味着奇虎 360 正在积极拓展政府和企业级市场。对 360 来说，入选政府采购清单已不是第一次了，2013 年 7 月，360 就被列入了杀毒软件的政府采购清单。360 再次入选中央机构采购名单除了实际销售额提升，来自政府的“背书”效应也将进一步提升其在行业中的地位。据 360 公司介绍，列入采购清单后，对 360 安全产品有明显的拉动作用，已经不断有用户和代理商通过中央采购目录上的联系方式直接找到 360 公司，截至 2014 年 7 月，在中央政府采购网上申请成为 360 代理商的公司已达几十家。

2014 年 12 月 2 日，第七届中美互联网论坛在美国举行。该论坛是由

中国互联网协会和美国微软公司联合举办的，本次的主题为“对话与合作”，奇虎360董事长兼首席执行官周鸿祎等中国互联网企业家代表与微软首席执行官纳德拉、苹果首席执行官蒂姆·库克、脸谱首席执行官扎克伯格、亚马逊创始人贝佐斯、高通董事长雅各布、IBM董事长葛睿兰等进行会谈交流。

中美互联网论坛已经举行了七届，成为两国互联网业界最重要的交流和合作的机制，由于中美文化、社会背景的不同，中美互联网的市场需求也存在着非常大的差异，这也是中美互联网从业者相互交流、紧密合作、共享技术成果的机会。

在招待晚宴上，周鸿祎发表致辞称：“美国的互联网创业者在专业领域经过深入的思考，做得很专注。这是中国互联网需要向美国互联网同仁学习的地方。”周鸿祎同时表示：“虽然，很多美国投资商认为中国互联网产业是美国网络的追随者，但中国的互联网也并不是美国互联网的镜像或是复制品。”

他举出360免费安全模式的例子：“当初360来美国上市期间，我们找不到一个参考的模式，就只好硬着头皮给美国投资者们解释，360就是‘免费安全+开放平台+广告和增值服务’。过去都是美国互联网模式到中国来，但我们360免费的安全模式得到了全世界主流资本的认可，这是第一个中国创造的模式，得到主流资本的认可，给中国互联网开了一个头。我相信未来会有更多中国创造的模式，从中国出发，到美国来。”周鸿祎这番话，引起了与会者极大的兴趣。周鸿祎借机透露：“360在积极布局海外，包括将免费杀毒的理念带到美国市场。”

截至2014年11月25日，美国投资集团萨斯克汉那（Susquehanna）购入近900万股奇虎360股票。萨斯克汉那集团的5个关联公司总共持有奇虎360大约8918031股普通股（其中包括了5家公司未来有权购买的股票数量）。以奇虎360每3股美国存托凭证等于2股普通股计算，萨斯克汉那集团目前持有奇虎360大约5945354股美国存托凭证，以12月2日收盘每股67.46美元计算，总价值4亿美元。

萨斯克汉那大笔买入奇虎360股票，说明美国主流资本看好360的免费安全模式，这也是360布局海外市场的理由之一。不过一直以来，360缺少国际顶级域名，其品牌国际化传播存在严重的短板。基于此，360看中了英国电信运营商巨头沃达丰持有的顶级域名360. com，并与沃达丰进行了长达3年的谈判，试图收购此域名，出价高到1400万美元，但始终未能如愿，仍被拒绝。2015年1月，奇虎360将出价增至1700万美元，终于将顶级域名360. com收归门下。360此笔域名交易的成交价格刷新了域名交易新纪录，成为全球公开价格的最贵域名。此前，这一纪录由Sex. com保持，该域名由成人娱乐公司EscomLLC在2008年以1300万美元出售给CloverHoldingsLtd公司。360重金拿下360. com，弥补了360国际顶级域名缺失的短板，这对其国际品牌形象的提升具有重大意义，更重要的是也消除了360进军海外过程中可能存在的隐患，将为360海外市场的拓展带来很大的优势。这一点，从交易被披露后，奇虎360股票大涨的市场反应可见一斑。

在拓展海外市场的进程中，奇虎360可谓顺风顺水，要风得风要雨得雨。先是美国主流资本重金买入360股票，紧接着是英国电信运营商出让顶级域名，其实还有一件事情更让欧美同行大为吃惊。2005年1月22日，世界顶级安全软件评测机构AV－TEST发布2014杀毒软件年终成绩榜，中国360自主研发的QVM人工智能引擎初次参赛便脱颖而出，综合成绩与赛门铁克、迈克菲相当，进入世界第一阵营，刷新了中国自主杀毒引擎在国际评测中的最好成绩，一举打破了欧美厂商在该项权威评测中的垄断地位，使中国杀毒软件的核心技术不再受制于人，标志着中国网络安全技术已实现从追随者到领跑者的角色转变。这也昭示着，在中国大力推进信息安全国产化的背景下，杀毒软件市场将迎来一场大洗牌。

在杀毒引擎发展历史上，特征码引擎和启发式引擎被称为第一代引擎和第二代引擎，360QVM（Qihoo Support Vector Machine）则是全球首创的第三代杀毒引擎——人工智能引擎。

传统杀毒技术大都过于依赖人工，通过专业的安全工程师对已出现的

病毒进行行为特征分析，然后将病毒的特征制作成类似于“黑名单”的数据库，通过定期更新的方式下载到用户的电脑中。根据特征，杀毒软件会对照每一个被扫描的程序，如果与特征相符，就认定为病毒。但是，这种方法是先出现病毒才会出现相应的特征码，对于新型的病毒，特征码的方式无能为力。针对特征码的缺陷，杀毒界出现了“启发式查杀”的技术，也就是工程师们根据各种病毒的特征总结归纳，提炼出病毒的基本行为规律，按行为规律及特征来对病毒进行判断，这种技术的优点是能很好地应对未知的新型病毒，却大大增加误杀率。这两种方法都存在很大的缺陷，不仅大量消耗用户本地电脑的资源，造成用户体验的糟糕，而且还一直处在被动的接招状况中。

360 QVM 采用人工智能算法，具备“自学习、自进化”能力，无须频繁升级特征库，就能免疫 99% 以上的加壳和变种病毒，对未知病毒尤其是加壳与变种的检出率达到 90% 以上，不但查杀能力遥遥领先，而且从根本上攻克了前两代杀毒引擎“不升级病毒库就杀不了新病毒”的技术难题，被誉为“最聪明的杀毒神器”。

奇虎 360 退出 AV – C 评测

俗话说：人怕出名猪怕壮，树大招风惹麻烦。就在周鸿祎宣布复制中国本土的“免费”模式，拓展国际市场提速，资本、品牌、技术齐头并进，闹得震天价响之际，360 遭到了来自海外市场的“阻力”。2015 年 4 月 30 日，奥地利国际评测机构 AV – Comparatives（简称 AV – C）等发布声明，称 360、百度、腾讯等中国厂商使用特殊版本参加测试，剥夺了 360 在 2015 年最新测试的奖项。360 方面随即做出回应，称 AV – C 的传统杀毒测试方法已远远落后于云安全时代，在双方无法就评测标准达成一致的情况下，360 宣布退出 AV – C 评测。

针对 AV – C 所说的“特殊版本”，360 方面进行了解释：360 杀毒是一款多引擎杀毒软件，集成了多种本地杀毒引擎和云查杀引擎，送检的版本根据欧洲用户使用习惯开启了 BitDefender（BD）引擎，而国内用户使用的 360 杀毒软件是同样的版本，只是根据国内网络环境，开启了更具针对性的 QVM 人工智能引擎。

AV－C 取消 360 相关测试奖项，事先并没有与 360 进行沟通。如此的狙击，说明更有深层次的因素。“五一”国际劳动节前夕，360 总裁齐向东在美国宣布，360 海外用户已突破 1 亿大关，为了进一步拓展海外市场，360 将复制国内成功的“免费”模式，继续为海外用户提供免费的杀毒软件下载和服务。齐向东的这番话本是想扩大 360 在海外的影响力，实际上给欧美同行制造了“国际恐怖”。那些国际知名的“洋杀毒”本来在中国就遭受了“免费”这头怪兽的狂虐，又受到中国政府采购“不公平”的待遇，这口气没处发泄，而今 360 将“免费”搬到自家地盘上耀武扬威，而且势头凶猛，如果不趁早给它个下马威，早晚会沦为它的下饭菜。说白了，360 免费安全国际化触动了传统杀毒行业的利益。360 杀毒以免费云安全模式在中国颠覆了传统杀毒市场，其进军海外才露尖尖角，就拥有全球用户 1 亿之众，这使海外的传统杀毒行业感受到了巨大挑战，“洋杀毒”厂商与 AV－C 等“洋评测”机构合流“挟私报复”打压 360，这才是真正的幕后因素。

360 与 AV－C 的冲突事件表明，中国市场与欧美杀毒软件厂商主导的外部市场已经形成了迥异的生态系统，中国厂商的商业模式是外国所不能适应的，但却被证明是有效的，很有竞争力；更重要的是，从综合实力看，中国互联网公司做安全业务具备了动摇欧美老牌厂商市场地位的能力。因此，站在对方的立场上看，具备一定实力且熟练掌握新商业模式的中国公司是很可怕的怪物，中国公司被海外同行“高度重视”是必然的，也是可以理解的。

对中国公司来说，受到一点海外阻力并非是坏事，反而会让中国公司在国际市场竞争中更加自立，更加自信。因为中国人向来就有愈挫愈勇、愈挫愈强的骨气，中国公司亦是如此。在确立了国际化战略之后，360 选择参加 AV－C 等国际评测，本想通过国际评测的成绩来增加产品在国际市

场的影响力，但AV-C的打压，反而给360的海外战略造成了严重的负面影响。所以，360决定，未来将放弃类似的推广方式，将选择用产品打动海外用户。凭借全球领先的云安全技术和优秀的用户体验，360免费安全产品有信心在国际市场复制中国奇迹，毕竟市场最终的裁判是用户。就在360与AV-C发生冲突的同时，奇虎已在硅谷设立办公室，首席工程师曹曙正在寻找值得投资或独立开发的专门针对中国以外市场的产品。

赛门铁克与奇虎360实力对比

赛门铁克作为全球老牌安全厂商，有着33年历史，而奇虎360成立于2005年，到2015年刚好10岁。对比二者的实力（见表2-13）发现，赛门铁克的综合实力、运营水平均强于奇虎360，而奇虎360的软实力优势比较突出。当今著名的互联网公司都是凭着强大的软实力迅速崛起，并超越传统公司的。奇虎360也有着这种势头，并且海外传统杀毒行业已感受到360咄咄逼人的巨大压力。

表2-13　　2014年赛门铁克与奇虎360实力比对　　单位：亿美元

项　目	赛门铁克	奇虎360
软实力指数	0.206	0.308
软实力价值	13.41	4.28
硬实力指数	2.141	1.477
硬实力价值	28.72	6.32
综合价值	42.13	10.60
资产总额	132.33	33.32
活性资产占比（%）	21.7	19.0
营业收入	65.08	13.91
每个用户*平均营业收入（美元）	65.08	1029.57
利润率（%）	13.5	16.0
市值	159.58	76.99
价值放大比例	2.452	5.536

续表

项　目	赛门铁克	奇虎360
资源整合率（%）	55.2	69.1
商业模式运转频率	0.49	0.42
收入负荷	2.03	2.40

注：这里所指的用户为付费用户。

资料来源：邓正红软实力研究应用中心。

（1）从营收及市值人气看

赛门铁克不做互联网公司，它的用户都是付费用户，奇虎360是互联网公司，它的用户有免费用户也有付费用户。赛门铁克深耕30多年，其付费用户超过1亿，而奇虎360推行的是免费策略，先有免费用户后有付费用户，尤其是有一部分付费用户是从免费用户转化来的。2014年奇虎360的付费用户约为115万，尽管这一数字只有赛门铁克的1%，但奇虎360的桌面端月活跃用户达5.09亿，移动端用户总数达7.44亿，这表明奇虎360拥有巨大的用户付费潜力，雄厚的用户资源正是赛门铁克缺少的。

从用户营收看，赛门铁克每个付费用户平均营业收入为65.08美元，奇虎360付费用户营收则高达1029.57美元，是赛门铁克的近16倍。赛门铁克2014年营收65.08亿美元，比2013年的66.76亿美元下降2.5%，相较于2012年69.06亿美元的营收，赛门铁克的营收已连续两年下滑，表明赛门铁克营收增长乏力，价值后劲不足。奇虎360 2014年营收13.91亿美元，比2013年的6.71亿美元增长107.2%。奇虎360营收的增长，主要由于在线广告和互联网增值服务均表现强劲，而这两项业务增长的推动力则来自于搜索和移动商业化的强劲加速。从免费到商业化，可以看出互联网安全行业的发展前景，而免费正好击中赛门铁克营收增长的要害。免费是赢得用户的法宝，商业化则是转化用户的高招。奇虎360付费用户数远不及赛门铁克，但它所拥有的巨大用户池以及相关互联网业务却是赛门铁克难以企及的。

从市值人气看，赛门铁克市值159.58亿美元，是奇虎360市值76.99

亿美元的2倍，但奇虎360的价值放大比例为5.536，却是赛门铁克2.452的2倍。市值是用户人气和投资者人气的综合体现，赛门铁克的高市值主要来自营收规模，其营收是奇虎的4.7倍。奇虎360每1美元营收创造的价值为5.54美元，比赛门铁克高3.08美元，这高出的价值就是投资者对奇虎360免费用户价值的认可，免费用户为奇虎360带来了巨大的价值潜力。

周鸿祎说："我一直认为评价一家公司的价值，首先不是看它的收入，也不是看它今天的总市值，而是要看它究竟能不能给用户、给社会创造别人离不开的价值。只要对用户有价值，让用户离不开你，让用户对你产生超越商业标准之上的情感认知，而且只要在互联网上你有足够的布局，你就有太多的方法去建立商业价值。但是没有用户价值，就没有任何的商业价值。"2008年中国杀毒市场进入免费时代，360正是靠着为用户提供免费的体验价值，使用户量快速增长。2008年360的月活跃用户就突破1亿，到2014年就达5.09亿（见图2-12），6年间360活跃用户增加了3.87亿，年平均活跃用户增长率52.9%，360产品用户渗透率高达96.1%。2009~2014年营收复合增长率为112.6%，是用户增长速度的2.1倍。这也充分说明，互联网时代，商业价值是建立在用户价值之上的，而免费模式虽然没有营收，却加深了用户对公司的情感认知，让用户离不开你，这正是互联网公司软实力的真正体现。

（2）从综合实力看

赛门铁克软实力指数0.206，软实力价值13.41亿美元，奇虎360软实力指数比赛门铁克高出10.2个百分点，软实力价值只有赛门铁克的三成，仅4.28亿美元。这说明奇虎360靠着免费和技术优势积累了充裕的软实力，但软实力消化放大能力比较薄弱。用户价值代表软实力积累，软实力消化放大则是通过创造商业价值、提高营收实现的。因此，奇虎360必须加速用户价值的商业化，不断提升营收规模。

赛门铁克硬实力指数2.141，硬实力价值28.72亿美元，奇虎360硬实力指数1.477，硬实力价值仅6.32亿美元。奇虎360软实力转化为硬实

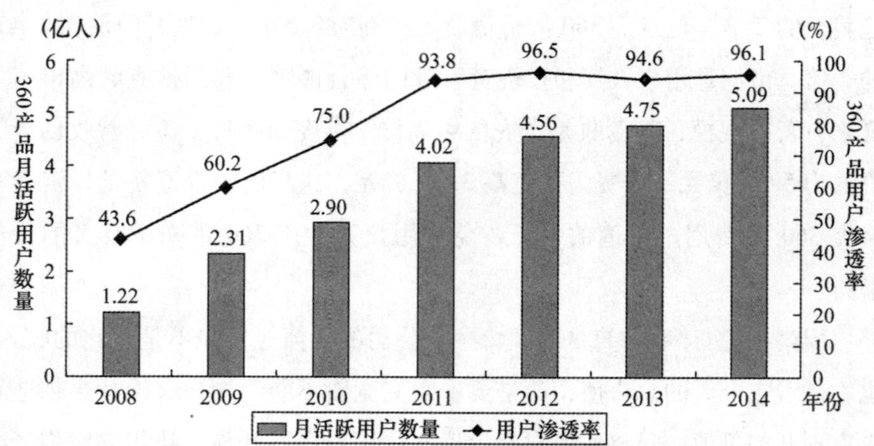

图 2－12　2008～2014 年 360 产品月活跃用户数量及用户渗透率

资料来源：邓正红软实力研究应用中心。

力的程度明显低于赛门铁克。赛门铁克很现实，坚持收费原则，只有付费用户，营收规模大，这也是其硬实力价值高于奇虎的原因。

赛门铁克综合价值 42.13 亿美元，是奇虎 360 的 4 倍，资产总额 132.33 亿美元，也是奇虎 360 的 4 倍，资产活性比 21.7%，比奇虎 360 的 19% 略高 2.7 个百分点。很有意思的是，两家公司综合价值占资产总额的比例均为 31.8%，就说明两家公司存在一个通病，资产运营效能不高，资产闲置及浪费现象都很严重。

（3）从运营水平看

赛门铁克利润率 13.5%，奇虎 360 利润率 16%，两家盈利能力相差不大。从资源整合看，赛门铁克 55.2%，奇虎 360 为 69.1%。显然，奇虎 360 的软实力优势在资源整合上体现出来了，比赛门铁克高出 13.9 个百分点。从运营效率看，赛门铁克商业模式运转频率为 0.49，比奇虎 360 的 0.42 运转频率略快 0.07。从运营效能看，赛门铁克实现 1 美元营收需要投入 2.03 美元的资产，而奇虎 360 则需要投入 2.40 美元的资产，比赛门铁克要多投入 37 美分的资产，这正是奇虎 360 资产活性比赛门铁克低 2.7 个百分点的体现。

第 15 节

克雷格列表为何输给 58 同城

本书原本并没有计划对分类信息网站 58 同城进行深度对比分析，原因是 58 同城上市时间很短，市值较低。截至 2014 年 12 月，58 同城上市 14 个月，市值仅 36.95 亿美元。谁知到 2015 年 6 月 5 日美股收盘，58 同城的市值竟涨至 92.91 亿美元，不到半年的时间市值涨幅达 151.4%。这令作者不得不对这家分类信息网站刮目相看，有必要将 58 同城作为本书深度分析的对象，进一步探究其价值增长的成因。

2005 年 12 月 12 日，姚劲波将美国分类信息网站克雷格列表（Craigslist）模式复制到中国，成立了 58 同城，网站定位于本地社区及免费分类信息服务。8 年后，历经中国互联网市场最惨烈斯杀的 58 同城，从当时的 2000 家分类信息网站中脱颖而出，成为屈指可数的幸存者。2013 年 9 月，法国《世界报》报道，2013 年第二季度分类信息网站访客流量与活跃度保持增势，58 同城超越原先排名第一的克雷格列表，跃居全球第一。据美国 ComScore 跟踪分析，从数据上看，两者之间每月的访客流量差近千万，58 同城的领先趋势已保持 4 个多月，且有扩大趋势。报道指出，在查询生活服务类信息时，中国用户只有 29.5% 的人参考分类信息网站，而在法国这一比例高达 46%。这表明了，58 同城借助了中国人口和互联网用户基数大的好处，但是按照这个基数去做衡量的话，58 同城的用户基数比例还需要再提高。

克雷格列表的神奇

58同城自称是“一个神奇的网站”，其实相比之下，分类信息网站的鼻祖——克雷格列表，才是一个真正神奇的网站。克雷格列表是由创始人克雷格·纽马克于1995年创立的大型免费分类广告网站。当时，纽马克开始将旧金山所发生的事件列表通过电子邮件发送给他的朋友们，这就是互联网最受欢迎的分类广告网站克雷格列表的起源。克雷格列表算是美国互联网界的一个另类，页面20年没啥变动，易用性也一般，但在分类信息领域又处于绝对垄断。

网页简陋是克雷格列表的神奇之一。克雷格列表有着与这个时代格格不入的页面风格：单调的白色页面，只有一行行密密麻麻的文字链接，首页上没有任何图片。20年间，除了稍微变换了下字体、添加了灰色背景框，这家网站基本上保持了创立之初的样子。虽然不断有网页设计师找上门来，克雷格列表也不趋向最新的设计潮流，并对自己的业务非常专业，很多科技公司甚至是脸谱、谷歌等巨头都很难与之抗衡。首席执行官吉姆·巴克马斯特却坚持，“用户不需要多精彩的界面，只需要更快速、可靠和有用的服务。”在克雷格列表上注册账号十分简单迅速，没有繁杂的步骤，一个有效的邮箱即可。该网站设计简单，基本没有使用费用，已经成为了很多人在线销售和购物的必点网站。在微软宣布进军免费本地分类广告市场之时，巴克马斯特表示，该公司更为关注多语言网站的推出，而不是其他功能或服务。他说：“在资源方面，我们无法与微软这样的巨头抗衡。但我们没有必要在技术上与之一较长短，因为用户没有这样的需求。”

信息免费是克雷格列表的神奇之二。尽管外表看上去极其单调简陋，克雷格列表却是美国最受欢迎的分类信息网站，也让不少从事在线销售的科技公司感到艳羡。克雷格列表涵盖的分类信息包括求职招聘、房屋租赁买卖、二手产品交易、家政服务、地区活动指南、寻找罗曼史对象，在全球50多个国家、450多个城市设有分站，网站每月新增分类信息1400万条。全世界的互联网公司都在绞尽脑汁想着怎么才能赚更多的钱，克雷格列表却只收取纽约、洛杉矶、华盛顿、波士顿、西雅图、圣地亚哥和旧金山等18个城市的招聘广告费和纽约公寓中介的广告费，其他所有的分类信息均为网友自发提供，不收取任何费用。克雷格列表是美国手机用户浏览时间最长的网站，是全美排名第十一的网站，在全球范围内也在前50名之列。

拒绝广告是克雷格列表的神奇之三。克雷格列表不仅没有广告、不收取会员费、不接受投资，也不寻求上市。分析家认为，克雷格列表的使用者遍布70个国家，每个月的页面流量超过200亿，如果克雷格列表针对所有城市的招聘广告都进行收费，并且接受广告投放，清理网站列表，克雷格列表的年营收在4亿美元之上，网站的市值将达到80亿美元。但是，克雷格列表致力于打造一个纯粹的在线社区，从来不刊登任何形式的广告。2002年，公司曾对外宣布将引入横幅广告，但最终也被证明只是愚人节开的玩笑。面对可能带来的数百万美元的广告费用，巴克马斯特的态度很明确：不登，因为用户没有要求。可就是这样一家奇葩的公司，在1990年代末就已盈利。2013年克雷格列表增加了9个城市进行商业化，对票务交易类目收取5美元的手续费。这两项措施极大地增加了克雷格列表的收入，2013年克雷格列表营收达1.67亿美元，同比增长33%，可运营费用基本没有增加，净利润率高达84%。

员工极少是克雷格列表的神奇之四。克雷格列表是为那些微小公司服务的，或者是介乎于小公司与个人之间的一种经济形态。克雷格列表抢的是传统报纸末版和中缝广告栏的生意，这是谷歌和脸谱这类公司覆盖不到的角落，却也并非不能做的业务。与其他分类信息网站数以千百计的庞大员工群体形成鲜明对比的是，克雷格列表只有32人，主要任务是反垃圾，而且主要靠代码和用户举报来控制垃圾信息，根本不需要出去开拓市场、销售订单。从创始人、首席执行官到客户服务顾问、技术人员，大概一半人在做技术，一半人在做客户服务。他们每天要处理海量的信息发布、邮件检测和其他工作，但是以此应付世界各地的克雷格列表发展却游刃有余。32个完全不同性格、爱好、特长和背景的人聚集在一起，用克雷格列表的“社区”精神，在这个内部社区里工作，彼此真诚和信任。克雷格列表股东主要是纽马克、巴克马斯特和易贝，纽马克是最大的股东，易贝占有35%的股份，但在董事会中并不占有席位。2014 年克雷格列表 32 人实现营收 2 亿美元，58 同城营收 2.65 亿美元。但是，截至 2015 年 4 月，58 同城员工已达 1.35 万人。从营收与员工规模看，克雷格列表仍是轻公司，58 同城则从轻公司变成了重公司。

克雷格列表的中国样本

中国仿效克雷格列表模式有 3 家最大的分类信息网站有 3 家：58 同城、赶集网和百姓网，比较起来，百姓网在“分类信息”这个定位上最明确，坚持在分类信息领域里深耕，但相应的问题是市场占有率有限。58 同城、赶集网已经转型，赶集网向电商发展，58 同城向平台发展。

作为美国克雷格列表的中国样本，58 同城的愿景是打造一个“服务业的淘宝”。但不妙的是，分类信息网站经过高速发展期后，2011 ~2013 年遭遇瓶颈，垃圾信息泛滥和业务模式单一已成为不争的事实。实际上这是中美生活方式的差异在商业模式上的显现。例如，美国没有小区概念，住宅是独栋，在中国则要考虑小区因素并进行单位划分。美国早已建立了较为完善的个人信用体系和成熟的法律环境，让克雷格列表能免于虚假信息泛滥的问题，不需做太多信用评价、黑白名单、审核机制。而对58 同城而言，这些程序却关乎网站成败，决定用户是否认可。问题是58 同城有几百人在做虚假信息的处理，但仍然无法杜绝。

美国有大量个人在克雷格列表发布信息，但中国的服务提供商更多是中小商家。中国中小企业、本地商家的中间群体非常发达。任何一个品类开发以后，都有接近一半信息和交易来自商家对个人。区别在于，个人是一次性、偶发的行为，而商家则是长期寄居，要让他们到58 同城上发布信息需要很大的教育成本，58 同城必须研究出为中国本地服务商家使用的一整套解决方案。

首席执行官姚劲波曾试想在一个人口众多、互联网高速发展的市场，复制美国成熟的克雷格列表模式即可迎来市场井喷，但现实却给了他重重回击，克雷格列表模式在中国遭遇到了“水土不服”的问题。58同城创立的头5年，积累了近千万用户，但基本上没有任何收入。2009~2010年在产品研发上投入，用户有了稳定增长，但收入可以忽略不计。压力迫使58同城找到增长点，必须考虑盈利模式、收入模式。2011年起58同城开始在盈利模式上进行探索。2012年7月，姚劲波明确表示，58同城早在两年前就不是一家分类信息公司了。他说：“我们最一开始做的时候只是拷贝，对困难程度估计不够，觉得两三年就能成为一家伟大的公司。后来其实一直在探索，现在和克雷格列表已经很不一样了。”

58同城和克雷格列表有何不一样？姚劲波表示：“本质上58同城是做生活服务的O2O。”对分类信息网站来说，探索O2O的模式是一个自然的选择。分类信息在网上只是做了信息上的撮合，没有形成最后的用户决策和交易，用户价值和商业模式会有阶段性的天花板。与同领域对手的最大不同是，58同城为商户提供了完整的解决方案，并在每个城市线下端形成较强的地面控制力，在房产出租、服务业招聘、本地服务、二手车等领域成为第一大平台。为了做O2O，58同城已经成为了一家重公司，拥有庞大的地面团队。58同城不断修正商业模式，但其主线——关注与人们生活相关的本地需求始终没有变化。当58同城访客流量与活跃度超过克雷格列表时，姚劲波道出了个中的缘由：“克雷格列表为什么现在输给我们，在美国没有人和它竞争，它非常安逸。但在中国不是如此，你在休假、准备放松的时候，都会想着还有个人在追我们，这时候你会拼命往前跑。”

58同城成为重公司

58同城成为重公司还有一个重要原因，就是通过频繁并购，加速扩张。截至2015年5月8日，随着对中华英才网达成并购，自上市以来的18个月，58同城投入16.66亿美元并购了14家企业。但58同城认为，这么多投资并购和布局，并不是在转型，只不过扩大了边界。58 同城的发展方向是从信息模式扩张到本地生活领域的一些非信息类模式，投资的公司都是在信息模式基础上的一种升级。在将信息类的模式做到极致之后，基于这个分类信息平台可以做更多的事情，各个垂直细分领域就自然成为切入口。

58 同城作为生活服务全品类网站，仅招聘服务就占到 58 平台所有业务量的 1/3，是公司最大的分类切入口。在并购的 14 家企业中就有 3 家与招聘业务有关，即魅力 91 营业员招聘网、赶集网和中华英才网。很显然，58 同城试图强化自身招聘平台的覆盖面，增强客户的黏性。

2014 年 11 月 18 日，58 同城在其招聘平台 2015 年专属战略发布会上宣布，为深化其招聘业务，已全资收购垂直行业招聘网站——魅力 91 营业员招聘网。58 同城招聘产品线首次提出将面向批量招聘需求的品牌企业提供差异化产品和服务，比如“同城速聘”，将为企业提供一站式整体招聘解决方案。同时，58 同城也将利用平台大数据和移动端优势，精准定位求职人群，进行结构化面试甄选，提升企业批量招聘的效率。

魅力 91 营业员招聘网成立于 2004 年，是中国最大的全国性营业员店长招聘求职网站，专门为零售企业提供营业员在线招聘服务，覆盖北京、上海、广州等多个城市。收购魅力 91，是 58 同城发力招聘细分市场的重要一步，而这很大程度上来自赶集网的竞争压力。分类信息服务先天具备的优势，使得招聘类目的市场需求很大。在招聘领域，赶集网是 58 同城直接的竞争对手，它也在发力。在整体营收中，赶集网有 40% ~50% 是来自于招聘业务线，而 58 同城的招聘业务只占到总业务的 1/3。尽管 58 同城招聘平台简历存量已超过 1.5 亿份，远超前程无忧、智联招聘、中华英才网等传统三大招聘网站的总和，但赶集网在线招聘业务简历量也超过 1 亿份。

赶集网与 58 同城似乎有着一样的血统，都是成立于 2005 年，都是从复制克雷格列表模式起家的分类信息网站。令人想不到的是，这对缠斗了十年的宿敌却走到一起。2015 年 4 月 17 日，58 同城与赶集网同时对外宣布合并。58 同城以现金 4.122 亿美元和 3400 万份普通股（1700 万份美国存托凭证）获得赶集网完全稀释后的 43.2% 股份。两家公司从此化干戈为玉帛，成为一家人。合并后，58 同城首席执行官姚劲波和赶集网首席执行官杨浩涌出任新公司的联合首席执行官，并同时担任联席董事长，两家公司保持双方品牌独立性，网站及团队均继续保持独立发展与运营。

一直以来，58 同城和赶集网在分类信息领域处于行业第一和第二，且都视对方为主要竞争对手。此次整合对于行业来说意义非凡。两家合并后将成为分类信息领域的绝对领导者，市场份额将会达到 70% 以上，行业马太效应将会加速显现。英国《金融时报》预计，两家公司合并后，“估值最高将达 100 亿美元”。截至 2015 年 6 月 8 日美股收盘，58 同城的市值已达 94.51 亿美元。

58 同城与赶集网合并，对招聘业务来说无疑是深度加强。2014 年赶集网营收约 2.26 亿美元，其中招聘业务约 1.02 亿美元；58 同城营收 2.65 亿美元，其中招聘业务约 0.88 亿美元。合并后，58 同城的招聘业务占总业务的比例由 33% 提高至 39%，招聘业务量扩大了 6 个百分点。

2015 年 5 月 8 日，58 同城宣布已完成对中华英才网的并购。在完成并购后，中华英才网原母公司爱尔兰尚龙集团退出在华业务，中华英才网继续独立运营，并保持品牌和团队的独立性。中华英才网成立于 1997 年，是中国第一家专业招聘网站，主要受众为中高端职场人群，提供从校园招聘、社会招聘、高端猎头服务、招聘流程外包等全系列招聘服务解决方案。58 同城希望借助中华英才网在中高端人才及知名企业中的品牌影响力，使得 58 同城真正实现全招聘领域覆盖。

58 同城接连并购 3 家颇有影响力的招聘网站，看来它确实想在招聘市场大显身手，大干一场。如果说通过与魅力 91 营业员招聘网的整合，58 同城可以提升为零售行业服务的能力，那么收购中华英才网则是补足招聘全业务。一直以来，58 同城招聘业务主要面向的是蓝领人群，是第一大蓝领招聘网站，赶集网在蓝领招聘方面同样优势巨大，两家整合后已基本成为在线蓝领招聘方面的霸主，流量大是其最大的优势，而招聘网站最缺的就是流量，更多时候只能依赖搜索引擎导流以维持业务量。但 58 同城的流量用在蓝领招聘上，实现的产出效率却并不高，蓝领招聘相对于白领招聘而言是个效益比较低的业务。58同城要想维持高速增长，必须实行产业横向扩张，向中高端市场进军。如果58同城能够完善在线招聘产业结构，在中高低端市场都能进行布局，其庞大流量的效率也就发挥出来了。而中华英才网恰恰在白领甚至金领招聘方面有一定优势。收购中华英才网后，58同城可直接切入白领甚至猎头领域，这对于实现招聘领域全面覆盖不失为一个好的突破口。从蓝领到白领抑或金领，代表着58同城招聘业务产业链开始上移。如果把58同城过去10年的发展称之为粗放型模式，未来58同城则一定是深耕精细化模式。收购中华英才网，只是开启这一发展模式的第一步而已。

中华英才网命运多舛

令人唏嘘不已的是，中华英才网此前命运多舛，几经易主。先是被美国招聘巨头巨兽（Monster Worldwide）收购，后被爱尔兰招聘集团尚龙（Saongroup）收购，但这两家海外母公司均因水土不服，加之后续一系列不成功的改版、空降高管以及频发的裁员风波，从而导致中华英才网业绩平平，遭遇滑铁卢。

中华英才网曾是中国排名前三的招聘网站，美国招聘巨头巨兽在2005年向其注资5000万美元，占股40%；2006年初，巨兽又以1990万美元的价格收购了其5%的股权，并签署3年内上市的对赌协议；2008年，遭遇金融危机，中华英才网上市失败，同年10月，基于对赌失败，巨兽以1.74亿美元将其剩余55%的股份纳入囊中。至此，中华英才网成为巨兽的全资子公司，前后共计投资2.43亿美元。

收购之后，中华英才网衔接巨兽覆盖全球55个国家和地区的招聘网络，加之自身在中国48个行业类别的上千万求职者，组建成一批庞大的人才库，为全球500强在华企业、国有大型企业、政府机构均提供过专业产品及解决方案。

2006~2008年是中华英才网高速发展的时期，中华英才网与智联招聘、前程无忧共同占据招聘领域的绝大部分版图。在此3年间，尤其在2006～2007年，上海地区中华英才网的简历收取量占到了前程无忧的60%～70%，2007年英才网在网络招聘广告部分首次超过了前程无忧。2009年以前的校园招聘市场，中华英才网仍占到了70%以上的市场份额。

2012年7月9日晚，中华英才网进行全平台升级，全面引入母公司巨兽的技术并逐步退出相关产品的中文版，这也是中华英才网自1997年成立以来历史上最大的一次变革。这次改版，中华英才网几乎完全照搬了巨兽在美国的在线招聘系统及搜索引擎，完全不顾中国用户和客户的需求。最直接的影响就是网站收入直线下滑，最多的时候竟然减少了90%。2012年第三季度，中华英才网的营收仅为前程无忧的14%。巨兽2012年第三季度财报显示，中华英才网亏损为2.33亿美元，造成巨兽净亏损达到1.942亿美元。这意味着，中华英才网正在成为巨兽沉重的财务负担，因而巨兽开始寻找买家，欲出售中华英才网。巨兽董事长、总裁兼首席执行官萨尔·伊安努兹说："我们之前已经公布了出售中国区业务的消息，并且很高兴能找到尚龙集团这个合作伙伴。"

2013年2月，爱尔兰尚龙集团宣布收购中华英才网90%的股份，巨兽仅保留10%的股权。萨尔·伊安努兹表示，"通过保留小部分股权的合并操作，我们将能够在中国继续为我们的全球客户提供强大的招聘技术解决方案"。不过，尚龙旗下的中华英才网仍是业绩平平，两年后，尚龙不得不将其卖给58同城。中华英才网几易其主，业内曾有过这样的评价："像尚龙、巨兽这样的国外公司对中国本地客户的理解总是不到位，类似的公司都面临水土不服的情况。"针对58同城的并购，业内亦认为："这对中华英才网是一个良好的契机，58同城的平台效应、业务协同作用及资金优势都将给中华英才网注入新的血液。更为重要的是，58同城是本土互联网公司，拥有务实的风格，这种基因将对中华英才网新团队的市场战斗力产生重要影响。同时，中华英才网的品牌积累也将帮助58同城打通招聘全业务环节，实现全招聘领域覆盖。这是一次质的变化，此次收购，或将改变国内网络招聘市场格局。"

第16节

巨兽的衰落和领英的崛起

巨兽放弃中华英才网，Expedia 放弃艺龙，易贝放弃易趣，雅虎放弃3721……这一系列例子说明，美国互联网公司从中国败走，既有本土互联网公司崛起的因素，但更多的还是因为“水土不服”。这些美国互联网公司起先都是通过收购中国本土公司进入中国市场，却因不识中国风土人情，强力推行美国模式，结果无一不是灰头土脸退出中国。

巨兽退出中国的根本原因

巨兽收购中华英才网，力图打败智联招聘抢占中国市场，但那次全面的试改版却给中华英才网带来了灭顶之灾。巨兽不顾中华英才网的实际和中国招聘市场的现状，强行套用其美国系统，推行改版，造成了后台和前台的不兼容、系统不稳定、用户使用不习惯等一系列问题，致使中华英才网用户大量流失。这件事直接促使巨兽加快甩掉中华英才网这个包袱。

同时，由于巨兽的急于求成，动作过于频繁，导致中华英才网很多政策、想法无法落地，巨兽在中国的管理团队一直处于动荡状态，原来的高层核心人才大量流失，也带走了大批客户。再就是美国招聘网站和中国招聘网站的盈利模式也不同，美国在线招聘运营商主要依靠职位发布盈利，而中国的在线招聘一直在依靠媒体广告赚钱。因此，对中国市场不了解又

研究不够，生搬硬套美国模式，是巨兽退出中国的根本原因。

巨兽放弃中华英才网，与其自身的衰落也有很大关系。这点与雅虎情况类似，不过雅虎的衰落未伤及元气，2014 年其市值仍高达 470 亿美元。巨兽是全球最大的专业招聘网站，也是全球最大的招聘服务供应商，早在 1994 年就推出了在线招聘业务。其创立的海量简历模式给早期的在线招聘提供了一个成功的样板，中国三大老牌招聘网站前程无忧、智联招聘和中华英才网都是巨兽模式的仿效者。社交网络兴起后，职场社交网络成为在线招聘模式的主导，巨兽模式日渐没落。自 2011 年以来，巨兽市值陷入萎缩，2011 年以前的市值都是超过营收的放大，2011 年巨兽市值由 2010 年的 29. 89 亿美元跌至 9. 74 亿美元，仅 1 年时间市值缩水 20 亿美元，较市值最高的 2006 年 57. 56 亿美元，5 年时间市值缩水近 50 亿美元。

这里说明一下，本书分析互联网公司软实力一直采用“价值放大比例”，但当公司市值小于公司营收时，“价值放大比例”实际上名存实亡，确切地讲是价值占营收的比例（简称“价值占比”），“价值放大比例”就变成了价值缩小比例（1 - 价值占比）。2011 年巨兽营收 10. 40 亿美元，市值 9. 74 亿美元，市值仅为其营收的 93. 7%，价值缩小 6. 3%，较 2010 年市值下跌 67. 4%。按业绩，2011 年巨兽营收同比增长 13. 8%，利润为 5380 万美元，而 2010 年则是亏损 3236 万美元。为何巨兽市值不升反暴跌？巨兽认为主要影响在于美国失业率居高不下，美国企业仍未恢复大规模招聘。但在投资者看来，93. 7% 这样的价值占比所透露的信息是，巨兽的价值在当时比 90% 以上的美国互联网软件和服务公司都廉价。更重要的是，以领英（LinkedIn）为旗手的社交招聘网站迅速崛起，向传统在线招聘巨兽模式发起了猛烈进攻，在投资者心中巨兽模式的价值已所剩无几。

再回头看，巨兽收购与放弃中华英才网确实与其自身的兴衰有关。2005 年巨兽出资 5000 万美元收购中华英才网 40% 的股份，这一年正好诞生了模仿克雷格列表的 58 同城和赶集网，这一年也正是巨兽业务走向红火的时候，当年巨兽营收 9. 87 亿美元，同比增长 16. 7%，利润首次突破 1 亿美元，为 1. 07 亿美元。2006 年初，巨兽继续向中华英才网增资 1990 万美元，再获5%的股份，还签署了3年对赌上市的协议。无疑，这种追加投资的势头受了2005年良好业绩的影响，有“乘胜追击”的意思，也看得出巨兽对中华英才网的前景信心满满。受此影响，尽管2006年营收同比增速13.2%较2005年减缓了3.5个百分点，利润同比下降65.4%，投资者仍信心不减，使得巨兽当年市值创历史最高达57.56亿美元。

2007年、2008年，巨兽的业绩如日中天，这两年营收分别为13.51亿美元、13.44亿美元，利润分别为1.46亿美元、1.25亿美元。但是，2008年遭遇了金融危机，虽然巨兽业绩很好，但整个股市一蹶不振，一泻千里，巨兽当年市值亦迫降至14.93亿美元，较2006年缩水高达74.1%。试想，在这种糟透了的气候下让中华英才网上市，岂不是冒天下之大不韪！上不了市没关系，巨兽就一家揽下剩余的全部股份，总共1.74亿美元，巨兽有这个实力，两年的盈利就达2.71亿美元，买下剩余股份绰绰有余。

领英更注意在中国的本土化运营

下面继续2011年的话题。投资者当年已看不上巨兽模式的价值，还有一个对比性的因素，就是2003年5月5日上线的职业社交网站领英在纽约证交所上市。2011年5月19日，领英上市首日开盘价83美元，交易中最高达122.7美元，收盘94.25美元，较45美元的发行价，大涨109.4%。领英首发股价涨了1倍多，主要是投资者看到了在线社交招聘模式的流行趋势和潜在价值。在领英上市后，效仿其模式的中国职业社交网站如雨后春笋般出现，职场社交人群的网站若邻网、天际网、大街网等，基本上都是领英的跟随者。

2011年，领英营收5.22亿美元，利润1191万美元，市值65.07亿美元，价值放大比例为12.641；巨兽营收10.40亿美元，利润5380万美元，市值9.74亿美元，价值缩小比例为0.063。两者相比，巨兽营收、利润分别是领英的2倍和4.5倍，从业绩上巨兽几乎是两个领英之和，但市值却是天壤之别，领英市值是巨兽的6.7倍。互联网时代也是商业模式不断创新和不断颠覆的时代，当一种新的价值模式出现时，就已宣告旧的商业模式正走向衰落，不论你目前的业绩多么高，投资者更看重正在成长、更具价值潜力的新模式。这是2011年巨兽市值陡然暴跌的真相。

然而，对于在线招聘领域的价值转型，巨兽似乎仍蒙在鼓里，并没有从价值创新上去审视投资者对它的态度，却做了一些与价值转型无关的事情。2012年1月，巨兽以美国就业市场疲软为由，宣布在全球范围裁员大约400人，相当于其员工总数的7%，并合并部分办事处。7月，按照美国模式改版中华英才网。这一系列动作不但对提升公司价值于事无补，反而加重了巨兽的财务负担。2012年巨兽营收同比下降14.4%，亏损高达2.59亿美元，而中华英才网的亏损占到总亏损的90%，因此，巨兽将亏损全部算到中华英才网头上，不仅如此，还要将它卖掉。照此情形下去，即使不被卖掉，中华英才网也不会有好日子过。真是“竖子不足与谋”，中华英才网还是早日离开它为上。

卖掉中华英才网后，2013年巨兽基本遏止亏损，全年仅亏损48.2万美元，但营收同比减幅达10.1%，市值缩至6.52亿美元。巨兽的衰落并没有从根本上得到扭转，2014年业绩恶化程度加大，全年营收降至10年以来的最低7.70亿美元，同比减幅4.7%，较2007年13.51亿美元减幅达43%。更为严重的是全年亏损高达2.89亿美元，市值跌到不足4亿美元，仅3.98亿美元，价值占比51.7%，价值缩小比例48.3%。这就是说，虽然巨兽营收能力仍比较强，但营收中的一半已被投资者视为没有任何价值！

相比传统线下招聘，巨兽模式效率更高，在社交网络兴起前一直是主流的招聘形式。但模式一开始就有硬伤，随着招聘企业和求职者的增多，这个硬伤被放大，很多招聘企业和求职者都被这个问题困扰过。这个硬伤具体表现为招聘企业发布一个职位信息后往往会接收到成千上万份简历，其中不匹配的简历占绝大多数，无论是否付费查阅都需要耗费巨大的人力成本，而求职者这一端也经常会遭遇投出几十份简历无一回复的窘境。巨兽海量简历模式发展到后期逐渐成为招聘企业和求职者眼中一块“食之无味弃之可惜”的鸡肋。

社交网络兴起后，社交招聘网站迅速崛起，成为招聘企业和职业猎头主攻的新方向。领英的营收在2012年首次超越巨兽，市值突破100亿美元，到2014年市值接近300亿美元（287.16亿美元）。反观巨兽市值已不足4亿美元，在公众面前露脸基本都是裁员等负面消息。而在中国市场，巨兽学徒的风头早就被以猎聘网、拉勾网为代表的新生力量抢走。以猎聘网为例，这家公司主打的企业、猎头和职业经理人三方互动模式，让猎聘网不再是一个一次性的求职网站，而是职场进阶的平台，通过引入猎头服务提升了求职者的使用体验。另一家定位在“智能猎头”的初创公司聘宝，采用了不同的切入方式——关注猎头行业的“低效率”和“高成本”。聘宝通过线上系统和基于知识图谱的数据算法，跟进用户的行为反馈，从而替代了传统人工猎头的大部分工作，提升了效率降低了成本。

2015年2月，巨兽再次宣布，裁减300名员工。其实从2006年开始，巨兽就成为了业内潜在的被收购对象。巨兽股东佩恩资本管理（Penn Capital Management）认为，收购巨兽至少要达到每股15美元，佩恩基金经理埃里克·格林称：“巨兽股价令人失望，但公司营收能力不弱，且业务趋向稳定。目前美国就业情况正在好转，我希望有人能收购巨兽。”截至2015年6月10日美股收盘，巨兽股价仅6.22亿美元，离15美元的收购股价差得很远！

对巨兽的衰落和领英的崛起，套句流行的话叫“长江后浪推前浪，前浪死在沙滩上”。巨兽模式就像前浪，不过还没有死，只是“停在沙滩上”，而以领英领衔的职场社交招聘正如星星之火，蓬勃发展。据统计，中国有4000万家中小企业有招聘需求，其中只有500万家仅占12.5%的企业通过线上的形式招聘员工，线上招聘的市场潜力是巨大的。自2012年以来，因同质化现象较为严重、缺乏创新，中国传统的三大招聘网站前程无忧、智联招聘、中华英才网均呈现逐月下滑趋势，其覆盖人数的流失，预示着求职者对网络招聘的看淡。传统招聘网站流失的用户去了哪里呢？

据 Kelly Services 的《全球雇员指数调研》显示，目前80%的中国工作者每天都在使用社交网络，其中有21%的人是通过社交网络找工作。

中国的在线招聘市场正暗流涌动，招聘市场这块蛋糕还在膨胀，参与争夺的力量也越来越庞杂。前程无忧、智联招聘、中华英才网等三大传统招聘网站的影响力逐渐下滑后，它们正在积极求变，融入社交元素，改善用户体验。同时，近几年涌现出了猎聘、拉勾等一批新型的招聘网站，均受到资本市场的热烈追捧。还有58 同城、赶集网等分类信息网站将招聘业务定位成公司的核心业务之一。大街网、天际、优士、若邻等在线招聘网站也已经抢得先机。

就整个在线招聘市场来看，中端市场趋于饱和，而要进行突破必须选择高端和低端等差异化市场领域。58 同城加上赶集网的份额，在中低端招聘领域已是霸主，而收购中华英才网，则是58 同城进军高端的信号。2015年1 月，58 同城平台月独立用户近3 亿，2014 年第四季度付费客户数超100 万，付费会员数60.5 万，平台活跃商户700 万。根据58 同城的业务模式，营业收入的高速增长仍然主要来自于两方面，会员收入和广告收入，即58 同城把线上资源（比如流量和求职者资源）跟企业共享，企业购买其推广位的服务和会员的服务。

58 同城认为，会员和广告模式还不是最理想的模式，最想要的是效果付费，效果付费会成为未来招聘的主流。58 同城正急切地朝着这个方向改变招聘领域的商业模式。2014 年，58 同城付费会员直接贡献了3980 万美元的收入，同比增长为53%。会员收入增长主要依赖于会员数的增长，付费会员数同比增长53.9%。更为重要的是，58 同城的在线推广收入始终保持了更快的增长速度，贡献了4030 万美元，同比增长为113.2%。这是58 同城在线推广收入首次超过会员收入，收入结构继续趋于良性发展。这代表商户逐渐更加接受线上自助，按效果付费的推广方式，有助于58 同城进一步优化成本，提升利润。

中国职场社交平台的发展前景广阔，显然是领英全球蓝图中不可或缺的一块拼图。但在中国，职业社交网站（不论本土的还是国外的）要想做得更好，都必须强调自身本土化运营。2014 年 2 月 24 日，领英全新推出了简体中文测试版，并正式启用中文名称“领英”。此举意味着领英正式进入中国市场。领英中国是由领英和红杉中国、宽带资本建立的合资公司。吸取巨兽失败的教训，领英很注意在中国的本土化运营。

领英联合创始人兼执行董事长里德·霍夫曼表示：“因为我们感到中国拥有独特的文化，同时对于市场也有一些独特的要求，所以有必要使我们的产品真正符合当地的需求，符合中国人的需求。”正因为如此，领英一直在投资扩大在中国的实力，打造本地化的团队，推出本地化网站以及越来越本地化的产品，以适应本土化发展。

领英已成为作为全球最大的职业社交网站，注册用户近 3.5 亿，遍及全球 200 个国家。脸谱和推特近年来都遇到了用户增长速度下降的问题，而领英却仍不断增长。2014 年新用户注册增长了 25%，超出了很多分析师的预期。领英在中国定位于高端市场，商业模式为 B2C 和 B2B 的结合，B2C 业务为用户提供职业身份、工作机会和商业机会；B2B 业务提供招聘、市场、销售的整套解决方案。领英在中国推出本土化的产品和功能，比如跟微信深度集成，微信的账号和领英的账号进行深度绑定。2015 年 4 月，领英全球副总裁、中国区总裁沈博阳表示，领英入华一年用户数突破 900 万，并将在 6 月底上线专为中国市场设计的职场社交 APP。中国已成为领英在全球增长最快的市场之一。

巨兽、领英与 58 同城实力对比

在线招聘领域，巨兽衰落，领英崛起，58 同城加速挺进。从 2014 年 3 家公司的实力看（见表 2 - 14），巨兽软实力指数只剩 3.2 个百分点，软实力价值仅 2500 万美元，硬实力价值 6400 万美元，综合价值不足 1 亿美元，仅 8900 万美元。这表明巨兽的核心价值已经沦为毫不起眼的“毛毛虫”，怪不得其股东想趁早将它卖掉。巨兽的资产活性比 5.3%，它 94.7% 的资产已经变成沉重的包袱，也无怪乎屡见其裁员。尽管巨兽的资源整合、运营效率及效能均强于领英和58同城，但用户营收却是最低的，仅77美分。这说明运营方向不对，即使运营水平高，所做的一切都是无效运营。在价值转型阶段，如果公司还抱着旧的商业模式不放，必然要被新潮流淘汰。

表2－14　　2014年巨兽、领英与58同城实力比对　　单位：亿美元

项　目	巨　兽	领　英	58同城
软实力指数	0.032	0.413	0.431
软实力价值	0.25	9.16	1.14
硬实力指数	2.585	1.049	0.991
硬实力价值	0.64	9.61	1.13
综合价值	0.89	18.77	2.27
资产总额	12.17	54.27	7.04
活性资产占比（%）	5.3	17.7	16.1
营业收入	7.70	22.19	2.65
每个用户平均营业收入（美元）	0.77	6.34	0.88
利润率（%）	－37.6	－0.7	8.5
市值	3.98	287.16	36.95
价值放大比例	0.517	12.942	13.945
资源整合率（%）	65.5	38.7	27.9
商业模式运转频率	0.63	0.41	0.38
收入负荷	1.58	2.45	2.66

资料来源：邓正红软实力研究应用中心。

领英软实力指数0.413，比58同城仅低1.8个百分点，领英的软实力储备厚实，软实力转化、放大能力显著，软实力、硬实力价值分别为9.16亿美元和9.61亿美元，综合价值为18.77亿美元，资产活性比、资源整合、运营效率及效能略强于58同城。领英的突出优势就是价值放大能力强，其用户营收6.34美元，是58同城（0.88美元）的7.2倍。领英的营收是58同城的8倍，在此基础上再放大近12倍的价值，相较于58同城2.65亿美元的营收再放大13倍，其价值总量就成了天壤之别。因此，投资者主要看重领英的用户价值带来的高营收。领英唯一不足的就是2014年

出现了 0.7% 的微亏损。

58 同城的软实力指数最高 0.431，但软实力转化、放大能力比较低，软实力价值、硬实力价值分别仅为 1.14 亿美元和 1.13 亿美元，综合价值也仅 2 亿多美元，用户营收只比巨兽高 11 美分。但 58 同城的盈利水平却是最高的，利润率为 8.5%，而其他两家都亏损。投资者给 58 同城 13.945 这么高的价值放大比例，主要因其软实力雄厚，潜在价值比较大。截至 2015 年 6 月 8 日美股收盘，58 同城市值已涨至 94.89 亿美元，较 2014 年市值上涨了 156.8%。这就是投资者看好 58 同城价值增长的有力佐证。

第17节

奈飞进入中国面临本土化问题

2015年6月以来，美国在线视频（流媒体）巨头奈飞（Netflix）的股价火得快不行了，逼近700美元大关，而之前（4月15日）分析师给出的目标价是900美元。2014年12月31日的收盘价为341.61美元，不到半年的时间股价涨了1倍，而且还将迎来大涨的局面。由于股价高昂，奈飞准备进行拆股操作，受此消息的刺激，6月10日盘中交易时段，奈飞股价创下了692.79美元的历史最高纪录。随后股价有所回落，收盘价为671.1美元，但当天的涨幅仍然高达3.7%。

《纸牌屋》一炮打响

奈飞的股价为何如此火爆？先看看那位分析师给出900美元目标价的理由吧。奈飞2015年第一季度增加了488万的订阅用户，比业界预期数量高了21%。市场研究机构FBR & Co的分析师巴顿·克洛基特认为，这一数据也有望让奈飞2015年在美国市场的净订阅用户数量增加560万人，而国际市场的新增用户数量则将会达到1000万人。到2020年时，奈飞的全球订阅用户数量有望达到1.8亿人。这也是克洛基特认为奈飞股价将能够暴涨的原因。调查显示，已有大量的美国家庭用户更喜欢奈飞的服务，而不是电视。

成立于1997年的奈飞，是世界上最大的流媒体播放服务商。2013年奈飞推出的自制网络剧《纸牌屋》一炮打响，风靡全球。早期奈飞为用户提供DVD租赁服务，后来发展到提供来自其他媒体公司的流媒体视频内容。2011年3月15日，在看不到任何样片甚至还没有开拍仅知道剧名的情况下，奈飞采取提前购买内容方式，以1亿美元预算和拍足两季（26集）的承诺，与制片商Media Rights Capital签下了《纸牌屋》为期2年的独家播放权，2年后，该剧制片商可随意将剧集内容授权给任何其他媒体公司。

2013年2月1日，《纸牌屋》的前13集同时在奈飞网站发布，获得的口碑和反响空前热烈。《今日美国》不吝赞美地说："放下对网络剧的成见，这是一部艾美奖水准的电视剧。"2013年第一季度，《纸牌屋》帮助奈飞新增了200多万个用户。7月，《纸牌屋》成功入围第65届"黄金时段艾美奖"提名，并获得包括最佳剧集、最佳男主角和最佳女主角等9项提名，成为首部获得艾美奖提名的网络剧。艾美奖是美国电视界的最高奖项，网络剧已经诞生多年，但此前从未有过网络剧进入艾美奖的提名。《纸牌屋》的入围被誉为是一次"创造历史"的事件，标志着权威电视奖项对网络剧的首次认可。

《纸牌屋》居然能火？奈飞的竞争对手HBO、Showtime、AMC等美国传统电视巨头比较疑惑。为何奈飞敢于在不看样片的情况下大笔投资？实际上，奈飞和HBO们的根本诉求并无不同：都是看内容能否与观众产生共鸣。只不过，传统方式是通过看样片，而奈飞依赖的是当时2900万名订阅用户的收看习惯和偏好所构成的庞大数据群。从中，奈飞预测出多少人喜欢政治惊悚片，多少人喜欢大卫·芬奇（电影《社交网络》《七宗罪》的导演）和凯文·史派西的作品。由此得到以下结论：用户们喜欢大卫·芬奇，凯文·史派西主演的片子表现都不错，英剧版的《纸牌屋》很受欢迎。这3个结论的交集表明，《纸牌屋》必火。奈飞首席内容官泰德·萨兰多斯当时说："我不能保证这个剧集在黄金时段播出，但我可以保证不会像HBO的《鸿运赛马》和AMC的《无路可退》那样，在一季之内就被

砍掉。”大卫·芬奇和编剧鲍尔·威利蒙略感吃惊，这在此前较少听到。

大数据挖掘给予奈飞豪赌万金、押注自制剧的信心。同时，奈飞首次尝试提前购买内容的方式，颠覆了电视剧行业固有的投资思路。“我们知道人们正在奈飞网观看什么内容，而且根据人们的观看习惯，我们有能力去了解一部剧集的受众人群很可能会有多大。”奈飞通信业务负责人乔纳森·弗里德兰说。

继《纸牌屋》后，2013 年 4 月和 5 月，奈飞又分别推出了两部自制剧《铁杉树丛》和《发展受阻》，这些剧集帮助奈飞在第二季度新增 120 万全球订户。7 月 11 日午夜，奈飞向全球用户开播第四部自制剧《女子监狱》，就在播出短短 7 分钟以后，在实时更新的奈飞视频节目排行榜上，《女子监狱》的第一集已经升至第九名，而不到半个小时，又迅速攀升至第三的位置，即便已经过了美国电视剧观看的黄金时段。奈飞方面称，在播出第一周，观看《女子监狱》的用户数量超过了奈飞之前任何一部原创剧。

2015 年 4 月，科技行业分析师迈克尔·那松发布了一份调研报告。他指出，上一季度，奈飞一共播出了共计 100 亿小时的视频，在美国消费者观看电视和视频节目的时间中，占到了 6%。如果换算成和电视台收视率有关的指标，即收视率下跌的幅度中，43% 是奈飞造成的。那松认为，奈飞分流电视台观众，蚕食电视台收视率的趋势仍然会继续。如果以传统电视和视频观看时间的占比看，未来 4 年之内，奈飞将会攀升到两位数的占比，这意味着电视频道收视率的下滑，绝大部分将受奈飞影响。2014 年，美国电视收视率出现了奇怪的下跌，幕后的最大“罪魁祸首”，就是越来越受到热捧的奈飞。《纸牌屋》的热播也推动了消费者从电视频道向视频网站的迁移。

奈飞要“摧毁电视产业”

版权视频网站奈飞，已经成为冲击传统电视行业的生力军。随着《纸牌屋》大结局在 2014 年 2 月的全部放出，谷歌、亚马逊、英特尔乃至社交网站推特都在摩拳擦掌地准备制作自己的电视剧，以期延续奈飞的辉煌。对于像 HBO 这样的有线电视产业巨头来说，迅速崛起的奈飞正在步步紧逼，开始入侵它们的地盘。奈飞的致命武器是它超越了电视，能够向用户所有的设备提供电视节目，而 HBO 在这方面就慢了半拍，它仍指望着用户们能坐在巨大的平板显示器前看电视。进入 2015 年的几个月来，媒体就大肆对 HBO 与奈飞的交战进行报道。因为此时 HBO 也在推出类似于奈飞的网络服务。

对于与 HBO 的交战，奈飞方面做出了解释。首席执行官里德·哈斯廷斯说，公司捕杀的并不是 HBO，而是整个电视产业。虽然奈飞一直乐于把 HBO 视为竞争对象，但奈飞并不需要依赖于 HBO 的失败换取公司的成长。奈飞认为真正的机遇并不是取代 HBO，而是帮助摧毁电视产业，以及它一成不变的“要就拿走、不要拉倒”的捆绑模式。

哈斯廷斯预计：“与大规模的捆绑模式相比，无论是 HBO Now（HBO 的流媒体服务）、奈飞还是葫芦（Hulu）都有着巨大的价值。虽然传统电视已存在了 50 个年头，但是互联网电视已开始蓬勃发展。在未来的 20 年，互联网电视将会取代传统电视……互联网电视在未来将让人们自定义节目内容。”

美国科技新闻网站 Recode 总结出了奈飞依靠电视台走向成功的商业模式：首先利用电视行业已播出的“旧电视剧”，构建自己的业务，蚕食电视频道观众；随后，利用点播“旧电视剧”获得的收入，奈飞开始制作属于自己的“新电视剧”，这样可以进一步分流电视频道观众。照此分析，如今奈飞放言要“摧毁电视产业”，对于传统电视台、电视频道以及提供电视剧的好莱坞来说，它们的确“为自己挖掘了坟墓”。

为了保持现有用户的黏性和吸引新的用户加入，奈飞不惜重金购买电影以及热播美剧的网络播放权。2007 年奈飞推出在线视频观看服务，2008 年以每年 3000 万美元向美国有线付费电视频道 Starz 电视网购买了为期 4 年的迪士尼和索尼影业公司的影片网络销售权。传统电视台和好莱坞制片公司，给奈飞提供了电视剧和真人秀的重播版权，版权销售属于高毛利

率，这些公司很乐于销售版权，谁料奈飞依靠这些版权大举发展，反过来殃及了电视台的收视率。这种商业模式已经让奈飞进入良性循环，却让电视台和电视行业进入恶性循环。

不过电视台和好莱坞制片公司已经意识到了自己做法的危险，开始在电视剧版权销售上有所限制。2011 年 9 月，面对即将到期（2012 年 2 月）的内容授权合同，奈飞想与 Starz 电视网续约，但内容授权谈判破裂。Starz 称，合同到期后，将不再向奈飞提供新的内容。Starz 在一份声明中说出了停止与奈飞续约的理由："出于保护我们优质品牌战略的考虑，维持我们独有重要内容的合适价格。"这也表明奈飞获取高质量电影电视节目的授权越来越困难。

哈斯廷斯在谈及签订新的视频内容协议时说："每次续约时，我们为内容付出的代价总是超出最初签约的时候。但我们对此保持乐观态度。"据称，Starz 对续约开出了 3 亿美元的高价，奈飞因无法承受而与 Starz 闹僵。不过回顾来看，如果没有与 Starz 的早期合作以及 Starz 提供的来自迪士尼和索尼的流行影片支持，很难想象奈飞能取得今天的成功。

在出售流媒体播放权的问题上，传统电视网络越来越小气。奈飞不想一味吃电视台的节目剩饭，正在扩大在原创剧领域的投资。对于奈飞来说，"所有权"意义重大。奈飞靠在线出租影片发家，过去需要从索尼影业和韦恩斯坦公司等工作室获得节目播放许可，虽然粉丝们很容易将奈飞和《纸牌屋》联系在一起，但该剧的版权并不属于奈飞，而是为制作商 Media Rights Capital 拥有。如果没有《纸牌屋》的成功，奈飞或许就如葫芦、亚马逊等流媒体一样变得相对平庸。是"奈飞捧红了《纸牌屋》"还是"《纸牌屋》捧红了奈飞"已经不重要了。哈斯廷斯说："现在，我们想要的是所有权和制作。"2015 年奈飞筹划借贷至少 10 亿美元，支持公司在原创剧集方面的努力。奈飞计划在未来数年内大幅提高原创剧的制作，2016 年将拥有 20 部原创剧，到 2018 年，一年将制作 40 部新剧。

在哈斯廷斯的带领下，奈飞抢在竞争对手之前加快了向国际市场的扩张，构建全球版权视频帝国。从 2014 年国际用户增长情况看，从第二季度以来奈飞的国际订阅用户增长率已经连续 3 个季度超越美国市场，第四季度国际用户增长 243 万，总数达 1830 万。2015 年 1 月 22 日，奈飞宣布，在未来两年的时间内，该公司的服务可能将触及全球拥有宽带服务的 200 个国家和地区。首席执行官里德·哈斯廷斯和首席财务官大卫·威尔斯在公司网站上表示："从 2017 年之后，我们打算获取实质性的全球利润。"在激进的海外增长战略下，奈飞突破了自己的预期，全球视频付费用户在 2015 年第一季度达到了 6230 万，其中美国市场贡献了 4100 万。

自制剧时代的变革

奈飞会来中国吗？答案是肯定的。原因有 3 个：一是自 2013 年以来，奈飞美国本土的增长已经下滑，必然要拓展国际市场提升业务，且其 2014 年业绩增长的大部分来自于海外市场；二是中国作为全球最大的互联网市场，在线视频市场规模达 59 亿美元，中国有着 6.49 亿互联网用户，其中 60% 使用智能手机和平板电脑观看娱乐内容；三是《纸牌屋》在中国非常受欢迎。这些因素加在一起的结论就是，中国市场的前景对奈飞很有吸引力。

和其他互联网公司一样，奈飞进入中国面临本土化问题，包括监管、审查、牌照等。对此，奈飞方面是清楚的。哈斯廷斯就曾表示，牌照问题可能会限制奈飞在中国市场的扩张。显然，奈飞要来中国，由于中国市场的特殊性，问题的关键是采取什么样的方式进入。

2015 年 3 月 4 日，《华尔街日报》报道，美国视频网站奈飞计划独自进入中国市场，不与本土公司合作，甚至计划将中国的内容推向世界。此消息一出就震动了中国视频行业，其特殊之处在于"不与本土公司合作"。奈飞首席内容官特德·萨兰多斯表示："我们不大可能将（本土合作伙伴模式）作为战略来追求……这些合作非常复杂，很难管理，最终很难成功。"言下之意奈飞要在中国成立独立的外资公司，这可能吗？

如果奈飞按计划独自打入中国市场，将需要自己申请和办理本地执

照，这可能比较困难。奈飞要在中国发布视频至少需要8项运营执照，其中互联网电视牌照在2014年7月就已停发，而本土互联网电视集成服务持牌机构仅7家，即央视国际、南方传媒、湖南电视台、中国国际广播电台、中央人民广播电台、华数传媒和百视通。这意味着奈飞必须与中国公司合作。

2015年4月15日，奈飞进入中国的计划有所变动。首席执行官里德·哈斯廷斯公开表示对进入中国市场有充分的认识和了解。先期进入中国市场应会是“小规模”的服务，而不会寻求大面积地展开。公司希望在中国市场推出不带广告的付费视频播放服务，坚持公司的传统模式而不去寻找广告主。哈斯廷斯说，“我们会持续寻找机会，与中国公司，以及在中国市场表现成功或遭遇困难的美国公司交流”，并称“这是个渐进的过程”。

而奈飞的“小规模”，则可能选择中国著名的智能电视商海信作为合作伙伴。奈飞看上了海信已经联网的1000万优质用户，这些用户大部分为选择了55寸以上屏幕的“中产阶层”。他们有能力付费点播并成为会员。同时，海信电视机的画质都是高清的。奈飞表示：“这很重要，必须确保奈飞播出的剧能有良好的观看体验。”此前，奈飞已在美国通过了海信互联网电视画质的充分认证，海信智能电视已成为其在美国本土的重要合作伙伴。

5月15日，彭博社传出消息，奈飞正在与华数传媒、百视通以及其他潜在合作伙伴谈判，准备进入中国在线视频市场。此前，《华尔街日报》曾报道，华数传媒和百视通高管证实，奈飞与两家公司举行了谈判。奈飞希望找到一家在所有设备上都取得内容许可的合作伙伴，包括手机、电脑和机顶盒。

对于奈飞入华，中国在线视频巨头优酷土豆首席执行官古永锵称：“这对于激发国内互联网视频品牌更加专注提高内容品质和服务水平大有裨益，希望有机会与更多海外制作公司合作。”尽管奈飞的突然闯入还远谈不上成功，但这却给中国视频行业发展方向带来不少思考，其中最为重要的一点就是自制剧时代的变革。

从中国在线视频市场来看，优酷土豆、搜狐、爱奇艺、乐视、腾讯等在市场上建立了相当庞大的自制剧粉丝群，竞争也越来越激烈。优酷土豆将自制剧细化为 4 个层面：大电影自制（《等风来》《人间小团圆》《10 放》等）、互联网自制大剧（《万万没想到》等）、自制影视（11 度青春系列微电影及《嘻哈四重奏》网剧）、自制综艺（《优酷全娱乐》《土豆最音乐》以及《侣行》等真人秀与纪录片）。一旦奈飞挤入中国市场，将会形成“鲶鱼效应”，加快促进本土在线视频商更专注提高内容品质和服务水平。

第 18 节

优酷土豆的付费探索勉为其难

优酷土豆作为中国最大的视频网站，常被西方同行认为是“中国的奈飞”，而且优酷土豆的模式确实很像奈飞。在 2010 年上市路演的时候，优酷所讲的故事就是“中国奈飞 + 中国葫芦 + 中国优兔”的模式拼盘。但从内容策略看，优酷土豆与优兔不同，更像奈飞和葫芦。优兔内容主要来自专业团队生产内容（PGC）和用户生产内容（UGC），优酷却投放大量资源与电视台洽谈版权内容，亦有自家制网剧甚至电影。优酷土豆有的自制内容、版权内容和联合出品内容，优兔都没有。所以，优酷土豆董事长兼首席执行官古永锵就曾解释，优酷土豆是一家“互联网电视公司”，优酷模式是将“奈飞与葫芦两大模式的结合，做到了优兔的规模”。

《万万没想到》一炮而红

在开始自制剧以前，奈飞的运营方式是定期与节目制作方签订独家合作协议，为用户提供付费内容。但是，相比奈飞，优酷土豆更像是谷歌旗下的优兔，其主要收入来源是广告而非付费。一直以来，优酷不断探索用户付费模式。2010 年 11 月，优酷建立优酷院线，正式开通付费业务。截至 2012 年 11 月，优酷土豆先后与包括华纳、梦工厂、派拉蒙、二十世纪福克斯、迪士尼、NBC 环球、狮门影业及索尼在内的全部好莱坞主流电影公司达成协议。众多好莱坞经典影片及新片极大丰富了优酷院线影片库存。2013 年 3 月，优酷土豆与香港 TVB 建立独家合作关系，在两年的合作期内，TVB 为优酷土豆视频平台提供 2500 小时的电视剧和经典作品，优酷土豆成为唯一能在各移动设备播放 TVB 节目的平台。尽管内容的丰富也带来了大规模用户，可是，优酷土豆点播内容收费却与谷歌对优兔用户收费的举措一样，收效甚微，广告收入仍然占据了优酷土豆收入总额的 90% 以上。美国著名股市资讯网站 fool. com 分析师里克·阿里斯多托尔·穆纳里兹称，如果真的想赚钱，优酷土豆要学习的应该是奈飞而不是优兔。

奈飞不愿吃电视台的节目剩饭，优酷土豆也不甘只做一个视频分享平台。优酷土豆做原创内容始于 2009 年，比奈飞早两年（奈飞原创节目的合作形式是 2011 年引入的）。随着自制内容知识产权的积累，以及类似手机游戏、大电影、线下活动的众多衍生品的出现，优酷土豆有点像迪士尼（Disney）了。面对如此庞大的市场，古永锵曾提出他对优酷土豆集团未来的设想——以“优兔（规模）+奈飞（自制）+迪士尼（娱乐）”的方式，发展成为一个庞大的文化娱乐帝国。

2009 年，优酷出品网剧《嘻哈四重奏》上线引发了业界轰动，被称为“史上第一部真正意义上的网剧”。2010 年，以《老男孩》为代表的“11 度青春”系列微电影横空出世，立即席卷全国，开创了微电影元年。2011 年，“幸福 59 厘米”首次尝试明星跨界执导，首部贺岁微电影《父亲》上线引发全民感恩潮。2012 年，优酷出品再次引领行业先锋，打破微电影良莠不齐的现状，重磅推出由亚洲顶级导演执导的“大师微电影”。凭借对市场敏锐的洞察和对于网友喜好的深入研究，2013 年 8 月 6 日，优酷自制剧《万万没想到》第一季开播，这部为移动端用户量身定制的迷你剧一反传统电视剧模式，每集约 5 分钟，每周播一集。万万没想到的是，《万万没想到》一炮而红，并成为新一代“必看神剧”，第一季点击率逾 7 亿次，两季总播放量超 20 亿次，拥有粉丝 9 亿多。

2014 年 4 月 28 日，优酷土豆宣布与阿里建立战略投资与合作伙伴关系。阿里巴巴和云锋基金以 12. 2 亿美元收购优酷土豆 A 股普通股，其中阿里巴巴持股比例为16.5%，云锋基金持股比例为2%。阿里与优酷土豆的联姻看似一拍即合，实际上，双方更看重的是在大后台数据上的合作。

时隔4个月后的8月28日，优酷土豆宣布成立电影公司“合一影业”，旨在打造O2O文化娱乐平台。合一影业将依托大数据和O2O融合生态两个特色，创建与电影产业的开放合作平台，助推大制片和大营销的精准化，同时将搭建知识产权孵化、新影人和粉丝3个平台，覆盖内容创作、人才培养和粉丝经济。此前，优酷已经开始探索跨界联合出品和电影营销模式，相继出品《风暴》《窃听风云3》《后会无期》等8部电影，票房总额达3亿多美元。同时计划将《万万没想到》《泡芙小姐》等自制剧从网络推向大荧幕。合一影业成立后第一部联合出品的电影，是许鞍华导演的《黄金时代》。

“大自制”跨界掘金

随着阿里入主优酷土豆，百度、爱奇艺、华策影视相继联姻，中国视频网站开始大手笔投资自制内容，各家都在押宝“大自制”跨界掘金。所谓“大自制”，一是指投资额巨大，二是对品质要求高，趋平甚至超越传统电视剧的制作。所谓跨界掘金，就是“网络视频+知识产权运营+电商”，比如优酷土豆已创下自制节目未播先售给电视台的先例。

毋庸置疑，优酷土豆已率先进入了大自制时代，正改变着行业内容制作和衍生生态，主要包括“六大”方面：一是大数据。优酷土豆对每天几亿播放量的观看、搜索、评论、互动、收藏、上传拍摄等行为有深入分析。二是大规模。已拥有50多个自制节目。三是大合作。与国内外领先制作公司合作。四是大投入。2014年投入约5000万美元用于自制，2015年内容建设投入接近1亿美元。五是大屏幕。节目越来越精品化。六是大影响。播放量和话题都具有极高的社会影响力。

2015年6月2日，优酷土豆与美国迪士尼达成合作协议，将共同在华对漫威系列电影和美剧进行本地化营销。漫威系列内容的电影、美剧在优酷土豆视频流媒体平台上的总观看量已达 5.3 亿次。在此背景下，与迪士尼合作所拥有的独家推出影片片花、为电影组织现场活动等权利，将使优酷土豆的进一步发展路径与漫威系列电影及美剧在华的本地化销售趋于一致，也有助于优酷土豆成为迪士尼漫威系列电影和美剧在中国区的独家网络营销伙伴。

古永锵在一项声明中透露："我们将通过与强劲的伙伴合作，拓展公司的媒体娱乐生态。我公司与迪士尼的合作伙伴关系将是多样化的，这将给予公司更多的机会利用自身优势促进业务模式的进一步发展，通过上线高质量内容的产品、创新营销方式和销售渠道，推动收入的增长。"

一周后又传出消息，优酷自制剧《万万没想到》将搬上大银幕，由优酷土豆集团旗下的合一影业与万合天宜、上海三次方影视、果麦文化传播联合出品。韩寒出任艺术指导，叫兽易小星任导演，黄建新任监制。王老吉成为《万万没想到》大电影的首位客户。这是继微电影《老男孩》孵化成互联网电影《老男孩猛龙过江》之后，优酷土豆在其平台上孵化的又一知识产权推向银幕。

奈飞从最早的 DVD 租赁起家，到流媒体播放服务，再到影视制作，几经转型和迭代，而今的奈飞本质上就是一家数据公司。借助《纸牌屋》大热，奈飞打赢了一场大数据时代的精准战役，并开始超越传统的电影公司。而优酷土豆似乎也有着奈飞一样的变奏，从最早的短视频网站，到视频应用和网络平台，再到多屏和娱乐文化品牌的演变，优酷土豆的身份越来越混杂。尤其是与电影业合作时，优酷土豆是媒体呢，还是内容网站？优酷土豆表示："我们是一家数据公司。"无疑，《万万没想到》使得优酷土豆率先走入大数据、大自制时代。

中国的优酷土豆与美国的奈飞何其相似！但作者认为，优酷土豆模仿奈飞，有点东施效颦。在本土市场上，中国互联网公司看似热闹和红火，但深入其里便会发现，中国公司与美国同行的差距越来越大。奈飞从 2002 年上市到 2014 年的 13 年间，除了上市当年亏损外，已连续 12 年盈利，2014 年利润达 2.67 亿美元创历史最高纪录；而优酷土豆，从 2010 年上市到2014年的5年间，连年亏损，2014年亏损1.35亿美元已创历史之最。令人不解的是，优酷土豆一直在学习奈飞的模式，为何不见盈利呢？其实优酷土豆所学奈飞无非是大把烧钱争夺内容版权，与奈飞的付费模式不同的是，优酷土豆的商业模式主要是广告模式。2014年优酷土豆用户业务收入仅占5.5%，广告收入占比高达94.5%。这说明，优酷土豆的自制剧尽管火热，但从其中获得的收入却是很小的一部分，由于入不敷出，高额版权费就沦为成本，这就是优土巨额亏损的真实原因。

优酷土豆所谓的自制剧布局，说白了就是买内容版权，花钱买互联网人气。优酷土豆一直在拓展用户付费业务，但始终没有实质性的突破。它忘了中国互联网的土壤是靠免费体验赢得人气的，用户付费模式根本就不是主流，也难成气候，易贝、赛门铁克在中国市场的惨烈表现就是由于不服“免费”的水土。花钱买内容可以获得长期的版权，但内容产品有市场周期性，当产品最火的时候都不能盈利，又何谈淡季。内容产品一旦过了市场热季就会变得一文不值，但企业还得继续消化这些沉淀下来的巨额成本。由此就形成了愈是投入自制剧就愈亏损的恶性循环。就此来看，如果不从本土免费实际出发，一味仿效奈飞的美国模式，优酷土豆的未来，将很难看到出路。

所谓“顺者昌逆者亡”，免费体验是互联网潮流，淘宝能打败易贝，奇虎360能打败赛门铁克，都是因为顺应了潮流。对于淘宝、奇虎360来说，为用户提供的免费是有成本的，只是这个成本没有转嫁给消费者而是自己承担，并且它们完全能消化“免费成本”，将庞大的免费人气变现，产生收入，于是就能继续支撑免费，获得更多的收入，就形成了通过免费创造营收的良性循环。用户在获得免费的同时，也贡献了营收。2014年，阿里巴巴每个活跃用户贡献的营收为114.13美元，奇虎360每个付费用户贡献的营收高达1029.57美元，而优酷土豆每个付费用户贡献的营收仅为37.36美元。

同样在免费环境下，京东也是长期不赚钱，这与长期的投资有很大关系。但京东投资的是基础设施建设和技术研发，是基于未来的长远价值而进行的战略性投资。这些基础设施属于固定资产，除去折旧后，可以长期为用户提供更多的廉价服务和购物便利。而优酷土豆的自制剧投资则属于消费品，其价值过了市场周期就贬值了，而且为了留住和增加用户，优酷土豆还得继续购买新的内容版权。按照营收规模排名，2014 年京东营收高达 185.35 亿美元，远超阿里巴巴、腾讯、百度，在中国是当之无愧的第一大互联网公司。京东每个活跃用户贡献的营收为 191.87 美元。而优酷土豆虽然独立用户超 5 亿，但其用户业务收入主要来自 100 万的付费用户，付费用户比例仅占独立用户的 0.2%，剩下的 99.8% 的人气仅为优酷土豆招来一些广告收入。如果把这些广告收入也算作独立用户的贡献，那么每个独立用户贡献的营收只有 1.36 美元。超 5 亿的独立用户貌似庞大，但优酷土豆并没有从用户身上获得相应的价值回报，也就造成了软实力的巨大浪费。

奈飞与优酷土豆实力对比

一方水土养育一方公司。美国的付费土壤培育了世界在线视频巨头奈飞，中国的免费土壤却让优酷土豆的付费探索难以为继。俗话说：没有金刚钻，不揽瓷器活。O2O 的影视业不是那么好玩的，这个行业耗的是资本，拼的是实力，没有相应的实力，投入的资本就得打水漂。对优酷土豆来说，跨界影视合作、大自制叫得震天价响，但它有这个实力吗？

前面对比中美互联网公司，是按照“人气－实力－运营”这个顺序分析的，对比奈飞与优酷土豆的实力（见表 2－15）则倒过来分析，先从明显的问题着手，再依次追溯原因。

表 2－15　　2014 年奈飞与优酷土豆的实力对比　　单位：亿美元

项　目	奈　飞	优酷土豆
软实力指数	0.319	0.126
软实力价值	17.58	0.86
硬实力指数	1.419	3.021

续表

项 目	奈 飞	优酷土豆
硬实力价值	24.94	2.59
综合价值	42.52	3.45
资产总额	70.57	27.53
活性资产占比（%）	35.3	9.4
营业收入	55.05	6.81
每个用户*平均营业收入（美元）	95.92	37.36
利润率（%）	4.8	-19.8
市值	210.82	35.40
价值放大比例	3.830	5.200
资源整合率（%）	73.7	17.5
商业模式运转频率	0.78	0.25
收入负荷	1.28	4.04

注：这里所指的用户为付费用户。

资料来源：邓正红软实力研究应用中心。

从收入负荷看，奈飞实现1美元营收仅需投入1.28美元的资产，而优酷土豆要投入4.04美元的资产，比奈飞重3倍。很明显，优酷土豆臃肿，运营效能极低，资产型重公司现象突出。一般来说，背负沉重者跑得也慢，优酷土豆商业模式运转频率仅为0.25，奈飞的运转频率为0.78，速度比优酷土豆快2倍。

奈飞运营又轻又快，是因为资源整合率极高，运营中73.7%的资源都是借来的，自己投入的资源只占26.3%；优酷土豆运营又重又慢，是因为资源整合率极低，运营中82.5%的资源都是自己投入的，借来的资源不足两成，仅占17.5%。

整合别人的资源凭的是软实力，资源整合率越高，说明公司软实力越强，反之则越弱。奈飞73.7%的资源整合率对应的是0.319的软实力指数，优酷土豆17.5%的资源整合率对应的是0.126的软实力指数。奈飞软实力积累是优酷土豆的2.5倍，资源整合程度则是优酷土豆的4.2倍。

奈飞每个付费用户的平均营收为95.92美元，是优酷土豆的用户营收37.36美元的2.6倍，说明奈飞为用户创造的价值高，用户则愿意发生更多的消费。奈飞软实力转化的价值高达17.58亿美元，而优酷土豆不足1亿美元，仅8600万美元；奈飞软实力转化为硬实力的程度（1.419）虽不及优酷土豆（3.021），但其软实力转化为硬实力的价值却是优酷土豆的9.6倍，高达24.94亿美元，优酷土豆仅2.59亿美元。从综合价值看，优酷土豆仅为3.45亿美元，而奈飞为42.52亿美元，是优酷土豆的12倍。硬实力转化程度高，但价值不大，造成软实力过早"硬"化，过度消耗，潜在的软实力价值得不到有效转化和放大，资产活性比仅为9.4%，90.6%的资产没有创造价值，造成资产闲置、浪费极为严重。优酷土豆的这些运营特点表明它更趋向于是资产型重公司。

对比所有的实力指标，优酷土豆只有价值放大比例这1项指标超过奈飞——优酷土豆为5.200，奈飞则为3.830。用户营收代表用户人气，价值放大比例代表股市人气。当然，价值放大比例也是基于营收给出的价值评价。前面分析了优酷土豆的用户营收以及为用户创造的价值都不如奈飞，为何优酷土豆的放大比例反而比奈飞高出35.8%？这真实吗？可以肯定地说，优酷土豆的这个价值放大比例绝对有泡沫成分。

奈飞每个付费用户的平均营收是95.92美元，优酷土豆的为37.36美元，奈飞为用户创造的价值高，因此，奈飞的每个付费用户要比优酷土豆的每个付费用户多贡献营收58.56美元。而按照价值放大比例，奈飞1美元营收创造的价值为3.83美元，优酷土豆1美元营收创造的价值为5.20美元，反而比奈飞多创造1.37美元的价值。用户人气与股市人气一对比，就会发现优酷土豆的这个价值放大不正常，而且严重偏离用户营收。美国历史上爆发的那场互联网泡沫经济危机，就是股市经济严重偏离实体经济，互联网股价被炒得天高，最后泡沫破灭，公司价值回归本位。

从优酷2010年上市以来历年的数据看（见图2－13），其放大比例在持续收缩。2010年的价值放大比例高达53.202（从一开始就注入了泡沫经济）；2011年缩至17.123，价值收缩幅度为67.8%；2012年缩至12.926，

同比价值缩幅为24.5%；2013年缩至9.700，同比缩幅达25%；2014年则缩至5.200，同比缩幅达46.4%。尽管优酷土豆的价值放大比例从2010年缩至2014年，价值水分已挤掉90%，但2014年的价值放大比例仍存在一定的水分，以此断定，2015年优酷土豆的价值放大比例还要继续下降。

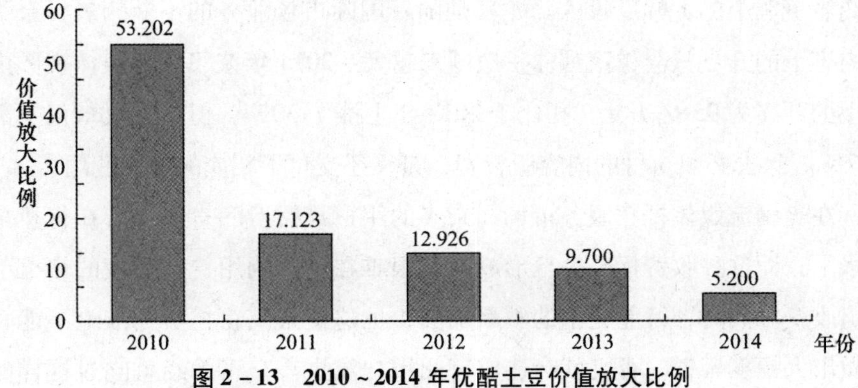

图2-13　2010~2014年优酷土豆价值放大比例

资料来源：邓正红软实力研究应用中心。

再看奈飞从2002年上市以来历年的价值放大比例（见图2-14），基本属于正常的价值波动，没有出现像优酷土豆那样大落且持续收缩的情况，其每年的价值放大就是对它业绩和潜在价值的真实评价。比照奈飞的价值放大比例，2014年优酷土豆的市值最高也不会超过26.08亿美元，显然，优酷土豆的市值至少被高估了9.32亿美元。

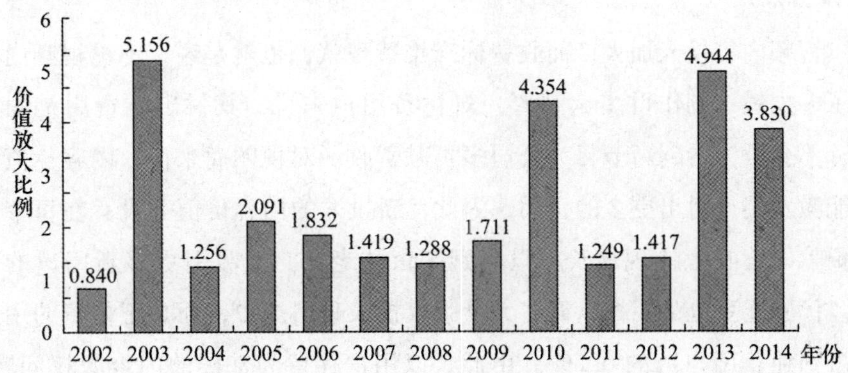

图2-14　2002~2014年奈飞的价值放大比例

资料来源：邓正红软实力研究应用中心。

还有一个共同现象，奈飞和优酷土豆2014年的价值放大比例都较上年收缩，奈飞缩小了1.114，优酷土豆缩小了4.500。这说明中美两家视频网站巨头的价值创造都在下滑。同中国视频网站一样，奈飞也长期存在着为内容版权烧钱的问题。因付费订阅用户数的大幅度增加，奈飞不得不加快在内容资源上的大幅度投入。尤其是随着国际市场业务的不断拓展，奈飞在内容上的开支只会像滚雪球一般越来越大。2014年奈飞在流媒体视频内容上的开支为95亿美元，相比于2013年上涨了30%，但其营收却仅上涨了7%。除去必须支付的内容版权费，奈飞还支付了相应的牌照费用。

在美国流媒体视频服务市场，奈飞的用户订阅费一直都保持在行业最低水平，而这种收费标准一旦形成，就很难在不影响用户接受度的情况下做出改变。同时，行业竞争的不断加强，也迫使奈飞在付费标准上不能轻易做出大幅度调整，否则就会造成订阅用户流失。奈飞曾经就吃过这样的大亏。2011年7月，奈飞将原DVD视频业务拆分为流媒体和DVD租赁两大服务，原总价为9.99美元的服务，变成了每项7.99美元，也就是说，如果用户继续使用这两项服务，需要支付比原来多60%的费用。该举措引起了许多用户的不满，结果2011年第三季度奈飞付费用户总数由第二季度的2459万下降到2379万，因为调价使得奈飞付费用户流失了80万。2011年奈飞的价值放大比例由2010年的4.354缩至1.249，价值缩幅达71.3%。

视频内容投入加大，而收费标准维持现状，也就是说，不论视频内容花了多少钱、制作得多么精彩，对付费用户来说，其付出的费用是固定的，不会因为看到新节目为公司多贡献营收。对视频商来说，内容价值并不能激发用户付出更多的费用，因此，新投入的内容价值并没有在每个用户贡献的营收上体现增长，只起到了留住老用户、吸引更多新用户的作用。优酷土豆也是一样，靠着大量版权投入吸引用户，而真正付费的用户只占到独立用户数的0.2%。由此，以用户存留为基础的内容版权问题，便成为了包括中国视频网站企业以及美国奈飞在内的绝大多数视频内容服务商共同面临的难题。

内容创新既然能留住和吸引用户，就表明了其价值的存在，问题就在于内容价值无法转化放大为用户营收增长，并逐渐陷入内容投入越多，内容和运营成本越高，致使利润下降甚至亏损的恶性循环。究其原因，是商业模式出了问题。奈飞、优酷土豆订阅付费的商业模式仅仅是留住和吸引用户，其内容价值差异化没有在用户消费上体现出来，因此，在提升营收方面就相当被动。奈飞模式已显得捉襟见肘，优酷土豆还在一味仿效，这样下去，前途堪忧！

第 19 节

私有化推动中国互联网公司回归

写完上节，正是2015年6月中旬，快过端午节了，本想就此搁笔，避避暑凉爽一下。谁知这个夏天热得太戏剧性了，实在叫人歇不下来。6月17日，奇虎360宣布公司董事会已接到董事长周鸿祎提出的私有化要约，周鸿祎在邮件中称，这是他与公司总裁齐向东经过审慎思考，特别是反复考虑当前全球及中国资本市场环境后，主动做出的私有化的战略选择。“我们当中的很多人认为，360目前80亿美元的市值，并未充分体现360的公司价值。”私有化是实现360公司价值最大化的必然选择。英国《金融时报》称，在收到90亿美元的管理层收购要约之后，奇虎360或将成为从美国退市的最大中国企业。

中概网络股私有化退市迅速升温

2015年的夏季，美股中的中国互联网公司退市潮很热。由于中国股市的暴涨进一步拉大了美国股市和中国股市的估值差距，中国互联网公司从美国退市的潮流一直在迅速升温。退市主要体现在私有化。从6月1日到7月9日的一个多月里，就有12家中国互联网公司提出私有化计划从美股退市（见表2－16），这是作者事先没料到的。这些公司包括当当网、欢聚时代、空中网、陌陌、中国信息技术、奇虎360、乐逗游戏、

人人、世纪互联、易居中国、中国手游、淘米，加上之前宣布私有化的久邦数码、世纪佳缘、完美世界，2015 年宣布私有化的美股中国互联网公司总计达 15 家，再算上 2014 年宣布私有化的盛大游戏，美股中总计有 16 家中国互联网公司正在进行私有化，占在美上市中国互联网公司总数的 27.6%。

表 2－16　　正在进行私有化的美股中国互联网公司　　单位：亿美元

公司名称	股票代码	宣布日期	交易状态	市值	软实力指数
当当网	DANG	2015 年 7 月 9 日	成立特别委员会	5.30	0.145
欢聚时代	YY	2015 年 7 月 9 日	宣布	33.64	0.413
空中网	KZ	2015 年 6 月 29 日	宣布	3.19	0.122
陌陌	MOMO	2015 年 6 月 23 日	宣布	28.86	0.289
中国信息技术	CNIT	2015 年 6 月 22 日	宣布	0.85	0.011
奇虎 360	QIHU	2015 年 6 月 17 日	成立特别委员会	80.64	0.308
乐逗游戏	DSKY	2015 年 6 月 15 日	宣布	4.91	0.300
人人	RENN	2015 年 6 月 10 日	宣布	11.96	0.423
世纪互联	VNET	2015 年 6 月 10 日	成立特别委员会	12.88	0.083
易居中国	EJ	2015 年 6 月 9 日	宣布	8.82	0.119
中国手游	CMGE	2015 年 6 月 9 日	董事会批准	6.40	0.244
淘米	TAOM	2015 年 6 月 1 日	成立特别委员会	1.12	0.130
久邦数码	GOMO	2015 年 4 月 10 日	董事会批准	1.42	0.119
世纪佳缘	DATE	2015 年 3 月 3 日	多方竞购	2.11	0.209
完美世界	PWRD	2015 年 1 月 2 日	董事会批准	9.71	0.159
盛大游戏	GAME	2014 年 1 月 29 日	多次变更要约方	18.26	0.365

注：市值按 2015 年 7 月 10 日美股收盘价计算，软实力指数为 2014 年的数据。

资料来源：邓正红软实力研究应用中心。

2014 年是中国互联网公司赴美上市 15 年的一个历史性时间节点，阿里巴巴上市将美股推向巅峰。这 15 年中国互联网从“乱石穿空”到“惊涛拍岸”的巨变，其未来变得愈加清晰。涨潮之后必有退潮，这是亘古不变的历史规律。原来预计 2015 年中国互联网公司赴美上市由热变冷，一则赴美上市高峰期已过，二则中国互联网公司不适应美股监管的问题愈加凸显，三则中国逐渐开放的股市政策正在向本土互联网公司招手。实际情况也验证了作者对赴美上市情势的预判，2015 年整个上半年仅 1 家中国互联网公司在美上市。

4 月 8 日，中国本地生活服务电商窝窝团（代码：WOWO）在纳斯达克挂牌交易，发行价 10 美元，开盘 11.06 美元。形成鲜明对比的是，当日美股普遍大涨，窝窝团却在盘中多次跌破发行价，在强烈波动之后，以 10.285 美元收盘，较发行价微涨 2.85%。窝窝团首日上市表现冷淡，是因其商业模式并未获得美国投资者的认可。

出人意料的是，在 2015 年中国互联网公司赴美上市冷清的情况下，中国网络股的私有化行动却出奇地热了起来。尤其是进入 6 月以来的一个多月，先后有 12 只中国网络股提出了私有化计划，其中就包括 2014 年 12 月 11 日上市刚满半年的陌陌和互联网安全巨头奇虎 360。业内评价中国互联网公司太“任性”了。陌陌 2014 年底兴冲冲地上市，半年后又想要“闪退”，抢着要加入 2015 年这波中国网络股集体私有化大军。陌陌从上市到私有化，大致交了近 1.1 亿美元的“学费”，折合人民币近 7 亿元。奇虎 360 的私有化，从体量上而言，这是首度有互联网巨头选择回归 A 股，也许标志着中国互联网公司回归 A 股正在渐变成一股洪流。

A 股火爆催生中概网络股“返乡潮”

2015 年堪称中国互联网公司的“退市年”，与 2014 年阿里巴巴领衔赴美上市的热潮相比，这波以奇虎 360 领衔的退市潮，对中国互联网的未来发展更具战略转折性意义，因此，本书在即将收笔之际，不得不再补上这一节。本书的脉络完全是按历史的进程和形势的发展展开的，从开篇的上市到收尾的退市，全书前后成为一个遥相呼应的浑然整体，并顺势成章，读起来就像坐在一趟旅游专列上，顺着时间轴了解中国互联网公司在各阶段的发展变化。

读者可能犯疑，这些互联网公司好不容易在美国上市，而今为啥要扎堆退市？司马迁说过：天下熙熙，皆为利来；天下攘攘，皆为利往。这些互联网公司并非吃饱撑着，闲着没事干，主要是为“利”而动。诸位看那些宣布私有化的美股中国互联网公司，除了市值 80 亿美元的奇虎 360 外，市值 10 亿美元以下的公司就有 10 家，占 62.5%，16 家公司总市值仅 230.07 亿美元，和美国社交网络及微博客服务网站推特的市值（221.68 亿美元）基本相当。互联网上时不时有推特被收购的传闻，推特则希望通过进一步媒体化和电商化来挽救用户增长放缓和股市下滑的颓势。推特尚且如此，那些低市值的中国网络股何尝不想改变长期低落的股价呢？

经过 15 年的上市发展，美股中国互联网公司市值出现了两极分化。截至 2015 年上半年，在美上市的中国互联网公司总计 58 家，本书介绍的阿里巴巴、腾讯、百度、京东、网易、唯品会、携程、奇虎 360、58 同城、优酷土豆等 10 家互联网公司的市值之和，占 59 家公司（此处包括腾讯）总市值比例就超过 90%。美股中市值在 100 亿美元以上的中国互联网公司仅阿里巴巴、百度、京东、网易、唯品会、携程等 6 家（占 10%），超过一半的公司市值长期徘徊在 10 亿美元以下，有的甚至不足 1 亿美元。更确切地说，美股中国互联网公司市值两极分化，即 10% 的公司控制着 90% 的市值，90% 的公司达不到 10% 的市值。正在私有化的美股中国互联网公司，多数是 10 亿美元以下的、被边缘化的公司。

针对 2015 年 A 股火爆催生中概股“返乡潮”，有关机构组织了问卷调查。在“你认为是什么原因促使中概股回归 A 股”一问中，有 32.8% 的参与者选择了“国内大环境利好”，17.2% 的参与者选择了“融资困难”，13.8% 的参与者选择了“投资逻辑差异”，12.1% 的参与者选择了“其他”，12.1% 的参与者选择了“遭恶意做空”，另有 12.1% 的参与者选择了“价值被低估”。而在中概股回归 A 股的方式中，有 53.7% 的参与者选择了“私有化退市＋独立上市”，26.8% 的参与者选择了“A 股公司收购股权”，另有 19.5% 的参与者选择了“私有化退市＋借壳上市”。

中国网络股掀起私有化退市潮，有美股方面因素，也有 A 股方面因素。

从美股方面来看，中国互联网公司的价值被长期低估，这是中概网络股私有化的主要因素。奇虎 360 市值在 2014 年 3 月曾达 153 亿美元，到 2015 年 6 月 17 日宣布私有化，市值跌至 90 亿美元，7 月 10 日再跌至 80 亿美元。互联网巨头尚且如此，其他小公司的情况更不用说！

据瑞士信贷曾发布《中概股回家》报告显示，网络游戏类中概股的 2015 年预计市盈率仅为 19 倍，远低于 A 股同类个股 108 倍的平均市盈率。在这波私有化风潮中，中国网络游戏公司几乎全军撤退。宣布私有化的 16 家互联网公司，网游公司占了一半，盛大游戏、完美世界、淘米、中国手游、人人、乐逗游戏、空中网、欢聚时代，算上已经退市的巨人网络，以及正试图通过“不同模式的私有化”的第九城市，那么在美上市的 11 家中国游戏公司，除了畅游，已开始全面私有化。

在回归 A 股的中概网络股中，游戏公司担当了开拓者的角色。中概股游戏公司在美股市场价值普遍被低估，不太受重视，整个游戏类产业在美国的市场认可度都比较低，游戏股早已不再是华尔街的宠儿，因此，中概股游戏公司私有化浪潮愈演愈烈。乐逗游戏市值不足 5 亿美元，乐逗游戏在 A 股市场可以参考的目标是昆仑万维，但昆仑万维上市不到半年，市值超过 430 亿元（约 70 亿美元）。儿童社区游戏起家的淘米市值 1. 12 亿美元，股价在 4 美元不到的情况下，淘米的换手率只有 0. 19%，继续留在美股交易市场的意义并不大。巨人网络、盛大游戏、完美世界的私有化，宣告 3 家客户端网游时代的霸主正以退市的方式淡出公众视线。曾经作为网游《魔兽世界》在中国代理商的第九城市，在失去魔兽的代理权后，股价长期在 1 美元左右徘徊，市值跌至 5000 万美元以下，对于第九城市来说，宣布私有化是迟早的事。巨人网络总裁纪学锋就坦言：“无论是港股还是 A 股都很好，都比美股了解中国市场。”

很多中国互联网公司在美股市场并非一帆风顺。一直以来，不少公司受到美国股市歧视，加上中概股在美国遭遇到严重的信用危机（由于内部

管理漏洞、商业贿赂、财务造假指责、内幕交易）等，一些公司不断地被投资机构、律师事务所和评估机构质疑，惹得官司不断，使得中国互联网公司面临市值被低估、融资受阻、被做空等问题，导致美国投资人对中国网络股大多持观望态度。这也是很多中国互联网公司考虑离开美国的原因之一。

中概网络股回归的最大驱动力

从 A 股方面来看，中概网络股回归的最大驱动力来自政策的变化。2015 年以来，中国资本市场向中概股不断抛出橄榄枝，吸引了相关公司的重视。5 月 7 日，中国国务院公布《关于大力发展电子商务加快培育经济新动力的意见》，鼓励符合条件的互联网公司在中国境内上市。上海证券交易所方面，对战略新兴板计划聚焦新兴产业企业和创新型企业、采用更包容上市条件、配备差异化制度等多个方面作了详细解读，在注册制改革背景下推出战略新兴板，对于承接中概股回归将发挥重要作用。

深圳证券交易所方面，在 2014 年底就已经开始研究 VIE（协议控制）架构互联网公司回归。创业板将积极研究解决 VIE 架构互联网公司回归 A 股上市中存在的主要障碍，包括允许连续计算 VIE 架构存续期间的经营时间，合并计算 VIE 架构下相关主体的业绩等，以加快此类企业回归境内上市的进程，增强创业板市场的包容性。

6 月 4 日，李克强总理主持召开国务院常务会议，确定大力推进大众创业、万众创新的政策措施，增添企业活力，拓展发展新天地。其中，在创新融资方式上，要创新投贷联动、股权众筹等融资方式，推动特殊股权结构类创业企业在境内上市，鼓励发展相互保险。A 股多层次资本市场的日渐完善，尤其是注册制改革的落地，给长期游走在灰色地带的 VIE 架构带来回归曙光。

6 月 19 日，工业和信息化部公布《关于放开在线数据处理与交易处理业务（经营类电子商务）外资股比限制的通告》（工信部通［2015］196

号），宣布在全国范围内放开在线数据处理与交易处理业务（经营类电子商务）的外资股比限制，外资持股比例可至100%。6月26日，中国证监会主席肖钢在陆家嘴论坛上表示，证监会将在上海证券交易所开设战略新兴板，将帮助更多创新创业企业获得资本支持。

“196号文”意味着中概网络股未来即使不拆除VIE架构，也可以实现在中国上市，门槛大大降低；新兴产业板的目标之一就是互联网公司的回归，与创业板平级。股市制度的不断完善，监管层态度的转变，是中概网络股回归的重要驱动力。

美股市场和A股市场估值水平的巨大反差，是促成中概网络股纷纷私有化回归A股最为重要的原因。美股中国互联网公司的市值上涨相当缓慢，纳斯达克指数在2000年就是5000多点，15年后还是5000多点。中概网络股加速回归，是期待在A股市场获得更好的估值。业内人士表示，如果一家公司在中国，用户也在中国，就应该在中国上市，起码市值会更高。况且在A股市场中，做到一定规模的公司并不多，优质的互联网公司仍然是稀缺资源。美国邓普顿新兴市场团队执行主席、著名投资人、有“新兴市场教父”之称的麦朴思（Mark Mobius）称，美国企业财报的表现将令人感到失望，建议投资者现在应该跳出美国股市，转而进入表现更好的新兴市场。在亚洲新兴市场中，中国是首屈一指的。

最令中概网络股下决心私有化回归A股的是暴风科技和乐视网的股价飙升。暴风科技自2015年3月24日以7.14元（人民币，下同）的发行价登陆创业板以来，不足3个月就收获39个涨停，市值超越优酷土豆（见表2－17），与美股情况也形成鲜明对比，更是创造了A股新神话。6月10日，暴风科技市值飙至369.07亿元，相当于8个美国上市的迅雷，成为互联网公司去VIE、中概网络股私有化渐成趋势的标志；同日，乐视网股价70.38元，市值是1302.73亿元，乐视网无疑是2015年A股大牛市上众多大牛股中的“佼佼者”，从年初的市值655亿元，一路左冲右突，5月12日站上3313.85亿元市值最高峰，堪称A股市场的“标本”企业。

表 2-17　　　　A 股和美股视频网站 2015 年市值比对

公司	股票类别	上市时间	5 月 12 日市值	6 月 10 日市值	7 月 17 日市值
暴风科技	A 股	2015 年 3 月 24 日	¥275.84 亿 （$45.11 亿）	¥369.07 亿 （$60.33 亿）	¥217.93 亿 （$36.61 亿）
乐视网	A 股	2010 年 8 月 12 日	¥3313.85 亿 （$541.88 亿）	¥1302.73 亿 （$212.96 亿）	¥994.17 亿 （$162.47 亿）
优酷土豆	美股	2010 年 12 月 8 日	$37.98 亿	$58.10 亿	$40.56 亿
迅雷	美股	2014 年 6 月 24 日	$5.40 亿	$7.48 亿	$6.10 亿

注：以上人民币折合美元按当日中国人民银行公布的人民币对美元汇率中间价计算。

资料来源：邓正红软实力研究应用中心。

暴风科技、乐视网超高估值令在大洋彼岸的一众互联网视频巨头羡慕不已。无论是从用户数量还是市场知名度，优酷土豆都超过暴风科技一个数量级，可是，就因为所在市场不同，尽管经过了一波上涨，优酷土豆的市值仍无法与暴风科技匹敌。乐视网和优酷土豆同年上市，一个在 A 股，一个在美股，乐视网 6 月 10 日的市值相当于 4 个优酷土豆。与优酷土豆模式更加类似的乐视网，尽管其整体流量仍然与优酷土豆有着不小的差距，但在 A 股创业板乐视网有着更加出色的表现。乐视网在资本市场一直讲“超级生态”这个概念，即“互联网大屏生态 + 手机生态 + 电动汽车生态 + 体育生态”，这无疑是其股价爆发的催化剂和股价持续上涨的助推器。

6 月 2 日，停牌超过半年的宏达新材披露了重组方案，拟通过一系列交易，实现分众传媒借壳上市。方案显示，宏达新材拟以全部资产及负债与分众传媒 100% 股权的等值部分进行置换。其中，宏达新材拟置出资产的作价为 8.8 亿元，拟置入资产作价 457 亿元（74.64 亿美元），两者差额部分由宏达新材以发行股份及支付现金的方式向分众传媒全体股东购买。尽管宏达新材仍未复牌，但是，考虑到市场对首只回归中概股的强烈看好，以及分众传媒远超暴风科技的业绩表现，业内预见，分众传媒至少将达到1000亿元市值。

此时回看分众传媒在纳斯达克的表现，二者差距之大令人咋舌。分众传媒于2005年在纳斯达克挂牌上市，其后又于2013年完成私有化并退市。2013年从纳斯达克退市前（5月23日），分众传媒的市值为36.21亿美元。仅两年的时间，分众传媒从美股退市到借壳回归A股，估值整整提高了1倍。

第20节

A股暴跌仍逆风高唱“我的中国心”

进入2015年6月以来，A股出现了暴涨暴跌的两番景象。6月12日，A股指数冲至2015年以来的最高点5410.86（见图2-15），15日A股指数开始下跌，29日跌至5月以来的最低点4245.47。但这种跌并没探底，进入7月，真正的股灾降临，A股暴跌加速。7月8日A股指数跌至3675.64，创下了自1996年以来最严重的一波暴跌行情。这场惨烈的“地震”从6月15日至7月8日，经历了17个交易日，千股涨停、千股跌停、千股停牌的情形在短时间内轮番上演。6月26日，指数下跌幅度超过7%，2000多只股票跌停。7月8日，A股出现史上最大“停牌潮”，A股市场共

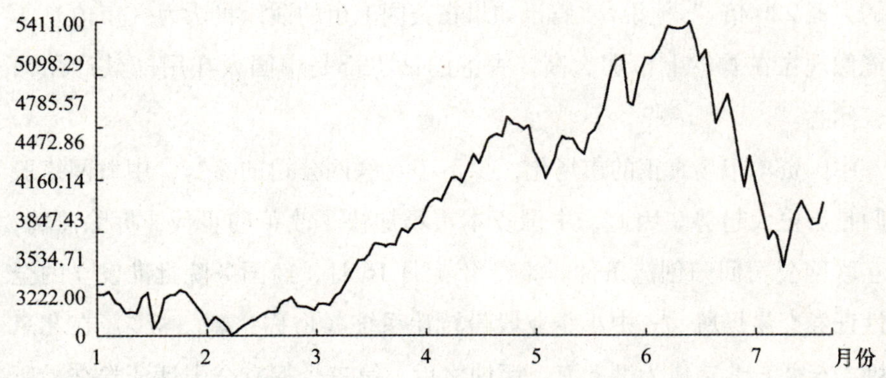

图2-15　2015年1月5日至7月17日A股指数收盘线走势

资料来源：邓正红软实力研究应用中心。

有超过1300家上市公司申请停牌，停牌公司数量占比超过47%。截至收盘，交易的1400多只个股中，仅160只个股上涨，仍有近900股跌停。

大洋彼岸的美股市场，拟私有化的中概网络股7月6日也迎来一波下跌，奇虎360跌6.21%，世纪佳缘跌15.92%。在A股和港股出现剧烈震荡之后，市场对拟回归的私有化互联网公司产生了担心。除受到希腊公投结果出炉引发的市场情绪波动打压外，A股市场大幅调整致首次公开招股暂停，这些因素使得中概网络股私有化回归A股进程难度增加。事实上，一些公司6日收盘价已经大幅低于要约提出的收购价格。

A股暴跌给中概网络股回归蒙上阴影

中国市场和新经济形态需要互联网公司，如果中国最好的互联网公司不能在本土上市，那所谓的创业板则名不副实。同样，互联网公司也需要中国市场。暴风科技的投资人之一、IDG资本创始合伙人熊晓鸽表示，现在的互联网公司，其用户基本上都是在国内，很多用户喜欢炒股，可能就会成为这些公司的股东，公司的成长可能会更快。“举一个例子来说，百度是2005年上市的，到今年（2015年）正好是10周年，在暴风上市前后，其市值大概成长了20倍左右，腾讯是2004年上市，现在的市值是当时的大概220倍。”他说，“腾讯如果在美国上市的话，我认为（市值）不可能像现在在香港上市那么高，香港的话也都是中国人在用（其产品），比较熟悉。”

中国资本市场真正的市场化，少不了互联网公司的参与，中概网络股回归是历史大趋势。因此，中国资本市场加快了改革的步伐，拆除藩篱，为互联网公司回归创造条件。2013年1月16日，经国务院批准设立的全国性证券交易场所——中小企业股份转让系统（俗称“新三板”）在北京揭牌。至此，北京成为继上海、深圳之后，第三个拥有全国性证券交易所的城市。新三板以挂牌财务门槛几乎为零、不受股东所有制性质限制、交易方式（协议、做市及将推出的竞价）灵活等特点，在面向全国试点后取

得了迅速发展。2014年1月24日，新三板首批285家全国企业集体挂牌，挂牌企业总数达到621家。2014年底，挂牌企业数量为1572家，较年初增长1.5倍。截至2015年6月底，新三板挂牌企业已达2637家，在半年内增加了67.7%，募集资金总额达317.47亿元。

在美上市的中国互联网公司价值被低估、商业模式不被理解等问题，使得中概网络股大规模回归。截至2015年6月底，A股主板、中小板和创业板的平均市盈率分别为16倍、45倍和68倍，而香港主板、纳斯达克和纽约证交所的平均市盈率分别为11倍、16倍和16倍。

但从6月下旬开始，中国A股市场开启的暴跌模式，A股市值大幅缩水，上市公司高市盈率不再，意味着中概网络股公司为私有化、拆解VIE架构和回归境内上市付出大量时间和金钱成本后，很可能达不到预期估值；另一方面，A股巨震也暴露中国资本市场存在不少不健全的地方，给欲回归的中概股造成极大不确定性。

A股的大幅波动给中概网络股的归途蒙上了一层阴影。不过最容易发生夭折风险的还是那些拟回归A股纯粹为追求更高估值的机会主义公司。A股市场的连续调整也使一些公司后续私有化进程面临压力。当然，除了估值因素外，有些上市公司选择回归并非抱着“割韭菜”的心态，而是看重回来以后的长远利益，比如恢复融资功能、减少交易成本，为公司战略转型或高速发展提供弹药。奇虎360董事长周鸿祎就表示，私有化的动机是为了排除公共投资人的干扰进行战略转型，追赶阿里巴巴、腾讯、百度。

在千股跌停和千股停牌的大背景下，大盘在7月9日终于迎来了“大奇迹日”。沪深两市双双低开，沪指探底后回升，10点10分左右直线拉升翻红，午后连破3600点、3700点两道关口，不少个股从跌停板拉升到涨停板，收盘时两市有1200多只股票涨停。沪指大涨5.76%，创6年来最大单日涨幅。

千股连续跌停很罕见，但千股连续涨停也很罕见，这也显示出A股救市保卫战取得了阶段性胜利。7月10日，俄罗斯总统普京在金砖和上合峰会后举行的新闻发布会上回答有关中国股市近期动荡的提问。普京表示，他与中国领导人已经就此事进行了交流，他非常欣赏中方的冷静态度并同意中方的观点：今年以来，中国股市上涨速度过快和幅度偏大，近期的回调是对此前指数偏高的修正。普京还补充道："据我所知，这两天中国股市已经开始回升，股市起伏其实没有什么特别之处。中国依然是世界经济的火车头。"7 月 18 日，出席金融稳定理事会指导委员会会议的中国财政部副部长朱光耀在伦敦表示，中国稳定股市的政策举措是正确的，本轮股市动荡已经基本结束。他呼吁外界对中国股市的发展继续保持信心。

值得注意的是，暴风科技 6 月 10 日收盘创下上市以来的最高股价 307.56 元，第二天暴风科技发布公告，称因公司策划重大事项，自 6 月 11 日开市起停牌。7 月 13 日，暴风科技复牌。暴风科技像先知一般地在大跌之前就停牌了，又在大跌之后复牌，很幸运地躲过了这一场股灾。不过市场人士认为，投资者应该避免两类停牌股：一类是在大盘 5000 点至 5100 点（6 月 19 日 A 股指数跌破 5000 点）附近时高位停牌的股票复牌，这部分品种恰好躲过了这轮市场千点下跌，但复牌后面临的补跌压力不容小觑；另一类是在大跌之中部分在金融机构质押股票贷款的公司，为防止市值跌破质押线而申请停牌。

但是，这场最严重的股市暴跌并没有阻止中概网络股回归 A 股的势头。就在大盘下跌之际，奇虎 360、陌陌接到私有化要约引发蝴蝶效应，大批在美上市的中国公司希望站上这个风口，实现私有化并回归 A 股。在 A 股出现暴跌的 6 月 29 日，在纳斯达克上市的空中网宣布私有化，当天，空中网收涨 5.1% 至每股 7.39 美元。业界认为，空中网这类中概股之所以成为私有化的目标，是因为和 A 股相比比较便宜。在 A 股，同类小盘股的估值高得多，所以对它们来说回归 A 股更好。空中网的董事长兼首席执行官王雷雷在给内部员工的邮件中称："把公司从美国回归成为私有公司。此处不留爷，自有留爷处。"可见王雷雷本人对公司未来的"留爷处"信心十足。

7 月 8 日，A 股经历了颇为惊心动魄的历史性起落，不过这并未影响

境外中概网络股私有化、拆 VIE 的进程。第二天晚间，欢聚时代、当当网先后宣布私有化，这两家公司的股价伴随着 A 股股灾，在过去半个多月的交易中，最大跌幅分别达到 36.35%、47.83%。

当当网董事长俞渝在内部信中说：“国际资本市场和中国资本环境发生了剧烈变化，当当目前在美国市场 5 亿多美元的市值，不体现当当的公司价值，所以我和国庆（当当网首席执行官李国庆）决定将当当私有化，让当当更专注地在无线、‘互联网 +’的年代里，寻求更长足的发展。”

世纪佳缘首席执行官吴琳光也发出了内部信称，国内资本市场的动荡不会影响世纪佳缘的回国之路。他在信中说，过去这一年，国内股市股票上涨的速度确实太快，股市回调属于正常现象，调整一下节奏，挤掉过于膨胀的泡沫才会更健康。他表示，世纪佳缘是一个中国公司，99% 的用户在国内，选择跟用户尽量贴近的资本市场，最大限度地发挥用户、媒体之间的互动性，是每个公司的基本原则。之前很多公司选择海外市场，其实是当时国内资本市场无法满足需求的权宜之计。“我们坚定地认为，随着我国的资本市场逐渐完善，回国发展是大势所趋，我们坚信我国的各项基础设施建设都在逐渐完善中，不会因为短暂的资本市场变动就改变战略。”

再看游戏公司（见表 2－18），中国手游、乐逗游戏在 6 月 10 日的市值分别为 6.63 亿美元、4.85 亿美元，而此时 A 股市场的游戏公司掌趣科技、游族网络的市值分别为 82.34 亿美元、65.37 亿美元，即使在大跌之后的 7 月 17 日，两家公司的市值仍分别为 62.39 亿美元、38.93 亿美元。空中网在纳斯达克上市 11 年，6 月 10 日的市值仅 3.58 亿美元。7 月 6 日在美上市的中国游戏公司股价集体下跌，截至收盘，畅游重挫 16.12%，乐逗游戏大跌 8.09%，空中网下跌 3.71%，盛大游戏下跌 2.80%，中国手游下跌 2.79%，完美世界下跌 1.51%。游戏股集体下跌不仅是受美股下滑的负面影响，A 股动荡的局面也是重要因素。另外，香港市场游戏股也受到重挫，多只游戏股跌超 15%。从数据也可看出，A 股市场与美股市场对待中国的游戏公司有着天壤之别。

表 2－18　　A 股和美股游戏公司 2015 年市值对比

公司	股票类别	上市时间	5 月 12 日市值	6 月 10 日市值	7 月 17 日市值
掌趣科技	A 股	2012 年 5 月 11 日	¥794.15 亿（$129.86 亿）	¥503.72 亿（$82.34 亿）	¥381.80 亿（$62.39 亿）
游族网络	A 股	2007 年 9 月 25 日	¥276.50 亿（$46.21 亿）	¥399.90 亿（$65.37 亿）	¥238.24 亿（$38.93 亿）
乐逗游戏	美股	2014 年 8 月 7 日	$3.70 亿	$4.85 亿	$5.20 亿
欢聚时代	美股	2012 年 11 月 21 日	$35.75 亿	$42.51 亿	$33.90 亿
中国手游	美股	2012 年 9 月 26 日	$6.41 亿	$6.63 亿	$6.79 亿
空中网	美股	2004 年 7 月 9 日	$2.98 亿	$3.58 亿	$3.40 亿

注：以上人民币折合美元按当日中国人民银行公布的人民币对美元汇率中间价计算。
资料来源：邓正红软实力研究应用中心。

中国互联网公司对 A 股大环境充满信心

2014 年中国游戏市场整体收入达到 184.5 亿美元，市场的飞速发展更坚定了投资人的信心，这也造成了在中国上市的游戏公司市值迅速攀高，让曾经心中充满着走出国门骄傲之心的中概股游戏公司看得眼红不已。A 股掌趣科技市盈率达 149 倍，昆仑万维市盈率达 171 倍，而美股盛大游戏市盈率仅 11 倍。更能形成对比的一个事实是：6 月 16 日，中国手游前总裁、首席运营官应书岭借北京塞尔瑟斯仪表科技股份有限公司，在全国中小企业股份转让系统发布公告成立北京英雄互娱科技股份有限公司。公司成立之初，估值便已接近 200 亿元。而这一估值相比他之前所在的中国手游的市值高出了近 4 倍。

估值高低的差别让中概股游戏公司坚定了退市回家的决心。值得注意

的是，6 月和 7 月宣布私有化的 4 家游戏公司，除了中国手游 6 月 9 日宣布私有化是正值 A 股快到顶之际，其他 3 家公司宣布私有化则踩着股市下行的关键节点。6 月 15 日 A 股从最高点开始下行，乐逗游戏宣布私有化；6 月 29 日 A 股迅猛下沉，空中网宣布私有化；7 月 9 日，A 股暴跌之后的第二天，欢聚时代宣布私有化。A 股尽管暂时不利，但并没有动摇游戏公司回归的决心，也表明中国互联网公司对 A 股大环境充满信心。

随着“手游热”在中国资本市场愈发兴盛，更多的上市公司已经加入到分食手游产业这块大蛋糕的行列当中，同时这也成为许多上市公司谋求转型的重要切入点。以龙图游戏为例，其账面净资产仅为 4.06 亿元，但却以 96 亿元的价格被友利控股置入资产，作价预估增值率达到 2309.57%。相应地，在中国资本市场上市的手游概念股，在停牌后都有不同程度的翻倍。令人遗憾的是，即便中国的手游行业并不落后于世界任何一个国家或地区，即便中国资本市场的游戏概念依旧保持着点石成金的魔力，但华尔街对中国传统游戏公司和手游公司的看法并没有改观。美国人继续坚持着自己“搞不懂就不认可”的态度。

2015 年 7 月，中国与一场金融危机擦肩而过。尽管中国股市仍在剧烈震荡，但似乎已走出断崖式下降行情，这无疑与政府的果断出手有莫大关系。经历这场短时间的大起大落之后，相信中国 A 股市场将会更加开放和完善。在暴风科技、分众传媒等回归先行者的召唤下，在美上市乃至拟赴美上市的中国互联网公司回归 A 股渐成定势。在中国资本市场改革的助推下，随着标杆效应愈加显现，相信会有更多的互联网公司把 A 股视为最佳上市地。

7 月 1 日，经李克强总理签批，中国国务院印发《关于积极推进“互联网 +”行动的指导意见》（国发〔2015〕40 号），这是推动互联网由消费领域向生产领域拓展，加速提升产业发展水平，增强各行业创新能力，构筑经济社会发展新优势和新动能的重要举措。

该指导意见明确了未来 3 年以及 10 年的发展目标，到 2018 年，互联网与经济社会各领域的融合发展进一步深化，基于互联网的新业态成为新的经济增长动力，互联网支撑大众创业、万众创新的作用进一步增强，互联网成为提供公共服务的重要手段，网络经济与实体经济协同互动的发展格局基本形成。到2025年，“互联网+”新经济形态初步形成，“互联网+”成为中国经济社会创新发展的重要驱动力量。“40号文”提到“互联网企业”这个词语共有25处，足以看出国家对互联网企业的重视。

中国互联回归潮涌，既是中国资本市场践行“互联网+”行动的表现，亦是中国经济转型升级的重要趋势。但现在的情形是，在美上市的中国互联网公司股价长期低迷，股震之后的A股市场仍然迷雾重重，回归或者不回，都是个问题。去美国上市不一定就是资本“孤儿”，大洋彼岸的日子有血泪也有欢笑，中概网络股都不同程度地实现了“美国梦”；回到中国来不一定就一定能成为“宠儿”，回归是新的冒险，A股是否能健康哺育体型巨大的互联网公司，还有待验证。不过让代表新经济、新商业模式的互联网公司群体充分利用中国资本市场，去涤荡落后的经济发展模式，已成为中国共识。

软实力指数破解中美公司差距

人有高矮胖瘦，公司亦如此。对公司来说，高矮指的是价值，胖瘦指的是规模。相比美国公司而言，中国公司大抵呈现两类极端。一类是营收规模很大，但收入价值（即1美元营收为客户创造的价值）极低，这类主要体现在实体制造公司，以中国石化、中国石油为代表。2014年，埃克森美孚、雪佛龙的营收分别为4119.39亿美元、2119.70亿美元，收入价值分别为0.95美元和1.00美元，美国这两家能源巨头的营收和价值创造几乎是等值的，即1美元营收为客户创造1美元的价值。中国石化、中国石油的营收分别为4554.55亿美元、3730.16亿美元，收入价值分别为0.21美元、0.46美元，中国这两家能源巨头的营收和价值创造极不相称，1美元营收为客户创造的价值不足0.5美元。通过比对便不难发现，中国两家能源巨头的营收规模虽然都超过美国两家能源巨头，但创造的价值极低，营收中超过50%的是“水分”，也就是无效成本。由此也可看出中国制造与美国制造的差距。另一类则是公司价值较高，但营收规模很小，这类主要体现在互联网公司，以阿里巴巴、百度为代表。2014年，亚马逊、谷歌的营收分别为889.88亿美元、660.01亿美元，收入价值分别为1.61美元、5.41美元。阿里巴巴（本书所指阿里营收是阿里自然年度营收，不是其财政年度营收）、百度的营收分别为114.13亿美元、79.06亿美元，收入价值分别为22.58美元、9.91美元。亚马逊、谷歌是世界一流的互联网巨头，阿里巴巴、百度则是中国一流的互联网巨头，两相对比，中国互联网公司的营收规模相形见绌，但其收入价值（尤其是阿里巴巴）却如喜马拉雅之高，你相信吗？这里并非怀疑中国互联网公司的价值创造能力，而是觉得其价值水平与营收规模拉开得太大，有被过度放大之嫌。不能排除的是，中国互联网公司价值存在较多的“泡沫”。这也是中国互联网公司与美国互联网公司的差距所在。

从制造业到互联网业，中国公司与美国公司的差距，软实力指数最能说明问题。从各公司2014年的软实力指数看，埃克森美孚0.181、雪佛龙0.149，中国石化0.088、中国石油0.102；亚马逊0.281、谷歌0.350，阿里巴巴0.524、百度0.466。中国两大能源巨头的营收超过美国两大能源巨头，但中国石化的软实力指数分别低于埃克森美孚和雪佛龙9.3个百分点、6.1个百分点，说明中国石化的软实力转化程度高于美国同行，但营收价值不高，其大部分软实力价值被管理方面的内耗吞噬掉了。中国两大互联网巨头的软实力指数均高于美国两大互联网巨头，阿里巴巴软实力指数分别高出亚马逊和谷歌24.3个百分点、17.4个百分点，但阿里巴巴2014年的营收仅为亚马逊的12.8%，谷歌的17.3%，说明阿里巴巴14倍于亚马逊、4倍于谷歌的收入价值存在“不实”因素，这个“不实”是指阿里收入中有93%的价值是潜在的，并没有转化。潜在价值实现转化的关键在于做大营收，而这恰恰是中国互联网公司的痛点，因为中国互联网公司的软实力转化、放大能力普遍比较弱。

中国互联网公司的软实力指数、收入价值都比美国同行高，实际上这是由两国互联网商业模式的差异决定的。中国互联网喜欢“免费模式”，美国互联网习惯“收费模式”。“免费”带来人气价值，“收费”带来商业价值。就价值影响看，“免费”肯定大于“收费”。这也是中国互联网公司的软实力指数高于美国同行的缘故。而收入价值偏高，是因为将那部分还未实现营收的“免费”价值一并计入了已实现的营收中。

当今时代的公司竞争，做的是营收，拼的是价值。中国互联网公司缺乏肌肉力量，很多公司误解了这个问题，以为扩大资产规模就可以解决问题，比如以为通过大肆并购就能使公司做大体量。中国互联网公司正进入新一轮并购热潮，就有这层意思。当然，扩大资产也是在增加肌肉，但肌肉是否有力量，最终还得看营收规模。中国互联网公司缺的不是资产方面的肌肉，而是营收方面的力量。加速“免费”的人气价值向商业价值转化，全方位拓展营收，是中国互联网产业未来5～10年发展的战略重点。也只有营收规模上去了，中国互联网公司才能真实展现自身的价值水平。

软实力指数破解中美公司的差距，这是软实力指数工具在应用方面的最新研究成果。广大中国公司如果感兴趣的话，不妨阅读“2013～2015世界企业软实力500强排行榜”（见http：//www.dzhsp.com），我们也愿意一对一地提供深入、精确、个性化的软实力指数咨询服务，包括软实力和公司价值评估、软实力对比、资源整合及商业模式效能效率分析等，联系方式可加作者本人的QQ（513505475），也可发电子邮件（dzhh1598@139.com）。在价值竞争和价值变现的商业时代，软实力指数工具是广大企业进行战略决策和价值提升的有力帮手，我们愿与社会各界共享之。

邓正红

2015年8月5日